ANNE-SOPHIE TIBERGHIEN

MON CŒUR S'APPELLE AMAZONIE

FRANCE LOISIRS
123, boulevard de Grenelle, Paris

Ce livre est le récit d'une aventure intérieure qui a eu pour cadre l'exaltante puissance de la vie libre des Yanomami. Il ne se présente pas comme un ouvrage scientifique, une étude proprement ethnographique, bien qu'on y trouve des scènes de la vie yanomami que peu de Blancs – à l'exception de Jacques Lizot, à qui ce livre doit beaucoup – ont pu vivre et rapporter.

Édition du Club France Loisirs, et du Club RTL
avec l'autorisation des Éditions Robert Laffont.

ISBN 2-7242-1839-6

« On ne fait pas un lit aux larmes comme à un visiteur de passage. »

A maman qui a voulu la mort,
par-delà nos heurts, à mon père qui m'a attendue,
à toutes les mères célibataires, en espoir,
à Henry Pignot qui m'a écoutée,
à toi ma fille...

« Ton partir est un secret. Ne le divulgue pas. Durant que roule le gai tonneau du vent, chante-le. »

René Char

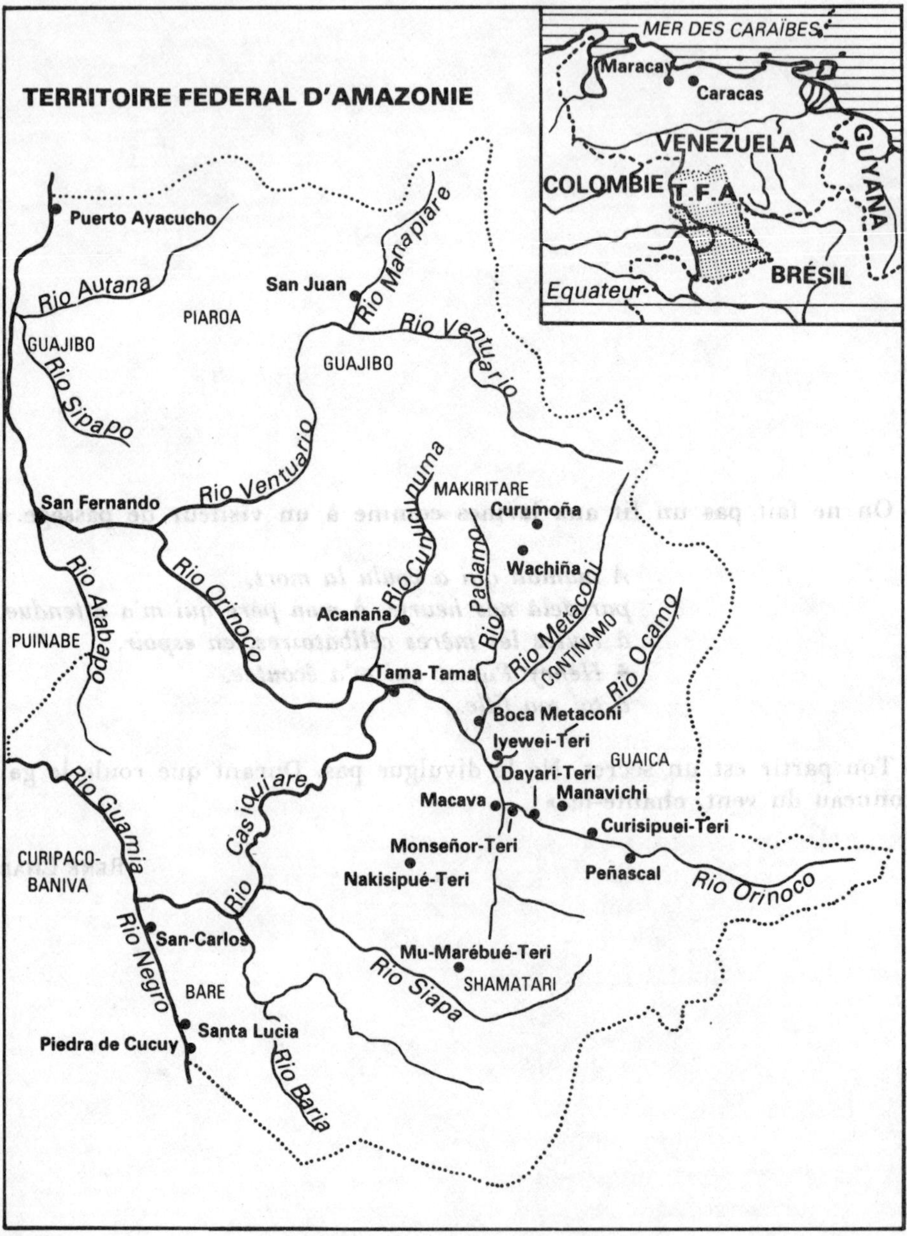
TERRITOIRE FEDERAL D'AMAZONIE
MER DES CARAÏBES
Maracay
Caracas
VENEZUELA
GUYANA
COLOMBIE
T.F.A.
BRÉSIL
Equateur
Puerto Ayacucho
Rio Autana
San Juan
Rio Manapiare
PIAROA
GUAJIBO
Rio Sipapo
Rio Venturario
GUAJIBO
Rio Ventuario
Rio Cunucunuma
MAKIRITARE
San Fernando
Curumoña
Wachiña
Rio Orinoco
Rio Atabapo
PUINABE
Acanaña
Rio Padamo
Rio Metaconi
CONTINAMO
Rio Ocamo
Tama-Tama
Boca Metaconi
Iyewei-Teri
GUAICA
Dayari-Teri
Manavichi
Rio Guamia
Rio Casiquiare
Macava
Curisipuei-Teri
CURIPACO-
BANIVA
Monseñor-Teri
Peñascal
Nakisipué-Teri
Rio Orinoco
Rio Negro
San-Carlos
Mu-Marébué-Teri
Rio Siapa
SHAMATARI
BARE
Santa Lucia
Piedra de Cucuy
Rio Baria

1.

Un passeport tatoué

Je roule à toute vitesse avec ma mobylette bleue sur les plus gros pavés du nord de la France, les plus inégaux. Dévalant au hasard les ruelles sordides du vieux Lille et de sa banlieue. L'aiguille bloquée, sautant moi-même sur la selle pour rajouter aux secousses. Je suis sortie de la pharmacie il y a cinq minutes.

– Positif, m'a dit la dame.

– Qu'est-ce que cela signifie?

– Positif, mademoiselle, répète-t-elle d'un ton agacé, pressé, hautain. Vous êtes enceinte mademoiselle, c'est trente-six francs.

Cette nouvelle n'arrive pas à pénétrer jusqu'en moi. Mes yeux ne voient plus les objets qu'ils voyaient tandis que ma main tâtonne cherchant et décomptant les quelques billets. J'ai dix-huit ans. C'est le mois de février. Je suis un garçon manqué en veste de treillis vert toute la journée, les cheveux coupés court. On me dit toujours « monsieur », quand j'entre dans un magasin acheter du pain, voler du caviar ou demander un renseignement. Je gagne ma vie en collant des affiches dans les cafés et les magasins. Le soir, je suis des cours d'art dramatique. Je fais aussi des heures de présence dans une galerie de peinture au-dessus de laquelle j'habite. Je voulais partir en auto-stop avec mon petit ami au Vietnam cet été. Subissant l'oppression de la société, de mon milieu et aussi du père de mon enfant, je vais céder. Celui-ci me déclare au sixième mois de la grossesse :

– Je me suicide si tu ne te maries pas avec moi.

Tandis que je découvre caché sous son oreiller, en pleine nuit, un poignard pointu, régulièrement et savamment aiguisé. Le lendemain, j'annonce à maman, le cœur meurtri :

– Prépare le mariage, si tu veux...

Avant de courir me cacher pour pleurer. Je réapparais dix jours plus tard après avoir été explorer les Ardennes belges à pied avec une amie.

Pendant la nuit du mariage, le père de mon enfant et moi parlons de notre séparation, comme si elle avait lieu demain. Dans un mélange d'émotion et de rêve, nous nous agrippons l'un à l'autre désespérément, à un amour que nous voudrions voir exister entre nous. Mais dont nous ne savons pas s'il existe. Aussitôt nous partons à travers la France, la Camargue, dormant à l'abri des lavoirs publics, dans les grottes autour des Baux-de-Provence et sous les oliviers à même les sillons labourés. C'est le huitième mois de ma grossesse. Je sens alors une vibration forte jaillir de mon ventre. Je deviens soudainement étrangère au monde extérieur, à l'importance des événements. Je plonge dans une nouvelle dimension : quelqu'un m'habite. Dans la solitude de mes entrailles, une intimité très forte, une relation d'amour intensément profonde et puissante naît et m'enivre. Je deviens fière, comblée, indépendante, forte de cœur et de corps. Je suis jeune, je suis femme, je suis mère, je suis sans argent. J'ai des aspirations confuses et précises à la fois. Je vais vivre avec ce bébé prêté par l'univers notre vie, notre création, notre découverte et transplanter mes rêves dans la réalité. Tel est mon moteur, ma lutte, ma rage et ma douceur. Toutefois j'ai bien l'intention, avec et pour ce bébé, de continuer ma vie d'errance.

Cette scène se déroulait il y a sept ans. Elle est pourtant gravée dans ma chair et mon esprit. Je la sens vibrer comme une traînée de flammes à cette seconde où mes pas flageolent sur la passerelle de l'avion qui vient d'atterrir à Curaçao, en provenance de la Jamaïque. La douane approche, je tends mon passeport tatoué des multiples visas de nos années de voyages. Le douanier le saisit. Le plastique qui le recouvre est sale. Il le retourne plusieurs fois dans ses mains, épluche chaque page, me jette par-dessus son comptoir un œil étonné. Il regarde Samantha qui déjà est partie dans le hall de l'aéroport sur son cheval de bois, avec ses bottes de cow-boy et sa jupe à volants. Elle gambade dans la foule. Il me dévisage. Mes yeux se perdent dans le vague. Soudain, un homme que je n'avais pas remarqué jusque-là, habillé en civil et se tenant en retrait, confisque mon titre d'identité. Il me demande de le suivre. Me voici installée dans une petite pièce à l'écart. On me fait asseoir. L'homme scrute mon passeport. Chaque tampon qui imprègne d'encre les feuilles est pour moi un souvenir ; plus qu'un souvenir, une parcelle de ma vie. Il me pose quelques questions :

– Votre adresse fixe?
– Votre métier?
– Vous avez combien d'argent?
– C'est à vous cet enfant?
– Et où est le père?
– Dans quel hôtel descendez-vous? Pourrais-je venir vous y rejoindre ce soir?

J'ai de plus en plus de mal à fixer mon attention sur les préoccupations éternellement stéréotypées d'un homme sud-américain devant une femme voyageant seule. Comment lui expliquer que je ne fais pas de tourisme? Que ces années de voyage sont pour moi le commencement de ma vie? Par la fenêtre ouverte, entre les dessins que le soir peint dans le ciel, je cherche les ombres, les lentes ombres qui s'avancent comme des années, des odeurs et qui m'invitent dans leur ronde. J'ai longtemps été trompée par les cartes de géographie et des oppressions. J'ai refusé au moment de la naissance de ma fille d'être le dessin sur la feuille où tous voulaient m'imposer leur modèle. Je ne suis pas une eau reposée. Je suis improbable, fraîche et vieille. A chaque halte, j'ai décidé de quitter le confort qui s'installe autour d'une amitié, d'un havre, pour suivre d'autres chemins sans cesse nouveaux, sans cesse répétés. Je n'ai pas d'amarres. Je n'ai pas de port si ce ne sont les pieds qui me portent. On m'a trop trompée. Personne ne décidera plus pour moi. Je ne voyage pas. Je vis. Comment faire comprendre à cet homme qui mâchouille sa moustache d'un air conquérant, se croyant séducteur; comment lui faire comprendre la dureté de l'apprentissage de vivre et la sérénité de la vie qui coule? Le seul bagage que j'emmène vraiment est mon corps, mon sang qui circule. Pourrais-je le lui faire comprendre à ce policier indiscret?

J'ai abandonné le chargement et les nécessités des miens. Ma création me murmure un discours de divorce. Je ruisselle de nuit, d'obscurité volontaire. Je suis sceptique d'avoir trop souffert. Je cherche le désir, l'originel et le sauvage. Je cherche la joie simple des gestes qui se partagent. Comment lui faire comprendre à cet homme ce qui m'habite et qui m'obsède? Cela ne se dit pas à voix haute. Cela ne peut se déchiffrer sur mon passeport pourtant illuminé des étapes de ma vie. Je ne peux lui expliquer ce que sont toutes ces années. Comme autant de balises qui jalonnent ma route. Une route sans retour... Par les abandons que j'ai vécus, par la mort de maman, je me suis sentie bafouée, rejetée et anéantie. On ne m'imposera plus aucune volonté. C'est fini. Je n'écoute absolument plus l'inspecteur qui m'interroge. Sur chacune des feuilles bleues du passeport je m'arrête et m'envole, surplombant l'immensité feutrée de mon passé proche.

Aussitôt après la naissance de Samantha, mon enfant, mon bébé chéri que je suis des yeux dans le hall moite de l'aéroport, nous partons, son père, elle et moi, en Laponie. Je me sens attirée par ces gens que l'on dit frustes et froids. Mais je suis déçue par l'attitude de mon compagnon refusant le contact intime avec les populations locales. Je découvre alors mon attirance pour l'humanité. Non pas le monde factice de nos sociétés civilisées, mais la netteté tranchante des populations dites primitives. Cette première déception s'ancre en moi. C'est aussi le début d'une errance personnelle intérieure. Je rôde en moi-même. Je respire ma propre essence. Je ne peux vouloir me soumettre. Même pas au père de ma petite fille.

Nous partons tous les trois en Angleterre. Vivre d'un peu plus près la réalité des communautés hippies et de drogués qui s'étalent avec un dégoût d'où n'est pas absente une certaine fascination dans la presse bien-pensante de mon pays. Nous nous installons dans un centre d'hébergement et d'aide aux intoxiqués, mus tant par le désir d'identification avec ces jeunes que par souci de compassion. L'assimilation chez eux est décevante. Je ne partage finalement que peu de chose. Je ne caresse pas le même rêve qu'eux. Je ne dérive pas dans leur ennui. Survient alors un événement dans notre vie : la séparation d'avec le père de Samantha. Je deviens ma propre invention. Je veux pouvoir créer mon histoire. Seule avec mon nourrisson. A la fois chassée et heureuse, je comprends la difficulté de partir. Nous avons à bâtir notre indépendance. C'est-à-dire à nous défendre et à nous protéger mutuellement. Troquer la place attitrée que nous réservait la société contre la liberté. Ma fille m'apprendra à devenir moi-même.

Nous partons elle et moi chez les gitans anglais qui organisent un grand rassemblement au sud de l'Ecosse. J'en ai entendu parler auparavant. Cette nation fière et libre m'a toujours attirée. Allons les rejoindre! La première difficulté est l'intégration dans ce peuple auquel je suis de prime abord totalement étrangère. Pourtant, à force de chaleur et d'amour, cela se bâtit. Et nous voilà sillonnant les routes d'Angleterre, d'Italie et de France avec nos nouveaux frères, les gitans. Dans un apprivoisement réciproque nous n'avons plus rien et nous avons tout à gagner. La joie de vivre. C'est parmi eux que je découvre Werner. Werner est un cracheur de feu, un vagabond errant, un fou de théâtre vivant, qui parcourt les routes d'Europe à la recherche d'une vie différente. Cet anarchiste du fond de l'âme refuse toute soumission à quelque autorité que ce soit. Il préfère cracher de l'alcool sur les places grouillantes des villes et des villages. Se faire arrêter par la police, être un ouragan tenace, embarqué au poste. Il préfère dormir avec les clochards plutôt que d'accepter la condition indécente que le monde industriel lui réserve. Nous partageons sa tempête d'authenticité et d'appel. Avec lui, Samantha et moi découvrons la réalité d'une vie nomade, misérable. La bohème, à la limite de la clochardisation dont très peu de gens soupçonnent la vérité dans nos pays surabondants, sur-riches. C'est une rencontre forte de tous les instants, extrêmement pénible parfois. Car on va jusqu'au bout, au bout de tout : la violence, la marginalisation, l'alcool, la pauvreté. Il n'y a ni désinvolture ni légèreté dans nos mouvements, mais la soif du monde. Nous nous abreuvons aux fontaines d'espoir et dans les yeux de la petite fille campée sur ma hanche. Je quitte Werner qui glisse doucement sur une piste où je ne veux pas le suivre.

Je décide avec Samantha de partir en Afrique centrale : Tchad, République centrafricaine, Cameroun. Nous débarquons en pleine « affaire Claustre ». C'est la révolte des Toubous du nord du Tchad dirigée par Hissène Habré. Nous parcourons les pistes, à travers ces trois pays, en stop, nous enfonçant peu à peu dans l'existence profonde de l'Afrique. Rien à voir avec les souvenirs émus du mystérieux et noir continent que ramènent les touristes blancs. Nous nous heurtons à l'hostilité envers tout ce qui est occidental dans les quartiers populaires où nous séjournons. J'ignore et je veux continuer à ignorer les populations blanches qui habitent encore ces pays. D'ailleurs, systématiquement, elles nous rejettent. Ces portes claquées ne sont pas pour moi une douleur, mais au contraire la preuve de l'authenticité de ma démarche. Notre avenir s'appelle insécurité.

Dans la poussière des petites rues désolées, dans les bidonvilles aux maisons de boue, face à la précarité de la vie des habitants; nous imposons notre propre pauvreté. J'ai la chance de rencontrer un jeune homme, Pierre. Il est musulman, noir. Sa gentillesse, sa disponibilité nous guident à travers les découvertes; provoquant des liens profonds avec les autochtones. Cela est d'autant plus facile que l'Islam gagne les pays d'Afrique centrale. Il est reçu partout comme un messager. Dans son sillage, nous sommes accueillies, reçues. On prête moins attention à notre différence, notre peau et la couleur de nos cheveux. Le voile s'est levé un tout petit peu pour nous sur l'âme profonde de l'Afrique noire. Un jour de marché, parmi une foule bigarrée, je garde l'image, cicatrice de bonheur, de Pierre portant sur sa peau noire ma petite fille blonde, si blanche, qui avait alors juste deux ans.

De retour en France, je ne peux supporter la vie qui m'attend. Je décide alors de partir pour l'Allemagne avec Samantha. Nous y vivons de vente à la sauvette dans les rues. J'avais déjà gagné notre vie de cette façon dans ma région, le nord de la France, colportant dans les rues de Lille différents objets, ou nourritures. Parfois, j'y rencontrais des gens qui me connaissaient ou ma famille, qui se souvenaient de moi, de ma vie d'avant. Le choc avait quelque chose de bouleversant. Car il renvoyait auprès de tous ces êtres l'image de ce qu'il y avait vraiment de plus abject dans leur soumission. En Allemagne, je découvre la jungle des grandes villes, la déshumanisation de ces centres bétonnés. Les marginaux parmi lesquels nous sommes, tentent de subsister, sans se plier aux règles de la vie policée. Le contraste entre l'opulence, la richesse de ce pays du miracle économique et l'oubli, la solitude complète des clochards dont nous faisons partie est un véritable cri d'alarme. Je cherche à amasser dans les rues suffisamment d'argent pour réaliser un rêve tenaillant : entamer Samantha et moi notre véritable tour du monde. Je ne veux pas me laisser arrêter par le double handicap d'être femme et mère. Les hommes qui voyagent sans rien sont souvent admirés. Et pourquoi une femme avec son enfant ne le ferait-elle pas? Je n'ai rien à prouver aux yeux des autres. Simplement, je veux que ma dimension de femme et ma dimension de mère grandissent encore ce que j'entreprends. Je ne veux pas fermer mes yeux à la beauté du monde. Je cherche un message. Ce n'est pas l'aventure que je veux, c'est l'attention à ce qui advient.

1976. Les Jeux olympiques étaient installés à Montréal cette année-là, nous décidons d'y aller. Sitôt arrivées, un fait capital que je n'avais pas pressenti envahit ma tête. La fascination pour les peuples dits primitifs, la réalité indienne. L'espérance indienne deviendra mon univers. Progressivement, au Canada, une nation se dévoile, originelle. Bien avant les Blancs, anglais, irlandais, français ou allemands, en Amérique du Nord, un peuple demeurait ici, y avait construit la demeure des dieux. Cela devient pour moi une obsession. J'ai des Indiens plein la tête. Je suis les enseignements des vieux chefs, et cela au prix de mille difficultés. Humblement, avec ténacité et sans aucun préjugé, j'arrive à me faire accepter à l'intérieur de leurs tribus. L'ultime lien avec mon ancienne personnalité est rompu. Une corde nouvelle vibre dans mon corps.

Comme toujours se pose le grave problème de notre subsistance; du racisme aussi qui empoisonne les rapports, déjà tendus dans notre précarité. C'est en clandestinité que je tente de gagner notre vie. A force de volonté j'entretiens des relations beaucoup plus approfondies avec trois chefs indiens : Abraham Burnstick, Ernest Tootoosis, Albert Lightning.

Ceux-ci progressivement me débarrassent de mes haines, de mes rancœurs, de mon désarroi, de ma révolte aiguë, surtout de mon mal de vivre. Ils m'apprennent à exister. Ils m'habituent à moi-même. Leur enseignement m'est précieux. Ils me font accepter que la nuit vienne casser le jour. Ils me parlent de la mort. Leur sagesse adoucit les épreuves, endort la médiocrité, calme le dégoût. N'ayant pas d'autorisation de travail, je suis expulsée du Canada et je choisis comme terre de refoulement Saint-Pierre-et-Miquelon.

Sur cette terre embrumée, cette terre de marins ivres, de pêcheurs violents, je passe plusieurs mois à travailler dans l'unique taverne. Les rafales viennent cogner contre les vitres. A la houle de la mer, répond la houle de l'ambiance contre le zinc du bar. Des bordées de marins relâchés se retrouvent à écluser de l'alcool. Le tonnerre des cris, l'affolement général sont les compagnes de mes soirs de labeur. Je sers de la bière fraîche entre les tables surchauffées. Je glisse sur le sol trempé de crachats et de bouteilles renversées. Et je n'en finis pas d'essuyer des verres sales au fond de la pièce. Tout cela remonte en moi comme une nausée, comme une espérance. Je suis toujours face à l'officier qui me harcèle de questions. Il se passe la main sur le front tout en essayant de deviner le nom des pays à travers les cachets et les bavures qu'il voit sur mon passeport.

Sur le bout de mes doigts, je recueille la chaleur molle de cette fin d'après-midi, à travers le carreau. La suite de nos pas résonne de nouveau dans mon cœur. Ayant entendu parler des peuples caraïbes, je décide de séjourner dans cet archipel. Je m'attache tout particulièrement à la Guadeloupe. Je m'y débrouille pour vivre une fois encore de la vente des objets que je fabrique. Les bijoux de hippies d'autrefois sont aujourd'hui devenus des bagues, des bracelets et des colliers de style Navajo à la manière des Indiens. Quelque chose a été transformé en moi. Un appel nouveau est né. Une soif neuve jaillit : celle d'approcher de plus près l'authenticité primitive. Ma petite fille grandit. Elle m'accompagne partout. Elle jouit des crépuscules. Je la regarde sur les plages, jouer avec les vagues, se rouler dans le sable brûlant. Elle se développe, elle est belle, elle est heureuse.

Sous son apparence de paradis pour touristes richissimes, les Caraïbes me réservent une étape aussi essentielle : la rencontre avec Haïti. La folie quotidienne de la misère et l'oppression policière, le délire meurtrier des nuits chaudes de la ville, où les vengeances et les crimes résonnent dans le dérèglement tropical : tout cela je l'ai vu, je l'ai mangé, je l'ai dormi. D'autant mieux que je suis pauvre. Dans toutes ces îles, j'ai subi la double épreuve d'être pauvre et d'être blanche, rejetée à la fois parce que blanche et parce que pauvre, donc inexploitable. Je secoue la tête pour chasser tous ces souvenirs. J'essaie de comprendre ce que l'officier de l'immigration dans son patois créole de Curaçao me demande. Soudain Samantha approche. Elle est rayonnante. Elle me saisit la main, me regarde au plus profond de ses yeux clairs. Tout ce voyage, toute cette longue marche défilent depuis l'instant où tu es sortie de mon ventre comme un jour qui se lève, jusqu'à aujourd'hui : te voilà à sept ans une grande fille libre. Toute cette éternité où nous avons été ensemble, l'une et l'autre, pour les coups durs et les joies mélangés.

Après la Guadeloupe et Haïti, le long chapelet des îles m'héberge, toutes aussi riches de découvertes passionnantes : Saint-Martin, Saint-Barth, Martinique, Saint-Domingue, La Barbade, Trinidad, Tobago, Cuba, Saint-Vincent, Sainte-Lucie, Grenade et Jamaïque, où je tente de comprendre et de m'intégrer au mouvement rastafarien. Pénétrer la démarche d'esprit de ces révolutionnaires réactionnaires aux longs cheveux sensuels. M'insérer à leur tribu contemporaine, dont le fondement est l'exploration de la conscience. Cette vocation est alimentée constamment par une révolte contre l'esclavage, la transplantation, les valeurs blanches imposées. Elle correspond exactement à mon cheminement; et si j'approche de l'intérieur le mouvement « rasta », c'est parce que, comme moi, ils ont à la base un refus du monde civilisé et une soif de libre vérité. Dans cet échange de nos différences, la richesse de notre vie ici est un sourire des astres.

Un jour, petite fille, je viendrai te raconter, pour que jamais tu ne l'oublies, ce terreau meuble et fertile, sur lequel pourra s'épanouir ta vie d'adulte. Le fonctionnaire se fait maintenant plus insistant. Il voudrait savoir. Il voudrait comprendre. Sa voix me tire de l'absence où je me glisse :

– Une vie de soleils et de nuits, lui murmurai-je en anglais.

Sa main s'enfonce dans ses joues, écrasant la barbe noire qui pousse déjà. Je fixe le mur derrière lui. Mes yeux s'accrochent à une affiche touristique. Le slogan vante les beautés et les mérites de pays du continent sud-américain : « Pour cinquante dollars, offrez-vous le Venezuela. » L'homme me rend mon passeport. Il ne sait rien. Il n'a rien vu malgré ses yeux inquisiteurs. Je suis ces sept années qui viennent de défiler entre ses doigts boudinés. Ces années que je n'ai encore jamais racontées à personne, que je garde jalousement en moi. Je n'ai pas fait de tourisme. J'ai vécu. La petite fille et moi avons vécu.

2.

Brouillard dans mon cœur

Cher papa,

Imagine-moi sur un épais tapis, devant une carte du Venezuela étalée. Je rêve. Une remontée du fleuve Orénoque, des Indiens, des vrais... Imagine : Sonia, celle que vous appelez en France Anne-Sophie, ton aînée, et la première de tes petits-enfants, Samantha, que tu connais à peine, seules.

Oserais-je casser la cage des réalités inaccessibles ?

Partir... Seules, chez les Indiens.

Vivre avec eux !

19 décembre 1979.

Nous avons en main deux billets pour les trois Guyanes : Georgetown, Paramacaïbo, Cayenne. Il y a deux jours d'attente pour la liaison aérienne. Nous en profitons pour faire un saut à Caracas. Le pays nous retient. Nous y resterons deux ans. Le Venezuela, c'est aussi des Indiens, mes frères indiens que je recherche, m'efforçant de les approcher depuis tellement de temps. Peut-être y aura-t-il une possibilité de réaliser un rêve obstiné : montrer l'exposition avec laquelle nous voyageons, *Alberta, pays indien,* à d'autres véritables Indiens; afin d'établir par-delà les différences culturelles un dialogue?

Comme toujours, il faut entreprendre des démarches : trouver un lieu pour l'exposition, s'informer, approcher l'ambassade du Canada, de France, remplir les formalités. Déjà sentir même de loin l'air du pays. C'est ainsi que j'obtiens une exposition à la Maison de la culture de Maracay, pour fin janvier, une autre au musée de Caracas en février. Je jubile d'avance à la pensée de nos photos disposées sur ces murs consacrés. Cette reconnaissance est importante. Je profite du délai avant cette première date pour plonger directement vers la capitale de l'Amazonie vénézuélienne : Puerto Ayacucho, petite ville au bout du monde, où la coutume veut que l'on se fixe rendez-vous avant ou après la pluie. Le Territoire fédéral d'Amazonie mesure six cents kilomètres du nord au sud, cinq cents d'est en ouest. Là, les autorités vénézuéliennes ont créé une zone protégée, tant pour des raisons militaires qu'écologiques, où vivent à l'écart de notre univers les derniers Indiens, les Indiens interdits : le peuple Yanomami *.

Comme à chaque fois, en débarquant dans un nouvel endroit, je veux drainer toutes les possibilités. Violente et décidée, aller droit au but : m'enfoncer pleinement dans ma quête de l'Indien. Dès la sortie de l'aéroport vide, les voitures parties en trombe, nous sommes seules, Samantha et moi, sous des regards arrogants, sous la chaleur écrasante. Nul ne semble venir à nous. Tous ont leurs occupations, leur vie et ils passent. L'angoisse qui nous étreint alors nous est familière. Ce moment où nous serrons nos doigts entrelacés très fort, où aucune de nous deux n'avoue à l'autre sa peur. Ce moment-là, nous l'aimons. Sans se regarder. Chacune avide des éventualités de rencontres, de liens. Seules, si peu d'argent en poche, ne connaissant ni la ville, ni personne, désirant juste vivre. Vivre ici.

Au premier contact, une hostilité diffuse se sent déjà :

– Une hippy chez nous? Une *gringo* *? A-t-elle du fric? Les yeux bleus, le teint clair, une étrangère...

Deux militaires viennent vérifier nos papiers. L'angoisse est sur nous, moites mais grisées aussi par la force de la découverte. Nous repérons un magasin d'artisanat dans le hall. Il faut tenter d'attirer une attention sympathique de la vendeuse. Je m'approche d'elle sur le trottoir ébloui. C'est notre ultime chance. Elle est la dernière à s'affairer dans l'aéroport à nouveau désert. Il est une heure trente-cinq de l'après-midi, l'humidité est à son comble, et ma peur glisse sur la transpiration.

– Je peux vous déposer en ville si vous le voulez.

– Avec joie...

Nous nous arrêtons en chemin, chez l'avocat du gouverneur de

* Les mots espagnols et indiens suivis d'un astérisque figurent dans un lexique, à la fin du volume.

la région, semble-t-il. Les glaçons d'une boisson offerte sont pour nous du bonheur pur. L'épouse de l'avocat paraît admirer notre mode de vie :

– Voyager comme cela! Être de nulle part, libre, rencontrer des êtres humains, vraiment... Vous avez de la chance!

Je ressens malgré son enthousiasme l'étrange malaise d'être considérée comme une bête curieuse, même si je perçois distinctement la fascination que nous exerçons en regard de sa propre vie. Le lendemain, ils tiennent absolument à me présenter à un de leurs amis. Celui qu'il faut connaître dans ce pays lorsqu'on s'intéresse aux Indiens. Durant tout notre séjour au Venezuela, sa présence ne me quittera pas. C'est bon, c'est frustrant aussi.

Enrique est son nom. Immédiatement il me projette devant les lumières de la renommée toutefois provinciale de Puerto Ayacucho. Il organise une exposition de mes photos au palais du gouverneur. Il veut briser l'image collée à mon visage, selon lui, de la gringo, de la routarde. Il faut acquérir du poids auprès des autorités locales, gouvernementales, s'allier la Fédération indigène du Territoire. J'aime ses idées. Montrer aux Indiens d'Amazonie d'autres Indiens. Réunir en un même lieu visuel ce peuple dispersé sur des milliers de kilomètres, soumis à la même persécution. J'imagine que durant les trois semaines à venir, j'aurai le temps d'organiser un voyage à l'intérieur du territoire. L'exposition devrait m'aider en cela. Il faut parcourir les administrations, étrange faune! Mais Samantha s'ennuie. Rien ici n'est intéressant pour elle. J'ai mauvaise conscience.

Des Indiens passent en groupe. Je les suis des yeux avides. Mais les seuls à franchir le seuil, ce sont les *racionales* *. Je réalise que les Indiens n'appartiennent pas aux murs de ciment de la ville. Les objets qu'ils portent, l'artisanat qu'ils tentent de vendre au coin des rues m'attirent. Acheter ne saurait me suffire. Je palpe les poteries, je sens l'odeur fraîche des *wapas* *; j'écoute le tintement des colliers en perles, graines et dents sauvages. J'aimerais que chaque objet me raconte son histoire et me guide jusqu'au lieu où il a été créé. Remonter à la famille dont il est la maigre ressource. Voir l'homme ou la femme qui le fabrique. Savoir ce qu'il pense, ce qu'il mange, ce qu'il prie, ce qu'il aime. Trois semaines durant lesquelles je sens la vie bouillonner au-dehors. Et je reste là avec mon désir chevillé au corps de connaître, de rencontrer des gens, de vivre avec eux, comme eux. Je suis jalouse. Toutes ces activités auxquelles je n'ai pas part. Seule. Alors que chaque heure est précieuse. Toute rencontre est de l'or pour moi. Et je suis là, derrière cette vitre, à regarder la vie. Je les vois, se regroupant pour la sieste dans leur cour, au fond des hamacs Peut-être parlent-ils de moi? Je voudrais tant être avec eux, m'intégrer à leur cercle, vivre leur vie quotidienne. C'est fini. Je décroche mes photos. Ces jours où la salle était vide ou presque sous les hélices du ventilateur laissent un goût amer dans ma gorge.

Durant un mois, une suite ininterrompue de démarches m'accapare pour tenter de quitter la capitale de l'Amazonie : Puerto Ayacucho. Dure réalité lente et sans couleur. Je suis partagée entre la confiance que je porte à ceux, à celui qui veulent m'aider et ma volonté d'autonomie, mon dynamisme, mon goût du risque. Ce que je veux est pourtant simple : aller vivre avec ma fille dans la forêt auprès d'Indiens, vivre, seules, notre vie, ouvertes à tout ce qui arrive. Mais comme nous en sommes loin, engluées dans les pesanteurs de cette petite ville, des liens que nous essayons d'y établir. A l'orée de l'Amazonie, là où ma vie libre aurait pu exploser de joie, les états de désespoir succèdent aux instants de tristesse, se bousculent. De quoi suis-je donc prisonnière?

Je veux vivre, vibrer. Ma relation avec mon ami est difficile. Je découvre que dans une société latino-américaine, une femme seule ne vaut rien en elle-même : c'est son statut. S'en remettre à son « homme », à son « protecteur », à son « mari ». Me laisser guider, être inférieure en somme est si pénible à accepter. A l'entendre, c'est la seule solution : lui seul peut m'aider. Il faut prolonger mon visa; s'éclipser illégalement vers la Colombie par le fleuve, s'assurer dans une bourgade éloignée les services douteux et coûteux d'un consul du Venezuela trouvé derrière un porto dans un minable bar, et réapparaître à un nouveau poste frontière, des papiers neufs comme le jour dûment tamponnés en main. Jusqu'à finalement obtenir la nationalité vénézuélienne. J'apprends aussi les difficultés à conquérir les autorisations diverses pour pénétrer dans la forêt amazonienne.

Cette lourdeur administrative s'ajoute à mon angoisse. Durant tout ce mois, je hais en fait ce que je deviens. Mon corps, le sanctuaire de ce que j'exècre, ma tête, le verger de ce que je refuse. Hurler mon désespoir. Le mal de vivre, mon compagnon depuis tant d'années, s'exacerbe de mon désir inassouvi de partir, des difficultés qui m'habitent. Partir! J'ai mal. Je suis coléreuse, violente, perdue, me voilà perdue. Je suis mon propre malaise. Laide! Il ne faut plus attendre, flageolante et dégoûtée. Cette vie au ralenti, je la vomis. Enrique veut m'aider au prix de ma soumission et de mon obéissance. Le grand jeu! Il dit qu'il voit clair en moi. Moi qui suis aveugle... Je rampe seule dans la chaleur des ruelles sans ombre, moi objet inconnu sur les trottoirs de la ville, objet de curiosité!

Si Enrique n'était pas là, est-ce que je m'en sortirais mieux? Pourquoi ne pas accepter son aide, depuis le trou où je m'enlise? Il me semble être la seule lueur. Seulement les rencontres et les démarches qu'il m'entraîne à faire ne m'intéressent pas. Assise toute la journée dans sa jeep, attendre, ne pas prendre les contacts personnels, vivre à son rythme, écouter les monologues sur ses méthodes d'action sociale... Bien sûr, j'admire ses ambitions, sa réussite actuelle après les onze années passées en prison comme révolutionnaire. Bien sûr, il aide réellement les Indiens, résout sans cesse leurs problèmes. Il tente d'entretenir de bonnes relations avec les autorités. Il veut gagner et sa volonté est fière. Oui, je suis bien avec lui : parler, exposer mes projets. Je me sens comprise, soutenue, sécurisée. Je lui fais confiance. Dans les rues de Puerto Ayacucho, son apparition fait lever sur les visages les plus farouches des Indiens d'Amazonie toute une aube de sourires. Son langage net, son allure résolue et tenace me séduisent.

Mais en même temps je lui en veux. Il m'empêche d'être libre. Comme d'habitude, ouverte aux rencontres, accueillante à ce qui survient. Il refuse cela : c'est lui ou les autres. Il me paralyse, mais j'ai besoin de lui. Trop souvent j'évite de croiser son regard. Et me traîne à ses côtés comme un lourd sac de pommes de terre. Pourtant j'aime vivre au milieu de sa famille. Sa mère, Mamita, dirige la maisonnée. Elle a eu six enfants de cinq pères différents. Ce sont des créoles, pauvres, vivant dans une maison de boue peinte en blanc, au toit de tôles rouillées. Je sursaute à chaque fois qu'une mangue tombe de l'arbre sur le toit. Mais j'ai pleuré aussi dans cette maison, roulée en boule sur un matelas posé à même le sol. Partir pour en finir. Partir avec les premiers Indiens rencontrés. Mais comment faire aux barrages des portes de la ville ou au port de Vénado, où se termine le réseau routier du Venezuela, ou encore sur le fleuve Orénoque? Les gardes nationaux nous refouleraient. Il me faut son aide.

Ici, tous sont méfiants, je passerais pour une espionne, ou au service d'une multinationale ou que sais-je encore? Lui répond, explique :

– C'est une amie du gouverneur, il faut l'aider à réaliser le travail qu'elle doit effectuer avec les Indiens, envoyée par l'ambassade de son pays...

L'obtention d'un permis pour pénétrer le Territoire fédéral

d'Amazonie est très difficile. Seules les équipes bien organisées et bénéficiant de sérieuses références réussissent à l'avoir. Soit, il est donné par le ministère de l'Éducation : O.M.A.I. (bureau ministériel des affaires indigènes), soit par le gouverneur du territoire. Celui-ci est considéré comme Dieu le Père. Enrique le hait mais entretient avec lui de bonnes relations, jouant au confident intime afin de l'influencer. Ce type de relations hypocrites, machiavéliques, me bouleverse. J'aime la franchise des visages. Sympathiser avec des ennemis pour « les avoir », comme dit Enrique, m'est insupportable. Je ne sais plus où donner de la tête.

Il faut donc me montrer, attirer l'attention du gouverneur, lui prouver ma passion désintéressée pour les Indiens. Lui plaire. Aujourd'hui, il doit débarquer d'avion, c'est le seul vol quotidien. Les gens importants viennent en promenade à l'aéroport, boire une bière fraîche; chacun commentant les départs et les arrivées. Près de la piste d'atterrissage, je donne au volant d'un gros camion des leçons de conduite à trois Indiens bien plus âgés que moi, mais de petite taille. Je sais moi-même à peine conduire. Depuis plusieurs années je n'ai pas touché un volant. Comment expliquer à ces hommes, ne parlant pas leur langue, à manier le levier de vitesse et l'embrayage, sachant que leurs jambes sont si courtes qu'elles n'atteignent pas les pédales? L'essentiel, dit Enrique encore, est que le gouverneur nous voie. Le bruit circulera dans la ville. De même à la Fédération indigène, j'exécute des tâches obscures de secrétariat en vue d'obtenir les bonnes grâces du président, un *Guahibo** corrompu et soûlard. Toujours briser l'image de la gringo, leur faire comprendre mes intentions, alimenter la rumeur. Mais les Indiens, eux, y sont-ils sensibles? Pourtant cette course à la référence est, paraît-il, indispensable. Il faut voir à long terme, vraiment!...

Lors du premier anniversaire de la présidence du chef d'État vénézuélien, une grande réunion d'officiels a lieu à Puerto Ayacucho dans le palais du gouverneur. J'y vais pour photographier tout ce beau monde, verre de champagne à la main. Je n'aime pas ces gens, sachant par Enrique leur corruption, leur oisiveté, alors que leur mission officielle devrait être le service des communautés indiennes. Je prends donc des photos qui seront sabotées au développement par le seul photographe du coin, jaloux de ma concurrence. Plus tard j'accompagne à Caracas, billet d'avion aller et retour payé par le gouvernement, une délégation de dirigeants indiens du territoire se rendant à un rassemblement politique en présence du ministre de l'Intérieur. Là encore je m'interroge :

– Que fais-tu là, Sonia? Toi qui rêves de jungle, d'hommes sauvages et naturels, du partage de l'authenticité! Que fais-tu donc dans ce restaurant chic au milieu de ces mannequins vêtus de soie rose artificielle, brillantinés, se nettoyant les ongles avec un petit instrument à la pointe du progrès, ou repus, se curant religieusement les dents avec des *palitos* * ? Convives reluisants! Où est donc l'enfer vert, le voyage dans le monde « dont on ne revient pas »?

Je suis à Caracas, au milieu de gratte-ciel, de taxis, dans les bruits de klaxon, l'odeur d'essence, les surchauffements de la foule, de la ville. Ce monde auquel j'appartiens et que j'avais rejeté! Heureusement, Samantha est restée en Amazonie, chez Mamita, notre famille là-bas. Elle me donne la douce chaleur de savoir que c'est mon pays.

De retour à Puerto Ayacucho, nous partons avec un menuisier, à trois heures de jeep, afin de constater l'état d'un grand bateau que le président de la Fédération indigène, Julio Jimenez, désire acheter. Il devra être transformé en épicerie ambulante, parcourant les grands axes fluviaux pour offrir aux Indiens des produits moins chers que dans les magasins. Mais bien sûr, Julio compte déjà tirer avantage de ce noble projet en entreprenant un trafic de contrebande sur le fleuve frontière, entre Colombie et Venezuela : bétail, sucre, alcool, essence, etc. Sa rapacité, copiée sur celle des Blancs, est sans égale.

Un jour, à l'unique hôtel de la ville, je rencontre un ethnologue renommé, Walter Coppens, ayant publié plusieurs ouvrages qui m'intéressent. Nous en discutons. Mais Enrique me tance vertement :

– Tu oublies le compromis que tu avais avec la Fédération indigène. L'ethnologie n'est pas bonne pour les Indiens. Tu vas détruire l'image de marque que nous sommes en train de te forger. Les ethnologues sont mal vus...

Comment discerner la vérité dans cette interdiction?

Le lendemain, il me propulse presque de force dans l'avion personnel du gouverneur, Luis Herrera Gonzalez, qui part pour la matinée faire une inspection : un projet hydraulique financé par le gouvernement. Le travail consiste à prendre un maximum de photos de cette visite pour le flatter, d'autant qu'il est rare que les fonds prévus pour le développement soient utilisés dans ce sens. Ils prennent trop généralement le chemin d'autres poches. Après trois heures de vol aller, l'inspection dure en fait quatre minutes. Durant lesquelles il ne cesse de dévorer des sandwiches et d'avaler de la bière glacée. Les Indiens le regardent impassibles, mais j'ai honte de cette grossièreté, dévorer devant eux qui n'ont rien. Le retour est rythmé par les ronflements sonores des officiels. Belle inspection! Je demeure un peu écœurée, tellement surprise aussi. Une fois les photos développées, à mes frais – investissement affectif, dirait Enrique pour piéger le gouverneur –, je vais les lui porter en cadeau. Mais chaque photo le montre, un visage déformé par la mastication. Il déteste cela. Il ne me remercie pas. Me dit qu'il les cachera tant elles sont laides. C'est pourtant bien lui que j'ai photographié pendant cette matinée...

Quelque temps plus tard, arrive une femme importante du ministère de l'Intérieur. Enrique s'empresse autour d'elle, espérant qu'en échange de son dévouement ici elle lui accordera quelque chose, faveur, aide, un jour. Il la promène toute la journée en jeep, lui ouvrant les portes, l'aidant à descendre, la comblant de glaces et de sodas, l'attendant patiemment à chaque halte. Tous ses caprices sont réalisés. Moi-même dois me montrer agréable avec elle. Pour « mon bien »! On ne sait jamais... Elle peut être utile. Tout ce réseau de contacts factices, d'influences me dégoûte. J'aime les relations vraies qui vont au plus profond de l'être. Cette toile d'araignée que tisse Enrique doit sans doute être utile, puisqu'il le fait. Il me développe sa théorie de la fin et des moyens, la stratégie politique. Je l'écoute. Il est vénézuélien et doit donc pénétrer l'âme et le comportement de son peuple bien mieux que moi. Mais rien ne n'empêche de vomir les toiles d'araignée. Toutes les toiles d'araignée du monde! Je suis l'objet d'un processus lent qui m'engloutit dans ses filets sournois, je change. Est-ce cela s'adapter à un pays, à un peuple? Je bous intérieurement. Samantha n'est pas, elle non plus, à l'aise.

Au début elle nous suit, calée à l'arrière de la jeep. Mais peu à peu elle s'énerve :

– Combien de temps allons-nous rester ici? J'ai chaud. Pourquoi Enrique descend-il? Que fait-il? On attend quoi?

Elle s'ennuie. Et comment répondre à ses questions alors que moi-même je n'en sais rien. Je tente de la calmer. J'ai mauvaise conscience de lui faire mener une vie qu'elle refuse autant que moi. Je gaspille son temps. Je ne le supporte pas. C'est alors qu'elle s'organise une vie différente de la mienne. J'en suis heureuse et triste à la fois. Comme j'aimerais la suivre dans sa vie libre de découvertes! Elle part à l'aventure dans les faubourgs, traînant une boîte de sardines vide dans la poussière au bout d'une ficelle, aménageant des épaves de véhicules avec Torito, un petit garçon du quartier qui lui prête une roue de vélo à pousser avec un bâton en courant. On lui donne un œuf frit ou une mangue pour le déjeuner. Elle me gardera toujours celle-ci pour me l'offrir en cadeau le soir. Elle se débrouille, sachant que je reviendrai toujours dans cette maison puisque mes affaires y sont. Elle devient aussi l'amie de la petite sœur d'Enrique, Betzabel, vingt-deux ans, avec laquelle elle part vivre. Elles ont leur vie, dorment ensemble, se promènent nuit et jour. Elle semble être contente, mais parfois en me retrouvant, sans se plaindre, elle éclate en sanglots. Elle me demande :

– Maman, quand repartirons-nous voyager toutes les deux seules ?

Ma petite fille nomade, depuis si longtemps sur les routes, je m'interroge : est-ce que je gâche ta jeunesse ?

Je me rends compte qu'Enrique se sert de moi aussi pour se rassurer. Il s'affiche avec moi, surtout pour l'opinion flatteuse que les gens auront alors de lui :

– La reporter française qui a l'air si gentille...!

Il me guette dans chacun de mes rapports avec les autres. Il tue à petit feu l'essence même de mon être : la disponibilité au monde. L'imprévu qui surgit me fait tressaillir et m'emporte dans un tourbillon étincelant de découvertes. Tant et si bien qu'un jour il me dit :

– Choisis : ou tu continues à travailler avec moi, avec la Fédération indigène, avec le gouverneur, ou tu continues ta vie seule, en stop. Ce sont deux options totalement opposées. Donne-moi ta réponse.

Je suis piégée. J'ai peur de ses relations, de son pouvoir. Il peut me desservir comme il peut m'aider. La puissance de son réseau d'influence me semble absolue. Alors il faut le suivre, vivre à son rythme, l'écouter, l'écouter sans cesse. Mais ma vie ?

Et chaque matin, je me lève pour vivre une autre vie que la mienne. Sonia sans corps ni âme, une autre... Et mon reportage sur l'Amazonie ? Je suis là à balayer la chambre d'Enrique, la révolte ancrée dans le cœur, amère et sans vie, tandis que je croise tous les jours dans la ville désertée par la semaine sainte des touristes allemands, hollandais en jeep, des bandes d'amis en expédition, partant pour la proche forêt et les villages immédiats où les permis ne sont pas nécessaires. Je me sens envieuse, jalouse. Ainsi, je rencontre un couple de Français qui viennent d'acheter cinq mois de nourriture. Ils louent un avion qui les déposera en pleine nature. Tous ces gens partent, ils verront des Indiens, vivront parmi eux. Et moi? Est-ce parce que je le désire trop que cela m'est interdit? Je perds ma route. Il me semble me dissoudre. Enrique a beau me rassurer, expliquant qu'ils ne verront que des Indiens déjà occidentalisés et que lui tente de m'obtenir des autorisations qui me permettront d'aller beaucoup plus loin, là où l'influence des Blancs est inconnue.

Heureusement, il y a Samantha. Samantha et sa page quotidienne d'écriture. Je m'efforce à la patience. Elle rechigne souvent mais je m'y accroche. C'est ma bouée de sauvetage. Le travail de la petite fille m'évite de pleurer. De m'arracher les tresses. D'enfoncer mes ongles dans mon visage. Nous oublions, dans cette concentration, les mouches, l'atmosphère lourde, la transpiration moite sur la table. Mais dès que cet effort est achevé, ma honte d'accepter cette attente me ressaisit. Je n'ose plus regarder les humains en face. Mon regard fuit le monde. Je suis sur un tapis de verres tranchants, une planche de fakir. Mais je ne suis pas fakir. Je veux vivre. Je suis Sonia, celle qui veut aller chez les Indiens, loin. Partir. Et partir encore. Il n'y a pourtant pas de mur à l'entrée de la forêt. Mais je me heurte à une paroi encore plus haute, ma tête y cogne en plein : l'obtention de mes permis dépend d'Enrique. Et sa phrase cauchemar revient sans cesse :

– Si tu fais autre chose que ce que je te conseille, je ne peux plus rien pour toi...

La Fédération indigène me demande d'ouvrir et de m'occuper d'un laboratoire photo. Mais je ne suis pas une technicienne du développement. Il est dur de le leur faire comprendre. Je suis reporter libre, je veux photographier à l'affût de ce qui vit. Alors m'enfermer dans une chambre noire, non! Je tente de m'intégrer aux activités socio-politiques des Indiens dans la ville. Ainsi, chaque matin, à six heures, des indigènes se rendent au domicile du gouverneur. C'est une initiative d'Enrique. Ils peuvent ainsi exprimer au « seigneur » du territoire leurs nécessités avant que celui-ci ne se noie dans ses occupations. Certaines de ces rencontres portent des fruits.

Aujourd'hui, un chèque est remis aux dirigeants indigènes pour ouvrir un *Central de Mercadeo* *. Ainsi, on évite à l'Indien de perdre son temps sur les trottoirs de la ville, de s'y faire rouler par les créoles et les Blancs. Mais cette heureuse initiative ne tient pas devant la rapacité du président de la Fédération indigène. En effet, celui-ci vole tout bonnement la caisse. L'Indien ne peut que reprendre, comme depuis des siècles, le chemin du marché, le samedi matin, entre cinq heures et neuf heures. Le gouverneur, ce matin-là, y promène de riches amis de Caracas.

– Combien ton panier? demande-t-il paternellement en donnant à l'Indien une accolade.

– Trente bolivars.

– Hein? Mais que veux-tu faire de tout cet argent? explose le gouverneur dans une cascade de rires. Tiens, voilà dix bolivars. Je suis ton ami, hein? s'exclame-t-il royalement.

L'Indien tourne la tête, absent, aérien, soudain ailleurs. Dans ses yeux, ni rage, ni mépris, ni vexation. Dans ses yeux, des espaces ouverts où coulent les fleuves secrets de la forêt. Dans ses yeux, l'immense indifférence à cette apparence de vie qu'est la ville. L'Indien, d'un pas lent, longe les *tiendas* *. Il évite les débordements des étalages. La hargne des propriétaires qui le chassent, rient à son passage, le pressent. Chaque commerçant tente de lui arracher son billet, lui proposant des objets, baragouinant en langue tribale la seule question qui les intéresse :

– Combien as-tu d'argent?

Et s'il a faim, l'Indien achètera une *arepa* * et une boisson. Tout le gain fond. Le travail de plusieurs semaines s'évanouit. Il ne reste rien. Il reste les yeux de l'Indien indifférent, impassible, qui voit au-delà de la foule une réalité qui nous échappe.

Une autre conquête est l'ouverture du *Corpo-Mercadeo* *. Inaugurée par le gouverneur, cette épicerie procure des articles moins chers qu'ailleurs. L'idée est bonne, une partie du budget d'aide aux indigènes y est consacrée. Les photos que je prends, le montrant à côté de l'évêque en aube immaculée bénissant à coups d'encens l'édifice, lui donneront bonne conscience. Elles le conforteront dans son rôle doucereux de protecteur. Pourtant, le magasin est situé dans un endroit presque inaccessible pour les Indiens, à l'extérieur de la ville, sans moyen de transport public. Et est-ce toujours la bonne solution de rompre les Indiens à nos habitudes gustatives : thon, ketchup ou haricots blancs en conserve, même si cela est moins cher qu'ailleurs? En fait, l'épicerie servira surtout aux employés du gouverneur qui viendront s'y ravitailler à meilleur marché, eux qui reçoivent déjà les salaires les plus élevés du territoire. Donc, aujourd'hui, le gouverneur trône, souverain, sans sandwich dans la bouche pour une fois, mais avec toutes ses chevalières d'or et de diamants. Il arbore même un petit collier de graines rouges, production locale! Le même soir, une fête réunit chez lui quelques intimes. Guirlandes, lampions, charcuterie et vins français achetés à prix d'or pour divertir les nantis de la ville pendant que des Indiens aux yeux luisants, vêtus des défroques rapiécées de ceux qu'ils regardent, derrière une haie, contemplent cet « heureux événement », le ventre creux, le corps malade, silencieux, dans le bruissement des insectes et le scintillement de la fête.

Toujours est-il que le gouverneur finit par signer une lettre rédigée par Enrique me confirmant : « Responsable du service d'information et de presse du C.E.T.I. *, « Conseil Exécutif Territorial Indigène ». Enrique obtient aussi que le président de la Fédération indigène signe une lettre me certifiant : « Responsable du service de presse et de documentation photographique d'archives de la Fédération indigène du Territoire fédéral d'Amazonie du Venezuela. » Je gagne! J'exulte!

Pourtant deux drames dont mon ami est coutumier viennent encore assombrir ces jours. D'abord ma rencontre brève mais chaleureuse avec un jeune Anglais à l'aéroport. Il revient de plusieurs mois parmi la tribu Makiritare *. Mille questions se croisent. Nous échangeons nos adresses. J'ai de nouveau droit à une scène :

– Si tu veux aller avec cet anthropologue anglais, va! Je ne mets pas d'obstacles à ta liberté! Mais tout est terminé entre nous. Débrouille-toi. Il travaille pour l'espionnage, les multinationales. Il est très mal vu des créoles comme des indigènes. Tu te brûles en parlant avec lui devant tout le monde. Tu viens de briser des semaines de patience pour te faire accepter. Tu préfères l'aide des Européens à la nôtre, Sud-Américains. Vous les Européens, vous vous êtes toujours crus supérieurs à nous...

Son injustice et son exclusivité machistes sont trop criantes. Je crie, je me révolte. Une autre crise semblable se déroule lorsque je salue au palais du gouverneur le photographe attitré. Je lui serre la main brièvement au passage, en le croisant, établissant ainsi un contact plus amical avec lui. J'explique que ma concurrence et ma présence ne sont que temporaires. Enrique violemment m'insulte. Moi qui pensais avoir assimilé ses leçons : pactiser avec les ennemis pour obtenir le maximum. Je suis éberluée. Mais mes bagages sont faits.

3.

Le rapt de Joli-Cœur

Mai 1980, enfin ce que j'attendais depuis deux mois approche. L'extrême récompense de tant d'efforts. Le président de la Fédération indigène du Territoire fédéral d'Amazonie part bientôt en expédition à l'intérieur du pays pour visiter de nombreuses communautés, différentes tribus, inviter les chefs à un grand rassemblement, afin d'établir une solidarité entre eux et de leur faire prendre conscience de la force qu'ils représentent. Je suis à l'affût de ce départ, trouée d'air frais dans ma vie ici qui m'insupporte. Surtout première concrétisation sur le chemin de mon rêve, symbole de ma volonté. Pourtant ce départ semble retardé. Rien ne bouge, nulle préparation? J'attends donc de plus en plus avide. Tous me répètent la chance d'entreprendre ce premier voyage avec le président de la Fédération, c'est-à-dire sous couvert d'une activité concrète de participation à l'actualité indigène.

Le président, Julio Jimenez, ne m'inspire qu'une sympathie restreinte. On le dit voleur, tricheur, malin, profiteur, violeur de surcroît. Il ne semble de fait pas préoccupé par le sort de ses frères. C'est dans cet état d'esprit, la gorge serrée par un passé récent et par la description du futur, que Samantha et moi nous nous retrouvons debout à l'arrière d'un camion en cette fin d'après-midi brûlante, roulant vers le port de Venado puis vers *la Boca del Sipapo.* A nos côtés se tient la belle-sœur du président, Helena, qui lui servira selon son expression claire de « dépôt-à-spermatozoïdes ». Me voilà déjà au moins délivrée d'une peur!

En pleine nuit, nous nous arrêtons au milieu de quelques baraques de palmes juxtaposées. Julio appelle dans le noir. Il exige qu'un homme se lève pour nous servir de *motoriste* * jusqu'à Santa Rosa de Orinoco, prochaine communauté sur le fleuve. Il fait une nuit sans lune. Adieu les rêves de photos sur le début du voyage! Je crains un peu que nous ne naviguions que la nuit... Ce serait le comble! Il est bizarre de pénétrer en pleine obscurité cet univers pour la première fois. Nous voici tous entassés sur une petite pirogue instable, alourdie encore du chargement. Heureusement, Samantha sait nager... Je me tiens prête en effet à me retrouver dans l'eau d'un instant à l'autre. Ma petite fille, quant à elle, se laisse glisser à force de bâillements vers le sommeil, profondément pelotonnée contre mes jambes, épousant déjà la forme arrondie du fond de la *curiara* *, où l'eau s'infiltre. J'envie son abandon, sa douce inertie dans ce voyage solitaire. La vie prend une autre dimension ce soir. Que le fleuve est impressionnant la nuit! On ne distingue plus rien, ni berges ni même le lit de l'Orénoque. Il paraît qu'il y a des tourbillons un peu plus loin. Avant de monter, il a fallu transvaser l'essence du réservoir du camion dans celui du petit moteur de la *curiara*.

Que sera ce voyage? Après ces mois vécus dans le dégoût de moi-même. J'espère que ce départ va me purifier l'esprit, m'ouvrir à la clarté dont j'ai besoin. Chaque confluent du fleuve est pour moi un appel. Je voudrais les connaître tous. Quelle joie, remonter lentement ce fleuve long, gros de découvertes à venir. La vue monotone de la forêt secrète est comme dérobée à toute pénétration, juste jalonnée de loin en loin par des *cerros* *, dômes de roches nues. Seule enfin avec ma fille, belle Samantha. Seules, c'est-à-dire sans « les nôtres », sans ceux à qui nous ressemblons, au milieu d'un peuple dont nous désirons faire connaissance. Ce trajet durera douze jours. A chaque communauté nous nous arrêtons : Santa Rosa de Orinoco, Capuana, Marano, Jalissa, Primavera, San Fernando de Atabapo, Minicia, Makuluko, San Antonio, San Juan, Esmeralda, Kiritare, Tama-Tama, Boca Metacuni. Le long de l'Orénoque, rien à première vue ne distingue les villages d'un quelconque hameau à l'intérieur des terres vénézuéliennes. Ce sont les mêmes cases rectangulaires, aux murs de pisé, rangées les unes à côté des autres, face au fleuve, près d'une plantation de yucca, d'ananas ou d'une petite bananeraie. Cela manque un peu de « pittoresque », d'« exotisme », dirait un Européen, mais cette absence frappante masque le visage particulier de chaque tribu que nous rencontrons : Guahibo, tribu du président, Piaroa *, Piapoco *, Yéral *, Makiritare, Yanomani.

La pirogue passe. On rejoint déjà l'étape suivante, et je n'ai fait qu'apercevoir, frôler ces hommes et ces femmes. Leur aspect physique est identique. Les mêmes guenilles couvrent tant bien que mal leurs corps bronzés. Pourtant, j'éprouve une attirance irrésistible : aller à eux, connaître leurs dieux, leurs familles, voir les pères de là-bas. Ces jours attisent mon désir d'approfondir, augmentent mon envie, moi qui ai tant l'impression de ne rien savoir d'eux. C'est une sorte de malaise. La superficialité des contacts due au temps limité enlève à ma joie. Néanmoins, ce voyage officiel me permet de repérer les lieux, de me familiariser avec le Territoire amazonien, le milieu ambiant.

Chaque jour nous nous arrêtons en établissant le camp soit sur des bancs de sable, soit sur de chaudes pierres, car nous sommes en saison sèche. Parfois, nous sommes hébergées par le maître d'école ou le commissaire du village, c'est-à-dire le chef désigné par le gouverneur. Une fois même, nous avons dormi dans une chapelle en béton en pleine jungle : beau contraste! J'apprends à repérer les pièces pourvues de crochets à hamacs, ou les poutres autour desquelles je dois lancer agilement un bout de corde, aveuglée par la boue sèche qui tombe en nuages. Il faut viser les yeux fermés.

A notre première halte, dans le soir qui descend, des gardes nationaux, ivres, arrivent, cherchant querelle à propos de l'essence que nous transportons vers le Haut-Orénoque. Ils scrutent les papiers officiels d'autorisation. Ne les jugeant pas en règle, ils prétendent confisquer l'essence, garder en prison certains habitants de la communauté, spécialement des femmes. Décidément, ici, chaque parcelle d'autorité tend à se transformer en tyrannie.

Le lendemain nous avons la chance de débarquer au sein d'une communauté en fête. Dès notre arrivée, nous dégustons le *guarapo* *. Chacun danse, les pas soulèvent une atmosphère lourde de poussière. Des mélopées retentissent. Bras dessus, bras dessous, tous tournent et rient. Les femmes arborent un collier de perles bleues, les hommes un collier fait de dents d'animaux sauvages. Une boule noire y pend, elle renferme « la bonne chance ». Des *maracas* * s'animent. Ils éloignent les mauvais esprits. La boisson fermentée et fraîche soûle délicieusement. Il est dur de regagner sa pirogue!

Nous nous arrêtons ensuite sur la rive opposée, en Colombie. Là se dresse une épicerie sur pilotis. Tous se ruent sur les bonbons et autres cocas frais. Julio, lui, toujours âpre, négocie la vente d'un de nos tambours d'essence, d'huile à moteur, de caisses de corned-beef, de lentilles, de farine. Autant de denrées obtenues gratuitement du ministère de la Santé pour les Indiens. Le voici riche de sept cents bolivars [1], de hamacs, moustiquaires et biscuits... A San Fernando de Atabapo, il nous faut encore montrer à la garde nationale les permis : la *guia* *, justifiant l'itinéraire et donc la quantité d'essence. Sauvage pays, si bien gardé!

Par une belle fin d'après-midi, nous voguons jusqu'à une petite plage. Le *motoriste* abat des branches pour y fixer nos hamacs et les moustiquaires. Une nuit, les pieux plient, Samantha me suit dans ma chute et nous atterrissons dans le sable l'une sur l'autre. Nous émigrons alors sur le bateau où nous nous casons à tâtons, entre des sacs de riz et les bidons d'essence. Seule la pluie viendra nous réveiller.

Souvent le bateau s'ensable. Les hommes descendent alors et poussent malgré le danger que représentent les raies aux piqûres électriques. Le choc est violent et la douleur persiste plusieurs jours. Lorsque ce n'est pas le sable, ce sont des bancs de pierres ou des arbres en travers, invisibles, qui freinent notre avance. J'apprécie de plus en plus la cuisine d'Helena et le fait que ce soit elle qui s'en charge. Elle cuit par exemple du riz, des morceaux de porc, des *arepas*, galettes de semoule, du chocolat chaud, des bananes frites à l'huile, du lait en poudre pour nourrissons, du fromage frais venu de Colombie, de merveilleux dîners mijotés au feu de bois pour lesquels on égorge une poule supposée nous nourrir durant plusieurs jours.

Le temps est souvent gris, lourd de grosses averses violentes. Le tonnerre nous accompagne quotidiennement. Puis le soleil réapparaît, tellement chaud qu'il semble n'être qu'un bourdonnement d'abeilles. Nous dépassons des femmes faisant leur lessive sur les *lajas* *. C'est une nouvelle communauté. Le soir les hommes jouent aux dominos au son d'un vieil électrophone où passent sans fin des disques créoles rayés. La *planta electrica* * ronronne, le chef d'un village passe, ivre, titubant. Le temps de vivre est doux. Le jour les hommes vont cueillir le *seje* * sur le haut des palmiers. Ces fruits ont un gros noyau au centre, on les pile pour obtenir une boisson succulente. De grands aras aux longues plumes rouge et bleu se promènent librement dans le village. Des hommes réparent une toiture. Des femmes et des enfants, à l'aide de bâtons, font la chasse à une couleuvre cachée dans les palmes d'un mur. Résonnent des cris de joie, de peur. D'autres hommes fabriquent des *mapire* *. On tue un cochon pour l'emporter sur notre bateau. Des femmes passent portant un *waturo* * ou *catumare* *, de palmes tressées. Une petite

1. Un bolivar égale un franc français.

fille embrasse le bec d'un perroquet. Un vieillard, tas d'os amassé dans un hamac, se balance. Des pousses de *yucca* * attendent leur repiquage dans le verger, elles rejoindront les tentatives de réimplantation de la culture du caoutchouc. Tout est lent, si lent et tellement doux à mes yeux. Je bois enfin la vie. Julio échange des provisions contre un régime de bananes sucrées jaunes et un autre de bananes vertes à cuire.

Samantha, sur le bateau, se réveille tard. Elle continue son travail d'écriture, tout en piquant de sérieuses colères contre moi. Je tente de la stimuler en lui promettant des récompenses. Par exemple, elle veut absolument un arc et une flèche pour être comme les autres petits enfants. Nous prenons notre bain seules dans l'Orénoque. C'est l'instant du charme. Il est exquis de s'habituer à d'autres contacts avec la nature. Les feuilles, la boue, les petits poissons nous frôlent alors que nous savonnons nos corps nus dans la légère brise du matin. Ensuite, c'est la vaisselle, dans le fleuve aussi. La jungle est constamment présente quand on se risque un peu sur les berges, et si peu accueillante : les lianes, les bruits... Les heures du soleil inclinent l'ombre des arbres. Le fleuve est sans cesse le même, c'est-à-dire différent et beau, large, majestueux, bordé d'arbres gigantesques. Il frappe devant et derrière moi au loin par ses limites nettes, couloir de ciel qui ne semble finir qu'avec l'horizon. A chaque instant, la forêt s'engouffre dans ses eaux, se referme sur lui, et dévore la trajectoire du soleil. Les berges ressemblent à des plaies béantes de la terre. Dévorées et étouffées par les boues de l'Orénoque. Les arbres se bousculent sauvagement pour atteindre la lumière, ivres et assoiffés. La rive laisse entrevoir de grosses racines tentaculaires, incrustées, comme suspendues au-dessus de l'eau. J'en perds la parole. Ma vue se heurte avec douceur à ce mur de verdure qui projette de grandes ombres sur l'eau. Parfois, l'Orénoque ne reflète rien. Nous sommes loin des lacs, des eaux tranquilles des autres régions, miroirs qui renvoient à la berge sa politesse. Je vois l'eau de l'Orénoque sombre, terreuse, riche, aguichante et dangereuse. Elle est grosse de pluie et de mort. Elle fertilise et elle pourrit. Elle nourrit et elle tue. Ce fleuve révèle ici l'impénétrable masque dont la forêt se pare. Obscure forêt qui m'attire et me fait peur en même temps. Cette ligne rassurante du voyage ne me suffit pourtant pas. Mon ventre palpite à l'appel intérieur de cette forêt. Elle m'invite à quitter la sécurité du fleuve. C'est ma première remontée.

Samantha fait parfois elle-même cuire sa nourriture. Ni l'une ni l'autre n'échappons toutefois à de magistrales coliques. Je la peigne, ma petite fille aux longs cheveux, et ne sais que faire pour diminuer ses démangeaisons. Elle pêche la nuit jusqu'à cinq poissons. J'aime la regarder vivre, libre et fière dans un monde à la mesure de mes espoirs.

Nous faisons une escale au quartier général des missionnaires américains. Quel étrange contraste : ces maisons de béton après ce que nous venons de voir, ces êtres humains policés au cœur de la forêt! Ils écrivent dans les dix-sept langues tribales des ouvrages destinés à porter la bonne parole, le message du salut aux Indiens. Je ne peux évidemment pas m'en procurer. Leur méthode de catéchèse scientifique est déconcertante. Fruit de « brainstorming », ces missionnaires sont formés par l'« Institut de linguistique d'été » à San Fernando de Apure, édifice mystérieux entouré de hauts murs couronnés de barbelés et de verre pilé. Ils y apprennent dans des cours intensifs de plusieurs mois les langues tribales, et sans doute bien d'autres choses. En dehors d'eux, nulle information ne circule sur les problèmes linguistiques des Indiens vénézuéliens. Mais ils sont si avares de renseignements qu'il est impossible de ne pas prêter l'oreille à la rumeur populaire qui voit en eux des agents américains préparant les communications secrètes grâce à un matériel sophistiqué et d'une puissance bien supérieure aux besoins de l'évangélisation de la jungle, lors d'un prochain conflit mondial ou local. D'où sans doute leur extrême réserve et leur hostilité dure à toute curiosité.

Nous arrivons au premier village Yanomami. Ils sont là, nous touchent, veulent nos habits. Au milieu des rires, une multitude de mains agiles et indiscrètes nous envahissent. Il y en a partout, qui palpent nos épaules, nos membres, nos sacs en bandoulière. Nous échangeons avec eux toutes les gammes existantes de sourires. Les femmes poussent des petits cris, des gloussements de poules effarouchées. Quelques-unes nous lancent des ordures. Un jus noirâtre coule aux commissures des lèvres des adultes. Entre eux ils se tiennent par le cou, s'épluchent mutuellement la chevelure, la peau. Sans cesse leur corps cherche le contact avec celui d'autrui. Cette affection sans commune mesure avec celle que l'on vit en Europe me donne une leçon de bonheur. L'émotion de la rencontre est d'autant plus vive que physiquement ils impressionnent. Je savoure cette situation sans l'ombre d'une inquiétude. C'est tellement bouleversant. Avoir réussi à combler ce gouffre qui aux yeux de tous nous sépare. Tout le reste me paraît dérisoire, y compris mon propre rôle. Ils sont nus. A la main, juste leurs arcs et leurs flèches de taille gigantesque. De longs cris variés rayent l'air. C'est beau. Je suis conquise. La joie de vivre et la bonne humeur règnent. J'étais errante et désorientée. Je rencontre l'accueil. Samantha semble retenir particulièrement leur attention.

Soudain au milieu de cette confusion mon sang se glace. Samantha a poussé un cri de détresse :

– Mammaaaaan, Mamaaan.

Tout bascule pour moi.

– Mamaaan, Joli-Cœur, Joli-Cœur est parti!

Mon sang reflue. Je me tourne vers Samantha. Tous, sidérés par le hurlement sorti de cette petite fille blonde, se figent, immobiles, comme pétrifiés. Un silence lourd, complet, s'abat sur les grappes humaines. Le regard de chacun interroge.

– Quelqu'un a volé Joli-Cœur!

Joli-Cœur est un petit phoque blanc, en peluche. Samantha ne le quitte jamais depuis qu'il y a deux ans un journaliste noir, M. Joli-Cœur, à l'hôtel Oloffson de Port-au-Prince, Haïti, le lui a donné. Lui racontant qu'il l'avait lui-même reçu en cadeau de la reine du Danemark! Anxieuse je regarde à la dérobée les mains de ceux qui nous entourent. Je ne vois pas Joli-Cœur. Levant la tête, j'aperçois à l'autre bout du village trois hommes accroupis. Ils semblent protéger de leur thorax un animal. Ce sont des guerriers. Leur corps est musclé, mis en valeur par les colliers de perles et des peintures corporelles. Au même instant les Indiens autour de nous se précipitent, reformant l'attroupement effervescent autour des trois hommes. L'un d'eux se dresse. Des cris attendris font résonner l'air chaud de midi. Il porte, glissé dans une lanière en écorce de bananier, contre sa poitrine peinte, transpirante, poussiéreuse : Joli-Cœur! Celui-ci, déjà bien intégré dans la tribu, regarde le monde paisiblement, de ses grands yeux de verre, éternellement étonnés. La peinture a coulé un peu sur lui. Le voilà déjà Yanomami! Tous tentent de le caresser, le dorloter, le bercer. Chacun essaie d'attirer son attention par des petites phrases tendres. Les cœurs sont émus par la découverte de ce nouvel animal qu'ils croient vivant. Leur tendresse naturelle recouvre rapidement de ses chaudes vagues la petite communauté. Certains même lui proposent déjà à manger des morceaux de bananes cuites. Samantha à l'écart est effondrée. Elle pleure des torrents de larmes. Je me rends compte que soit Joli-Cœur est intégré pour toujours à cette tribu Yanomami, soit je réussis à le reprendre avec nous, enfant prodigue. Mais cela m'est impossible. Les Indiens sont déjà prêts à défendre et à protéger le nouveau membre du clan! Je dois demander à Julio Jimenez de nous aider. Lui, au nom de son autorité de président de la Fédération des Indiens du Territoire fédéral d'Amazonie du Venezuela, après des palabres interminables devant le village accroupi et particulièrement attentif, tente de les convaincre avec diplomatie de rendre le petit frère de Samantha! Le petit phoque réintègre les bras en berceau de ma petite fille et je regarde, médusée, le village entier s'effondrer de tristesse. Les enfants pleurent, les femmes se lamentent, même les hommes se désolent. La pirogue s'éloigne. Je vois tous les habitants de cette communauté regroupés sur la berge donnant un dernier adieu à leur nouvel ami, Joli-Cœur. C'est ma dernière vision de notre première rencontre chez les Indiens Yanomami.

Après cette dernière étape, nous rebroussons chemin, objectif du voyage atteint, et descendons l'Orénoque. Pour moi, celle-ci s'effectue en hors-bord, en quelques heures jusqu'à Isla-Raton, près de Puerto Ayacucho, car j'accompagne Julio Jimenez. Quant à Samantha, elle redescendra avec la lourde pirogue accompagnée d'Indiens et surtout de Yanomami, réputés les plus sauvages. Je l'imagine, seule, dans un voyage qui durera plusieurs jours. Je l'imagine et j'aime cette poésie de ma petite fille de sept ans, là-bas, avec son oiseau vert sur l'épaule, son hamac, seule, au milieu d'une douzaine d'Indiens, son *catumare* dans lequel elle a mis ses réserves de *casave* *, de manioc, et de bananes vertes. Seule dans la vraie vie avec ces « gens bien ».

Les jours suivants, se déroule la réunion que Julio Jimenez a préparée durant ces douze jours. Je suis chargée d'accueillir et d'enregistrer les noms de chacun des participants. Cela me permet de faire leur connaissance. Ils sont environ au nombre de trois cents. Pour cela je me tiens, à toute heure du jour, dans la boue du port d'Isla-Raton, à attendre les nouveaux venus. Un matin, j'ai la bouleversante joie de découvrir dans une pirogue ma petite fille Samantha au milieu de corps bruns. Tous sur la berge s'étonnent et s'attendrissent devant cette Indienne si petite et aux cheveux blonds! En effet les Yanomami sont connus pour leur sauvagerie, et même les Indiens plus civilisés les craignent. Ils ne confieraient certainement pas un enfant à leurs soins attentifs pour plusieurs jours. En m'embrassant après cette séparation, parmi mille nouvelles à m'apprendre, la première qui bondit à ses lèvres est :

– Maman j'ai perdu ma première dent.

Elle me tend celle-ci enveloppée dans une petite feuille de bananier où elle l'avait placée, imitant spontanément les gestes de ses compagnons de voyage.

Ma petite fille ne parle qu'anglais. Je lui réponds dans cette langue, quand soudain un homme s'approche de nous et violemment me demande si je suis missionnaire américaine. Je me rends donc compte de l'hostilité de plus en plus marquée que ceux-ci suscitent dans le territoire. Et la haine que certains Indiens leur portent.

De retour à Puerto Ayacucho, Samantha et moi restons quelque temps au calme. J'écoute de la musique, genre slow. Je rêve. Des vibrations m'emplissent. Raconter à un cavalier aussi séduisant qu'imaginaire ma vie au bord de la jungle avec un guérillero. Je suis enrichie de la vision d'un monde différent du nôtre. Mais cet univers, je l'ai juste entrevu. Cette autre nature, je me promets de la voir, non plus en spectatrice, mais de la connaître, de découvrir et de comprendre sa réalité. C'est pourquoi je retournerai. C'est pourquoi je remonterai dans le Haut-Orénoque. Je regarde les objets indigènes rapportés de ce court voyage. Le bonheur est en moi. Puerto Ayacucho me paraît si pâle, alors. Tellement loin de mes préoccupations. Maintenant, je sais qu'après avoir rencontré les Yanomami, avoir bu l'air du Haut-Orénoque, il nous faudra repartir. Chaque avion dans le ciel me rend jalouse. Repartir en forêt.

4.
Démarches dans la moiteur des villes

Je suis à la croisée des chemins. Trois possibilités s'offrent à moi. Me rendre à une Convention de tous les gouverneurs du Venezuela, y vendre mes bijoux et autres objets d'artisanat glanés, soit aller à Caracas faire développer les cinquante pellicules de photos que je viens de prendre, soit enfin chercher une occasion de bateau pour repartir vers les Yanomami. J'opte pour la première solution qui échoue, car les indigènes renoncent au projet à la dernière minute. Je n'aurais dû écouter personne. Y aller, si telle était ma volonté, comme au Canada, comme lors de mes voyages, où la seule règle est mon indépendance. Je me décide alors pour Caracas, obtenant un billet aller et retour payé par le gouvernement.

Enrique par sa simple présence gêne les échanges que je pourrais avoir. Dans un café, j'aperçois Jacques Lizot, anthropologue qui vit depuis quinze ans dans la zone où je souhaite aller. Je le connais par ses ouvrages. Il est français. J'aimerais tant lui parler, l'écouter. Il a une très mauvaise réputation au Venezuela, auprès de ce peuple machiste, car on prétend qu'il est homosexuel et que seuls les Indiens l'acceptent. Mais l'interdiction d'autant plus ténue d'Enrique me paralyse. Mon ami me demande, le jour du départ vers la capitale, d'emporter toutes mes affaires :

– C'est fini entre nous, dit-il.

Il nous dépose à l'aéroport deux heures à l'avance. Je suis là, le regardant partir, debout au milieu de mon *coroto* *, dix paquets énormes de nos bagages. C'est de l'artisanat accumulé en vue de le revendre. Seul moyen de subsister que j'ai pu inventer. J'ai la gorge bondée de larmes. Il va sans doute y avoir un supplément de poids. Et je n'ai plus d'argent. Dans une jeep cahotante arrivent des membres de sa famille. Sa mère, ses sœurs. Elles me glissent dans les mains des billets pliés en tout petit. Elles m'étreignent. L'émotion est grande. Enrique réapparaît mais l'avion nous emporte.

A Caracas, l'anxiété m'envahit. Nous ne pouvons parler. La tristesse est sur mon visage. Où aller dans cette grande ville inconnue? Nous n'y avons pas d'amis. Avec nos dix paquets, en plus! Pourtant c'est une vie nouvelle qui commence. Nous allons à l'Institut vénézuélien-français y déposer nos bagages devant ses portes closes. C'est une maigre sécurité, car ils peuvent être volés. Mais où dormir? Je téléphone à la présidente de l'association Fundavai (association privée d'appui aux Indiens). D'abord, elle me déclare que nous pouvons dormir dans son bureau, puis se ravise, me fait donner de l'argent pour deux nuits d'hôtel. A six heures trente, ce soir, il y a un spectacle à l'I.V.F. Je compte m'y rendre pour me renseigner sur la possibilité d'y stocker nos affaires, et pour y rencontrer quelqu'un pouvant peut-être nous aider. Nous sommes, en attendant, dans la rue, lourdes de fatigues, d'absence. Il faut que je retrouve ma lucidité. Ma personnalité a été comme lessivée par Enrique.

Une heure avant le début du spectacle, nous voici installées derrière un petit étalage de bijoux de style Navajo, créés par moi, et de sarbacanes. Qui viendra nous les acheter? Il y a tellement peu de public. Samantha est ravie. Nous revenons plusieurs soirs et nous passons un accord avec Manolo, un jeune Noir, barman et concierge de l'Institut, pour qu'il nous laisse dormir dans les coulisses du théâtre. Dans le plus grand secret. Samantha et moi jubilons. Notre vie errante reprend son sens, sa réalité. Une grande excitation règne. Samantha se dissimule dans les coulisses et dévore des yeux la chanteuse en tenue léopard. Elle aide Manolo, qui la comble en échange de croque-monsieur chauds et croustillants. Enfin, je respire, et m'organise pour gagner de l'argent. Les trois expositions que je viens de faire étaient bénévoles, ainsi que tout le travail effectué à Puerto Ayacucho pour la Fédération indigène. Susciter des contacts. Reprendre ma vie en main. Nous restons à Caracas un mois et demi.

Il faut d'abord penser au développement des photos. Je compare les prix de tous les magasins de la ville. La télévision vénézuélienne se charge, à force d'insistance, de la réparation des appareils. Je contacte les collèges français et allemands, l'association des parents d'élèves, Caracas-Accueil. Nous vendons nos objets d'artisanat à la sortie des écoles, puis à leur fête de fin d'année. Nous serons même invitées à dîner au restaurant par le directeur du collège français. Je suis intimidée et heureuse. Nos journées se résument souvent en un parcours des bureaux du gouvernement où je présente des albums que j'ai confectionnés avec les mille huit cents photos prises dans la forêt. Je tente de les vendre en attirant la sympathie des gens que nous rencontrons. Il nous fait faire bonne impression, mais le résultat est là. Ça réussit. Je vends des photos à un journal de la « Procuraduria Agraria Nacional », cent bolivars pièce, justifiant le prix par la difficulté des conditions là-bas. Finalement, mon travail est respecté. Un colonel du ministère de la Défense m'achète aussi des photos en grande quantité, des femmes nues, des Indiens avec des armes, mais à un prix dérisoire, trente bolivars pièce. Je ne me rends pas compte du niveau de vie, débarquant de la forêt où tout est si pauvre.

Mais toujours il faut attendre, patienter, revenir et négocier. Ces « messieurs importants et comme il faut » m'impressionnent. Nous visitons de nombreuses galeries de photos pour d'éventuelles expositions. Je rêve devant chacune d'elles : les officiels, les invitations, les légendes que je me souhaite. Je fais provision de films, pellicules, piles, cassettes, ainsi que tout le matériel pour une chambre noire que j'installe dans une loge d'acteur. Je m'y enferme longtemps, absorbée par le développement de quantité de photos, toujours dans le but d'exposer. C'est-à-dire de partager ma vision, de témoigner mon amour pour ce peuple maltraité, méprisé, mal jugé.

J'obtiens un contrat de travail au ministère de la Défense. Partir six semaines faire un reportage sur les différents postes militaires du territoire d'Amazonie. Je voyage en compagnie de soldats : Puerto Samariapo, Isla-Raton, San Fernando de Atabapo, Maroa, Solano, San Carlos de Rio Negro, Santa Lucia de Amanadona, Santa Lucia de Cocuy et Tama-Tama. Autant de postes, de villages qui défilent. En jeep, en camion, en avion de l'armée. Nous remontons les fleuves : Orénoque, Temi, Guainia, Cassiquiare. Je suis chacune des activités militaires afin d'en faire un compte rendu visuel fidèle. Bien sûr, ils font de l'action civique et sanitaire : arracher les dents, vacciner à tour de bras. Mais aussi je les observe maltraitant des indigènes, abusant de leur force, confisquant la pêche ou la chasse ou encore les sauces que des Indiennes ont fait macérer avec talent et patience afin de les vendre. Tout cela mine de rien, la mitraillette débonnairement pointée sur le ventre de celui qu'on vole. Toute-puissante autorité de l'arme, le pouvoir qui écrase. La haine et la corruption. Le mépris aussi, comme chez cet officier que j'ai vu obliger une jeune femme à lui quérir à l'autre bout du village une bière fraîche. La violence envers les Indiens pour de sombres histoires de papiers d'identité. Les contrôles incessants pour lutter contre la contrebande, alors que ces soldats règnent sur la contrebande. Le seul moment où ils laissent tranquilles les populations locales est la descente au bordel, généralement situé sur la rive colombienne. Monté sur pilotis, il renferme des femmes noires bichonnées, fardées, aux cheveux lisses, talons aiguilles en pleine jungle! Là encore les gardes nationaux y règnent, accompagnés parfois du médecin local. Celui-ci n'est jamais vénézuélien, mais péruvien, bolivien ou chilien; les seuls à accepter de travailler dans cette zone.

Et dire que pour tout ce labeur, pénible par ce qu'ils me forcent à voir, je ne serai payée qu'un an plus tard. Et après combien de démarches! De colonel en général, de bureau en rendez-vous, je suis poliment éconduite. Il manque toujours quelque chose. On s'en occupe. C'est plus que de la tristesse, c'est une saloperie. Tout cela, je m'en doute, parce que je n'appartiens pas à leur milieu social. Ils m'ont pris mon travail « en toute confiance ». Mais j'attends toujours le juste salaire. J'ai beau leur expliquer que je n'ai pas d'autres ressources, que je vis de mes photos. Comment leur faire comprendre à tous ces installés que je ne travaille pas durant un mois et demi pour les beaux yeux des « Forces armées »? Mon angoisse, ma hargne sont encore accrues par le fait que Samantha est malade. Ne pouvant ni courir, ni manger, hébergée à San Fernando de Apure par des gens accueillants. En tout cas, un an après, sur l'intervention de l'attaché militaire de l'ambassade de France, j'aurai mon chèque : la moitié de la somme demandée, une aumône.

Mais pour l'heure seul compte l'état de ma petite fille aux amygdales enflées. Je me rends à San Fernando. Le rendez-vous à l'hôpital pour l'opération est repoussé d'un mois. Un mois? Dans le précaire où nous vivons, un mois c'est l'éternité! Et Samantha qui souffre. Je me bats. Me démène, enragée. Par le commandant de la garde nationale de cette province d'Apure, j'obtiens un rendez-vous pour le lendemain à neuf heures. Voici Samantha étendue à l'hôpital, sur un sommier percé, sans drap. On doit s'en munir soi-même. Un infirmier l'emporte au bloc opératoire, je tente de regarder par le hublot. La police, par trois fois, me déloge, me pousse jusqu'à la sortie de l'hôpital. Je pleure. Je regrimpe l'escalier de secours, ombre silencieuse et déterminée. J'arrive juste pour apercevoir le brancard sur lequel gît Samantha parmi une file d'autres. Elle me regarde. Je ne peux pas la laisser seule. Désespoir cru. Cette enfant, ma fille, la voir souffrir. En fin d'après-midi, après son réveil d'anesthésie, je m'en vais avec elle dans les bras, ma fille, mon enfant, Samantha. Nous rejoignons en auto-stop une petite chambre d'hôtel pleine de *cucarachas* *. Elle tente de s'y reposer.

Nous retournons ensuite à Caracas en autobus, pour y aider la Fédération indigène dans la préparation d'une grande exposition d'artisanat qui sera inaugurée par le président du Venezuela lui-même. Mais l'atmosphère est pourrie. Les dirigeants Indiens se tournent contre Enrique et moi, coupables à leurs yeux de fixer des prix trop élevés. Ils ne veulent plus que nous nous mêlions de leurs affaires, bien que ce soit eux qui nous aient appelés. Cette énorme déception s'ajoute à tant d'autres. Je me sens déséquilibrée, nerveuse, électrique. Tellement vulnérable. Je pleure ma soif d'enthousiasme. Je travaille désespérément. C'est-à-dire qu'à mes frais je fais développer un certain nombre de posters couleurs montés sur bois. A mon retour, je veux convaincre le gouverneur d'Amazonie de les acheter. Je les déballe et les aligne dans ses bureaux à même le sol. Mais le rencontrer en personne est une autre affaire. J'élabore tout un stratagème : le guettant, le suivant, afin qu'il confirme aussi son acceptation de figurer sur les cartons d'invitation de ma prochaine exposition à l'ambassade de France. Il ne m'avait donné qu'un accord de principe. J'ai besoin d'une réponse ferme. Enfin, j'obtiens ce que je veux, accompagné d'un chèque pour les posters dont il n'avait au premier abord aucune envie! Tous ne me paient pas aussi bien. Comme le ministère de l'Information et du Tourisme qui, après m'avoir commandé des photos, me propose une somme dérisoire. Je reprends l'ensemble. J'aime mieux crever de faim en les regardant.

Pour me calmer après chaque démarche, je marche solitaire dans la chaleur de la ville, hantant l'ombre absente des murs éblouis, à l'heure où chacun s'enferme chez soi, dans la fraîcheur de son intimité. Je n'habite plus avec Enrique, mais en dehors de Puerto Ayacucho dans une baraque de palmes, à l'intérieur du *complejo indigena* *. Fini de pleurer. Je veux ma vie. Seule, triste et heureuse, désespérée et triomphante. Ma vie.

Mais où aller? Vers qui? Qui chercher? Le vide résonne. Parfait et tellement effrayant. Nous sommes aujourd'hui le 15 septembre 1980. J'ai jusqu'au début décembre pour voyager à travers le territoire, jusqu'à l'exposition à l'ambassade de France. Tout est prêt pour le départ : sac à dos plein de piles de flash, de pellicules. Tout est prêt pour le reportage dont je rêve. Seul manque encore l'argent liquide. Sur ma demande, Enrique conduit jusqu'à une cabane à l'écart trois clients successifs. Je me prostitue. Ce sont de gros bonnets de la ville. Je demande à chacun d'eux mille bolivars. Je suis agressive, lionne rugissante, méprisante.

Le soir après ce lourd « travail », Enrique et moi passons une nuit d'amour merveilleuse sous les étoiles du poumon de la terre. Dans l'éternité. Je suis bercée par ses récits des onze années de prison. Les tortures, les rats, les souterrains suintants où il croupissait dans l'eau. J'effleure du doigt la longue et large cicatrice de son bas-ventre, marque d'un coup de baïonnette lors de son arrestation. Seuls sur les grandes pierres au bord de l'Orénoque.

Je change tout l'argent liquide en petites coupures. Ainsi je pourrai payer des guides, acheter de l'artisanat, remercier les conteurs et chanteurs, trouver de la nourriture. Oui, je vais finir par y arriver.

5.

L'eau ocre

Samantha et moi partons vers le port de Samariapo. Tomas Tovar est le chef du *bongo* *, grosse pirogue, sur lequel nous embarquons. Il est le frère de Santana que j'avais rencontré à Puerto Ayacucho. Celui-ci est un dirigeant d'une de ces nouvelles religions imposées par les *Nuevas tribus* *, missionnaires américains si bien établis sur le territoire pourtant interdit paradoxalement à tout étranger.

Tomas mélange l'huile aux dix-neuf tambours d'essence qu'il charge sur l'embarcation : deux pirogues amarrées l'une à l'autre à l'aide de troncs noués par des lianes. L'ensemble est mû par un moteur d'environ vingt chevaux. Samantha et moi nous glissons à l'ombre d'un camion en stationnement. Tous s'affairent. Sous le véhicule nous retrouvons un grand nombre d'enfants. Chacun se protège de la chaleur accablante. Nous serons dix-huit en tout sur le bateau. Des enfants, des femmes, un vieillard. Notre remontée durera huit jours. Il fait bien meilleur sur l'eau, presque frais, tellement paisible. Une douceur de vivre en somme. Tout est long, lent. Les deux *bongos*, liés, sont lourds. Nous naviguons à dix mètres des arbres du bord. Le fleuve a baissé d'au moins un mètre. On le devine à la marque brune sur les rochers. Dans la pirogue chacun a sa place, comme si elle était marquée depuis des siècles. Etonnant présent à la fois invisible, immortel, immuable, massif et pourtant si vif. L'Indien attentif, discret, presque absent. Le soir tombe si vite. L'embarcation accoste dans un enchevêtrement de racines. Je suis ici, debout au cœur de la vie, attentive aussi, immobile, surexcitée et pétrifiée.

Première nuit de la jungle. Samantha et moi. Seules. Ou plutôt avec eux, parmi eux. Seules Blanches? Cela ne signifie plus rien. La richesse même de toutes ces sensations inhabituelles me tient éveillée. Je ne suis plus blanche, je n'ai plus vingt-sept ans. Je n'ai plus rien : ni pays, ni civilisation, ni religion, ni diplômes. Je ne suis même plus révoltée. Je suis ÊTRE MATERNEL. Avec ma fille, au cœur de la forêt, vivant la vie du fleuve, parmi les hommes d'Amazonie. Dans la pénombre qui tombe. Il est six heures du soir. La nuit, l'entière volonté de la nuit. L'humain alors se glisse dans son hamac, ne plus laisser les pieds sur le sol sinon les mauvais esprits les attraperont. Les malheurs arriveront. L'Indien sait que dans l'obscurité descendue, il faut obéir à la volonté du soir. Attendre docilement, même si c'est avec inquiétude, que la lumière revienne. L'Indien sait qu'elle reviendra. Il faut être attentif, dans la forêt. Les serpents, les araignées venimeuses. La végétation grouillante de bruits nocturnes. C'est folie que de désobéir au soir qui vient. L'homme doit oublier sa propre volonté au profit de celle de la nature. Chaque pouvoir a son temps. Dans la forêt, rien ne sert de regretter, il faut savoir avant.

Dès que le jour se lève, une grosse femme se met à l'eau, nue, pour sa toilette contre la paroi du bateau. Dans son intimité. Chacun, par profond respect, tourne le regard, elle n'est vue que des arbres. Une autre fait la lessive. La forêt résonne de bruits. Il est maintenant onze heures, le bateau repart, nous sommes tous encore à jeun. Puis il s'arrête brusquement, en pleine jungle. Tout le monde descend avec une machette ou un couteau. Beaucoup plus tard, ils reviennent mouillés et sales. Les femmes portent sur la tête une marmite pleine de *manacas* *, fruits bleus. Le pantalon de Tomas, le chef de l'embarcation, est sale. Je devine alors qu'il a dû grimper sur le tronc d'un palmier à la force des jambes comme sur une corde lisse. Ils rapportent aussi de leur virée des bâtons pour dresser les moustiquaires. Le vieillard à son tour s'enfonce dans la forêt. Je serais bien incapable de le suivre, tout n'est que ronces, bourbier, lianes et épines. Et ce bruit continuel! D'ailleurs, nous ne voyons plus le vieil homme, nous entendons simplement le bruit d'un tronc martelé. Il revient avec des cœurs de palmiers, longs, blancs, délicieux. Mais l'arbre est avare : il y en a peu. Il distribue les fibres aux enfants. C'est un régal. Le *bongo* repart et les femmes pilent les fruits dans de grandes *palanganas* *. Elles jettent dans le fleuve les gros noyaux. Un jus violet est alors mélangé avec du manioc. Ce breuvage circule de main en main.

Le vent s'est levé. De gros nuages succèdent aux rideaux de pluie. Tout roule vite. Nous nous arrêtons pour trouver de grandes feuilles de bananiers afin d'obstruer les trous du toit de palmes de l'embarcation. Quand l'averse est trop forte, nous accostons dans l'attente d'une amélioration. Chacun vaque à ses occupations. Des enfants pêchent, bientôt sermonnés par le vieillard à qui un poisson *caribe* * vient de couper un de ses fils et d'emporter l'hameçon. C'est un instrument trop rare, trop onéreux, pour risquer la moindre récidive. Une femme enfile des perles. Une autre fait une lessive par-dessus bord, trempant chaque vêtement dans le courant, le battant sur un tambour d'essence. Des enfants font la navette, une calebasse à la main entre la réserve de manioc et leur place. Maintenant, après avoir affûté son coupe-coupe, le vieillard trie ses cartouches une à une, sans doute pensant à de futures chasses. Les hommes inspectent les berges avec des jumelles très sûrement obtenues auprès des missionnaires américains. Au fil de la journée nous sommes parfois arrêtés par un *raudal* *, un rapide. Nous retournons alors vers la communauté villageoise la plus proche pour y demander un guide. Un jeune garçon s'embarque dans sa *curiara*, et donne des conseils de manœuvre. Tomas lui demande alors :

– Combien veux-tu pour le service?

– Ce que tu veux, répond le garçon.

Il est donc remercié, uniquement, et nous voyons son frêle bateau repartir sur le fleuve après nous avoir porté aide et attention durant trois heures. Il nous reste à écoper toute l'eau qui a ruisselé dans le *bongo* lors du passage des rapides, provoquant des cris d'effroi chez les enfants.

A la tombée de la nuit, soit nous accostons près d'une maison abandonnée, soit à proximité d'une communauté, soit encore nous continuons jusque très tard, naviguant entre deux murailles opaques. Durant le jour, les arrêts sont fréquents : car si nous faisons pipi par-dessus bord, pour le reste il faut aller à la limite de la jungle. Les femmes en profitent pour se baigner à l'écart. J'aime cet instant où juste les formes se devinent. Les enfants se font asperger par leur mère, craignant les morsures des *piranas* *. Les hommes transvasent l'essence dans les réservoirs du moteur. L'espace devient familier, au milieu des papillons qui voltigent sans cesse. Si la halte se fait à proximité d'une vieille maison, chacun l'explore, récupérant le maximum : planches, clous rouillés. Les anciennes plantations autour sont inspectées. Les Indiens y coupent des pousses de bambou en vue de les replanter. L'occupation essentielle est la recherche de nourriture, car les provisions sont maigres. Des enfants grimpent aux arbres et rapportent des citrons minuscules, ou des fruits sauvages et savoureux qui collent aux lèvres et aux mains pendant des heures. Au début, je faisais la fine bouche. Maintenant, dès qu'on m'en propose, à l'indienne, je me jette goulûment dessus. Il faut faire vite tant ils sont prisés. Lorsqu'un bivouac est décidé en fin d'après-midi, les hommes pêchent, les femmes allument le feu sur lequel de l'eau est mise à bouillir. Des poissons variés, offrande toujours miraculeuse, y sont jetés. Les enfants jouent avec des brindilles, des grandes feuilles sur les pierres découvertes par la saison sèche. Un espace est dégagé au coupe-coupe. Le calme est entier. Le *sancocho* *, soupe de poisson et de bananes – sans sel – bouillonne. Le cercle se forme. Chacun, accroupi, une écuelle dans les mains, dévore voracement. Espace serein et puissant, le temps que le bateau reparte.

Dans les villages, parfois des Indiens me reconnaissent de mon précédent voyage; c'est une douce chaleur au cœur. Aujourd'hui, dans une communauté, Samantha achète un petit singe à un garçonnet. Pour la nourriture, nous prenons aussi un singe, mais fumé celui-là. Il a été tué par flèche. Nous plantons les piquets pour le hamac. Certains vont jusqu'à une maison que le village met à notre disposition. Mais je préfère comme souvent dormir sur le bateau. Vie idyllique! Les Indiens règnent, un large sourire aux lèvres, toute leur vitalité pleine de rires, de forces, de paroles échangées. Leur peau tellement saine, leurs cheveux mouillés et plus noirs que la nuit, les vêtements lavés de la veille. Une vie heureuse, en somme... Et le bateau reprend son chemin d'eau. Tomas Tovar, le chef de famille, se fait parfois remplacer aux commandes par un jeune garçon qui paraît avoir douze ans. Il se glisse alors sous le toit de palmes et s'endort sur les bidons d'essence après avoir bu de la *yucuta* *. Tout en naviguant, on puise de l'eau dans le fleuve. Il y a toute une technique afin d'éviter que le récipient ne soit entraîné dans le courant. Le geste auguste de l'Indien qui effleure la surface de l'eau à toute vitesse. Il y jette alors du *casave*, pétrit à pleines mains le mélange jusqu'à obtenir une eau trouble couleur de brouillard. C'est souvent l'unique nourriture des occupants du bateau, à chaque repas. Sauf si la pêche permet à la halte la fameuse soupe de poisson, dont les restes seront consommés froids le lendemain, agrémentés de *aji* *, sorte de piment rouge. Mais chaque arrêt est gâté par les nuages de moustiques qui s'abattent alors. On les avait presque oubliés sur l'eau grâce à une légère brise. Il n'y a pas moyen de respirer avec ces hordes. Il faut en permanence agiter un tissu.

Les premières étapes nous mènent souvent en Colombie, sur l'autre rive. Des magasins y attirent les Indiens, car côté vénézuélien il n'y a rien et tout doit être importé de Puerto Ayacucho. On s'arrête donc chez le « dentiste », acheter des marmites, du chocolat, des sucreries, des *galletas* *, des hamacs, du linge... Ces petites épiceries sur pilotis sont pleines à craquer de mille trésors. Des embarcations colombiennes chargées de *chiqui-chiqui* * sont amarrées. Nous achetons des planches. Les Colombiens font la contrebande d'essence avec les Vénézuéliens. Des papillons par milliers nous dressent des couronnes. Des femmes coupent des écorces d'arbres afin de préparer une décoction bonne pour les diarrhées, paraît-il.

San Fernando de Atabapo, ancienne capitale du T.F.A. *, est un village comptant à peine trente à cinquante maisons faites de torchis, peintes en blanc, coiffées de palmes. Le toit de certaines, en tôles ondulées, brille comme des miroirs. Tomas et sa femme regagnent le bord avec trois *palometas* *. Ce soir il y aura un grand festin pour tous. Nous sommes là, dix-huit personnes dans la nuit, assises sur la pierre chaude, dans un bruit d'écuelles et de cuillères, nous gavant du manioc jeté dans la soupe. A chaque arrêt près d'un village, deux hommes de l'embarcation partent ainsi à la recherche de nourriture à acheter. Souvent, ils choisissent du gibier et des poissons cuisant sur des *trojas* *, claies de bois vert sous lesquelles on entretient un feu. Parfois, ce ne sont seulement que des têtes de poissons, du *casave,* échangés contre de la menue monnaie ou des boîtes d'allumettes neuves. J'aimerais les suivre, mais j'en sens l'impossibilité. C'est une activité d'hommes. L'Indien n'aime pas les gestes inutiles, les curiosités trop insistantes. Faire l'indispensable, et se dispenser de tout le reste. Alors les femmes restent à bord, les hommes partant reconnaître le terrain. Qu'y a-t-il à acheter? A qui? Trouver absolument de la nourriture pour les dix-huit personnes du *bongo.* Certaines communautés sont beaucoup plus « civilisées » que d'autres. Créoles aux trois quarts, elles brillent de lumière électrique, étalant fièrement leurs bâtiments en béton, un bloc pour l'école, d'autres pour le dispensaire, l'église. Des gamins nous montrent où dénicher des citrons doux, sortes d'oranges vertes au goût d'eau.

Au fil du voyage, des hommes quittent le bateau, sous la pluie, avec fusils et munitions; ils s'enfoncent dans la forêt pieds nus. La pirogue alors repart, remontant le fleuve plusieurs heures durant. Je pense aux chasseurs, seuls, le ventre vide. L'endroit du rendez-vous : personne. Nous poursuivons sans attendre la navigation. Soudain, dans le fouillis musical de la forêt, je perçois des cris de perroquet, me semble-t-il. Le bateau cherche à accoster. Les femmes hurlent. Le chasseur revient. On ne voit rien mais il se rapproche. Des appels s'élèvent derrière le mur opaque et rebondissent le long de la rive. Brusquement, l'homme est là. C'est sûr. Mais on ne le distingue toujours pas. Alors il lance de la terre, des morceaux de bois, pour que nous le repérions. Il a tué trois *pajuils* *. Ce soir la soupe aura un air de fête. Chaque soir et chaque matin, une radio aux piles neuves est allumée. L'émission « la bonne parole » retentit dans la forêt, résonne sur les berges. Une voix monocorde, imitant l'Indien parlant espagnol – il faut se mettre à la portée de tous –, déverse son sirupeux message. Il est précisé que si l'on désire les cassettes de cette émission, on peut écrire en Floride, U.S.A. Vraiment étrange au fond de la jungle. Parfois, mais avec des piles usagées, ils écoutent des chants religieux, enregistrés dans les communautés de la forêt.

La provision de manioc diminue dangereusement. Chacun est préoccupé. Il faut parvenir à destination, Tama-Tama. Le bateau chemine de plus en plus tard la nuit. Ainsi, je dors depuis longtemps lorsque nous accostons sous une pluie battante. Nous distinguons les illuminations du village. L'électricité fonctionne. Les gardes nationaux, évidemment, nous accueillent. C'est un commando installé depuis un mois pour une « meilleure protection de l'intégrité du territoire national ». Mais la rumeur publique sait qu'ils protègent les Américains contre d'éventuels rapts, kidnappings, tortures, prises d'otages par des guérilleros ou des opposants politiques. Les militaires restent hommes agressifs et brutaux. Ils me harcèlent dans cette nuit noire, confisquent jusqu'au lendemain mes papiers officiels. Ils réussissent en tout cas à me culpabiliser. On m'indique un toit. Nous voici, Samantha et moi, installées pour le reste de la nuit, dans une maison Makiritare, nos hamacs suspendus à la charpente. Bercée par la respiration de Samantha, je repense aux jours que nous venons de vivre, au rythme de ce voyage offert par le fleuve.

Chaque matin à mon réveil, tous sont déjà sur le pied de guerre. Samantha et moi restons sous notre moustiquaire. Nous n'émergeons que deux heures ou plus après tout le monde. Paresseuses ou fatiguées, nous avons là un instant propice à l'observation. Ils ne savent pas si nous sommes éveillées. Et il nous semble pouvoir guetter leurs mouvements en toute liberté. Je repense à la troisième nuit du voyage. Jusque-là le chef de famille ne m'a toujours pas adressé la parole. C'est la première fois qu'il engage la conversation avec moi. Je ne le presse pas de rompre son silence. Nous allons vivre ensemble pendant plusieurs jours sur le fleuve. Ce qui doit être dit le sera tôt ou tard. L'auditoire est silencieux. Mais tellement présent. La nuit est claire de lune.

– Es-tu anthropologue? Sociologue?

Il me déclare franchement ne pas aimer « ces gens-là », chacun acquiesce. Le dialogue est amical. Après ce voyage, selon lui, je partirai pour le Brésil, le Pérou, la Colombie. Il m'indique même les routes, les fleuves à suivre. Pendant tout le reste du temps, nous ne parlerons plus beaucoup. Mais les gestes de chacun sont prévenants. Nous ne sommes ni oubliées ni ignorées. La réalisation du rêve, remonter l'Orénoque, me comble. Mais je suis assaillie encore par le doute sur les possibilités de réaliser un reportage. Je voudrais surtout tant retrouver durant ce trajet ma personnalité, nette d'angoisse et vive d'espoir.

Je me fais rapidement une amie sur l'embarcation, Jesusita. Elle seule me parle avec des mots, il me semble que les autres lui ont comme délégué ce rôle. Nous nous comprenons, et elle sait faire monter à mon visage sourires et éclats de rire. Une sorte d'entente corporelle règne entre nous. Chacun peut le constater. Nous aimons à nous asseoir l'une à côté de l'autre. A chaque arrêt, elle m'appelle pour que je la suive. Avec tous les occupants du bateau passe ainsi une vibration de présence. Jesusita me demande la traduction de mots anglais qui lui viennent à l'esprit. C'est un jeu. Elle nous aide le soir à dresser la moustiquaire, sous laquelle elle glisse son vieux matelas de plastique récupéré Dieu sait où. Riante intimité sous notre petite maison de toile! La complicité d'une famille choisie. Dans la nuit qui vient, elle entreprend des récits sur les communautés Makiritare, sa tribu. Elle parle en langue tribale. Je ne comprends pas, je l'écoute. Elle nomme les différents fleuves du territoire de sa voix pénétrante :

– Haut-Padamo, Haut-Cunucunuma, Haut-Ventuari...

Je rêve. De nouveaux désirs se dessinent au fil de sa voix qui m'envahit dans la nuit. Oublier la date de l'exposition à l'ambassade de France, rester ici, dans cette région du Haut-Orénoque, y bâtir ma vie, y prendre des habitudes. S'embarquer avec les Indiens et se rompre à leur rythme. Fonder un milieu familial, accueillant. Supporter ainsi le temps. Dans le noir lumineux des berges, allongée, je répète les paroles Makiritare que j'ai entendues à haute voix. Je nomme les choses et les fleuves, laissant cette langue forte me transpercer et m'inviter vers une destination lointaine.

Dans la journée, je suis tenaillée continuellement par la faim. Est-ce physique? Même si je suis repue, cette impression ne me quitte pas, et je me jette sur nos provisions personnelles, plus utiles dans la jungle que tous les traveller's chèques du monde : pots de fruits pour bébé, boîtes de lait concentré, fromage frais de Colombie, bonbons de goyave, chocolat noir. Curieusement, le lait concentré sucré Nestlé a le don de m'endormir dans les dix minutes qui suivent, pour deux heures de sommeil même en plein jour. Étrange propriété à vérifier! Je dévore ces provisions à chaque fois que le bateau se vide, ou dès que l'inaction me pèse. Je tente de résister, d'abord parce que nous n'avons que peu de nourriture avec nous. Ensuite, je veux consacrer le peu d'argent que nous avons à acheter des objets artisanaux que nous pourrons revendre. Et puis pas de pitié pour l'estomac... Pourtant, que c'est difficile de résister aux crises constantes qui tourmentent le ventre. Je me sens lourde de la tête aux pieds. Je me rue sur la *yucuta*. Les soupes de poisson sont un régal, bien qu'elles n'aient souvent que le goût de l'eau sale bouillie, les morceaux ayant déjà été attribués aux importants de l'expédition : motoristes, femmes. Pourtant, après chaque repas, je me vide sauvagement dans des coliques monstres. Peut-être cela vient-il de l'eau tirée du fleuve? Acrobatiquement cramponnée au bord du bateau, je me vide inexorablement. Je découvre l'utilité de la longue jupe. J'en reste épuisée et le seul instant d'apaisement est le moment où, juste après une crise, je me rince avec l'eau attrapée au fil de la navigation. D'ailleurs, je ne suis pas seule à être tourmentée. Chacun alors détourne le regard. Seul le *motoriste,* le pauvre, toujours à l'arrière de l'embarcation, bénéficie des odeurs et des détails.

Quant à Samantha, après un régime de *galletas,* poudre de chocolat et sucettes, tenaillée par la faim, elle décide de goûter à la poudre de manioc. C'est une révélation. Elle s'en gave. Cette découverte fait partie des efforts constants et pénibles pour montrer aux autres qu'elle n'est pas « babylone ». C'est-à-dire qu'elle n'est pas seulement une Blanche civilisée. Elle peut aussi manger comme les Indiens. Cependant, elle déteste toujours autant leur soupe de poisson, et comme par enchantement, au moment du partage, elle disparaît. On la retrouve alors écopant le bateau, absorbée dans sa page d'écriture, ou profondément endormie. Elle préfère le manioc, même sec, ce qui a pourtant le don de déshydrater la bouche. Elle est très heureuse durant ce voyage, pleine de vitalité. Elle joue, parle, entraîne autour d'elle tout et tous. Elle se réjouit dès le premier instant de navigation, du bateau, de l'eau, des hamacs, de la nourriture, de la proximité des enfants Makiritare. Elle ne se sépare pas de crayons de couleur qu'elle transporte dans un petit sac de sa propre fabrication. Elle dort avec son petit phoque Joli-Cœur. Elle rêve, va rejoindre un petit Indien dans son hamac. Elle porte une robe verte que son amie Betzabel lui a faite, aussi laide apparemment que les guenilles portées par les autres enfants.

– Comme cela je ressemble aux vrais Indiens, dit-elle.

Elle est heureuse, toujours avec son perroquet sur l'épaule. Mais une nuit, un drame se produit. Un vent fort se lève. Le perroquet tombe dans le fleuve. Le bruit des ailes se débattant dans le courant réveille Jesusita. A l'aide d'un bâton, elle tente un sauvetage malgré la nuit noire. Mais le courant a été le plus fort. Chacun se rendort. Samantha est en deuil. Première grande tristesse.

Bien vite le perroquet est remplacé par le petit singe, acheté lui aussi sans me demander mon avis. Il trône à son tour sur son épaule. Ce petit animal est couvert de puces, mais cela ne la gêne pas.

– Un ami, dit-elle, a ses défauts comme les autres. Ce n'est pas sa faute. C'est un ami.

Le hamac de Samantha est disposé tout au bord de l'eau, le singe grimpant juste au-dessus d'elle. Bercée par le bruit du fleuve et la présence de son ami, la petite fille s'endort en trempant ses sucettes dans l'eau au-dessous d'elle. Mais là encore, un drame éclate. Un matin, en se réveillant, elle ne retrouve pas son singe : disparu. Quelques instants plus tard, je la vois se baignant à l'écart des autres enfants, une forme marron et inerte sur l'épaule droite, son singe mort. Elle est venue nager sous le hamac et avec son pied a sondé le fond. C'est ainsi qu'elle a détecté la masse inanimée. Il a dû tomber tout en dormant. Elle éclate en sanglots, petite fille bouleversée par ce nouveau deuil.

– Pourquoi le fleuve tue tous mes animaux ? Ceux justement que j'aime avec mon corps, en vrai...

Maintenant, chaque fois qu'elle voit un fleuve, elle pose cette même question chargée de tant d'émotion.

Ma grande joie est de l'entendre s'extasier à chaque arrêt sur la forêt : la « vraie forêt », dit-elle. Sa soif d'authenticité est si puissante qu'elle perçoit sans connaissance ni culture ethnologiques l'instant privilégié où justement le vrai se dévoile. Tandis que le bateau file sur le fleuve en cette fin d'après-midi paisible, un grand remue-ménage me fait sursauter. Tous se précipitent. Samantha vient de lâcher le fil de pêche que le vieillard lui avait prêté. Tout l'ensemble part à la dérive, hameçon en tête. Or, c'est un trésor pour son propriétaire. Il lui procure la nourriture, en somme son « carnet de chèques ». C'est le grand émoi sur le bateau. Heureusement un homme plus agile plonge vers l'arrière et récupère la ligne. Tous s'occupent maintenant à démêler le fil.

A chaque retour de pêche ou de chasse, Samantha bondit, trépigne de joie. Dans les plats préparés, les morceaux réservés aux enfants de sa taille sont pourtant immangeables : pattes ou becs d'oiseaux par exemple. Elle en rit de bon cœur. Son corps est dévoré de piqûres. Les enfants chassent sur elle les puces et percent les points rouges provoqués par les moustiques à l'aide de petites épines. La poche de sang de chaque bouton éclate, créant ainsi un soulagement qui permet une rémission dans la démangeaison. Mais elle est heureuse, son torse nu tatoué de milliers de boutons, courant pieds nus, à l'aise.

A chaque réveil, j'entreprends une séance de couture, puis c'est la lessive. Ensuite nous aimons à nous baigner dans le fleuve avec les femmes et les enfants à demi nus. Samantha part à la pêche avec les petits. Elle les a bien observés. Ainsi, elle me rapporte des poissons pour mon dîner, alors qu'elle déteste cela. Mais elle se sent responsable de mes repas et tient à gâter sa maman. Il faut prendre une bouteille par le goulot, casser l'autre extrémité, y mettre du manioc, nager sous l'eau et tendre cet appât. Les poissons sont attirés, il faut alors ressortir rapidement. Chaque proie déchaîne des rires de triomphe. Mais la sarabande des moustiques reprend. Tout le corps gratte, surtout les bras, les jambes, les aisselles, entre les cuisses et les fesses, entre les orteils, les cheveux, le cou, les poignets. Sous la moustiquaire où nous nous réfugions, nues, nous sommes heureuses de pouvoir nous gratter tout notre soûl. Je me promets de ne pas rester longtemps sous ce climat, sachant bien que je ne tiendrai jamais cette promesse. Alors, tranquillement, dans la nuit qui s'allonge, je lis dans mon hamac.

Samantha grandit. Je ne me sens pas toujours prête à affronter, à vivre cet état de choses. Son corps est long et maigre, son visage n'a plus rien de poupin. Elle me dit parfois :

– Avant, j'étais un bébé, toujours heureuse. Maintenant c'est différent. Souvent je me sens triste. Je ne sais pas quoi faire. Je pense à ce que je ferai quand je serai grande...

Je ne sais comment me comporter. Je n'ose la serrer contre moi, comme un nourrisson. J'hésite. Bien sûr, je devrais lui enseigner « les choses de la vie ». J'ai mauvaise conscience. D'autant que nos relations sont parfois tendues. Samantha se fâche à chacune de mes remarques : par exemple, ne pas se balancer sur un hamac, ce qui entraîne des tremblements sur tout le bateau. Rapidement j'arrive à la colère, lui cassant son bonheur, lui coupant son insouciance. Quoi qu'elle fasse, je lui tombe dessus. Elle joue avec de l'eau, cela me mouille. Elle range le savon dans le sac, elle le fait mal. Elle a faim, ce n'est pas le moment. Pourquoi suis-je irascible ainsi? Et je reste là, l'observant plus que contribuant à sa joie, avec cette épine dans le cerveau : à quoi sert de vivre? Dans notre hamac commun, au fond de la nuit de Tama-Tama, je la serre dans mes bras. Je m'endors enfin réconciliée, noyée des odeurs du fleuve sur sa peau.

6.

Un lave-vaisselle en pleine jungle

La communauté de Tama-Tama, c'est au premier regard la garde nationale, des Indiens Makiritare et des Américains. Par-dessus eux tous, les moustiques. Les militaires sont une vingtaine détachés pour ce poste. Hommes des campagnes, des villes ou du bord de la mer, transplantés pour la première fois dans la seule forêt vénézuélienne. Installés dans un bâtiment de béton, ils ne font rien. Ils n'ont pas assez d'essence pour circuler; ils ne connaissent pas les moyens de s'enfoncer dans la forêt; alors ils s'amusent à rôder sur l'esplanade habitée, sans autre activité que d'observer ceux qui travaillent, ou d'aller visiter les Indiens afin de se faire offrir à manger. L'habitation des Makiritare est de terre battue. Les murs sont retenus par un quadrillage de bois. Une minuscule fenêtre donnant sur le fleuve l'éclaire. La cuisine frappe au premier abord, elle est située en dehors des pièces d'habitation où sont suspendus les hamacs, afin que l'air n'y soit pas empesté par la fumée. Elle se compose de plusieurs foyers de taille différente, auxquels correspondent des *palanganas*, de tailles variées, appartenant à plusieurs familles. Y sont suspendus également des *sebucans* *, ces grands tubes en palme dans lesquels la farine de *yucca* est comprimée afin d'en extraire le jus incomestible. Cinq ou six de ces énormes *sebucans* pendent ainsi. L'aspect industriel de cette installation révèle la constance du travail féminin. Tomas chez qui nous habitons est un employé du ministère de l'Hydrologie. Chaque matin, très tôt, il grimpe sur la colline pour aller à une station climatique où il relève des indications : pluviosité, évaporation, densité d'humidité, amplitude thermique : de vingt-deux à trente-six degrés.

Aujourd'hui, à l'aube, un grand remue-ménage réveille la maison; le soleil n'est pas encore levé. Rapidement l'habitation se vide de tous les habitants et nous restons avec les enfants. Les femmes partent au *conuco* *, avec de grands *waturos*, avec des machettes, du manioc et une *canalete* *. Elles vont de l'autre côté du fleuve nettoyer des plants de bananiers, entreprendre des travaux agricoles. Fortes et actives, je les imagine remuant la terre en de grands gestes sensuels, semant et récoltant. Elles ne me proposent pas d'aller avec elles, car elles connaissent déjà mes malheurs avec les moustiques. Elles-mêmes doivent beaucoup rire et chanter pour supporter les nuages entiers de leurs constantes attaques. Sur le *conuco*, les hommes abattent les arbres; les femmes sèment, transportent et élaborent la cueillette. Il y a une correspondance entre la fécondité de la femme et la fécondité de la terre. Elles donnent naissance aux fils, c'est donc à elles que revient la tâche de faire sortir la nourriture de la terre. J'observe que malgré la dureté de la condition de la femme, jamais elles ne se plaignent. Mes amies partent tôt le matin, travaillent durement tout le long du jour.

A son retour, la femme de Tomas, sale et crottée, portant dans son *waturo* une nourriture naturelle, fruit d'un pénible travail, m'explique :

– Lorsqu'une partie nouvelle est déboisée sur la forêt, nous les femmes repiquons un premier plant au centre de l'espace libre. Il est comme le nombril de la terre. C'est le nombril qui donne la vie dans le ventre de la mère.

J'écoute la femme de Tomas, son visage est bouffi de piqûres de moustiques. Elle part ensuite râper du *yucca*, le manioc amer qui est la base essentielle de toute l'alimentation en Amazonie. Elle l'a d'abord laissé macérer plusieurs jours dans des vieilles *curiaras* remplies d'eau, qui servent de bassines. Il en sort une mélasse qui se dépose sur un lit de feuilles de bananiers. Même ici les moustiques sont présents, inlassablement. Pedro, le grand-père, part sur le fleuve, à la recherche d'une pirogue emportée par le courant cette nuit. Il revient en fin de journée avec un petit singe tué qui est rapidement mis à bouillir; mains, tête et queue comprises. D'une autre marmite dépasse la patte d'un *baba* *, genre de petit crocodile, d'une troisième monte le fumet d'un *vaquiro* *, sanglier sauvage.

Durant la journée, les enfants sont livrés à eux-mêmes. Ils sont neuf dans la maisonnée qui nous abrite. La plus grande a six ans; ils cachent leurs cheveux dans des foulards. Sans fin, ils chantent des chants religieux ; c'est leur occupation favorite avec celle qui consiste à réciter à la file le nom des cantiques. Il faut qu'ils en soient bien imprégnés pour manifester un tel enthousiasme, une telle mémoire. Chez Tomas, je découvre un ensemble de livres pieux d'un goût plus que douteux : abondamment illustrés par un dessinateur maladroit qui juxtapose un personnage de bandes dessinées déguisé en Indien grotesque au pied d'un calvaire breton menaçant. Quelques Indiens Yanomami habitent dans une grande bâtisse de béton désaffectée. Ancienne base de la *Codesur,* entreprise gouvernementale qui avait pour but de civiliser la forêt. La végétation y a repris le dessus, le toit est éventré, les gravats s'accumulent, sentent la merde, les murs sont noirs de fumée. Le projet fut abandonné au changement de gouverneur. Les blocs de béton demeurent. Pour son aspect pitoyable, elle a été attribuée par les Américains aux plus démunis. Deux femmes Yanomami ou Waïka * y préparent gauchement du *casave.* Elles ont appris la technique des Makiritare. Une femme file du coton. Les autres tribus manifestent souvent leur mépris et leur supériorité face à la cuisine des Waïka. Ces derniers cuisent la viande de sanglier, par exemple, sans même l'écorcher. Mon attention a déjà été attirée sur les différences entre les ethnies par l'attitude d'un frère de Tomas, Antonio. Il se promène partout avec son esclave Waïka qui seul travaille et peine.

Au réveil, toujours si matinal à Tama-Tama, le ciel est bas, couvert de nuages lourds de brume. L'air est suffocant déjà, plomb coulé à même le corps. Nos hôtes nous reçoivent et nous gâtent en famille. Par exemple, ce matin, chez une voisine, Julietta, un petit déjeuner est partagé copieusement : viande de sanglier fumée, soupe chaude de bananes, café sucré, bananes coupées en rondelles et jetées dans l'huile pour les frire comme des « chips », du manioc ou du lait chaud. C'est exceptionnellement divin et j'ai la délicieuse sensation d'éclater. Lorsque la recherche quotidienne de nourriture dans la forêt est restée vaine, les Indiens sortent de cachettes des denrées de la ville : riz, corned-beef. Je me sens tellement bien, heureuse et souriante, ne sachant pourtant absolument pas comment remplir la journée qui se présente. Je n'ai besoin de rien d'autre que cette insertion dans la vie familiale des Indiens qui nous accueillent. Je suis à l'écoute des pulsations de leur cœur, et le mien apprend le lent et bouleversant rythme des leurs. Le jour se lève. Nous venons à peine de petit déjeuner. Nous restons dans le soleil qui pointe, tous accroupis autour de la cuisine. Je m'interroge : que sera ce jour ? Que vais-je offrir à Samantha pour que la journée ne lui réserve ni énervement ni ennui. En effet, pour elle tout a une limite : se baigner, jouer avec les autres petits enfants indigènes ou américains. Je passe, quant à moi, de longues heures à lire dans le hamac, à rêver dans le calme du frais, à l'abri de la pesante chaleur de l'après-midi, qui dans le soir peu à peu s'estompe. Je rêve pour un instant : être avec un Indien canadien à longues tresses, quelqu'un de grand, j'entendrais sa voix me dire :

– Sans toi je ne suis rien; tu es là, tout s'éclaire.

Je serais tellement bien; je suis tellement bien enveloppée dans ma rêverie.

J'entreprends régulièrement une série de visites : les militaires, les Américains et les Indiens surtout. Mais chaque déplacement est une torture infligée par les hordes de moustiques. Le bain ou la lessive, activités primordiales, sont les hauts lieux de la recherche du mieux-être. Mais la *plaga* *, les moustiques y attaquent avec autant de force. Je me jette dans le fleuve, froid, gros du dernier orage. Les femmes Makiritare viennent aussi. Leurs mouvements sont rapides. Elles tiennent serrées leurs jambes, sur leur ventre net de tout poil. Les piqûres incessantes rendent le corps fou. Les *chibacoas* * grouillent sur la peau : ils se glissent sur nous lors de marches dans l'herbe. Rien ne les arrête, ni chaussures, ni chaussettes, ni pantalons. Leurs lieux de prédilection sont sous les genoux, l'aine, les seins, le nombril, tous les plis. On a beau mettre des vêtements, paradoxe sous ce climat lourd, chemise à manches longues, culotte longue, rien n'y fait. Je me décide à faire alors comme certains indigènes : la lessive et le bain le soir venu, quand la fraîcheur de la nuit est tombée. Il n'y a plus de moustiques. Enfin je peux rester debout, nue, dans la boue du fleuve devenu noir.

Samantha, elle aussi, est dévorée, se retournant nuit et jour dans son hamac, se grattant, s'énervant. Elle est malheureuse ma petite fille aux fesses douloureuses, ma petite fille aux milliers de piqûres sur le corps. Elle pleure. Comme unique médicament, je tente de la consoler en la prenant dans mon hamac. Je m'enroule autour d'elle, comme si je voulais la reprendre dans mon ventre pour qu'elle y soit bien, par amour, par infini désir de bien-être pour elle. Mon corps s'enrobe autour d'elle comme une couverture, fermant les yeux, je m'enivre dans l'odeur de la réalité de mon enfant. C'est l'instant de bonheur suprême, rien ne sera mieux. Tout ce que je peux espérer sur cette terre est la force pleine de bonheur d'être sa mère. Le monde peut s'arrêter de tourner, un immense cataclysme peut éclater comme une bombe, j'ai et je palpe le visage radieux du bonheur. Je ne peux en avoir plus. Je lui parle de tout cela, essayant de la convaincre que c'est un baume sur ses démangeaisons. La toile du hamac s'imbibe de ses larmes, mais celles-ci s'estompent. Ses hoquets de détresse diminuent. La paix s'installe entre nos deux corps, la plénitude, dans la vérité de la vie calme. Nous naviguons vers l'essentiel. Mais les *chibacoas* sont insensibles à cette sérénité. Ils se réveillent. Le seul traitement possible, à part l'alcool, est la lessive. Chaque jour tout laver, comme le font les Indiens, au savon bleu; celui-ci étalé sur la peau calme la douleur. C'est un instant de répit divin. Des femmes indigènes, le soir, nettoient la peau de Samantha, installées toutes autour d'une lampe de poche ou d'une bougie. Elles explorent son corps à l'aide d'épines pointues, chassant et pourchassant ces damnés petits animaux rouges que l'on voit fuir à toute vitesse.

Mon amie, Jesusita, est très attentive auprès de moi. Elle m'entraîne dans ses activités, du moins celles où je peux la suivre. Ensemble nous allons de maison en maison. Je l'aide parfois en fin d'après-midi à porter un *waturo* plein de bois mort pour le feu de cuisson. C'est lourd, nous rions. Jesusita, intelligente, me flatte pour que j'arrive au bout :

– Tu es grande, tu es forte, bien plus que moi.

Elle m'entraîne avec des enfants autour du village, me montrant pour que je les repère les arbres où poussent des fruits sauvages, certains déjà mûrs, et d'autres à surveiller. Nous traversons la grande esplanade au centre de Tama-Tama, trace du passage de la Codesur. Son utilité arrachée à la forêt à la force des tracteurs me fait rire. La conquête du Grand Sud par ces hommes de l'inutile. Il faut maintenant aider une femme chez qui nous déjeunons souvent. Il s'agit de faire la lessive de la garde nationale. Je n'en ai aucune envie, plutôt rester couchée que de travailler pour ces militaires. Pourtant j'y vais, moi qui sais à peine faire ma propre lessive. J'y vais car il est normal que j'aide ceux qui m'offrent leur nourriture.

Je me sens pleine d'énergie parfois, alors je vais voir les gardes nationaux. Dès notre arrivée, je m'étais empressée de renouer des liens avec le *teniente* *, leur chef, vaguement entr'aperçu à Puerto Ayacucho. Il faut faire feu de tout bois dans la forêt. Je tente d'être le plus amicale possible, afin de donner à nos rapports une température favorable. A tout hasard, je questionne sur la quantité d'essence dont ils disposent. On ne sait jamais, peut-être pourrais-je les accompagner lors d'un de leurs déplacements. Je sympathise surtout avec leur cuisinier. C'est bien plus important. Profitant de cette aubaine, nous nous invitons, Samantha et moi, à un éventuel *cafecito* *. Il nous offre quelques fruits de *seje* * que Jesusita transformera en boisson savoureuse, les mélangeant avec du manioc. Désœuvrée, je laisse la conversation rouler sur tout et rien. Leur oisiveté est totale. Lorsque Samantha nous rejoint, nous prolongeons notre visite jusqu'à ce qu'ils nous offrent à déjeuner : riz, *yucca*, sanglier sauvage bouilli. Un autre but de promenade est l'infirmerie. A Caracas, nous avions rencontré l'infirmier qui la dirige. Là aussi ce lien qui nous unit doit être utilisé. Je lui demande des comprimés d'*aralène* * contre le paludisme, à titre préventif. Nous rentrons alors, restant à lire dans nos hamacs, à nous reposer, à nous gratter.

Samantha ne reste pas inactive longtemps. A l'aide de mes bagues qu'elle a empruntées soi-disant pour se nettoyer les ongles, elle fait dans son short un énorme trou. Juste pour avoir le plaisir de le raccommoder, empruntant notre matériel à couture. Je ne m'en rends compte que bien plus tard, découvrant de gros points de fil blanc maladroits et décidés sur cet habit bleu marine. Son habileté me sidère. En fait, elle a réinventé la couture, car ce n'est pas mon exemple qui a dû la former... Ce matin, elle disparaît lontemps, puis revient triomphante. Comme elle connaît mon goût pour les œufs au petit déjeuner, elle a dévalisé un poulailler soigneusement gardé, et elle serre son trésor dans un petit sachet en plastique, sous une feuille arrachée à un buisson. Heureuse de savoir qu'elle va me faire vraiment plaisir. Mais c'est un énorme problème dans la communauté indigène, car ces œufs sont couvés et tout le monde sait déjà que c'est elle qui les a dérobés. Le téléphone indien marche merveilleusement dans la jungle. Nous nous précipitons pour les remettre au plus vite en place. Accroupie sous mon hamac où je suis en train de lire, elle succombe de temps en temps à une grande crise de larmes, se souvenant de ses animaux morts dans le fleuve :

– Par ma faute, dit-elle.

Elle me pose alors mille questions sur les origines du monde, sur sa fin, sur ma propre mort, merveilleuse petite fille constamment ouverte et avide de savoir et de vivre. Deux ou trois fois, elle va à l'école américaine, tenue par une missionnaire d'Amérique du Nord, Armanda. Elle part aussi rendre visite à une petite fille dont elle avait fait connaissance à notre précédent passage à Tama-Tama.

Parfois nous allons vers les maisons des Américains. Nous y rencontrons une jeune femme, Honey. Elle nous parle de derrière la protection de sa moustiquaire, alors que nous demeurons à l'extérieur, dévorées par la *plaga*. Enfin elle nous propose d'entrer, nous offrant royalement un verre d'eau froide. Tout en papotant, elle sort du four d'odorants petits gâteaux qui ont l'air absolument délicieux. Elle ne nous en offre pas. J'ai l'eau à la bouche. Mais cela n'est pas pour moi. Je refoule mon envie de les dévorer sur place. L'odeur de sa nourriture n'est pas pour mes narines. Nous ne sommes plus sur les mêmes chemins. On ne peut pas tout s'offrir. Je suis comme un pauvre au cinéma, qui regarde passer l'ouvreuse portant son panier de friandises sans pouvoir l'appeler. Nous sommes sur deux routes parallèles, qui soudain divergent complètement dans leurs directions. J'ai fait un autre choix. Même si mon palais hurle famine.

Samantha va nager avec sa petite amie, Candy, lorsque celle-ci a fini ses heures de classe. Prisonnière des structures d'un autre monde, Candy a quinze minutes pour ce bain, après quoi elle devra se sécher, mettre le couvert, enfiler sa robe de chambre, ses chaussons rouges, se coiffer pour la nuit, se mettre une crème, s'asperger d'eau de Cologne américaine, vider le lave-vaisselle. Tout cela avant le dîner qui, invariablement, aura lieu à cinq heures trente, pour se coucher à six heures quinze précises, Samantha est triste que sa petite amie ne puisse répondre à son amitié. Elles ne sont pas libres de vivre leur relation comme elles l'entendent. Pourtant, ma petite fille aimerait tant partager les jeux et davantage avec cet autre enfant blond lui aussi, qui joue comme elle à la poupée « Barbie ». Samantha est en colère contre ces obligations de civilisée qui lui dérobent son amie. Elle comprend alors pourquoi j'ai choisi de quitter le monde. Je lui explique que tout cela, je le refuse. Et sans vraiment beaucoup d'explications, mais en le vivant par elle-même, elle saisit exactement ce que je veux lui dire.

Durant notre visite chez Honey, trois Indiens Piaroa frappent à la porte : ils proposent trois énormes ananas. La jeune Américaine les leur achète pour deux malheureux bolivars. Nous quittons cette maison, où un couvert pour dix personnes est dressé, où des nourritures américaines aux fumets merveilleux font hurler nos estomacs. Mes yeux se dilatent en lisant les étiquettes sur les sauces, les jus et les poudres étalés sur la nappe. Mais nous partons. Cela fait bien longtemps que j'ai l'habitude de quitter ce genre de monde.

Apparemment indifférente, comme les Indiens m'ont appris à l'être.

Nous nous dirigeons alors vers une autre maison habitée par Armanda, que j'avais déjà rencontrée auparavant à Caracas au Bureau de l'Immigration, la *Estrangeria* *. Elle aussi nous parle longuement au travers de sa porte, sans nous faire entrer. Si peu d'ouverture de cœur me laisse pantoise. Samantha, intelligemment, se donne des claques sur les cuisses, sur le corps, exprès, comme exaspérée par les moustiques. Cela, elle me le confiera plus tard : elle invente sur-le-champ cette tactique pour forcer la femme à nous faire entrer. Armanda ne résiste pas, et nous voici dans un intérieur de professeur américain en pleine jungle. Je ne veux pas mendier. En échange d'un sandwich qu'elle me tend, je lui propose de l'aider à sa couture. En effet, je vois un énorme tas de linge posé dans un coin de la pièce. Elle me confie alors un immense drap à rapiécer. Me voilà bien! Tout en travaillant je surveille du coin de l'œil Armanda qui prépare un repas pantagruélique; Samantha reste bouche bée à regarder les plats qui se préparent : une soupe crémeuse à la tomate et au lait, du « boloni » grillé, des toasts avec du beurre fondu, des biscuits dorés et croustillants faits maison. Mais avant de se mettre à table, Armanda prend la Bible et prie afin que sa relation avec moi ne soit pas purement « païenne », dit-elle.

Pourtant cette missionnaire emploie une famille entière d'Indiens Piaroa; et elle les sous-paye. L'homme tond la pelouse, paradoxe en pleine jungle, l'épouse passe l'aspirateur et étend la lessive sortie d'un lave-linge électrique, la grand-mère s'active, lavant les vitres avec un aérosol. Armanda n'est pas païenne, elle prêche l'amour, et pourtant elle se comporte avec « ses » Indiens comme tous les Blancs. Quand je vois ce luxe, il me semble que les ananas valent plus; même par des missionnaires, les Indiens ne se feront jamais payer leurs produits à un juste prix. Il est vrai que personne ne paye jamais le juste prix à l'Indien. Après le repas, elle nous conduit visiter le dortoir des enfants des missionnaires qui travaillent dans les différents lieux du territoire amazonien. Ils sont quarante-cinq; tous blonds, longs, blancs, pâles, une mèche qui leur barre le visage, en bermuda et chaussures de jogging. Leur anglais a un fort accent des States. Une odeur de chewing-gum flotte. Cette année les trois dortoirs sont complets. Ensuite elle nous raccompagne afin de constater où nous habitons :

– Vous avez du courage, me dit-elle, de supporter ainsi la saleté, la promiscuité avec tous ces gens; cela ne doit pas être facile de vivre avec eux.

Je sens dans son langage que pour elle ces Indiens dont elle parle ne sont pas des êtres humains à part entière. Sa pensée, je feins de ne pas l'entendre. J'aurais peur de ne pas savoir contenir ma colère. Elle ne se doute peut-être pas que jamais je ne donnerais ma place pour son empire, Dieu compris. Les gens avec qui je vis partagent ce qu'ils ont de meilleur, et elle et sa tribu au cœur sec n'y feront rien. Il y a bien plus d'amour chez eux qu'en elle. La nourriture chez eux a un autre goût. Elle a celui de l'offrande, jusqu'à ce que les yeux et le ventre soient pleins à éclater. Chez elle, c'est le règne des manières et des politesses hypocrites. Les Indiens sont différents. Ma famille est chez les Indiens. C'est définitif en moi. Ils me donnent ce qu'ils ont de meilleur : leur cœur, leur intuition, leur compréhension humaine. Elle, elle se réfugie dans un intellectualisme, dans sa curiosité, ses principes et sa lecture publique d'un Dieu. Elle se tranquillise la conscience. Je ne veux pas d'un Dieu dans un livre, je ne veux pas d'un Dieu sur papier. Là où sont les hommes, là est Dieu. C'est dans leur corps et dans leur cœur que je le cherche. Les livres se perdent trop vite dans l'humidité de la jungle, ne se conservent pas. Par contre, entre humains, s'ouvre un territoire béni que la pluie ne peut brouiller, un territoire consacré qui est l'amour. Je ne suis pas ici pour me battre, ni pour entamer une discussion théologique avec elle. Je n'ai ni tort ni raison. Je n'ai pas à justifier ou à expliquer. Je suis ici pour apprendre à être humain, à devenir ce que je suis.

Le dimanche à dix heures, nous nous rendons avec les Indiens Piaroa et Makiritare au « service ». Quelques Américains chantent. La cérémonie me paraît inconsistante. Le rythme protestant dépouillé n'est pas fait pour augmenter la communion entre les hommes. Trois Blancs parlent à tour de rôle en brandissant le livre :

– Le temps est court, il faut se repentir, prenez le chemin de Jésus-Christ.

Les Indiens sont priés de répéter dans leur propre langue. Un Piaroa fait circuler pour la quête parmi ses frères une *wapa*. Une quête auprès de ces Indiens démunis de tout! Sans rentrée financière, sauf parfois quelques demi-piécettes pour des fruits qu'ils ont mis des mois à cultiver avec soin, à surveiller, et à espérer. Voilà où retournent vite fait les deux bolivars des ananas. Ils sont donc gratuits pour les Américains. Ce n'est peut-être pas le même compte, me direz-vous. Mais qu'en savons-nous? Quand les missionnaires ont les moyens de faire venir des lave-vaisselle et des lave-linge au fond de la jungle, et de produire l'électricité nécessaire à leur utilisation, il est choquant, profondément révoltant, de les regarder reprendre aux plus démunis, à ceux sur lesquels on tient de grands discours, ceux du tiers-monde sous-développé, ce que l'on vient de leur donner en échange d'un travail. Les Indiens repartent sans les vitamines dans le corps qu'aurait pu leur donner l'absorption de ces fruits, mais avec le Dieu des Américains dans la tête. Ce Dieu qui interdit de danser, de se peindre le corps, de fumer le tabac. Ils en ont peur. Les Blancs viennent faire déborder les angoisses de leur pays chez les gens calmes. Ils apportent la gangrène de l'esprit. Ces missionnaires des *Nuevas tribus* ont une influence catastrophique auprès des Indiens. Quasiment de force, ils baptisent, marient, organisent des banquets et des catéchèses. Leur but est de bannir les traditions païennes. Il est interdit par eux de s'exprimer en langue tribale. L'espagnol ou l'américain est obligatoire. Le port du pantalon, la chemise est imposée. Ils incitent à manger de nouvelles nourritures inconnues dans le pays, et qui donc doivent être importées par eux. Les missionnaires les encouragent à haïr leurs frères qui subissent l'influence des missions salésiennes. Toute la culture populaire traditionnelle, les chants, les danses sont bannies. Dans les missions américaines, l'usage de la chique de tabac est parfaitement défendu. On compte sur la bonne conduite, la sobriété des Indiens. Il est interdit aussi de boire du *yaraqui* *.

Après l'office, il y a « Sunday School »; une pièce est réservée aux Indiens Makiritare, une autre aux Indiens Piaroa. De pièces, elles n'ont que le nom, car en fait ce sont plus des débarras minables, le moins accueillants possible, là où on pose parapluie, chaussures boueuses et outils de jardin. Il n'y a évidemment pas de sièges. La leçon se déroule dans leurs langues respectives. En revanche, une vaste salle est réservée aux Américains et à leurs enfants. Là, il y a des fauteuils, l'air conditionné, de la moquette et le coca-cola coule à flots bien entendu. Personne ne pourra ignorer la différence, et certainement pas les Indiens eux-mêmes.

Dans le village, les Makiritare tentent de ressembler aux Américains, se construisant des maisons avec béton et ciment, se coupant les cheveux comme ceux des villes. Ils achètent aux missionnaires de la poudre pour cuire des « pan cakes ». C'est une chance que je sois cultivée et que je sache ce que c'est! Mais ils n'arriveront jamais à rattraper les missionnaires, enfouis dans le béton, avec leurs radios émettrices, leurs hors-bord aux moteurs de quatre-vingts chevaux, leur essence en plus grande quantité que celle détenue par le ministère de la Défense, leurs tonnes de vivres. Les *Nuevas tribus* utilisent au moins douze pistes d'atterrissage clandestines sur le Territoire fédéral. Leurs deux avionnettes privées font sans cesse la navette. Les missionnaires pervertissent tout. A la sortie de la « Sunday School », je regarde s'éloigner un vieillard, responsable d'une communauté sur un affluent du Haut-Orénoque. Il porte à bout de bras un magnifique transistor ultramoderne et, de la poche de sa chemisette, dépasse un tube de pâte dentifrice. Il vient de se ruiner pour les acheter. De retour dans son village, il n'aura ni piles ni brosse à dents. Les missionnaires peuvent être contents.

7.

La forêt Makiritare

Je m'active pour partir de Tama-Tama en voyage sur le territoire. Ne pas rester coincée ici, sortir de la torpeur de ce village. Je veux m'éveiller et rester disponible aux possibilités. Ainsi un jour, nous brisons cette monotonie qui s'installait et me semblait éternelle depuis toujours et pour toujours. Un matin, de très bonne heure, nous partons avec un employé du ministère de l'Hydrologie en hors-bord. Il s'agit de remonter la moitié du fleuve Casiquiare pour vérifier un instrument de mesure climatique, en relever les données. Un Indien Waïka nous accompagne comme serviteur, homme à tout faire du technicien. Chacun porte un fusil. Nous dépassons une lagune à gauche; puis un *caño* *, un autre à droite au fond duquel, paraît-il, à plusieurs jours de marche, habitent des Yanomami. Nous laissons sur la rive quatre maisons abandonnées par des familles qui ont rejoint Tama-Tama, attirées par la promiscuité clinquante des Blancs. Les ruines sont inexorablement dévorées par la forêt. Lentement, elle reprend possession des plantations, des bosquets de citronniers ou d'orangers. Elle se glisse entre les pierres, entre les murs. L'embarcation s'arrête devant l'entrée d'un autre *caño.* Les deux hommes descendent et s'enfoncent dans la forêt pour chasser. Avec joie nous pouvons enfin faire pipi. Mais eux disparaissent.

Nous restons, Samantha et moi, isolées, coincées sous les arbres, sans fusil, sans oser nous enfoncer. Seules dans l'immensité de la respiration verte de la forêt. Mais la solitude est rompue par l'exaspération des démangeaisons : le corps gratte, gratte jusqu'à la moelle. Le cœur semble près d'éclater tant cela gratte. Samantha et moi enfilons malgré le soleil et la chaleur des pantalons et chemises longues. Rien n'y fait. Cela gratte. Une sensation folle de n'être plus qu'une plaie qui démange. Nos pieds dans la fraîcheur de l'eau n'apportent même plus un apaisement. Nous attendons, Samantha bavarde, imaginant à haute voix :

– Maman, si un sanglier apparaît, que faisons-nous? Ils sont méchants, hein, les sangliers! Et si c'était un *tigrito* * ou un serpent? Et qu'est-ce que je ferai s'ils te mangent?

Nous n'osons descendre du bateau. Nous sommes simplement heureuses d'être vivantes; sans rien désirer d'autre. L'une contre l'autre, nous respirons à l'unisson. Pourquoi souhaiter autre chose? L'absolue nécessité nous unit. Nous apprenons à être heureuses dans la simplicité totale de notre dénuement. La pirogue devient notre royaume éphémère. Puissante de notre communion, Samantha réfléchit :

– Maman, où va-t-on après la mort? Est-ce qu'on mange aussi là-bas? Comment c'était avant que je sorte de ton ventre? Et encore avant, où j'habitais! Avec qui je parlais?

Entre chaque série de questions, elle passe ses jambes par-dessus bord et les plonge jusqu'aux genoux dans l'eau. Elle reste de longs moments dans cette position, penchée en avant, balançant la tête de droite à gauche jusqu'à ce que ses cheveux se perdent dans le courant du fleuve. Nous grignotons, pour échapper à la peur peut-être, nos provisions apportées dans un petit sac. Samantha poursuit sa ronde de questions métaphysiques :

– C'était comment le début du monde? Les premiers oiseaux, ils commencèrent comment? Et les premiers hommes? Les premiers arbres? Que feras-tu maman si je meurs? Et moi, qu'est-ce que je ferai si tu meurs? La fin du monde, ce sera un grand feu ou une grande pluie?

Petite merveille de fille pas perdue au bout du monde, pas décontenancée, en tout cas beaucoup moins que moi, qui ouvre tout grands les yeux de son cœur, de son esprit, et qui parle comme les Indiens de la grande pluie finale. Ma petite fille des Indiens, blottie contre moi, dans un même oubli de nos pères, de nos frères; nous oublions notre différence d'âge, préoccupées par les mêmes questions. Seules à attendre sur ce fleuve désert. Nous avons choisi : nos maîtres sont ici. Nous sommes amoureuses de l'enseignement que nous vivons, que nous recevons de ces professeurs sans diplômes ni cravates. Ces hommes qui n'ont pas besoin de parler notre langue pour nous faire comprendre ce qu'ils connaissent d'essentiel sur la vie.

Enfin nos compagnons reviennent. Le bateau repart. Soudain ils arrêtent l'embarcation. Samantha termine de me demander en pouffant de rire :

– Tu as pété ou quoi?...

Ils accostent, s'enfoncent, nous laissant à nouveau seules. Samantha est toute joyeuse de l'épisode, me demandant avec insistance si c'est à cause de ma mauvaise odeur qu'ils s'en vont. Nous sommes la proie de nouveau des moustiques. Une demi-heure plus tard, après avoir eu tout le loisir d'admirer les acrobaties d'un petit singe, l'employé du ministère revient seul. Il a laissé le Waïka sur la trace d'un sanglier. Nous apprenons que l'odeur de ce pécari avait trahi sa présence. C'est pour cela qu'ils ont accosté. Nous rions de plus belle de notre méprise. Au retour de la station climatique, il arrête le bateau au même endroit sur la berge et part avec sa *machete* * qu'il vient d'aiguiser. Le fleuve n'est peuplé que de moustiques. Les cris des deux hommes s'appelant trouent la forêt. Elle me paraît si vaste, si impénétrable. Nous nous enveloppons de linges des pieds à la tête. Nous agitons un petit tissu sans cesse devant le visage. Samantha grignote. Nous sommes dans la paix et la folie de la forêt. Ils reviennent avec un *vaquiro* tué. Samantha est assise contre la dépouille encore chaude. Elle enfonce dans les soies un doigt d'abord timide, puis ses mains courent sur tout le corps de l'animal pour l'explorer. Elle tire sur la chemise du *motoriste* :

– Et pourquoi nous on n'a pas de poils, tente-t-elle de lui demander, pourquoi on n'a que deux jambes? Ce n'est pas juste, moi j'aimerais être un cheval en tout cas.

L'homme, sans bien comprendre ce que lui demande cette petite fille aux yeux réfléchis, la regarde en souriant. L'essentiel pour lui est fait. Il rapporte de quoi nourrir sa famille au village. Le tonnerre gronde au loin. Une pluie torrentielle s'abat sur le fleuve avec la nuit; elle flagelle nos corps pendant les quatre heures de navigation. Il n'est que dix heures du soir lorsque nous accostons trempés, transis. Nos yeux grands ouverts ne voient que du noir. Mais comment savoir s'ils sont ouverts ou fermés par le sommeil dans toute cette obscurité? Il faut aimer cette journée. Nous y avons appris à découvrir un instant de la vie de la forêt. Nous en sommes si contentes. Heureuses de nous être pliées au rythme, aux réflexes, aux attentions. Même si cela n'est ni facile ni gratifiant dans l'immédiat, nous avons touché du doigt une réalité que nous recherchons encore et toujours. Ce n'est plus en imagination que nous approchons l'Indien, mais en vivant quotidiennement avec lui.

Dans ce sens, une aubaine m'est offerte : Santana Tovar, le frère aîné de Tomas, est un leader religieux. Il doit parcourir des villages de sa tribu, les Makiritare, afin de leur faire prendre conscience de leurs problèmes, de faire le lien entre eux et le gouverneur, et enfin de prêcher. L'accompagner nous procure l'occasion de parcourir des kilomètres, de remonter nombre de fleuves, de nous intégrer et nous familiariser peu à peu avec cette zone de l'immense territoire. Cela n'a rien de touristique. Je dois rejoindre Santana à Acanana, dont un autre de ses frères est *Comisario* *. Ce dernier est aujourd'hui en visite à Tama-Tama. Il doit nous conduire à Acanana. Mais il se montre extrêmement méfiant quant à notre venue dans sa communauté.

– Montrez-moi vos papiers, vos permis, demande-t-il, autoritaire, brutal.

Que lui ai-je fait? Depuis des jours, je suis avec son jeune frère Tomas, je dois rejoindre son autre frère Santana, ne suis-je donc pas son amie? Il consigne dans un petit carnet écorné les données de mes papiers officiels après les avoir épluchés, lus et relus. Il est antipathique. Finalement, à contrecœur, il nous embarque avec sa femme, ses enfants, et Jesusita qui, elle aussi, par chance, va à Acanana. Elle nous apporte sourire, joie et partage durant tout le voyage, tout en tissant sans relâche un *waturo*. Samantha veut absolument prendre des leçons de tissage. L'eau noire du fleuve, « couleur coca-cola » disent les Indiens, ne reflète pas la pirogue durant les quatre heures du voyage.

Malgré l'accueil du *Comisario*, l'ambiance est douce, la chaleur familiale. Nous accostons à Acanana. La première maison que je remarque appartient à un couple d'Américains. Ils me noient de questions plus ou moins agréables, alors que je suis si heureuse de rencontrer des êtres humains, des gens dont je connais et aime la langue. Mais pourtant je perçois émanant d'eux, et de leur comportement vis-à-vis de nous, des vibrations malsaines, obsessionnelles. Et bien sûr la traditionnelle question des Blancs couronne le tout :

– Quel est le but de votre séjour au Venezuela?

Son indiscrétion me glace et me renferme. Est-ce que moi je leur fais ce genre de demandes? J'habite ici, rien d'autre. Là où j'accroche mon hamac, là où est mon sac à dos, là est mon pays, mon cœur, mes racines. A un ami, je peux expliquer cela, à l'instant secret des confidences. A elle, à lui, qui me reçoivent en plein soleil après notre voyage, à elle, à lui, qui jouent à l'inquisition en guise de bienvenue, non. Ils n'ont rien à savoir.

– Moi, reprend la femme de plus belle, je suis ici pour mon travail, pour enseigner Jésus-Christ. Et vous, ce n'est pas ça, hein? Je m'en doutais, cependant vous le devriez, car c'est l'essentiel.

Sa sécheresse d'arbre stérile me fait mal. Je les abandonne à leur dureté. Samantha et moi allons nous baigner dans le fleuve froid, avec l'unique sécurité de nos doigts entrelacés pour que la tristesse ne nous pénètre pas. Avec l'unique confort des sourires que nous échangeons et que nous nous offrons. Puis nous attendons autour de la maison où l'on nous a dit de déposer nos affaires, afin d'observer, de nous habituer, afin de laisser aux autres le temps aussi de s'accoutumer à notre présence. Souvent, les Indiens me demandent pourquoi je ne crois pas en Dieu. Ils essaient de me convaincre. Seule la barrière de la langue les en empêche. C'est encore une chance. Je suis stupéfaite par la force de l'assimilation du Dieu chrétien à l'intérieur de leurs mentalités. On se sent tellement plus à l'aise en présence d'Indiens isolés, d'Indiens qui n'ont pas un contact constant avec les Blancs. La puissance des missionnaires est énorme. Il est surprenant de voir comment ils organisent toute la vie d'un village. Tandis que certains Indiens sont traditionnellement parés, d'autres portent des vêtements occidentaux, des barrettes en plastique dans les cheveux, des chaussures de tennis, tout cela étant acquis au prix de services rendus aux missionnaires. Un exemplaire de la Bible, traduit en langue Makiritare, prend place sous le bras. Elle complète vraiment l'accoutrement. Moi qui avais des rancœurs envers le Dieu des églises de béton, je le retrouve ici, au fond de la jungle. Je ne veux ni perturber ni m'immiscer dans les croyances des gens. Je suis sincère et honnête, mais je pense qu'il y a un manque de respect à venir imposer sa pensée. Il n'y a qu'à regarder l'Indien pour comprendre sa majesté, sa magnificence et sa beauté. Cela ne vient-il pas d'un dieu? A l'inverse, dans les yeux d'un missionnaire, je ne retrouve pas cette aurore du monde. Il n'y a souvent que hargne et perquisition. La grandeur humaine, la bonté ne se trouvent pas dans leur camp.

Accroupie devant la cabane, mon cœur est serré. Pourquoi ai-je cette déception? La présence missionnaire me contrarie. Elle est à l'encontre de ce que j'espérais pour ces peuples libres. Je pense aussi, tristement, aux efforts que j'ai dû accomplir pour arriver jusqu'ici. Je me suis donné beaucoup de mal, et je ne veux pas me heurter à cette acculturation qui fait des Indiens des sortes de pantins entre les mains de ces religieux. Lorsque j'étais au Canada, j'avais été bouleversée par les enseignements sacrés des vieux sages. Ce que j'avais entr'aperçu des dieux indiens canadiens m'habite encore. Je venais ici chercher et connaître ceux des Indiens de la forêt. Cependant, seul m'est renvoyé le reflet déformé du même dieu « qu'à la maison ».

Enfin, je rencontre Santana Tovar. Trois de ses hommes l'accompagnent dans sa mission. Il me prie de laisser la plupart de mes bagages ici, dans cette communauté, car le trajet sera pénible. Il faudra descendre du bateau, le porter ainsi que le matériel pour passer des rapides. La lente remontée reprend sur le fleuve bordé d'un ruban de velours vert. Nous longeons un *cerro* majestueux, resplendissant des légendes qu'il nourrit. La beauté et le pittoresque ne sont vrais qu'à mes yeux. Pour nos compagnons, c'est le paysage de leur vie. Nous nous arrêtons. Quelques maisons, tassées au bord du fleuve Cunucunuma, une petite communauté, reliée au reste du monde par le fil jaune et noir de l'eau. Il nous est immédiatement offert à manger. Je ne sais comment font les indigènes pour servir, à leurs hôtes qui débarquent sans prévenir, une nourriture abondante. Leur générosité est sans faille. Arriver à l'improviste entraîne toujours chez « les civilisés » d'énormes problèmes. Pour les Indiens, l'étranger, le visiteur passent toujours en premier. L'habitant qui allait manger la nourriture qu'il vient d'offrir n'a plus qu'à retourner, avec le sourire, chasser ou pêcher sous la pluie un éventuel autre déjeuner. Je devine au contact de ces Indiens l'invisible mot d'ordre de tact, mesure et discrétion, qui préside à toutes choses chez les Makiritare.

Quelques heures après, nous débarquons pour la nuit à Culebra, que l'on est prié d'appeler maintenant Belém, sur l'ordre des missionnaires américains. Dès l'arrivée, tard le soir, une réunion biblique est organisée, suivie d'un partage rituel de *yucuta*. Assis sur des morceaux de bois sec placés en cercle sur la place du village, les hommes attendent qu'on leur apporte à boire. Chaque femme porte une grande *palangana*, emplie de l'eau du fleuve dans laquelle sont écrasées des galettes de *casave* qui s'y dissolvent. Cette boisson d'accueil est réservée aux hommes. Chacun en boit plusieurs litres. Les estomacs sont vite remplis. L'excédent de liquide est évacué par vomissements. Les Makiritare doivent finir les marmites avant d'aller se coucher. Toutes doivent être laissées vides. Les grandes calebasses de boisson chaude passent de main en main. Samantha et moi sommes avec les femmes, assises dans l'ombre à l'écart. Celles-ci, à l'affût, se lèvent pour emporter les marmites et les calebasses délaissées. Les hommes sortent alors de longues cigarettes d'écorce. Certains, tout en buvant, croquent de l'*aji*. Bien plus tard, ce sera au tour des femmes de manger. Samantha enroule des colliers de perles bleues, comme la plupart des femmes et des enfants ici, autour des poignets, au-dessus des chevilles, au-dessous des genoux.

Je rencontre dans cette communauté cinq hommes qui viennent de la *Cabecera* *. Ils me proposent de les accompagner lors de leur retour. Il faut remonter le fleuve et marcher, marcher dans la forêt. Je regrette amèrement de n'avoir pas toutes mes affaires avec moi, surtout mon sac à dos plein de pellicules. Partir à pied avec ces nouveaux amis, m'enfoncer dans la forêt, rejoindre les sources, là où tout commence du grand fleuve. Je suis malade de tristesse ; d'autant que la compagnie de Santana n'est pas facile car je ne partage pas ses croyances religieuses. J'aimerais être comme lors de tous mes voyages : libre de mes gestes comme l'air, comme le feu. Tout m'attire dans la proposition des cinq hommes. Après les kilomètres, après les souffrances, enfin sentir, au milieu de ces personnes ornées de perles, l'âme de ce que je cherche. Guetter les possibilités offertes par le monde et y répondre spontanément est ma devise. Mais il faut pourtant m'en tenir à ce que j'avais prévu, accompagner Santana Tovar dans sa mission. Le temps est si court. Je tente de me convaincre. Ma date de l'exposition à Caracas, dans deux mois, m'obsède. En définitive, ce n'est pas ainsi, tiraillée et indécise, que je profiterai au maximum de la forêt. Je dois y aller propre et libre, sans attache ni devoir de retour. Maintenant que j'ai aperçu sa vie réelle derrière le voile de verdure, je ferais tout pour m'y enfoncer, sans limite dans le temps.

J'ai un goût amer dans la bouche en repartant, d'autant que nous repassons par Acanana. Revenir sur mes pas rend chaque instant sans saveur. De plus le bruit court dans le village que le commissaire ne veut pas que je prenne des photos. Les enfants me harcèlent en répétant :

– Interdit, interdit!

Tandis que je suis avec les femmes, accroupies dans les cuisines, la ronde des repas des hommes dans la *churuata* *, la ronde des réunions bibliques reprennent. Toujours silencieuse, j'observe. Le couple de missionnaires américains nous invite, Samantha et moi, pour un déjeuner. Ils nous y servent une nourriture indigène, alors que nous rêvions de plats américains, dont ils nous savent frustrées, et dont ils se gavent. Nous le savons par les odeurs qui s'échappent à toute heure de chez eux. Je découvre dans le hall de leur maison, à la disposition de tous, une machine, un magnétophone à manivelle, pour écouter le message du salut. Il y a autant de cassettes en langue tribale que de tribus en Amazonie. Mais ils refusent de m'en donner. Le secret autour de ce matériel dit pédagogique m'étonne. J'aimerais en parler, discuter sur le but de ce travail. Le dialogue est impossible. Pourquoi cette peur?

Le soir nous retrouve Samantha et moi un peu lasses, troublées par ces juxtapositions de modernisme et de jungle. Le ciel est bas. La pluie roule incessante comme durant la nuit dernière. Je prépare le sac pour le départ, mais Santana ne semble nullement pressé. Par bouffées, la nostalgie de remonter vers les sources des fleuves me tenaille. J'observe Samantha, de jour en jour plus longue, plus maigre. Cela me déconcerte. Que lui dire à mon enfant grandie si vite, qu'inventer pour que ces mois à l'intérieur de l'Amazonie soient pour elle comme pour moi remplis d'enthousiasme et d'enseignements? Si au moins je savais ce que je recherche aux confins du monde, ce qui m'habite et m'obsède. Les indigènes d'ici rient de notre désir de partir dans la forêt; à pied, de nous enfoncer, peut-être de nous y engloutir. La fatigue, les insectes, les mille pièges de la jungle. Ma tête bourdonne de projets. Le hamac se balance, les bavardages fusent, le temps coule, je serre les doigts, le poing, pour le retenir. Il coule. Ce pays est celui de l'attente. La forêt pousse à une vie au ralenti quand on ose y pénétrer. J'écoute le sang circuler dans mon corps. Nous grignotons un peu en cachette du chocolat. Samantha joue comme une folle dans un hamac avec une petite fille. Le jour s'incline, la température s'adoucit. Des femmes mettent à cuire du *casave*. Une autre enfile des perles. D'autres vont sur le fleuve. Mon rêve me tient à la gorge : aller à la *cabecera* du Haut-Cunucunuma. Vivre jusqu'à plus soif avec de véritables Indiens de la forêt. Être satisfaite de vivre, cela dépend-il de moi, des autres, de Dieu, du hasard?

La fin d'après-midi amène un peu d'activité. Tous semblent s'ébrouer. Certains vont aider l'Américaine ou son mari à divers travaux : menuiserie, peinture, ponçage, scierie. Le dîner approche et je regarde ma fille heureuse, courant et jouant avec tous; confectionnant de petits hamacs pour les poupées, pour un chat. L'infirmier conclut la journée par un rapide cours sur l'hygiène lors de l'accouchement. Le temps coule, nous sommes bien. Je rencontre le commissaire de Belém, communauté dont nous revenons; lui est de retour de Puerto Ayacucho. Je lui exprime mon désir de retourner, à pied, à la rencontre des Indiens de la source du fleuve. Il refuse catégoriquement, se plaignant des autorisations données par le gouverneur, expliquant ses griefs contre les photographes, les reporters :

– Les Indiens là-haut sont traditionnels, c'est-à-dire qu'ils ne partagent pas la religion des Américains. Du coup, ils refusent tout contact avec l'extérieur. La communauté Makiritare est très divisée : les évangélistes d'une part, ceux qui ont accepté le message des missionnaires *gringos,* et les traditionnels d'autre part.

Je tente de ne pas le heurter en le contredisant. En fait, j'apprendrai plus tard qu'il manifeste une hostilité profonde envers le gouverneur qui veut l'évincer.

Nous retournons peu après à Tama-Tama, sur une *curiara.* J'accroche nos hamacs dans la maison de Tomas Tovar, et d'invitation en invitation, Samantha et moi faisons de fabuleux festins. La suite des étapes continue : Esmeralda, où les femmes préparent de la viande de *danto* * fumée et du *casave* afin de les vendre à Puerto Ayacucho; Manicuni, qui abrite trois familles nombreuses d'Américains entassés sur un bateau apparemment vétuste mais au confort intérieur scientifiquement organisé, à deux étages, qu'ils utilisent dans leur mission d'évangélisation. Ils se servent également comme domestiques d'Indiens Yanomami. Je n'aime pas leur aspect, vêtus de hardes occidentalisées, sales et baveux. Ils n'ont plus la fière allure de leurs frères restés libres. Enfin nous accostons à Toqui, sur le fleuve Padamo. Nous y restons plusieurs jours. Pour une fois, le commissaire de ce village nous accueille somptueusement. La nourriture est abondante. Samantha et moi dévorons les produits de la chasse. Le reste du temps, je vagabonde entre les maisons de boue. Je profite de l'arrivée de six employés du ministère de la Santé pour les suivre dans leur tournée d'hygiène. Ils aspergent chaque habitation de D.T.T. contre les moustiques du paludisme, et distribuent des médicaments. Je peux ainsi franchir toutes les portes. Même si je n'ai que peu de photos à prendre, je suis heureuse. Heureuse de regarder, de voir, d'apprendre. Ma soif de connaître est entière. Des femmes rentrent du *conuco,* potager et verger tout à la fois, avec d'énormes chargements de *yucca.* Elles râpent avec une petite machine à moteur, à la tombée du jour. Les jeunes hommes jouent au volley-ball. Santana dans la nuit réunit les fidèles évangélistes pour des réunions où chacun parle Makiritare. Je ne comprends pas et c'est sans doute mieux ainsi, évitant toute polémique.

La pluie reprend dure et violente. Le temps se replie alors sur lui-même. Les hommes plaisantent entre eux; personne ne fait allusion à la paralysie générale occasionnée par chaque averse. Santana devant repartir, nous emménageons dans la maison d'un vieil homme, Julio. Il met une pièce entière à notre disposition et, luxe suprême, il ouvre une grande boîte de beurre que nous partageons en famille, étalé sur du *casave.* L'indolence des jours se vit au rythme des balancements du hamac. Le bain seul vient rompre cette monotonie. Ou une promenade dans le village presque désert la journée. Je me sens pourtant épiée. Nous nous retrouvons ainsi, Samantha et moi, isolées, loin de ce qui nous est familier. Le voyageur ne possède plus pour assurer sa vie que la surface du corps, la peau, les organes. C'est notre seul véritable bagage. Le voyageur n'est riche que de sa vue, son odorat, son ouïe. Proche des éléments, la terre, la nourriture, l'eau, la pluie, le soleil. Cette proximité est notre seul horizon, mais avec l'étrange sensation d'être ailleurs sur une autre constellation. Nous sommes des gens des villes. Dans la forêt rien n'est comme là-bas. J'ai perdu l'indépendance de l'urbain, la possibilité de se fondre dans une cité, de n'être pas objet de curiosité. J'ai perdu mes marches solitaires dans la banlieue des villes. Cependant je me rends compte que la liberté que j'acquiers peu à peu est différente. Par-delà les dissemblances, je cherche le lien, l'unité avec ce que je vois, avec ce que je côtoie. Je ne suis pas exclue, mais reçue comme différente. Je voudrais tant que cet échange nous laisse chacun plus riche, plus satisfait. Être loin, ce n'est pas seulement une question de kilomètres, c'est surtout être aux marches du monde pour mieux le regarder dans son ensemble. Ce n'est pas forcément aisé. Je refuse que les relations avec ma petite fille en pâtissent. Je l'adore. Elle porte le nom de ma vie. Pourquoi suis-je si dure, si autoritaire parfois en refusant ses idées, comme d'échanger avec des petits *shoris* * ses jouets pour des objets artisanaux. Je voudrais tant réaliser ses rêves. Je l'attire, ma blonde étincelante, dans mes bras. Je la hisse dans le hamac. Je la serre à l'étouffer. Elle me regarde alors étonnée, mais tellement complice. Elle ne répond pas directement à mon effusion. Elle me glisse une information au creux de l'oreille :

– J'ai vu plein de papiers de bonbons voler dans le vent; je suis sûre qu'on me vole des *galletas*...

Quelques jours plus tard, un instituteur et sa famille remontent en hors-bord sur le fleuve Alto-Padamo vers leur communauté. Nous avons la chance d'être acceptées sur l'embarcation. C'est un nouveau voyage. Samantha et moi laissons nos chaussures, nous irons pieds nus comme nos compagnons. Ce n'est pas seulement un geste d'imitation, c'est un symbole. Nous ne trimbalons plus notre culture, nos coutumes. Nous irons comme eux. Pour nous, ce nouveau départ est beau. Nous trouvons chaque pas beau, tandis qu'eux vivent la réalité quotidienne, l'effort, la difficulté de vivre, la fatigue incessante. Notre perception est différente, mais peu à peu je comprends mieux. Des cascades à franchir à contre-courant, des rapides, des passages étroits se succèdent. Les pierres roulent, des remous se creusent, les passes difficiles sont nombreuses. Maintes fois nous devons descendre, décharger le matériel, pousser le bateau ou même le haler sur la berge et le porter. Parfois des Indiens apparaissent, sortis de nulle part à nos yeux novices. Des femmes aux seins nus, des hommes ceints à la taille d'un petit pagne, sans un geste ni un cri, nous suivent du regard lentement. La nuit approche, nous campons sous un toit en pleine forêt. Cet accueil abrite sans doute les gens qui montent ou descendent ce fleuve. Je vois enfin l'Amazonie. Dire comme je l'avais imaginée? Peut-être non. Car c'est au-delà de la couleur locale. Le folklorique est une valeur d'ailleurs, de la civilisation. Rien n'est pittoresque ici, puisque c'est le cadre quotidien des gens qui y vivent, qui y peinent. L'Amazonie n'est pas un pays imaginaire, inexploré avec ses « petits Indiens », ses sauvages, ses primitifs, la forêt vierge. Non, l'Amazonie est une terre, un ensemble de fleuves connus et régulièrement parcourus par ses familiers, un coin de notre planète. C'est une réalité faite de boue et de chair, d'êtres humains. C'est la misère, la pauvreté et les guenilles. C'est aussi l'insolence des missionnaires et des Blancs. Malgré la découverte d'un territoire étouffé par des autorités et une administration rapaces, où règnent l'agressivité et le soupçon, les jours qui s'accumulent pour nous sur le Haut-Padamo drainent leurs moissons de bonheur et de joies. L'écume du sillage que nous laissons cristallise la tendre chaleur de l'amitié donnée et reçue. Chaque gouttelette, prisme de douceur, offre à profusion sa fraîcheur.

8.

Bon anniversaire, Samantha!

Demain, Samantha aura huit ans. Nous profitons de cette dernière journée de ses sept ans au cœur de la jungle, alors que le bateau heurte des roches. Les hommes se jettent à l'eau jusqu'au cou. Ils tentent, dans le courant bouillonnant et hennissant, de forcer le passage. Sous les averses torrentielles qui roulent leur tambour, huit ans ma fille, ma tendre enfant, huit ans que je respire l'air que tu vas respirer, huit ans que ma vie s'appelle Samantha. Le voyage continue, ma fille, le fleuve Haut-Padamo est étroit. L'eau tumultueuse ne reçoit aucune image sinon celle de sa violence solitaire. Il faut descendre du bateau, porter le chargement dans l'eau, pataugeant jusqu'aux genoux, glisser sur les galets ronds, se blesser, sauter d'une roche brûlante et hérissée sur une autre, par-dessus l'eau profonde qui les sépare, se piquer aux arbres à épines. Une fois la berge atteinte, il n'y a pas de chemins. On est tout près du fleuve et on le perd de vue. Où sommes-nous? Les femmes vont vite et je ne les vois plus. Je me sens ridicule et inférieure, inexpérimentée. Mon intelligence n'est pas d'ici. La confiance en moi se sauve à grandes jambes, fini le style « à l'aise », « acting great » dirait Samantha. Je suis humble, attendant des autres un appui, un geste. Où sommes-nous? Je découvre la grandeur des Etres de la forêt. Je la découvre d'autant plus durement que cela me semble inversement proportionnel avec mes propres possibilités dans ce milieu. Ils sont forts, somptueux, grandioses, tellement beaux. Ils n'ont pas besoin de crâner, eux. Ils existent. Nous sommes maintenant tout à fait perdues, Samantha et moi. La frayeur parcourt chacune de nos veines. Nos cris rebondissent dans la forêt. Nos cris comme ceux que l'on entend lors des chasses indiennes. Nos cris, en espagnol aussi, bien que je sache qu'ils ne le comprennent pas. Samantha découvre un passage où elle peut se glisser, un petit trou à sa taille. J'essaie de la suivre, de faire comme elle. Nous frôlons des épines longues et courtes, des arbres visqueux. Il faut se baisser. Le corps se contorsionne pour éviter les pièges et les douleurs, pour fuir le contact avec cette nature. Nous nous transformons en anguilles qui flotteraient dans ce milieu végétal. Il faut rentrer le ventre, cambrer le dos, entre les épines. Ça y est, nous sommes tout à fait perdues. Mais des femmes reviennent pour nous guider dans l'inextricable des broussailles, des branches, des échardes longues, dans la folie du sol en mouvement, mou, visqueux, piquant, dans le labyrinthe des racines qui tendent leurs pièges. Mon pied nu découvre cette réalité, augmentée par la peur constante des serpents invisibles. C'est une impression nouvelle. Je palpe la vie grâce au pied. C'est la découverte d'un univers que j'ignorais jusqu'alors. Il y a toute une sensualité à sentir son pied s'enfoncer dans une matière gluante et enveloppante. Je prends possession d'un sixième sens.

Nous retrouvons le groupe avec son silence ou ses rires. Chacun, accroupi, a transformé l'inhospitalité luxuriante de la berge en un cercle magique. L'espace communautaire respire comme un foyer familial. Il s'ouvre, s'offre. Le paradis? Pourquoi pas. L'humanité profonde de leurs gestes, de leur vie me serre le ventre, me remplit de la joie sereine de vivre. Je m'accroupis à l'écart. Humblement comme eux. Sans chercher à être le centre. Les yeux grands ouverts, une impression forte me pénètre doucement dans toute sa splendeur. Je suis en train de faire l'amour avec eux tous, avec l'harmonie, avec cette clairière créée. Je me sens avec eux tous, dans ce lieu reculé et perdu, comme enlacée, enchevêtrée, dans et contre un corps, haletante, accrochée désespérément, follement d'amour, avec passion, anxieuse et satisfaite, tremblante et paisible, rire et pleurer. Je dévisage cette situation, cette communauté qui enfin m'accueille, comme le visage d'un homme, de très près, de plus près qu'il ne faut pour le voir. Je ne me lasse pas. L'étreinte est là, inutile de parler, de demander ou d'exprimer. L'émotion est une boule de plaisir, de douceur dans ma gorge, dans tout mon être. Je suis différente et je suis moi-même. Je me retrouve. Je nais. Le respect, l'amour fou règnent en moi. Je ne peux pas prendre des photos, aucune pellicule jamais ne sera assez sensible pour attraper l'intense plénitude de cet instant. Mon corps est calme, silencieux, secondaire en somme. La pensée se suspend à l'air qui vient du fleuve. Tout est à sa place d'éternité. Rien ne peut être mieux, ni passé ni futur, mais l'extraordinaire attention du présent.

Je suis une jeune fille à demi nue, qui achève de se dévêtir debout, jambes écartées dans l'insolence du soleil. Je balbutie dans la jungle. Se dévêtir pour me regarder marcher, courir, vivre nue sur l'immensité de l'horizon chaud et âcre. Les fenêtres de mon cerveau s'ouvrent toutes grandes. L'air y pénètre. Je suis chaque herbe qui pousse, chaque roc posé. Chaque pas tressaille jusqu'au fond de mon vagin. La vie, la force, la vitalité remontent en moi. Je suis un arbre vierge. Au long de ma jambe s'enroule un lierre instantané. Mes cuisses sont des fleuves inexplorés, mes yeux nus s'envolent à l'universel. Je divorce de tout. L'heure sonne de nouvelles épousailles. Je suis ouverte. Je n'ai plus de mère. Je nais, le cordon est coupé. Les uniformes se perdent. Je deviens personne. Je deviens rien, ni métier, ni statut, ni image de marque. Je n'ai plus d'adresse. Pure, ma violence est nue. La force gicle en moi. Je crépite comme un bois sec. Je ne veux rien ravager. Dans l'écrin de la forêt, je deviens un cristal noir.

L'eau sur la berge coule, la brise fraîche balaie les feuilles frémissantes. Les poissons, les oiseaux, les odeurs, les bruits. Chacun, c'est sûr, a goûté le temps. Les corps se lèvent, et légèrement aérien, chacun recharge la pirogue. Les hommes sont encore trempés. Tous reprennent leur place d'équilibre sur l'embarcation. Voilà ma fillette aux tresses d'or, le plus beau cadeau d'anniversaire que je pouvais te faire : t'offrir cet instant.

Le déjeuner est rapide : écailles de *palometa* flottant dans de l'eau froide légèrement colorée, un vague goût de poisson, puis de nouveau le fleuve. Nous dépassons une communauté Waïka aux grands vergers alignés au long de la berge. Des missionnaires des *Nuevas tribus* y ont fait construire une maison et une piste d'atterrissage pour venir de temps en temps porter leur « bonne parole ». Enfin nous arrivons à Buena-Vista, terme du voyage pour ceux que j'accompagne. Mais rien ici n'est typique. C'est décevant après un voyage pénible de douze jours. Une église en haut d'une colline, des maisons américanisées frileusement serrées les unes contre les autres, pas de *churuata*, là encore l'imitation du Blanc a tout détruit. La piste d'atterrissage a fait déménager l'ancien village, car le sol était propice aux avions. Les habitants peu nombreux ont l'air très « civilisés » : ni peintures ni colliers. Ils ne seraient pas déplacés au cœur de Miami. J'ai du mal à réaliser que nous sommes en pleine jungle, à douze jours de pirogue de la petite capitale. Camillo, avec qui nous sommes venues, me montre une maison en construction dans laquelle nous pouvons nous installer. C'est le futur réfectoire pour la grande conférence évangélique qu'ils préparent. Après l'éternel *casave*, chacun s'installe dehors, dans la nuit, une bûche glissée sous les fesses. Elle remplace le traditionnel tabouret avec sa tête et sa queue représentant un dieu de la forêt. Les conversations égrenées de leurs voix colorées s'en vont rejoindre les étoiles. Samantha me prépare une fête en l'honneur du dernier soir de ses sept ans. Nous nous endormons heureuses et enlacées dans le même hamac, un sourire de délice caresse nos visages.

Au réveil, je souhaite l'anniversaire de Samantha. Elle attend dehors, exigeant une surprise. Il faut ruser avec l'imagination. Le cadeau, il faut l'inventer. Je dispose en étoile huit feuilles vertes sur le sol. Sur chacune d'elles, huit demi-carrés de chocolat, huit olives, huit éclats de *galletas*, huit petits bonbons ; au centre, un hameçon et un fil de nylon que je serre dans une liane. C'est une grande fête! Une enfant de treize ans passe le nez à la fenêtre, attirée par nos chants. Nous l'invitons. A son tour, elle nous convie à un déjeuner avec les femmes du village. Samantha part pêcher et étrenne la ligne avec sa nouvelle amie. Je range nos affaires, expulsant les *cucarachas* bien au chaud dans nos sacs. Les femmes s'approchent. Je leur offre des médicaments, du fil à coudre, des vêtements, allégeant ainsi nos bagages, qu'elles inspectent, vautrées dans nos hamacs. Le contact est facile. Mes mains et mon cœur sont ouverts. Elles m'acceptent. Je suis leur sœur. Les hommes sont partis sur le fleuve, certains pour chercher un tambour d'essence laissé lors d'une halte, d'autres abattre des pieux droits dans la jungle, tâche difficile dans ce règne de l'enchevêtrement. Je pense au projet que nous avons fait de rejoindre à huit heures de marche d'ici un autre village. On nous a promis de nous guider, mais tous paraissent tellement occupés. La journée déserte le village. Toutefois, vers quatre heures, l'animation reprend par les enfants d'abord ; chargés de *wamas* * qu'ils dévorent sans attendre. Les femmes chantent. Elles clament leur foi évangélique :

– Jésus reviendra bientôt, repentissons-nous.

La beauté de leurs voix est prenante, même si les paroles sont étranges, comme déplacées, dans leur bouche en ce lieu.

Je suis fatiguée de ne rien faire. L'ennui s'enroule autour de moi. Je n'ose me l'avouer. L'ennui sordide et veule. L'ennui sournois, qui guette et se glisse. Je me sens poisseuse d'ennui. La nature pourtant est si belle autour : collines vertes, forêt profonde. Je rêve de retour, revenir en France, acheter une camionnette où nous vivrions en vendant aux quatre coins du pays les bijoux d'argent et de turquoise que je confectionne. Ce tour du monde, commencé il y a sept ans, me pèse sur les épaules, sur le cœur. Sept ans! J'ai envie de faire d'autres enfants. Je me demande violemment des comptes sur les cinq mois qui viennent de s'écouler. Au fond de mon hamac, je me sens lentement envahie par la vague saumâtre de mes rancœurs. Les hurlements de désespoir, allongée sur les grandes pierres chaudes des bords de l'Orénoque.

Toute ma vie, toute ma tête défilent, roulent dans une inondation boueuse, tandis que je me frappe le crâne sur les mille aspérités de la *laja*. Gosse qui se noie sans bouée. Je revois maman, comprendre maman, pleurer maman. La houle monte, hurler, cracher, ne plus respirer. Je me vois pleurer mes vingt-sept ans, désirer rentrer sous terre, creuser de mes ongles la roche et y disparaître pour ne plus en ressortir. Mais la pierre est là, implacable, figée et triomphante. Elle m'enseigne l'acceptation. Je suis le poisson que le pêcheur laisse agoniser à l'air en le jetant sur cette pierre. Je suis l'angoisse, muette et hurlante. Je vis et j'écoute la mort ramper. Ne plus bouger, ne lui donner aucune prise ou au contraire la laisser faire. Son souffle chaud et fétide. Je bois des tasses d'eau amère et trop salée, jouissance désespérée, obligatoire. Mon corps tressaille. Mon corps vomit. Plus rien à pleurer, plus rien à cracher. Mes yeux ne voient plus, ils voient tout. L'horreur mariée au désespoir. Le ciel se déploie, les nuages me lavent. Des chiens passent devant la porte. Une clarté descend si lentement que je la suis. Que m'avez-vous donc appris vous tous qui dites savoir? Qu'avez-vous fait de moi? Des années d'école! Des années de soumission! Et je vous ai crus. Mais vous répétiez sans fin la même chose. Je vous croyais et vous m'avez perdue. Cent mille raisons, toutes bonnes, fabriquent de bonne haines, croyez-moi. Je vous ai cherchés, vous qui aviez la vérité, je vous le promets, je vous ai cherchés longtemps. Mais la vérité, qui la tient dans sa main? Vous faites comme si et vous empoisonnez. Je ne le savais pas. Je ne savais pas que je serais seule un jour à devoir être mon professeur, à devoir écouter en moi le faible écho de la vérité. Salauds! Qui me dira, en douceur, en douceur s'il vous plaît, que vivre cela existe? Qui m'aidera à éclairer la nuit? Non, je ne crie plus. Dites-moi, voulez-vous? Je n'attends ni aide ni conseil. Je refuse les projets et les avenirs programmés. J'ai soif d'instant. Je suis ici et la forêt m'enveloppe, un pas et elle m'engloutira, un pas, une larme. Je ne vous attends plus, vous les compatissants. Ma main ne veut plus se tendre vers personne. Je n'ai plus de désir. Tout peut passer. Je suis ici et la forêt m'enveloppe.

La nuit est venue depuis longtemps. Une voix forte nous appelle au-dehors pour le dîner. Une invitation à vivre. Je reçois des Indiens le plus beau cadeau qu'un être humain puisse me faire : l'accueil. Je me rue sur la soupe de bananes chaudes, je regarde Samantha. Le feu danse dans ses cheveux. Ses yeux pétillent lorsqu'elle joue avec son amie. L'Amazonie est notre patrie, car ici vivre, c'est déjà une réussite.

Camillo me dit :

– Demain un Waïka te guidera à Wachina. Il y a deux jours de marche.

Malheureusement le réveil est assombri par une pluie battante. La journée sera longue. Le départ certainement remis. Au moins, si j'avais un livre... Mais j'ai refusé d'en apporter, voulant vivre comme les Makiritare. Tous connaissent ma volonté de partir à pied, mais mon sort est entre leurs mains. Car c'est à eux de décider. La sarabande des moustiques poursuit son œuvre d'exaspération. Samantha, elle aussi, est énervée, mettant beaucoup de mauvaise volonté à écrire sa page d'exercices. Elle soupire, parle à voix basse, se lève pour aller chercher de l'eau. Elle se gratte, chasse des mouches imaginaires. Un écœurement me saisit, d'autant qu'elle se cache pour enterrer ensuite le cahier que nous avions eu tant de mal à nous procurer. Nous nous en partagions les pages, comme un trésor rare. L'ennui plane de nouveau. Au moins mes mains sont occupées à gratter les incessantes piqûres d'insectes. Je ne veux pas de nouveau sombrer dans l'horreur noire de mon désespoir. L'impatience me ronge. J'aimerais tant partir, sans rien laisser derrière, aucune trace. Je n'ai pas d'autre cahier. Où vais-je pouvoir noter au jour le jour le fil de mes pensées? Les consigner est essentiel. Sans cela je suis foutue. En écrivant je ne suis plus si seule. Je cherche ainsi, alignant les mots, à comprendre ma vie. J'en ai besoin pour réfléchir à mes relations avec les gens, peut-être percevoir mieux ma constante insatisfaction et ma permanente quête. Ainsi je suis partagée devant ces Indiens aux tee-shirts américains, décorés de badges cousus, vantant les mérites de Jésus-Christ, entre fuir le Venezuela, continuer ma route à travers le monde, ou pénétrer davantage l'espace qu'est la forêt, ouvert et pourtant si hermétique. Je veux que voyager me grandisse, non aux yeux des autres, mais en moi-même. Et écrire m'y aide.

Au moins, Samantha est heureuse : elle court pieds nus, épluche les légumes, aide à planter des pieux, à porter des fardeaux, elle pêche. Elle est partout chez elle. Dès l'arrivée, elle semble vouloir se créer un nid, un lieu amical et hospitalier. Mais moi je suis le vagabond ; l'errant qui trouve monotonie à chaque halte et fait rêver le village prochain, l'étape imaginée et à venir. Je n'exprime aucune joie. Je me sens sèche, un vieux fruit rabougri. Est-ce une fin en soi de bouger sans cesse ? Tout a perdu, au fil de ces années, signification pour moi. Un monde sans sens. Simplement le chaud et bouleversant contact avec ma Samantha me tient debout. Je cherche une tribu. Je cherche la différence, l'ailleurs et l'autre. D'où ma déception devant ces Indiens évangélisés et tentant de s'européaniser. Je cherche des gens à aimer. Il m'a fallu une oreille fine pour percevoir le murmure en moi : aimer. Aimer et être aimée. Et larguer toutes les autres amarres.

Le sommeil est long à venir. L'excitation et l'appréhension du lendemain s'assemblent pour me maintenir éveillée. J'entends le souffle régulier de Samantha, je suis des yeux les nuages tumultueux. Demain, mon toit sera la jungle.

9.

Pieds nus

Marcher, monter, descendre, recommencer sans cesse. D'immenses feuilles grasses, charnues, couvertes de longues protubérances épineuses, s'écrasent sous nos pieds nus. La végétation est constituée d'un tapis de feuillages recouvrant le terreau du sol. On ne voit pas ses pieds ; un incroyable fouillis masque jusqu'aux cuisses la réalité du terrain. Entre les arbres géants poussent une multitude d'arbustes. Ils sont reliés par des lianes qui se tordent comme des guirlandes. Certaines grimpent de la base au sommet des troncs. D'autres pendent, droites, du ciel. L'espace laissé libre est comblé par d'énormes fougères, par de vertes tiges. Entre les interstices s'étend une infinité de petites plantes à larges feuilles, parfois soigneusement dentelées par les fourmis. Je lève la tête. La jungle étend les bras de ses bois au-dessus de nous, voûte opaque. Tout tend désespérément vers le soleil bienfaiteur, s'étire dans un même élan, là-haut à trente mètres, vers l'explosion luxuriante. Samantha saute de racine en racine, s'efforçant de ne pas se laisser engloutir par ce délire vert. Elle évite les lianes qui s'enchevêtrent comme des tentacules, perd l'équilibre, se retient au tronc grêle d'un palmier à peine plus gros qu'un bras, mais couvert d'aiguilles acérées. Je veux la rejoindre. Mais je laisse traîner mes mains pour m'aider. J'ai des chances de les poser sur des fourmilières, une ronce, une herbe coupante, ou une plante vénéneuse qui provoque de brutales démangeaisons. Fini d'admirer les arbres démesurés, l'ambiance sacrée du mystère de la grande forêt.

Devant et derrière nous marchent deux Waïka portant une partie de nos affaires. Les sacs sont pesants à mon épaule, même Samantha en porte un, c'est lourd, je l'aide. Elle tombe, essaie de son mieux de ne pas ralentir notre marche. Nous pataugeons dans l'inextricable, en longeant un immense *morichal* *. Il faut creuser de véritables tunnels dans la muraille végétale, qui nous font dévaler vers les vases mouvantes qui ne cesseront plus. Nous découvrons la douleur impitoyable de la lutte dans la forêt. Faute d'expérience nous tombons souvent, mais comme droguées nous continuons. Il ne suffit pas de marcher, il faut escalader des troncs qui barrent le passage par leur diamètre considérable ; des serpents s'y abritent certainement. Je m'assois de côté, je passe une jambe, engage l'autre. Se reposer quelques minutes. Je me redresse. Rééquilibrer le sac en se penchant en avant. Je continue. Dans ma transpiration fuit tout mon orgueil. Samantha, qui me suit, prend appui sur des arbres couchés et tente de se hisser. Elle et moi faisons notre apprentissage en silence. La marche est lente, pénible. Nous franchissons sans cesse de nombreux arbres pourris qui se perdent dans la vase. Défiguré par la fatigue et la terrible humidité qui amollit et rend les chairs blanchâtres, le corps se révolte. La marche a pris possession de nous. Elle recule notre perception des limites de notre résistance. Mon pantalon alourdi colle aux jambes. Le sol gras est une saignée ouverte. Marcher ne laisse aucun répit. C'est pas à pas que mon voyage se construit. Rien ici n'est à la mesure de l'homme. Nous éprouvons à travers tout le corps un fourmillement de crainte. La force dangereuse de la forêt exclut l'homme. Ce qui l'oblige, pour y subsister, à se dépasser. Aucune machine, jamais, n'a mordu cette forêt. L'oppression s'appesantit. Échapper pour un instant à l'atmosphère bourbeuse, gluante et suintante. Soudain, dans mon esprit, en un éclair, se dresse le désir de traverser la forêt pour lui échapper.

L'Indien de devant disparaît. Il va si vite dans ce dédale. Nous avançons dans le lit même d'une rivière. L'eau arrive à la taille de Samantha. Nous nous agrippons aux racines aériennes qui surplombent la surface. J'arrache mes pieds du liquide apaisant. De nouveau la berge. Minutieusement nous suivons les traces de pas incrustées dans la boue. Mais nous atteignons l'extrémité d'un marécage. Plus rien. Où aller? Je sens palpiter chaque racine. L'ombre a l'odeur ambrée des *cañitos* * lents. La chaleur s'abat comme une bête fauve. Un bruit, soudain, parmi les autres. Je me redresse. Je n'entends plus rien. Silence fêlé. J'écoute dans la moiteur, la pénombre, emplie de bruits. Là, dans la certitude des heures qui se succèdent, l'enchevêtrement se meut comme des bras repliés devant le visage. Les deux

Waïka se glissent entre les épines, ils sont revenus sur leurs pas. Notre visage éberlué déclenche le rire des Indiens. Je les questionne sur la distance qu'il reste à parcourir. Ils répondent :

– Ce n'est pas loin, encore un peu, attends.

Je n'ai pas leur technique pour éviter les chutes, les lianes qui me cinglent le visage, les herbes qui me coupent les doigts. Je fournis plein d'efforts inutiles, perdant du temps, essayant d'enjamber les troncs couchés. Je me redresse, je pivote. Toute une gymnastique saccadée que je ne vois pas faire par les Waïka. Leur démarche est souple, comme coulée. Je tente de les imiter lorsque à quatre pattes ils rampent au-dessous de branches basses. Quand nous nous relevons, c'est pour escalader un obstacle, souvent aussi haut que ma poitrine. Le tracé est maintenant encombré de nombreux chicots, morceaux de racines et de branches que la machette vient de sectionner en biseaux tranchants. Ils restent plantés dans le sol comme de véritables fers de lance. Nous devons stopper fréquemment. Nous trébuchons. Nos sacs s'accrochent aux épineux, les lianes agrippent les bras.

La haute forêt envoûte et m'invite farouchement à ne plus quitter son silence. De petites lianes nous scient les chevilles ou manquent de nous étrangler. Le monde impalpable des entrailles de la forêt me bouleverse. Je pose ma main ouverte sur un arbre, je tressaille aux vibrations sourdes. Je n'en finis pas de reconnaître cette forêt. Le temps ne compte plus. Je rencontre l'Amazonie. Elle colle à ma peau. Debout, Samantha et moi, exténuées, nous nous agrippons l'une à l'autre. De face. L'une voudrait grimper sur le corps de l'autre pour se protéger, se nicher. L'une oublie que l'autre est si petite, l'autre oublie que sa maman est si grande. Samantha, ma fille... Il n'y a plus ni âge ni taille. Il y a deux êtres humains enlacés. Les doigts s'incrustent dans le corps de l'autre. Ni tristes ni contentes, mais vivantes en cet instant. L'instant fulgurant et solitaire comme un éclair. Rien n'existe autour, tout vit. L'extraordinaire bruit de la forêt résonne à tue-tête à nos oreilles : serpents, sangliers, fauves? Qu'importe! Nous léchons les feuilles pour boire. Mais notre corps brûle d'un miracle d'être, l'eau ne pourra étancher cette soif-là. A la tombée de la nuit, les deux Waïka construisent une cabane près d'un ruisseau, tandis que je baigne Samantha pour la préserver des *chibacoas*. De larges feuilles servent de toit.

Un feu est allumé, malgré le bois humide qui croupit sur cette terre marécageuse. Quel pique-nique, avec soupe à la tomate en poudre! Nous tendons notre hamac. Cette nuit, au cœur de la forêt, isolées et heureuses, se fait douce et accueillante. Le tonnerre gronde, mais au loin. Soudain la nuit est là. Rapide et discrète. La lune et le sommeil sont les mêmes partout. Je reste les yeux grands ouverts, malgré la fatigue, incrustée dans la toile, le visage figé. Je regarde la nuit. Je regarde le noir. La lune danse à travers les arbres. Soudain la pluie, violemment, s'abat en cascades précipitées.

La marche reprend au matin, les rochers sont glissants des pluies passées. Il faut prendre garde. Je me trouve de plain-pied avec une réalité nouvelle. Je ressens un pincement d'appréhension, à laquelle se mêle une excitation puissante. Cette première marche en pleine jungle est pour nous une épreuve de vérité. Nous suivons les Waïka. Ils franchissent d'un pas agile un tronc d'arbre au-dessus d'un marigot. Samantha glisse sur la poutre suintante. Elle doit traverser dans un magma fangeux. Elle ne voit plus où elle met les pieds tellement les larmes voilent ses yeux. Ses pieds sont meurtris. La nudité des Indiens est un défi à la forêt. Leur agilité et leur rapidité me déconcertent. Leurs doigts de pieds s'incrustent comme des griffes dans le sol humide. Après l'enthousiasme du départ, peu à peu, l'atmosphère se tend. La boue me pénètre par tous les pores, de mes cheveux se dégage une odeur de forêt humide. Et pourtant je ne me suis jamais sentie plus propre, plus pure, que dans cette lumière d'après-midi tant attendue. La forêt est une terre sacrée, rien n'y est sale : ni l'eau, ni la boue. Je me sens lavée de l'intérieur. Les idées partent dans l'oubli. Vivre avec mon enfant dans le monde est satisfaisant. Nous sommes dans une culture vivante. Nous entrons dans un espace déboisé où pleuvent, comme des sagaies vibrantes, les rayons d'une épaisse lumière. Des myriades de fourmis de toutes sortes, de guêpes, d'araignées, de cent mille autres espèces d'insectes nous tombent sur la tête, le cou. Ils grattent, piquent, mordent. La violence du choc est totale, les larmes du soleil glissent sur moi, et chantent leur infinie vision de beauté et de puissance.

Nous arrivons à Wachiña, sur le fleuve Alto-Continamo. Une dizaine de femmes et un homme se dressent, hermétiques, à l'entrée. Immédiatement, un questionnaire policier m'assaille :

– Pourquoi viens-tu ici?
– Qui t'a dit de venir chez moi, dans ce village!
– Pourquoi ces deux hommes t'accompagnent-ils?
– Allez-vous rester longtemps?
– Où est votre *coroto*?

Son visage est dur, impassible. Les femmes demeurent sans mot, comme inexpressives. Samantha et moi sommes seules, avec dans notre dos la forêt que nous venons de traverser. Nous cherchons juste un repos, de l'eau. Mais aussi l'amitié réciproque. Être heureuses ici. Je tente d'expliquer. J'ai la sensation de passer un examen. Blanche et rouge à la fois. Mes mains sont si lourdes que mes épaules tombent à la hauteur des hanches. C'est peut-être cela que les femmes dévisagent avec leurs mines patibulaires. Essayer de rester souriante. Je suis persuadée que l'ordre redouté va exploser : « Fous le camp. » Cette terreur me pétrifie, m'alourdit. Je crois que mes pieds se sont enfoncés jusqu'aux genoux dans le sol.

– Je connais ta famille, dis-je d'une voix étrange pressée de larmes refoulées. Ils te saluent.

J'invente totalement, priant que cela ne fasse pas écrouler la terre.

– Les trente hommes du village sont partis à une chasse en forêt, me dit-il.

Sa voix me parvient comme étouffée par le mur de mon angoisse.

– Ils reviendront dans quatre ou cinq jours, il y aura alors une fête en l'honneur du retour du maître d'école et du commissaire. Avec costumes, chants et danses.

Je regarde Samantha, et je me baisse pour l'embrasser. Elle aussi observe, anxieuse. Comme si de rien n'était, oubliant tout, comme si nous n'étions que toutes les deux, seules, j'embrasse Samantha, mon enfant. Le monde peut se briser, l'univers se fendre, plus rien ne compte que notre amour indicible.

La tension se détend. J'ose regarder mon corps, mes membres. Ils sont normaux. Tout est à sa place. J'ose alors respirer. Quelque chose se débloque dans l'air, la charge d'hostilité s'estompe. Le miracle de ce baiser ne m'a pas simplement touchée, nos hôtes maintenant sourient. Les questions se bousculent sur les communautés que nous venons de visiter. Fernando, l'homme du questionnaire, nous désigne alors un grand *rancho* * au toit de palmes supporté par six piliers, dont un *muchacho* est déjà en train de balayer consciencieusement le sol de terre battue. C'est la maison des visiteurs, dont nous trouverons la tradition par la suite dans tous les villages Makiritare. Il ne nous reste qu'à installer nos hamacs, attendre et vivre. Fernando revient de son *quarto* * avec une table et un banc. On nous offre des pamplemousses qui poussent à profusion ici, provenant d'arbres plantés par le célèbre père missionnaire Coco, il y a des années. Chacun veut nous vendre de la nourriture. Deux jeunes filles nous invitent à aller nous baigner, faire la lessive, chercher de l'eau potable à une cascade. Le village est authentique. Il possède deux *churuata,* qui dressent leur fierté circulaire en harmonie avec les éléments : terre, soleil, lune. Il n'y a pas de moustiques, d'après les habitants. Mais en revanche de petites abeilles envahissent régulièrement l'air, Samantha se fait piquer d'ailleurs sans tarder. Elle hurle, ameutant tout le monde. Des commentaires fusent, rebondissent aux quatre coins du petit village. J'essaie de la calmer, la prenant dans mes bras le plus tendrement possible, la berçant. Je la supplie d'arrêter de crier, lui expliquant qu'il ne faut pas déranger les Indiens qui ont déjà mis tant de temps à nous accepter. Je crains d'être jugée mauvaise mère. Elle sanglote et se lamente. Je n'arrive pas à la calmer ni à apaiser sa douleur. Une vieille femme vient discrètement, lui prend le bras avec douceur mais fermement. Elle lui dépose une sorte de gélatine. Samantha s'arrête immédiatement de pleurer.

– Cela provient d'un arbre, me dit la vieille avant de disparaître sous son habitation de palmes.

Cette compassion secrète est un trésor indien. Leur retenue n'a d'égale que leur délicatesse.

Samantha part jouer avec des adolescentes. Je la suis. Six d'entre elles s'appliquent à faire belle ma petite fille, lui caressant le visage, attachant ses cheveux en arrière, nettoyant sa peau de leurs doigts. Elle se montre docile. Peut-être comme dans un rêve. Moi, en tout cas, ce rêve merveilleux, je le vis. Ces jeunes Indiennes transforment ma petite Samantha, mon enfant, ce que j'ai de plus cher au monde, d'unique, en Makiritare. Ces heures coulent en moi comme une fontaine d'or et de paix. Quoi qu'il arrive, je garderai au fond du cœur cet instant-là. En fin d'après-midi, les femmes quittent individuellement la communauté, sans doute en direction du *conuco,* chacune portant un *waturo* et une machette. Elles réapparaîtront le soir venu. J'observe plus à mon aise le village : maisons de boue, le *budare* * (four communautaire pour cuire le *casave*) sur lequel se perche un perroquet chatoyant. Il n'y a pas d'électricité. A la nuit tombée, éclairée par la lune, la communauté se rassemble peu à peu. On s'assied par terre, des discussions s'animent. Des femmes enlèvent leurs chemises. Un bébé de cinq jours tète. Fernando me confie qu'il porte un pantalon du fait de ma présence, sinon il est toujours en *guayuco* *! L'air est calme. Nos pieds, blessés par la longue marche, lancent des étoiles de douleur. Nos guides partent. Lors de la séparation, il n'y a guère de mots échangés. Ils disparaissent silencieusement sur la piste de la forêt. La dernière image que je garde d'eux est leur technique pour boire à partir d'une auge faite d'une feuille qu'ils tiennent, percée d'un petit bâton. Frêles et sans bagages, que mangeront-ils ce soir dans la jungle? Ils sont repartis. Et nous sommes seules, Samantha et moi, dans une nouvelle communauté, avec d'autres êtres humains, riches seulement de notre simple existence. Seules et unies.

Le réveil est splendide. Un ciel rose, irisé de violet en tous sens, me soulève de joie. Des femmes s'éclipsent vers le *conuco*. Chacune tient discrètement une petite marmite de *yaraqui*, boisson fermentée faite de *casave* et d'herbes mystérieuses, secret des vieilles femmes. Durant le travail pénible et gigantesque de la journée, dans cette préparation de fête qui quintuple les tâches, elles absorberont cet alcool. Et elles rentreront, ivres de fatigue et de *yaraqui*, écrasées sous les charges de *yucca*. Je déjeune avec Fernando. Je partage en famille un poulet que des Waïka de l'autre côté du fleuve sont venus me vendre dix bolivars. Les habitants restés au village défilent et se précipitent sur nos restes. Un poulet est une richesse, et j'ai si peu l'habitude d'être riche. Fernando me présente son frère, Segundo. Un mois auparavant, il a été mordu par une couleuvre. Son état s'améliore. Aussi me propose-t-il de m'accompagner là où je désire aller, Curumoña. Il m'explique que je ne peux pas prendre de guide parmi les Waïka :

– Ils ne connaissent ni les rapides ni les chemins. Et puis là-bas on les déteste. Ils les considèrent comme inférieurs, des animaux. Ce ne sont pas des Indiens. Les Makiritare haïssent les Waïka. Tu ne peux aller là-bas avec eux, ils te chasseraient...

Segundo est sympathique, même si je ne partage pas son mépris pour les Waïka. Mais je me garde de le lui dire. La nuit, une fois encore, arrive au galop. Il fait bon. Samantha et moi, nous nous reposons enfin vraiment. Le lendemain, une déception m'attend. J'apprends indirectement que Segundo ne peut me guider, sa femme refuse. C'est le bouche à oreille qui m'apporte cette information. Impossible de vérifier. Le monde est si secret ici! D'autres Waïka me proposent d'autres poulets. Je refuse et tente de leur expliquer que, moi non plus, je ne suis pas riche. En effet, la femme de Segundo est réellement malade. Dans deux jours, après le traitement du guérisseur, elle ira mieux et nous pourrons partir. Segundo, en guise de consolation, m'offre des *kourous* *. Samantha échange à une jeune Makiritare de seize ans son magnifique hamac synthétique jaune vif, pourtant le moins cher qu'il y avait dans le magasin, contre un autre, « un vrai hamac indien », dit-elle. L'Indienne est enchantée d'acquérir un statut de Blanc grâce au prestige de son nouvel hamac.

Je profite de ce temps libre pour aider les femmes. Confectionner des galettes de *casave,* les saupoudrer d'herbes, les plier en triangle, les mettre sur un tapis de feuilles dans un coin sombre et humide de l'habitation, en attendant leur fermentation. Le lendemain, je les accompagne au *conuco,* la chaleur est effrayante. Abattre des arbres de *yucca,* en faire d'immenses tas, arracher les racines, nettoyer, défricher, replanter : les tâches ne manquent pas. Les femmes pèlent sur place chaque tubercule, évitant ainsi la prolifération d'ordures dans le village. Elles s'entraident, s'attendent, car elles repartent ensemble vers la communauté. Nous nous mettons toutes torse nu sous le dard du soleil. On se nourrit sur place de ce que l'on trouve. La marche de retour peut durer deux heures. Je tente de soulever un *waturo* plein de *yucca,* je n'arrive pas à le décoller du sol. Les femmes Makiritare portent leur *waturo* dans le dos, retenu par un bandeau d'écorce. Le verger n'est pas à proximité du village, car les terres alentour s'épuisent rapidement. Dans la soirée, un jeune chasseur, de retour de la forêt, s'approche du foyer. Une vieille femme, aussitôt, gesticule avec véhémence dans sa direction. Elle invective dans sa langue le nouveau venu. De son poing fermé, elle fait le geste de lancer au loin quelque chose. Étonnée, je me tourne vers une jeune fille pour lui demander de m'expliquer. Elle éclate de rire :

– C'est pour la chance. Comme cela, tout ce qu'il y a de mauvais en cet homme reste à l'extérieur du village. Il n'entre qu'avec le meilleur de lui-même. Les hommes aiment trop se bagarrer, faire peur. Ils ont souvent de mauvaises intentions avec les filles. Elle a fait cela aussi quand toi tu es arrivée.

Enfin le départ vers Curumoña, sur le fleuve Alto-Continamo, est annoncé. Samantha et moi sommes accompagnées de Segundo et de son jeune fils de quatre ans. Celui-ci porte le premier jouet que les Makiritare donnent à leurs enfants : un *canalete* adapté à sa taille ; pas d'objets inutiles qui détournent leur intelligence des choses essentielles, comme c'est trop souvent le cas chez nous. Installés sur une petite pirogue sans moteur, nous remontons le courant. Le soleil braque ses premiers rayons sur la rivière. Minées par le flux, les rives abruptes s'éboulent sous le poids des grands arbres que l'eau n'a plus la force de charrier. Au creux de chaque courbe, de véritables rideaux d'arbres tombés frémissent sous l'écume, tendent leurs bras morts, se désagrègent lentement. Des racines plongent, tendues comme des cordes. Des ruisseaux inaccessibles, enfouis sous le manteau de verdure, débouchent en tumulte dans les encombrements de bois morts. La rivière burine sans cesse son propre lit. Samantha observe avec émerveillement le petit garçon qui pagaye au même rythme que son père. La symphonie est étonnamment juste et harmonieuse. L'air demeure chargé de fortes odeurs. Segundo accoste. Il dissimule la pirogue retournée sous un amoncellement de feuilles et de branches.

Nous poursuivons le voyage par une longue marche. Nous débouchons dans une région montagneuse. Même le relief se fait hostile cette fois. Tout est tellement difficile. Chaque pas résonne à travers tous les membres. J'ai l'impression que l'on entend ma douleur, celle de Samantha, par-delà le mur de verdure. Descendre est éreintant, monter est épuisant. Il faut emprunter le lit de petits torrents escarpés, de l'eau jusqu'aux genoux, sur les pierres glissantes. Cette marche abrupte dure plusieurs heures. Nous côtoyons des lieux de portage : des bâtons sont alignés, sur lesquels des bateaux peuvent être roulés, poussés. Segundo fait une entaille discrète dans l'épaisseur de la forêt, et un bateau apparaît, soigneusement caché sous un amoncellement de branches. Nous repartons à contre-courant. Le soir nous cueille. Il faut faire halte. Un ancien campement nous reçoit. Une cabane sans toit. Le feu est salutaire, et nous buvons de la *yucuta* chaude. Nous nous endormons comme des sacs, épuisées. La pluie ravageuse nous réveille en sursaut. Segundo nous couvre alors d'un vieux morceau de plastique. Quelle merveilleuse journée, où plus rien n'existe qu'aller devant. Un pas de plus. S'enfoncer. Aller dans l'inconnu. Sourire aux épreuves et répondre à la vie simple et rude par un chant de liberté. Peut-être le paradis terrestre ressemble-t-il à un voyage accompagné d'un Makiritare? Ma fille est chaude contre moi. Je m'endors bercée par mon rêve qui prend forme : les dimensions sans mesure de la forêt sauvage où l'homme est si humble que la seule gloire s'appelle vivre. J'aime et je m'endors.

Une journée semblable à la précédente nous attend le lendemain. Je pagaye mais m'épuise vite. J'admire la régularité des Indiens, la force apprivoisée de leur corps. Nous nous arrêtons près d'un *conuco* où habite Carlos, le frère de Segundo. Il est là pour cultiver. Mais surtout pour fabriquer un bateau. Un tronc d'une espèce particulière est creusé chaque jour davantage. J'admire son savoir-faire alors que résonnent les coups de hache. Malheureusement, un de mes appareils de photo se détraque. Le déclencheur est coincé. Être là et ne pas pouvoir prendre des photos, ne pas pouvoir garder une trace de ce voyage tellement vrai... Nous partageons leur déjeuner : viande de *danto* fumée. Quel régal! Cela compense ma rage devant cet appareil, orgueil et pointe de la technique, qui déraille quand tout sourit! Nous embarquons un des fils de Carlos, de quatorze ans. Il a le thorax ceint de perles croisées. Un très fin *guayuco* lui couvre l'entre-jambes. Il s'installe devant moi dans la pirogue qu'il manœuvre d'abord en plantant une longue perche dans le fleuve. Je regarde ses muscles jouer avec les colliers et les ceintures de perles. Le dos de Segundo et de son neveu, ruisselants de sueur, brillent autant que leurs yeux allumés de joie. Ils manient leurs pagaies avec calme. L'embarcation s'avance dans l'arc-en-ciel des gerbes d'eau qui jaillissent sous les coups des deux hommes, battant le fleuve à une cadence puissante. La pagaie fend l'eau avec effort. Vole au-dessus de nous tous une odeur de viande fumée. Le *chorro* * apure l'air que nous respirons. Je suis témoin de l'inoubliable. L'éternité suspend son cours. Il y a des siècles, les mêmes gestes, les mêmes vêtements. Il y a des siècles et nous sommes là, au cœur de l'humanité libre. L'embarcation est frêle, tout vacille. Et la pluie incessante achève de brouiller les traits nets des formes. Elle tombe avec une telle violence qu'on n'y voit plus à trois mètres. Soudain, de la forêt, rugit une voix humaine. On ne distingue rien, sauf cette voix comme sortie des entrailles vertes de la terre.

– Que viens-tu faire ici?

– Es-tu croyante?

– Où est ton mari?

Cela me glace, l'eau de pluie qui ruisselle sur moi semble avoir perdu tout à coup plusieurs degrés. Les questions étaient en parfait espagnol. Pas de doute, j'ai tout compris. Cela ne peut être le fruit de mon imagination. Non, puisque Segundo lui aussi a tourné la tête dans la direction de la voix. Nous voyons maintenant l'homme, debout sur la rive, planté plutôt, bras croisés. Autoritaire, il répète durement ses questions. Je tente mon plus amical sourire, ouvert et affectueux :

– Ben, heu...

J'ouvre la bouche, sans voix, le plus grand possible, pour qu'il voie bien que c'est un sourire. Comment lui faire comprendre que je n'ai pas de mauvaises intentions, qu'on va être amis, que la colère n'avance à rien, ni l'agressivité... Je ne sais pas s'il a compris, mais j'entends :

– Passe! Ce soir nous parlerons davantage.

Est-ce gagné? Mais ce soir, où serons-nous? Il semble connaître notre destination. Pourtant nous ne sommes pas attendus. Étrange, la rapidité de l'information dans la jungle. Tout se sait et chacun guette.

10.

La citadelle de palme

Nous accostons enfin au débouché d'un chemin. Plutôt une pente raide et abrupte. Même avec peu de charge, nous devons nous accrocher des mains, pas à pas, à toutes les racines et les plantes, pour nous hisser. On glisse sous le poids des sacs. Mais arrivés au sommet, nous découvrons une *churuata*. La vraie, l'authentique *churuata* des authentiques Makiritare! Quelle émotion! La joie pure du but atteint. C'est une longue et unique construction circulaire, juchée sur une colline déboisée. Le panorama est grandiose : des montagnes à perte de vue, couvertes d'un tapis vert et paisible. Comment croire qu'il masque tant de frayeurs et de pièges? Autour de la construction, une esplanade nue de terre orangée s'ouvre. Elle est entourée sur ses flancs de *conucos* abandonnés. Un grand concert d'aboiements salue notre arrivée. Des poules s'enfuient, effarouchées. Je dois attendre à l'extérieur la permission d'entrer. Le village entier s'est rassemblé. Enfin on nous autorise. Un homme désigne l'emplacement où nous mettrons nos hamacs. Une main, dans l'ombre, dépose sur le sol, devant nous, du *casave* et de l'*aji*. Certains viennent s'asseoir à côté de nous, sept hommes. Je suis seule avec Samantha. Sept hommes, forts comme des arbres de la forêt : bras herculéens, poitrines plates et musclées, rudes, le ventre rebondi. Leur rire est effrayant, les plaisanteries fusent, déchaînant des tempêtes gutturales. Ils sont en maillot de bain, mais des perles ornent leur thorax.

– Où sont tes papiers de permis de travail? Tes papiers de l'O.M.A.I., Office ministériel des Affaires indigènes?

J'ai bien celui du gouverneur, mais pas celui de l'O.M.A.I., car les militaires se contentent du premier. Comment expliquer cela? Ils interrompent brusquement :

– Nous, les gens du village, sommes contre le gouvernement. Nous sommes communistes, et différents des autres tribus.

– Connais-tu Enrique? ajoute quelqu'un d'autre après un silence.

– Oui, c'est mon mari.

Je m'empresse de répondre, tellement soulagée que cet homme mentionne son nom.

– Mais l'année dernière, il avait une autre compagne, reprend-il.

– Maintenant c'est moi.

Je ne me démonte pas. Quelle preuve donner? Si j'avais su, j'aurais apporté une photo de moi dans les bras d'Enrique.

– Parce que tu vois, nous, nous sommes avec lui. Il faut défendre notre pays, les armes à la main.

Et j'entends les discours qu'Enrique me faisait à Puerto Ayacucho, récités avec application par les Indiens. C'est bien de lui qu'ils parlent en effet...

– Je le connais, dit un de ces hommes, je l'ai rencontré à Puerto Ayacucho lorsque je suivais mes cours d'infirmier...

– Tu ne peux prendre de photos ici de toute façon, interrompt un autre, tu n'as pas d'autorisation signée par Alfredo Chamanare, ni par le commisssaire d'Esmeralda, ni celui de Toqui, ni de celui de Wachiña. C'est une nouvelle loi.

Je prends un air humble. J'écoute ce qu'ils disent la peine au cœur. Toujours ces étranges surprises avec les Indiens. J'ai beau leur expliquer mon accord avec eux, mon refus des *Nuevas tribus.* Je tente de leur faire sentir la joie que j'éprouve à les rencontrer. Eux avec qui je partage convictions et haines. Je me sens proche d'eux et pourtant ils me rejettent. Ma condition de femme seule accentue la difficulté du premier contact, durcit les rapports et les cœurs.

– Tu ne pourras voir notre *cacique* *, rajoute-t-il.

J'ai pourtant des cadeaux pour lui : du tabac, vingt bolivars en argent liquide, une photo de lui prise par une équipe de télévision il y a longtemps et que je trimbale dans le but de lui offrir.

– Tu peux penser, nous, nous allons dormir, me disent-ils en se levant en même temps, solennels, catégoriques et glaciaux.

Penser? Penser à quoi? Pourtant la situation me semble claire. Ils ont la femme de leur idole devant les yeux. Samantha et moi enfilons chandail sur chandail, et nous nous roulons dans le même hamac, heureuses de nous retrouver. Nous nous réconfortons l'une contre l'autre. Les trois Indiens qui nous accompagnent se couchent à leur tour. Ils sont restés étrangement silencieux durant toute la discussion. Presque invisibles, ne prenant pas position. Ils étaient tout juste capables de répondre si oui ou non nous étions sur leur bateau pour venir. Ils ont oublié tout le reste. La discrétion même. Ils ont simplement allumé un grand feu pendant la nuit. Le comportement des Indiens est toujours, pour moi, un sujet d'étonnement. Une indifférence parfaite à ce qu'ils jugent inessentiel, mais cela va jusqu'à ignorer l'être humain à côté d'eux. C'est une autre perception du monde. Et je dois me débarrasser des stéréotypes de pensée, de relations qui ont cours ailleurs pour comprendre, accepter.

Une grande frustration de photo m'habite le lendemain. Tous prétendent que le chef refuse de m'accorder une « entrevue », mot étrange dans leur bouche, qui me renvoie plus à la course aux interviews des personnalités des grandes villes qu'à la rencontre, que je veux féconde, d'un homme nu sous un toit de palmes. J'ai pourtant donné au plus hostile d'entre eux ma veste offerte par Enrique, lui expliquant d'où elle provenait. Un petit garçon vient me dire que le chef veut aussi mon savon. Je m'empresse de le satisfaire. Dans la matinée, les hommes reviennent. Toujours aussi graves et imposants.

– Que penses-tu de la politique communiste?

– Quelles activités a Fidel Castro en ce moment?

– La politique de ton pays, c'est quoi?

J'essaie de répondre au mieux, honnête et amicale. Le village est si calme. Pour photographier sa vie, il me faudrait du temps. Que tout se décante. J'aime que la photo sorte du profond de moi-même, la sentir en moi, la laisser se déployer dans sa liberté comme un arbre Je n'aime pas le dérobé, la photo volée. Il faut que je franchisse le pas : enfin ne plus voyager avec des dates fixes. Ne plus jamais avoir à faire demi-tour. Un voyage sans limites, ce n'est pas un puits profond. C'est l'horizon qui se recule. C'est apprendre à vivre. Je tente, pour ne pas attirer l'attention, de me fondre à la vie quotidienne. J'observe, j'écoute.

J'ai finalement le privilège de saluer le *cacique*, un vieillard du nom de Barne Yavari. Il est le grand conteur de la nation Makiritare. Il possède le savoir ancestral. Chants après chants, il narre l'histoire de la création du monde et des animaux, les métamorphoses des dieux-fleuves, les guerres interminables contre les Waïka et les Yanomami. Toute l'histoire d'un peuple qui conduit à l'origine de la grande *churuata,* des techniques acquises : vannerie, pirogues, sarbacanes et casse-tête. Je lui offre mes cadeaux. L'atmosphère est détendue. Questions et réponses : curiosité réciproque. Mais je suis folle de rage en moi-même de ne pas pouvoir sortir mon appareil photo. Un homme se lève. Il va chercher une petite visionneuse à piles et nous regardons défiler les splendeurs de Rome, Trafalgar Square, Venise, Versailles... Ce n'est pas même comique sous ce toit de palmes, dans la forêt indienne du Venezuela. Il me montre ces vues européennes de nos gloires par déférence, par étonnement aussi. Peu à peu nous tissons des liens ainsi. Plus tard, je participe à une partie de volley-ball qui bat son plein au centre de l'esplanade. Ce jeu renforce ma place parmi eux. S'accepter, cela prend du temps en réalité. Depuis un mois, deux Makiritare du Brésil visitent cette communauté. Leur village s'appelle Auaris, à quatre jours de marche d'ici. Il y a là-bas cent quarante habitants groupés dans la *churuata.* C'est l'unique village de Makiritare au Brésil. Ils me racontent qu'ils ont aussi leur missionnaire des *Nuevas tribus* américaines. L'un d'eux me propose de les accompagner. La tentation est forte. D'ici, on peut aller à Cacuri, autre village à une semaine de marche en forêt. Un garçon de là-bas est venu pour écouter et étudier le livre vivant : le vieux *cacique.* Dans la nuit, sa voix rauque psalmodie de longs discours. La sagesse authentique, comme les sources d'un fleuve, jaillit et vient irriguer les terres sauvages des jeunes Makiritare assis en rond autour de lui. L'intelligence du monde est là, pétillant dans les yeux du vieillard, jouant à provoquer les étincelles du feu à l'aide d'un tison.

Segundo me tire à l'écart. Il me dit que le chef est mesquin de refuser les photos. Je ne sais que penser. Il parle déjà de notre retour à Wachiña, demain matin. J'appréhende. Passer encore des jours, ici, écouter et apprendre ; j'aimerais tant que la pluie nous empêche de partir. Mais c'est le deuxième soir de pleine lune ! Les petites filles jouent avec Samantha, leur corps est couvert d'une petite jupette en perles cachant leur pubis. Les garçons ont la tête rasée. Seule une longue mèche pend sur le dessus de leur crâne. Un visage est peint en noir. Des hommes construisent des râpes à *yucca.* Minutieusement, ils incrustent avec patience dans une planche d'innombrables petits morceaux de fer découpés dans des boîtes de conserve, ou des pointes de quartz. D'autres fabriquent des flèches de sarbacane. Ils enroulent des fils de coton autour de bâtonnets. Certains tissent des *wapas.* Un groupe rentre de la *cabecera*. On ne peut y pêcher que de petits poissons. Les femmes portent, comme les petites filles, des *guayucos* de perles, mais presque toujours sous leurs robes civilisées. Elles arborent des boucles d'oreilles triangulaires très belles. Leur visage est peint.

Je suis bien ici. De nouveaux chemins me tendent les bras. Même si l'inconnu est puissant, la peur parfois présente, qu'importe! Le futur est possible. Merci au monde de dévoiler ainsi ses mille visages. Merci à la nuit d'être riche déjà du lendemain. L'*adawa* *, posée à même la terre battue, fume et crachote sa lumière bleutée. J'écris ces lignes tandis que Samantha dort. J'entends de l'autre côté du mur des rires et des bavardages. Au matin, je me réveille avec une lourde crainte : il faut repartir. Je n'y tiens plus. Je vais dire à celui qui m'avait interdit de prendre des photos que je vais juste prendre des clichés de la *churuata*, rien de plus. Mais je dérive peu à peu mon objectif sur quelques personnes qui passent. Pour détourner son attention, je l'envoie chercher des objets d'artisanat que je désire acheter. Maigre consolation...

Lorsque nous sommes dans la *curiara*, en descendant le fleuve, Segundo m'explique :

– Quand nous sommes arrivés, ils étaient furieux contre moi. Parce que j'avais amené une Blanche sur cette terre sacrée. Ils voulaient me tuer. Refusant de te donner de la nourriture, de te donner un toit. J'ai expliqué que tu étais mon amie, que nous venions visiter ma famille – ma sœur, mon frère – et que tu habiterais avec nous, pas chez eux qui te refusaient. Deux d'entre eux surtout étaient furieux : ils savent qu'avec tes photos culturelles tu vas gagner de l'argent sur leur dos. Alors ils voulaient que tu paies. Ils se sont beaucoup disputés à ce sujet.

Je suis heureuse de ce que me confie Segundo, mais bien étonnée de l'étendue de leurs discussions, moi qui ne l'avais vu que silencieux! En tout cas, Segundo, Makiritare du Venezuela, est mon ami. Il l'a dit, l'a montré. Je te salue, mon ami de si loin! Le courant nous porte. Nous croisons un solitaire qui a dormi dans le même abri que nous. La nuit dernière, un *tigrito* qui rôdait l'a réveillé. Nous déjeunons chez Carlos, le frère de Segundo, à qui j'achète de la peinture corporelle, des bijoux, des *totumas* * et un *tilitojo* *.

Durant la marche, Segundo nous montre des crottes fraîches d'ocelot. Des boules de poils, restes de son repas. Il faut se hâter, la nuit tombe et le fauve va revenir. Segundo me raconte que son père a été tué par un *tigrito*, on n'a retrouvé que les os. Nous courons.

L'orage est sur nous, majestueux. Les éclairs semblent se planter net dans les arbres. Le tonnerre est assourdissant. La tornade s'avance en grondement sourd. Brusquement, annoncée par un fort coup de vent qui secoue la cime des arbres, la grande pluie s'abat, défonçant la voûte de la forêt, crevant les marécages. Samantha est épuisée, ses pieds dans un état déplorable. Les moindres égratignures deviennent rapidement des plaies qui ne cicatrisent pas, tant nous pataugeons dans la vase. Seul un changement radical de climat pourrait les guérir. Les pieds s'infectent, se déchirent. Ils suppurent. Samantha fait d'héroïques efforts. De plus, elle est atteinte du savagnon. C'est une moisissure qui s'attaque à l'extrémité des pieds, creusant en profondeur la chair autour des doigts, en galerie rouge et jaune. Je la regarde tentant de trotter devant moi, avec sa petite jupette indienne, ses genoux et chevilles ceints de perles bleues, les fesses à l'air.

La végétation s'étouffe de plus en plus. La rumeur incessante de la jungle m'obsède. Un cri déchire l'espace depuis le sommet d'un arbre, auquel répondent des ululements, des sifflets, un appel rauque. Cet océan végétal craque de bruits affolants, confus. Je ne peux les identifier. Mes yeux ne distinguent plus rien, et mon oreille hésite à reconnaître les sons diffus qui l'assaillent. Un arbre mort, gémissant d'insectes, rongé, broie dans sa chute un arbre voisin. La contagion gagne. Un filet de branches gigantesques s'abat en un fouillis de lianes, de troncs déchirés. Certains plient, d'autres cassent en hurlements. Des grappes de singes piaillent. Brusquement, sur trente mètres, la forêt s'effondre, ploie sous son propre poids et s'enfonce dans le bourbier, réveillant l'affolant beuglement des milliers de crapauds. La nuit bourdonne d'aveuglements. Comme des arcs bandés, certains troncs verts élastiques reprennent leur verticalité dans une violence cinglante. Je me recroqueville. Segundo nous crie d'activer le pas. Seuls les éclairs déchiquettent notre marche. La forêt, décombres poignants, dans la lumière grise, apparaît. Nous nous précipitons à la lueur des serpents de feu éphémères. Il nous faut moins de temps pour revenir jusqu'à la pirogue cachée. Nous l'arrachons aux buissons protecteurs. Cela me sidère de voir la puissance d'orientation qui permet à Segundo, la nuit, en pleine jungle, sous un orage battant, de reconnaître un buisson d'un autre. Une pluie glacée, drue, nous flagelle jusqu'à Wachiña. Accroupis tous les quatre dans l'eau de la pirogue, les mains agrippées aux rebords, nous fendons l'écume des rapides. Samantha se tourne vers moi. Ses yeux agrandis me sourient. Ils rayonnent de joie, de frayeur, de confiance éperdue.

A l'arrivée à Wachiña, dans la nuit noire, j'entends des chants. Une fête! Les habitants sont vêtus de costumes de palme. Certains jouent des instruments traditionnels : *uana* *, grandes trompes de bambou. C'est la fête du *yaraqui,* qui coule à flots dans la *churuata.* La fête! Je regarde, les yeux écarquillés d'émerveillement, le trésor qui m'est offert. Des jeunes gens tournent en rond, se tenant par les bras. Un grand tournoiement de jupes de palme vertes ou jaunes me frôlent en passant. J'observe Fernando. Son thorax musclé est orné d'un collier d'une cinquantaine de dents de sanglier sauvage. Il est couronné de plumes rouge et or de toucan. Une traîne de pompons rouges sillonne son dos. Il frappe le sol en mesure, marquant le rythme à suivre. Le son des trompes invoque le dieu-sanglier en hommage à sa générosité lors des chasses.

Un Blanc se trouve ici aussi. Il s'appelle Kenneth Gibson, il est médecin à Mavaca. Sachant que nous étions à Wachiña, il est venu nous voir. Kenneth et son équipe médicale nous proposent de les accompagner jusqu'à Mavaca, base de leur travail. Tout serait merveilleux si nos pieds n'étaient pas infectés de *niwas* *. Ces vers minuscules s'insinuent sous la plante des pieds. Ils pénètrent la peau, se nourrissent du sang, grossissent. Trois jours plus tard, une douleur insupportable apparaît. Segundo palpe, incise en croix l'enflure avec une épine de bois. Il extrait délicatement une grosse poche jaune, essayant de ne pas la percer, afin de ne pas faire gicler des centaines d'œufs blancs. Il faut l'enterrer ensuite sans la toucher. Je pleure. La douleur est si vive. Mes pieds cisaillés ne me portent plus. Nous allons par une marche de trois heures jusqu'à l'embarcadère où Kenneth a laissé son hors-bord. Nous le suivons dans sa visite des dispensaires à chaque halte. Le fleuve est un enchantement tant il nous repose, après les journées de marche. Sa splendeur pacifique charme notre amitié naissante. Il nous imprègne de sérénité. Nous rions aux éclats en regardant Samantha imiter les singes de la jungle affolés par l'orage.

11.

La surprise pubienne

Sous une pluie diluvienne, un long voyage commence. Descente du fleuve Padamo, remontée de l'Orénoque. La dernière halte est pour Ocamo, une mission salésienne. Deux religieuses enseignent à coudre à une quinzaine de femmes nues, assises sur le béton. Un curé en tenue civile tond la pelouse devant l'église sur un gros tracteur rouge. Il ne s'arrête pas pour saluer le médecin. Ce manque de chaleur m'étonne. D'autant que Kenneth est un Blanc, entre Blancs? Pourtant je commence à comprendre peut-être : dans la forêt, chacun achève ce qu'il a entrepris avant de regarder l'autre. Mais cette petite vie occidentale est surprenante pour Samantha et moi qui débarquons de nos marches en forêt. Comme est déconcertant au palais le goût du corn flakes!

A Mavaca, le docteur nous propose de nous installer dans la *medicatura* *, le dispensaire où lui-même habite. Il nous prête son lit enveloppé dans une moustiquaire. Cela lui donne un air vieillot, comme à baldaquin, qui nous réjouit. Nous ne ferons, lui et moi, jamais l'amour, ni même n'y penserons. Pourtant il est grand, blond, comme j'aime. Mais notre relation d'humain à humain est plus profonde peut-être. Notre besoin de tendresse est englouti par notre passion commune, vivre dans la forêt. Le reste devient secondaire. J'observe le rythme éreintant de l'infirmerie. Sans cesse, à toute heure, des Yanomami entrent demander des médicaments, un service ou de la nourriture. Aucune intimité, aucune tranquillité ne sont autorisées à Kenneth.

Je me lie d'amitié avec Simon Lopez, un infirmier Makiritare. Il travaille pour le S.A.S., le ministère de la Santé. Il est spécialement chargé de recherches sur le dépistage d'une maladie très courante dans cette région, l'*onkosercosis* *. Il me propose de l'accompagner dans ses déplacements. Un départ est fixé pour le lendemain. Mais aucun projet ne résiste à l'heure indienne. Nous partirons en fait trois jours plus tard. Ce matin-là, avec Simon et son *motoriste* Francisco, nous partons vers une communauté Yanomami à trois heures de navigation. Enfin, nous amarrons la pirogue à une racine. Un chemin dissimulé serpente. Une odeur forte d'excréments signale la proximité du village. A travers la pluie, dans le flou vert, m'apparaît une masse grise et uniforme.

– Le *shabono* *, dit en riant Simon.

Nous approchons. Des cris et hurlements divers s'élèvent du toit, mêlés à des fumées éparpillées. Je suis Simon qui s'accroupit pour franchir l'entaille qui sert d'entrée dans la muraille de palmes. De toutes parts, comme un feu d'artifice, éclatent des clameurs stridentes. Ils accourent de partout. Simon nous fait asseoir sur les caisses de médicaments. Mes yeux comblés boivent l'intérieur du *shabono*. La triple rangée de pieux plantés en cercle supporte l'abri de palmes. Le centre est dégagé, il est la représentation cosmique du ciel. Le diamètre peut approcher cinquante mètres. C'est plus qu'un auvent, c'est une forteresse. Les hamacs, en triangle, souvent superposés, sont accrochés dans la partie basse, comme mansardée par le toit qui plonge en quadrillage serré dans le sol de terre battue. La vie familiale et intime s'y niche. Autour d'un foyer particulier, c'est le territoire réservé d'une famille. Les Yanomami s'y abandonnent dans une douce volupté. Le reste de l'espace couvert est le lieu de la vie publique : promenades, visites, travail, réunion des hommes, grands événements de la vie communautaire. L'aire centrale est entourée, à l'aplomb du toit, d'une rigole circulaire qui évacue l'eau de pluie afin de préserver la zone habitée d'inondations. Nette de toute plante, de toute saleté, l'esplanade est occupée par des jeux d'enfants. Ils ne s'y feront aucun mal. Leurs cris se mêlent aux aboiements constants des chiens qui les poursuivent. Du linge, à même le sol, y est mis à sécher. Des galettes de *casave* sont disposées au soleil. Le soir tard, alors que nous dormons dans un « coin » de *shabono*, je suis réveillée par des chants. Des hommes, sous le clair de lune, marchent en cercle et reprennent en chœurs cacophoniques les couplets lancés par l'un d'entre eux.

Mon premier vrai contact avec les Indiens Yanomami est à la fois cocasse et pénible. Tous regardent avec avidité ma chemise. Ils palpent mes seins, essayant d'en faire gicler du lait. Ils font cercle autour de moi. Ils cherchent à voir et à toucher les poils de mon pubis. Au début, désorientée, je n'ose m'y opposer. Car leur curiosité est légitime face à la mienne. Bien vite je suis débordée, comptant sept mains infiltrées dans mon pantalon, qui rampent. Des cris, des hurlements de surprise, de joie, m'abasourdissent. Le camp alerté, passionné par la découverte de mon bas-ventre crépu, rapplique à grand bruit, se bousculant pour arriver en premier. Tous poussent, crient. Je prends peur. Retirer les mains de ces hommes aux forces sauvages d'entre mes jambes n'est pas facile. Je n'ai justement pas de culotte. Leur surprise est au comble. Je suis peut-être la première femme au pubis poilu qu'ils voient. Ils sont nus, collés à moi, leur sexe est relevé, fixé par une fine ficelle autour de la taille. Leur nudité me frôle. Les femmes, nues, n'ont effectivement aucun poil. Je réalise que je suis la seule femme du camp à avoir des poils au bas-ventre, c'est lourd à assumer!... J'ai presque envie de rire : tous ces hommes la main sur mon sexe en même temps, moi qui suis habituée à plus d'intimité dans les rapports amoureux. Ici, en plein soleil, devant le camp réuni, la Blanche soumise à leurs volontés curieuses et sexuelles, ce n'est pas très convenable! Je glisse très vite ma main entre les jambes, mais il n'y a plus de place pour moi. Je tente de m'approprier la place, faisant barrage de mes doigts, les gagnant de vitesse. Un sourire masque ma gêne. D'un mouvement brusque, je m'accroupis, protégeant mon ventre de mes deux bras croisés. Ils éclatent de rire, mais je les ai surpris aussi. Mon pantalon est large de taille, tellement plus commode par ce climat. Il faudra que je me méfie, je comprends leur désir de voir, moi qui viens de si loin pour les voir, eux aussi. Ma terreur est maintenant mon pubis. Vont-ils toujours vouloir le voir, l'attraper? J'ai peur de ma différence. A l'avenir, je ferai attention, par exemple je ne me baignerai qu'en maillot de bain. Tout au long de ces mois en Amazonie, le souvenir de ce premier contact restera. Je prendrai garde, tant j'ai été surprise ce jour-là. Plus tard, alors qu'ils se sont détournés apparemment de moi, certains viennent me voir, m'approchent. Ils me supplient de leur montrer mes poils. Étrange entrée en matière dans mon approche des Indiens Yanomami. Mais une fois encore, dès la première seconde, je suis totalement impliquée dans ma rencontre avec ceux que je désire connaître, impliquée dans ma tête mais aussi dans mon corps. J'accepte et j'aime cette façon d'être tout entière dans une situation.

Toujours avec Simon, nous nous arrêtons dans une autre

communauté. Le travail médical reprend, lorsque deux sœurs salésiennes arrivent à leur tour. Infirmières elles aussi, elles soignent mais veulent davantage. C'est-à-dire qu'elles veulent centraliser et monopoliser les activités du territoire. Elles veulent tout savoir, dominer, régner. Au nom, bien entendu, de leur foi. Nous les voyons s'affairer à l'autre bout du camp, sans même qu'elles aient pris la peine de venir saluer Simon. Entre gens de même métier, ce manque de chaleur, de collaboration, me glace, alors que nous sommes tous logés à la même enseigne au fond de cette jungle. Des Indiens entrent dans une rage folle parce que je prends quelques photos de Simon au travail.

– Il faut payer ces photos, nous voulons de l'argent, des machettes, des ciseaux, du fil à coudre... Ne prends plus jamais de photos ici...

Un enfant nous explique à la dérobée que ce sont les deux sœurs qui leur ont demandé de dire ça. Elles poussent les Indiens contre moi afin que je ne puisse pas réaliser mon projet : un reportage vrai sur les Indiens de la forêt. Pourquoi ? Par jalousie ? Par peur de voir leurs œuvres révélées dans ce qu'elles ont de plus sombre ? En tout cas, leur attitude me dégoûte. Les missionnaires en blanc immaculé qui, en brandissant le nom de Jésus, sont plus durs et plus méchants que les autres êtres humains. L'hypocrisie et la dureté sont mes plus grands ennemis. Malheureusement, ces missionnaires possèdent à fond ces deux défauts. Je ne comprends pas vraiment. Simon explique cela aux Indiens. Il parle, parle, enseigne, et tous écoutent. Lui aussi soigne et se dévoue, et cela contre rien. Il ne demande pas de changer de religion pour autant. Il soigne par amour, pour l'être humain.

Nous parcourons de nombreuses communautés : Ocamo, Lecho sa, Corita-Teri, San Benito, Cashorowa-Teri, Curisipuei-Teri, Chuchurowa-Teri, Babaguo-Teri, Dayari-Teri, Peñascal. Certains jours, nous trouvons des *shabonos* presque déserts dans la chaleur calme du soleil. Les hommes sont partis à la chasse en forêt, avec leurs flèches et leurs arcs. Les femmes font du *casave*, nettement plus petit que les galettes des Makiritare. Leur aspect en est plus rustre. Simon explique :

– Maintenant les Yanomami ont des *conucos*. Nous autres, Indiens civilisés, leur avons appris à planter. Mais ils ensemencent tout en même temps. Alors leur récolte a lieu en un seul jour. Le reste de l'année, ils n'ont rien...

Les Yanomami copient les Makiritare dans leur mode d'agriculture, donc d'alimentation, quittant un peu leur vie traditionnelle : cueillettes et chasses. Je ploie sous le charme et la joie des mille découvertes que je fais avec Simon durant ces voyages. Leur fraîcheur constante illumine mon cœur. Je vis à l'aube éternelle du monde. Je regarde sans fin ces hommes, ces femmes, différents et si beaux. Les puces qu'on chasse avec les dents sur le corps de l'autre. L'équilibre nécessaire pour prendre de l'eau dans le fleuve, perché sur un tronc d'arbre. La nudité des femmes portant leur marmite sur la tête. L'invention perpétuelle pour se préserver des piqûres d'insectes. J'apprends, avide du savoir vrai des gens qui n'ont d'autre but que d'exister. Ils sont beaux. Mais il faut comprendre leur beauté. Car au premier abord on peut être rebuté par leur tonsure, couverte de cicatrices purulentes. Par la crasse de leurs vêtements imposés. Par leurs gestes. Ils bavent, reniflent, poussent des grondements gutturaux. Une grosse chique de tabac déforme leur lèvre inférieure dans un amas de salive qui s'échappe aux commissures. Des roseaux transpercent leurs oreilles. Leur nourriture est préparée sans grande attention. On crache dans l'eau qui servira au *casave*. Des mains sales et collantes râpent le *yucca* où se mêlent des morves. La nourriture est posée à même le sol, paradis des *niwas*, là où un instant auparavant un enfant est venu faire pipi. On cuit sur une petite tôle des galettes. Des mouches voltigent. Cette même tôle servira de siège dans la poussière à un Indien nu. Mais cela n'est rien. Cela s'oublie. Car il est bon de manger. Ce voyage est à lui seul un régal, le vrai régal.

Samantha est fatiguée, elle accuse le contrecoup de toute la curiosité qu'elle suscite, ma fillette aux grandes tresses blondes. Personne ne la laisse passer sans l'étreindre. Tous la touchent, l'attrapent, la serrent très fort dans les bras. Ils ne veulent plus la lâcher, tripotent et examinent ses cheveux, font mine parfois de vouloir les lui couper. Les enfants la harcèlent sans cesse. Simon et moi avons beaucoup de mal à la dégager. Elle se laisse faire. Mais je lis dans ses grands yeux de la peur, souvent, trop souvent. Une obsession l'habite : s'acheter un *perriquito* *. C'est un oiseau domestiqué. On lui a coupé les ailes aux trois quarts. Il court, volette, se pose sans cesse, attirant l'attendrissement. Il fait partie de la famille au même titre qu'un enfant. Tous rivalisent d'attentions pour lui. Il est dorloté, choyé, caressé. Les Yanomami n'aiment pas s'en séparer. Samantha me répète sa demande d'une voix larmoyante dès que nous en apercevons, c'est-à-dire à toute heure du jour. Elle ne parle que de cela. Rien d'autre n'attire son regard. Mais comment s'y prendre? C'est déjà si difficile de pénétrer dans ces différentes communautés, d'être acceptées. Alors comment négocier l'achat, savoir à qui il appartient, comment l'attraper? Et surtout que ferons-nous d'un oiseau? Nous avons déjà tant de mal à nous garder l'une à l'autre.

Un soir, à Mavaca, le père de Kenneth, ainsi qu'un de ses frères, accompagnés d'un autre médecin, débarquent d'un petit avion privé. Ils viennent de Caracas pour passer une nuit dans la jungle. La petite aventure chez les sauvages... Ils ont whisky à profusion. Ils le mélangent avec des glaçons qu'ils ont aussi apportés. A la barbe des quelques créoles, employés et fonctionnaires, qui rêvent de seulement une simple gorgée de cette boisson. Ils ont même avec eux de la nourriture achetée chez un traiteur de Caracas. Les bourgeois dans la jungle! C'est indécent.

– Vous devez être contente de nous voir, me disent-ils, nous gens de culture.

J'en reste sans voix, moi qui justement me disais l'inverse, si heureuse d'être seule avec Samantha dans la forêt, bien éloignées de ce type de personnage, de mentalité. Je n'en veux plus des références et des valeurs habituelles de leur société. Leur culture, qu'est-ce que c'est? Un vernis mensonger qui prend l'aspect d'une culture. Elle ne tient pas la course face aux quelques mots que prononce un vieux chef Indien à l'orée de sa mort. La culture que je cherche, ma culture, est l'essentiel. Sans aucun doute je la trouverai davantage au contact des Yanomami que des bourgeois de Caracas.

Quelques jours plus tard, sur le fleuve Manaviche, j'ai la chance de m'arrêter dans le *shabono* où vit depuis quinze ans Jacques Lizot, anthropologue français. En France, il est très connu. Mais ici, il se fond à la vie quotidienne des Indiens. Je le rencontre. Il ne se précipite pas à notre venue. Je sens à ce geste qu'il nous considère au même titre que les Indiens de la communauté. Nulle différence en effet. Je vais jusqu'à lui. Il est dans un hamac avec un homme. Tendrement, ils se parlent en yanomami. Ils rient. C'est un homme simple, pénétrant. Je rêve de passer quelques jours avec lui. Je n'ose lui parler tant il m'impressionne. Je suis émue. Il est tellement célèbre à cause de sa vie parmi les Yanomami. A le voir, pourtant si simple, si naturel, le respect m'envahit. On m'a dit qu'il déteste les photographes, les Blancs qui viennent sur le territoire yanomami. Il se promène suivi partout d'un petit *danto,* qui ne le lâche pas d'un pouce. Il est maigre, les joues creuses, les yeux enfoncés. Ses épaules étroites tombent, il avance sans mouvements inutiles, comme un

Yanomami. Je le regarde jeter des bananes vertes dans la braise, sous son hamac. Ses gestes sont ceux des Indiens, aussi adroits. Il semble intéressé par le fait que je vive ici avec Samantha. Il lui propose même de revenir le voir quand elle voudra. J'en suis si heureuse. J'aimerais apprendre de cet homme. Le regarder vivre, ses relations avec les Indiens, la nature, l'univers. Cela me suffirait.

Nous repartons vers Peñascal. Notre premier arrêt est à Dayari-Teri. Le temps est gris, sombre. Une fumée s'élève au-dessus du centre du *shabono*. Sur l'esplanade, un bûcher est allumé. Une odeur âcre serre la gorge. Chacun sanglote dans son hamac. Des bruits rauques, sourds, presque souterrains, font tressaillir. Tantôt à voix basse, tantôt dans un tonnerre de cris, la communauté pleure. Un mort brûle. Nous sommes priées de ne pas regarder dans cette direction, ni de nous en approcher. Je demeure bouleversée. Ce n'est pas extérieur. Les Indiens ne sont plus comme sur une carte postale que je regarderais quand cela me ferait plaisir. La mort d'un Indien, la douleur des siens. Sur l'aquarelle de mon cœur, un trait indélébile vient d'être marqué. Je suis plus lourde. Une cicatrice me raye de part en part. Je réalise la proximité de l'humanité par-delà culture et océan : pleurer un mort. Je me sens semblable. Mes morts à moi viennent faire cortège à la peine de ces gens, c'est un défilé devant mes yeux brouillés de larmes. Vous tous qui nous avez quittés, sachez que votre départ a brisé une corde à notre cœur, et que dans la nuit de la tristesse, cette cassure vibre encore, en notes cristallines.

Nous passons la nuit au Raudal Guaharibo. Il ferait si bon de se baigner, mais la *plaga* est trop dense. Le lendemain, nous attendent des rapides dangereux. Nous sommes si exténuées que nous avons juste la force d'accrocher nos hamacs avant de nous y écrouler. Depuis quelque temps, chaque nuit est un combat d'imagination contre la pluie. Les averses se succèdent, et les maigres toits que Simon tente de dresser lors de nos haltes en pleine forêt se révèlent parfois insuffisants. Un goutte-à-goutte berce notre sommeil. Tout est trempé à une vitesse vertigineuse. Les habits, les sacs de couchage. Francisco, qui s'abrite sous notre hamac, rêve tout haut :

– Le diable me bat avec des bâtons, crie-t-il.

La nuit noire est lugubre, accompagnée de ces paroles. Je n'ose ouvrir les yeux de peur de voir Satan à mes côtés. J'implore la nature, pour que le jour nous fasse le merveilleux cadeau de réapparaître. Le matin, enfin, pointe. Mais une dure épreuve nous attend, Samantha et moi. Les deux hommes vont franchir les rapides avec l'embarcation. Ils veulent que nous les rejoignions en marchant le long du fleuve, dans la forêt. Il y a une sorte de chemin, mais déjà envahi, car il est très peu fréquenté. Des herbes, des arbres, des feuilles, nous isolent complètement. Nous sommes hors du temps. Autour de nous, tout est splendeur. Une exaltation m'envahit, je suis le flot rageur. Ma chemise goutte d'un mélange de sueur et de poussière végétale. Le bas de nos pantalons est dur de boue rougeâtre. L'eau clapote dans nos rangers, de la vase y pénètre aussi. Cela devient insupportable. J'ai déjà oublié les angoisses de la nuit. Des plantes parasites se nourrissent des arbres qu'elles étreignent. Des lianes forment des arcades de nœuds étranges. Des écharpes de fourrure verte repartent à l'assaut des sommets d'où elles descendent. S'enlacent, s'épousent, se pénètrent, se rejettent. J'arrive déjà mieux à rendre l'hommage que la forêt mérite. Comme c'est bon la vie! A boire ainsi jusqu'à plus soif le luxuriant désir de la jungle qui a jeté sur mes épaules sa cape émeraude. Samantha s'aide d'un bâton que Simon lui a choisi exprès. Il facilite la traversée d'un marigot, sur un tronc dont l'écorce est glissante de mousse gorgée d'eau. Mes tresses de cheveux s'accrochent à des ronces qui ne veulent plus me délivrer. Samantha vient à mon secours.

Nous repartons. Une branche nous bloque un instant, puis comme un ressort, elle nous propulse en avant. Samantha et moi éclatons de rire. Les ruses de la forêt nous sont plus familières. Nous avons du mal à suivre la direction. Tout nous trompe. Partout un écran vert nous renvoie à nos alarmes. Je transpire d'anxiété, ne sachant si je pourrai respirer la bouffée d'air suivante. J'ai l'impression de marcher dans des entrailles vertes, marron ; des entrailles qui vivent, qui grouillent, qui bougent, comme à l'intérieur d'un vaste corps-labyrinthe dont j'ignore les réactions à mon égard.

Parfois, Samantha me montre le chemin qu'elle croit être le bon. Je la suis comme si elle était mon maître. Parfois, je dois la porter en larmes. Elle hurle de détresse, me serre convulsivement. La fille et la mère, unies d'amour dans ce décor d' « enfer ». Nous ne savons plus si nous existons encore. Rien d'humain ici, que le dérèglement fou des végétaux, de l'eau, de l'air. Cependant, je perçois la force de ces instants où toutes nos valeurs habituelles sont bousculées, renversées. La vérité, la gravité, ne portent plus le même nom. La perception est autre. Nous accédons à la différence. Être distincte en soi-même grâce à une osmose avec la forêt, avec ses dangers. Ne plus savoir ce que la minute d'après réserve. Ne plus connaître son destin. Dans un instant peut-être, la piqûre du serpent sera décisive. Accepter de faire face à ce qui va advenir. La forêt, je me rends compte, est porteuse d'une autre vie, d'une autre perception d'exister. Seule dans la forêt, je mesure l'insignifiance des pensées qui occupent nos pays. Me voici humble et respectueuse à l'écoute des longues pulsations de la terre en mouvement. Dieu de la forêt, je suis ton oreille, je suis ta langue. Donne-moi tes jambes et tes bras, porte-moi, je dirai à ceux de là-bas ta sauvagerie et la douceur de tes caresses lors des haltes. Je dirai les rencontres que tu m'offres. Dieu de la forêt, aide-moi, et je proclamerai ta grandeur malgré mes larmes.

Nous continuons plus au calme la remontée de l'Orénoque. Une halte sur une petite île nous permet de préparer de la nourriture. Samantha fait cuire elle-même dans un quart en acier de l'armée une soupe à la tomate. Celle-ci déborde, et elle se contente pauvrement du dixième de la tasse qui reste. Les insectes nous attaquent sans relâche. J'aimerais me baigner car il fait une grande chaleur. La nourriture chaude a aggravé cette sensation de moiteur. Je n'ose pourtant enlever la chemise que je porte, manches baissées et col relevé. Soudain, Simon, arrêté devant des pierres surplombant le lit du fleuve, déclare :

– Nous sommes venus pour rien. Les Indiens ne sont plus là.

Je suis déçue, mais j'ai appris à ne plus rien espérer, ni à ne plus rien attendre de la forêt. Simplement demeurer disponible. Pourtant, dix minutes après, sur un rocher dominant l'Orénoque, apparaissent quelques hommes, comme par enchantement. D'où peuvent-ils sortir ainsi sans bruit? A travers le rideau vert et désert de la végétation, ils expliquent dans leur langue, à Simon, qu'il faut les suivre. Ils ont déménagé le camp. Ils aident à transporter le contenu de la pirogue. Puis ils poussent le lourd bateau de bois. Dans les branches imbriquées, sur le sol traître, au milieu des ronces, à travers ce grillage de verdure, ils avancent. Leur corps nu, au premier regard insignifiant et fragile, devient si fort, si beau. L'effort fait ressortir leur musculation surhumaine. Le corps atteint alors son but réel, tant oublié dans les villes. Ici, il n'est pas méprisé, mais il est la vie. Il participe totalement de l'être vivant. Leur campement est constitué d'une dizaine de petits toits de feuilles qui abritent leurs familles. Simon et Francisco dispensent des soins. Ils partent ensuite à la chasse, *alumbrar* *, emportant ma lampe de poche. Il fait nuit noire maintenant. On ne devine la vie qu'aux mouvements de l'obscurité. J'imagine mes deux amis dans la forêt déjà mystérieuse de jour. Samantha et moi restons là, blotties l'une contre l'autre. Si loin, seules avec notre différence. Car, en fait, cette cinquantaine de personnes est là chez elle. Nous, nous venons d'ailleurs. Nous, nous portons la différence. Mes yeux ne peuvent suivre longtemps Simon et Francisco. Je ne leur dis rien de mes inquiétudes. Ce n'est pas de la peur. Plutôt un intense sentiment de déroutement. Dans ce lieu isolé, je perds le sens, la signification des années passées en Occident. Je suis neuve. Je réfléchis à tout ce qui de ces êtres et de moi forme un tronc commun, un corps unique d'humanité. Je les regarde, ils me regardent. Je les reconnais, ne les ayant pourtant jamais vus. Nous ne parlons pas la même langue. Nous n'avons rien de commun. Mais déjà, une correspondance subtile, profonde et secrète, est établie. L'intelligence de vivre ensemble, d'apprendre d'eux, d'écouter se déployer leur beauté et leur vérité. Mettre la main sur la bouche de la peur, et regarder le monde.

Nous accrochons nos hamacs, maladroitement, intimidées, devant les yeux mi-surpris mi-goguenards des Indiens installés à cinquante centimètres. Ils nous fixent, certains observent avec leurs doigts, minutieusement, notre peau, nos cheveux. Il faut les enjamber. Leurs corps nous effleurent, c'est un perpétuel attouchement. Ils testent nos hamacs immédiatement, se ruant dessus. Il n'y a plus de place pour nous, bien sûr. Tant pis. Ils veulent nos chemises. Notre nourriture est inspectée. Ils nous touchent, cheveux, seins, visages. Samantha, une fois encore, est particulièrement dévisagée. Une pluie drue s'abat. L'orage approche, brutal, scintillant. Les éclairs illuminent les arbres, rebondissent sur les larges feuilles. L'odeur forte de la terre liquide emplit nos narines. J'aime. Cette réalité différente qui me bouleverse est faite de l'espace entre ce que je connaissais avant et ce que j'expérimente ici, parmi ce peuple. La nouveauté du donné me réjouit, avec son cortège de sensations. Ce monde au ras du toucher, au plus simple de ce que le corps, la tête offrent, m'éblouit. Mon esprit tressaute des éclairs et des richesses de cette découverte. Mais je ne vais quand même pas passer toute la nuit debout sous la pluie à les regarder se prélasser dans mon hamac... Tard dans la nuit, les deux hommes rentrent. Ils ont tué deux *lapa* *. Au réveil, le jour n'est pas encore levé qu'ils les cuisent déjà. Cela prend deux heures. Ils en donnent un au chef pour le remercier de son accueil.

Le retour s'effectue dans le sens du courant. Le bateau semble bondir entre les pierres que chacun tente de repousser. A l'arrivée à Mavaca, nous nous réinstallons au dispensaire. L'oisiveté est juste entrecoupée de visites à quelques communautés. Nous profitons du confort, succinct mais réel, des lieux : cuisinière à gaz et vrais lits.

Nous dévorons les provisions en boîtes du dispensaire, agrémentées par les chasses du docteur. Chaque soir en effet, celui-ci annonce à qui veut l'entendre, d'une voix de stentor :

– Je pars au supermarché, chercher de la viande...

Tandis qu'il s'enfonce seul sous la pluie, fusil en bandoulière, dans son hors-bord.

Je sens des malaises, bouffées de fièvre, frissons. J'ai arrêté, en effet, de prendre mes pastilles contre le paludisme. Car j'ai donné le stock de ce que j'avais à un vieil Indien malade. Mais dans trois jours, il est question qu'un petit avion vienne de Puerto Ayacucho apporter des médicaments. La ronde des lessives, des bains, des repas, de la nuit, rythme nos journées. Simon me questionne souvent, par exemple, un matin, il me demande :

– Vous, Européens, vous savez comment épargner l'argent. Dis-le-moi. Les Indiens ne le savent pas. Dès que j'ai touché ma paye, en un jour tout est dépensé. Apprends-moi.

Cette confiance me touche, mais comment expliquer cela à des êtres aussi généreux? Nous continuons à accompagner le docteur ou l'infirmier au fil de leurs visites dans les *shabonos*. Je photographie. Nous sommes heureuses, libres, rouges de soleil et de la joie de vivre. Malheureusement un deuxième appareil se bloque, le flash aussi a des caprices. Sacrées boîtes magiques qui ne supportent pas le climat, le voyage aventureux. Il faudra pourtant vous y faire...

L'air est partout si doux dans les *curiaras*, sur l'eau trouble des fleuves lorsque nous naviguons d'une communauté à l'autre. La surprise m'habite. Mes yeux s'agrandissent au fur et à mesure des jours qui passent. Ils vont dévorer mon visage. La chaleur de midi, la brise de la soirée, la fumée épaisse du foyer où cuit un gibier, vous êtes mes sœurs de voyage, les compagnes douces qui me promettent des jours de bonheur, des accueils et des Indiens qui me parleront. Les conversations se perdent dans la vitesse des descentes. L'eau du fleuve que nous buvons a le goût fort des orages de la nuit dernière. La jungle a une odeur de fauve liquide. A Dayari-Teri, lors d'une de nos haltes, des chamanes guérissent un malade. Ses pieds sont enflés et le démangent horriblement. Ils ingurgitent du *yopo* *. Ils chantent pour soigner. A Platanal, nous trouvons le *shabono* vide. Tous les Indiens sont partis, à l'issue d'un combat où l'un des leurs a été tué. Ils ont déménagé le camp en un autre lieu de la forêt. Chaque matin, Simon nous enlève les *niwas*. En effet, je préfère la douleur de l'incision à l'action insupportable des vers qui donne l'impression d'avoir les pieds quatre fois plus gros que la tête. A San Benito, nous visitons Helena Valero [1] et son fils Manuel. L'accueil de cette femme hors du commun est si simple, presque silencieux. Manuel me dit :

– Je suis fils de Yanomami.

Je ne comprends pas, sa mère est créole. Je lui pose la question. Il me répond :

– Ma mère a été enlevée à l'âge de dix ans. Elle a vécu au milieu des guerres terribles des Yanomami. Elle a eu quatre fils d'hommes différents. Maintenant, elle vit ici au bord du fleuve, et tout le monde l'écoute. Même un homme de chez toi, Ettore Biocca, est venu lui poser des questions. Il paraît que c'est un livre, là-bas, par chez toi.

Je me tourne alors vers cette vieille femme émouvante. Son visage buriné et lumineux n'est pas près de finir de me hanter. Sa rencontre éclaire comme l'aube. Parfois, de retour à Mavaca, il faut aider le docteur lors d'une urgence. Aujourd'hui il recoud un tendon. Je l'assiste dans cette opération.

Un matin de très bonne heure, arrive à Mavaca Jacques Lizot. Il a quitté son *shabono*, normalement à trois heures de moteur d'ici. Il est à la rame :

– J'ai quitté dans la nuit noire mon *shabono*, il y a huit heures, sans moteur, pour ne pas donner l'alerte. Hier soir, des Indiens sont venus me prendre par la force mon fusil. Ainsi que la cartouchière pleine. Le *shabono* de Dayari-Teri a été déserté hier matin. Les femmes et les enfants ont rejoint à pied Platanal. Les hommes, peints en noir, sont dans la forêt. Ils marchent en direction de Mavaca. Ils ont trois fusils. Ils veulent tuer pour venger les sept morts de leur communauté, massacrés par ceux d'ici, il y a quelques mois. Ne sortez pas de Mavaca, n'allez pas sur le fleuve, ni en forêt.

Puis, il ajoute à l'intention de Samantha :

– Quand tout cela sera fini, tu pourras venir dans mon village. Cela me fera plaisir...

Cette invitation me comble de joie. Je pars immédiatement au *shabono* de Monseñor-Teri, responsable semble-t-il de la guerre qui se prépare. Y règne une activité fébrile. Chacun mange, pré-

1. Helena Valero : Femme créole kidnappée en 1937 à l'âge de dix ans. Elle a eu quatre fils de guerriers Yanomami. Elle vit actuellement au bord de l'Orénoque, à San Benito de Orinoco.

pare des flèches, les plumes pour les équilibrer. Les pointes sont affûtées. Beaucoup se droguent.

– Pour savoir dans quelle direction vont arriver les ennemis, et à quelle distance ils se trouvent, me glisse un jeune de façon complice.

Un groupe d'hommes chantent, pleurent, sont peints. Les armes prêtes. La veille de la guerre. La nuit tombe comme un voile de deuil. Des hommes enduisent leur corps de violet, la tête disparaît en noir. Mais le soir, à Mavaca, la radio annonce que l'avion de Puerto Ayacucho viendra se poser demain à Ocamo, à trois heures de moteur d'ici sur le fleuve Orénoque. Le docteur obtient notre passage gratuit. L'avionnette décolle. Par le hublot, je suis le déroulement interminable du vert qui berce ma nostalgie de quitter la forêt. Un autre vertige m'envahit : être vivante dans l'immensité du présent malgré la proximité de la guerre que je quitte.

Mon voisin n'est pas banal. Un Indien Yanomami est assis, une flèche cassée dans la cuisse. Il ne peut bouger. Les sœurs lui ont enfilé une chemise du Secours catholique. Une chemise pour la première fois de sa vie. L'avion pour la première fois de sa vie. La ville, les autos, les Blancs en grand nombre, l'espagnol comme langue parlée, une nourriture inconnue. Tout cela pour la première fois de sa vie. Il n'y aura pas de hamac à l'hôpital... Je le dévore des yeux. Seul. J'aimerais connaître la force, la brutalité de ce qu'il vit. J'aimerais être lui, mais dans l'autre sens. Être à sa place, les yeux écarquillés, découvrant l'autre versant du monde. Nous partons, et je sais que la guerre est sur le fleuve, guettant ceux que j'ai laissés, se ruant sur Mavaca. Je pense moins aux photos que j'aurais pu faire qu'à l'extraordinaire actualité, si différente de celle qui occupe la une de nos journaux. Elle fait battre le cœur et le sang des êtres de la forêt. Mais il faut retourner dans l'étouffement des villes, tenter de gagner de l'argent grâce à tout l'artisanat amassé, profitant de la période de Noël, exposer nos photos. Il faut repartir. Pour ne pas céder aux larmes qui m'envahissent, je regarde la mâchoire crispée du Yanomami blessé, et je m'accroche à son silence.

12.

Décision sans retour

De retour à Puerto Ayacucho avec mon *coroto*, mes innombrables paquets, je me rends chez Mamita, ma famille, préparer nos bagages pour le départ vers Caracas. Les derniers instants, je me promène dans les rues, heureuse et libre. Je rencontre Gonzalez Niño, un photographe très connu, qui a longtemps vécu en Amazonie parmi les Indiens. Des jeunes chantent en l'honneur de Noël. Dans la foule, je joue avec un bébé. D'une terrasse de café, je regarde le flot des gens qui passent. Un matin, au réveil, je suis persuadée que la guerre est là, j'en entends les cris. Mais non... J'ai bien quitté la jungle. Je suis déphasée.

L'avion s'envole, Caracas m'attend et l'inquiétude se réinstalle en moi. Où allons-nous dormir? Que va faire Samantha tout au long de ces jours? Les premiers temps sont absorbés par des démarches diverses, des travaux pour l'exposition qui doit ouvrir dans quelques jours. Une fin d'après-midi, tout vacille. Je ne tiens pas debout. J'ai froid, chaud. Mon ventre semble être une boule de feu. Mon crâne résonne de mille tambours. Haletante, verte, je me traîne jusqu'à l'hôpital. Des hippies, rencontrés à l'I.V.F., emmènent Samantha chez eux spontanément. Les médecins décident l'hospitalisation immédiate. Certains croient déceler des symptômes de paludisme, d'autres prétendent le contraire. La douleur, elle, continue son petit chemin. Et nous attendons interminablement les résultats d'analyse. Le cou, la tête, sont durs comme un arbre de la forêt. La fièvre monte. Les nuits se passent à tenter de respirer, à enfouir les cris au fond de ma gorge. Je délire, croyant que les Indiens m'ont jeté un sort pour toute photo prise chez eux. Une envie de vomir me tenaille. La fièvre monte. Grande douleur au *vaso* * (foie). On me fait prendre des pastilles pour faire venir mes règles. Je titube le long des couloirs, ne voulant pas rester couchée. Je couds des sacs en écorce d'arbre. Les malaises succèdent aux crises qui me laissent pantelante. La fièvre inexorable monte. Les médecins me donnent des bains d'alcool pour lutter contre elle. Ils débutent enfin un traitement contre le *vivax* *.

Quinze jours plus tard, vidée, molle, sans forces, je sors de l'hôpital. Je retrouve ma Samantha, mon rayon de soleil, ma petite fille belle et riante, qui me prend par la main, et me dit, sans me regarder tant l'émotion est amassée dans ses yeux :

– Tu verras, maman, tout va bien...

Elle marche d'un air assuré, adulte et protecteur. Elle a huit ans...

Le 2 décembre s'ouvre, à l'I.V.F., l'exposition « L'Indien parle ». Inauguration officielle avec l'ambassadeur de France, d'autres ambassadeurs, des diplomates et de nombreuses personnalités. Tout notre bric-à-brac de photos, d'artisanat, affiché, offert à la vente, ordonné pour ce grand jour. Tout est prêt. Sauf moi, tenant à peine debout, anémiée. J'ai du mal à sourire, à parler. Mon visage me fait peur, je ne me reconnais plus. L'installation de tout cela était au-dessus de mes forces. Heureusement, des jeunes de passage ont tout fait. Sur mes recommandations, ils ont cloué, collé, agrafé. J'étais dans le brouillard. Ils m'aidaient. Le résultat est là. Samantha et moi en sommes un peu fières tout de même. Pendant toute la durée de l'exposition, je reste mi-assise mi-allongée dans un réduit situé à quelques mètres de la salle. M'ayant aperçue dans l'entrebâillement de la porte, des gens viennent jusqu'à moi, s'excusant presque de me déranger. Mais l'effort de parler se heurte à ma totale fatigue. Je ne peux rendre la monnaie aux personnes qui achètent. Samantha s'en charge souvent. Mais elle refuse énergiquement le jour où il s'agit de vendre ce qu'elle aime entre tout : une petite calebasse orangée d'où dépasse un bâtonnet. Elle contient du *roucou* * (une peinture corporelle rouge faite de résine et d'*onotto* *). C'est sa première trousse de « nécessaire de maquillage », offerte par une femme Makiritare pour qu'elle puisse se faire belle comme une véritable Indienne. Finalement Samantha se range à mes arguments. Elle comprend que cet argent nous est nécessaire pour continuer notre vie. Mais c'est avec des perles de rosée dans les yeux qu'elle tend la petite calebasse à l'acheteur. Après que je leur ai donné de l'argent, des amis, des inconnus aussi, m'apportent de la nourriture, une soupe, un morceau de pain. Comme j'aimerais avoir la tête suffisamment claire pour répondre aux questions de tous ceux qui viennent là. Leur dire que je voyage pour changer. Leur dire ma recherche constante de sagesse, de compréhension. Leur dire mon désir forcené de calme, d'équilibre, d'acceptation partagée. Leur dire aussi mes échecs. La quête dont je ne vois pas le terme. Mes départs. Profitant des instants d'or que je bois comme l'eau la plus pure de la terre, comme la sève de la vie.

Avec tout l'argent gagné lors de l'exposition, j'achète du matériel afin de repartir en forêt, afin de retrouver les Indiens d'Amazonie. Je veux y aller pour toujours, c'est décidé. Je veux réaliser avec eux, sur eux, un reportage, films et photos. Mais aussi je veux vivre aux couleurs de leur vie. Enrique, qui de temps en temps apparaît à Caracas, m'aide. Par saison sèche, Puerto Ayacucho est à dix heures de jeep d'ici, et il débarque à l'improviste. Là-bas il faudra repartir à zéro dans les démarches administratives, le gouverneur du territoire d'Amazonie ayant changé. L'ancien est aujourd'hui ministre de la Santé. Enrique devra-t-il encore m'apporter le dépannage dont j'ai besoin? Mais j'appréhende les mois de nouveau où ma raison dépendra de ses chimériques constructions d'influence. Au plus tôt je veux me retrouver avec Samantha dans les vagues étranges de la forêt. Prête, nerveuse et impétueuse.

Nous quittons enfin Caracas, en jeep, avec Enrique. Je lui demande sur la route de faire un détour. Aller vers une communauté un peu retirée d'Indiens de la tribu Panare *. Je sais que là travaille une équipe de la B.B.C. sur un film. Je rêve de regarder de près des journalistes professionnels en reportage. Il accepte tout en maugréant. Veut d'abord m'attendre, puis se ravise. Il ne veut plus que j'aille vers les Anglais, jaloux et hargneux. Soudain, dans la traversée du fleuve Colorado, sa jeep reste coincée. L'eau pénètre jusqu'au-dessus des sièges. Ça suffit. Je veux descendre ici, qu'il me laisse. Il me crie :

– Je ne veux plus te voir. Descends toutes tes affaires. J'ai déjà perdu trop de temps avec toi. Je m'en vais.

Seule avec Samantha, par cette nuit claire, assises sur nos sacs, dans les *llanos* * déserts de l'État de Bolivar. Seules, solitaires et solidaires, dans un inconnu terrifiant, j'adore ça. Ne compter que sur nous. Je le hais. Je suis heureuse de retrouver dans le goût salé de mes larmes l'appel fier et gai de ma liberté. Samantha s'endort, avec des sursauts de fièvre. Je n'ose aller vers les Anglais dont j'aperçois à quelques centaines de mètres le feu. Ils conversent à quatre sous la lumière d'une petite tonnelle. Enrique n'est en fait pas parti, il s'est éloigné. Je le sens rôder. J'en ai assez de lui, de sa mainmise sur ma vie. Je pleure de désespoir, de dégoût. Je veux et je ne veux pas. Prostrée, je reste là, traquée. Je crains qu'Enrique ne fasse un énorme scandale si je vais vers les photographes. Je pleure ma compagne la liberté. J'ouvre la bouche, tentant de retrouver de l'air, de la force. Ma gorge est cousue fil à fil avec mon amour perdu, avec mon espoir de retourner dans le Haut-Orénoque. Enrique revient, suppliant, la mauvaise conscience aux lèvres :

– Ne reste pas ici, les propriétaires de ce terrain et de ce café sont mes ennemis politiques. Ils vont m'attirer des ennuis.

Mais c'est fini. Je n'en veux plus. Plus lui. Plus d'autres. Plus rien que ma route dégagée en direction de l'espoir. Il me harcèle. Je suis recroquevillée, comme traînée dans la poussière. Non! Mais je ne veux pas qu'il nuise à mes projets. Il insiste pour me conduire, malgré tout, le lendemain à Puerto Ayacucho tandis qu'il fera encore noir. J'en ai assez qu'il ait réponse à tout, qu'il ait des plans, des programmes bien arrêtés. J'en ai assez de devoir vivre sa vie. Je suis sa prisonnière.

Je pleure toute la nuit. Mes yeux sont des bobines d'épingles. Je lui ordonne de foutre le camp. Je le menace de le battre. Mes poings sont crispés. Ma haine déborde de ma bouche. Ma violence ruisselle dans mes veines. Il s'éloigne. Demain j'irai avec lui jusqu'à Puerto Ayacucho. Et après, plus jamais je ne l'appellerai. Je garderai le trait rouge de sa rencontre, le souvenir des nuits au bord du fleuve. Je conserverai les mots de ses confidences, sa bravoure de révolutionnaire, sa soif de justice, blottis tout au fond de moi. Je protégerai la mémoire d'Enrique. Mais son avenir n'est pas le mien. Il s'éloigne. Je suis seule dans la nuit, avec Samantha brûlante dans les bras. Elle halète, se retourne dans son sommeil agité. Je crains tellement le paludisme. J'ai peur de sa mort. La terreur est sur moi. Malgré tout mon amour, je suis impuissante.

Le vent soulève une poussière sourde que mes larmes imbibent. Je m'assimile à tous ses atomes. Elle me pétrifie. Mes ongles sont dans mes cuisses. Le désespoir de vivre franchit au galop les maigres défenses que je lui opposais. Je voudrais ne plus exister, refouler ma vie, n'avoir jamais existé, fœtus incertain qui se roule si petit qu'il entre dans mon propre vagin. Je ne veux plus rien, ni aller à Colorado, ni à Puerto Ayacucho, ni à Caracas. Partout ou nulle part. Qu'importe si c'est pour traîner le boulet de vivre, de haïr sa propre vie. Je refuse de m'endormir. Je refuse. Je suis dégoûtée par ma faiblesse. Mes sourcils sont tellement creux et froncés qu'ils font mal. Je m'accroche au bord du sommeil pour me forcer à regarder cela : Sonia, Anne-Sophie, sans désir. J'ai rejeté mon pays, ma tribu, ma famille, pour découvrir l'amour du monde, et me voilà noyée, perdue au bord de cette route désolée. Je ne veux plus de ces choix imbéciles, je ne veux plus entendre ceux qui prétendent me guider quand leur sagesse s'appelle hypocrisie. Je veux me vivre. Je connais maintenant le visage sage et serein des Indiens de la forêt. C'est à eux que je veux aller. Au milieu de mes larmes, le visage déformé, Samantha dans mes bras, je leur fais un immense sourire. Tout va bien, oui, les Indiens, la forêt, demain... Tout ce que nous possédons sur terre est ici, dans ces sacs avachis, à demi éventrés. La boue du sol est notre lit, la lune capricieuse notre lampe de chevet. Les routes se croisent, les silences s'abattent. Je devine vaguement la jeep où Enrique dort de l'autre côté de la route. Le feu des Anglais a dû s'éteindre. Le sommeil de ma petite fille se calme, son corps chaud se détend. Elle se laisse aller dans mes bras. Je crois découvrir sur ses lèvres à elle aussi un sourire. A quoi rêve-t-elle ma petite fille d'amour?

13.

A corps perdu, le Haut-Orénoque

Le nouveau gouverneur d'Amazonie, Luis Armando Contreras, vient de l'État de Miranda. Il ne connaît rien à la réalité indienne ni à la forêt; son épouse non plus. Tout est prêt pour mon départ, j'ai sept caisses de nourriture, un sac à dos empli à craquer uniquement de pellicules. Un sac à dos avec les équipements personnels, un autre avec nos hamacs, nos bottes, une petite pharmacie, deux sacs pleins de cadeaux pour les Indiens : ciseaux, couteaux, miroirs... Et enfin les piles très lourdes pour le flash, le magnétophone et la petite caméra.

Ce n'est pas une mince affaire que la nouvelle tâche qui m'attend : conquérir la confiance, la sympathie et l'amitié du nouveau gouverneur. Une lueur m'apparaît. Il faut susciter un intérêt auprès de son épouse afin de me faire renouveler mon permis. Je guette les possibilités à inventer. On me dit que le gouverneur doit se rendre dans une quinzaine de jours à l'intéreur d'une réserve d'Indiens afin de prendre un premier contact. Je me décide d'attendre ce jour, et comme par hasard de me trouver sur ses traces. Le jour dit, à Santa Rosa de Orinoco, le gouverneur arrive en hélicoptère avec sa femme. Je la suis partout, pas à pas toute la journée, lui aspergeant de la bombe insecticide sur les pieds pour la soulager des fourmis et d'autres insectes. Elle est chaussée de petites sandales à talons hauts! Je lui apporte une chaise que je trimbale à sa suite. Je lui explique tout ce que je sais sur ce qu'elle voit. Je lui fais visiter des maisons indiennes dans lesquelles elle a peur d'entrer seule. Enfin je lui montre mes lettres d'emploi sur le territoire, mon album de coupures de presse soigneusement recueillies lors de mes multiples expositions dans divers pays. Je tente de l'intéresser à ce que je fais, afin qu'elle intercède spontanément auprès de son mari, et que cela facilite le renouvellement des autorisations.

De retour à Puerto Ayacucho, le carnaval bat son plein. Enfin je me décide. Je prends mon courage à deux mains et sonne à la porte de la résidence privée du gouverneur, une grande corbeille pleine de fruits du jardin de la mère d'Enrique à la main. L'accueil est amical. J'en profite pour lui proposer, avec désinvolture et hardiesse, de le revoir le lundi suivant, à son bureau officiel de gouverneur... Sous-entendu, afin qu'il me signe mes papiers. Le jour dit, dans les couloirs de la *gobernacion* *, je rencontre son épouse. Bavardant avec elle, je franchis tous les obstacles qui défendent l'entrée du bureau du seigneur des lieux. J'apporte une petite attention, une photo d'Indienne à la poitrine nue collée sur un fond vert. Le vert est la couleur du parti politique actuel au pouvoir, auquel appartient le gouverneur. C'est leur couleur. J'écris dessus mes vœux de bienvenue sur le territoire. Je glisse cette photo dans mon dossier. L'ensemble est porté par une secrétaire dans le bureau du gouverneur. Les dieux indiens sont avec moi peut-être, car dans la joie de recevoir ce cadeau, il fait taper la lettre magique à en-tête officiel. Ça y est, j'ai gagné! C'est incroyable, c'est le plus grand succès. Mon succès. C'est surprenant. Je ne tiens plus de joie, de bonheur. Nous allons pouvoir repartir... Remonter dans le Haut-Orénoque!

Une possibilité s'offre, nous glisser sur le *bongo* du ministère de la Santé qui doit remonter jusqu'à Mavaca. Samantha et moi trépignons de joie. Nous voici à Venado, le port d'été de la saison sèche qui nous est déjà familier. La pile de notre *coroto* est entassée sur la pirogue. Elle s'éloigne. Dans notre voyage retrouvé, nous sommes si heureuses d'être sur l'Onéroque. La sensation de vivre prend alors une force qui m'élève par-dessus les nuages. Dans le rythme de la nature, personne ne viendra me demander si je fais bonne route. J'enterre les souvenirs, adieu le reste... Je suis ivre du fleuve. Possédée, sensuelle, par le bercement de la pirogue qui gagne sur le vieux monde dans mon dos. Je suis à côté d'un Indien accroupi. Je me rends compte soudain qu'il est complètement vert! J'apprendrai par la suite qu'il a une hépatite qui ne se guérit pas. L'hôpital l'a relâché car la médecine scientifique ne peut plus rien pour lui. Cette maladie très contagieuse, malgré ses dangers, n'entame pas mon enthousiasme. Un ami qui m'avait accompagnée jusqu'au port prend des photos du départ du bateau qui s'enfonce sur le fleuve. Il me dira plus tard :

– J'avais l'impression en prenant ces clichés que je ne te verrais plus, que c'était les derniers que nous aurions de toi.

En effet, c'est une véritable sensation de partir pour ne plus revenir, à corps perdu, à jamais dans un autre monde qui nous habite Samantha et moi. Nos yeux sont grands ouverts. Notre cœur est large, aussi large que l'Orénoque sur lequel nous naviguons. Le bruit du moteur éclate comme le soleil qui s'élève sur le fleuve. La joie continue à nous sourire puisque le *motoriste* est Francisco, celui que nous avions déjà rencontré lors de notre séjour à Macava. Il est accompagné de sa femme Francisca, et de leurs cinq enfants en bas âge. Un autre couple avec un bébé est aussi sur l'embarcation; le mari, travailleur temporaire, va couper de la palme à Mavaca. Il faut renouveler le toit de l'entrepôt du ministère de la Santé. Il déposera femme et nourrisson chez les membres de sa famille lointaine à San Fernando de Atabapo. Car il ne veut pas que ceux-ci aillent respirer l'air malsain du Haut-Orénoque. Cinq Yanomami sont également embarqués. Ils reviennent de l'hôpital dans lequel ils ont été soignés. Leur voyage se passera à s'épouiller dans de tendres gestes d'intimité touchante. Voici nos compagnons de voyage pour cette troisième remontée fluviale de l'Orénoque, qui nous est de plus en plus cher. Mais ce que j'attends, ce que je désire, c'est de nous enfoncer dans la forêt. Quitter le ruban familier du fleuve.

Francisco avec sa bonne humeur habituelle sait briser la monotonie du voyage. Ainsi, tout d'un coup, il s'écrie :

– Vous voulez voir des morts?

Il rit, essayant de couvrir le son du moteur.

– Attendez, il y en a plein là-haut.

Bien sûr, je désire voir tout ce que l'on veut bien me montrer. Je manifeste mon intérêt aussitôt en secouant vivement la tête. J'essaie de répondre aux yeux rieurs, blagueurs, de Francisco. Je ne sais s'il est sérieux. Le *bongo* accoste près d'une longue, grande et massive colline de granit chaud. Nous la gravissons jusqu'au sommet malgré le soleil et l'essoufflement. Chacun court pour voir les morts. Il m'entraîne dans les broussailles sombres parmi d'innombrables rochers, et s'arrête à l'entrée d'une caverne très basse. Impressionnante par le trou noir béant et par les lourdes pierres qui l'entourent. Une multitude de chauves-souris volent à l'intérieur. Je finis par distinguer sur le sol une quinzaine de squelettes enrobés de bâtons, de roseaux tressés avec des lianes. Quelques marmites et calebasses sont soigneusement posées à leurs côtés, contenant de la nourriture.

– Ce sont les morts des Piaroa. Ne restons pas longtemps. S'ils aperçoivent notre embarcation, ils ne vont pas être contents. Personne n'a le droit de savoir où est la maison des morts. Ils vont être en colère.

Le rire de Francisco résonne dans la caverne. Celle-ci correspond exactement à la description que j'en ai entendue : les repaires où les guérilleros vivent pour se cacher des autorités militaires qui les recherchent. L'approche que Francisco a de la mort, d'en rire parce que ce n'est pas celle des siens, d'en rire comme symbole d'acceptation de la volonté de la nature, je la ressens profondément en moi. Elle vibre comme une connaissance nouvelle. Elle m'apprend en tout cas que mourir n'est pas si éloigné de vivre.

A la tombée de la nuit, tandis que nous nous arrêtons dans une communauté pour acheter du manioc et du *casave,* un groupe de personnes arrive. Eux-mêmes sont des visiteurs temporaires. Ils sont chargés de tout un matériel qu'ils trimbalent jusqu'au village. Il s'agit de Sophia Muller, une vieille Américaine missionnaire accompagnée d'une jeune Colombienne, Susan Diaz, et de sept Indiens colombiens de la tribu Puinabé *. Ils viennent de l'autre côté du fleuve. Ils portent un petit groupe électrogène rutilant, une guitare, et de grosses valises apparemment très lourdes. Sophia Muller s'approche aussitôt de nous, et ses questions se font insidieuses, insistantes. Elle veut savoir où nous allons, ce que nous faisons, quel est mon travail, depuis quand je suis ici, quelle est ma nationalité, elle veut voir mon nom écrit. Aucune sympathie ne passe entre nous. Elle me donne six petits opuscules tous plus sournois les uns que les autres, dans lesquels triomphe la peur du jugement dernier imminent. Ils viennent « faire le culte », clament-ils. En effet, ils installent dans une salle commune tout un matériel de projection audio-visuel. Ils entonnent un chant. La femme aux cheveux blancs commande à la lueur d'une lampe de poche. Elle dispose les habitants du village sur un tapis qu'elle a apporté. Elle dresse un écran blanc, passe un film américain vantant les mérites de la religion et expliquant aux Indiens, par le truchement d'un beau « Tarzan de la jungle » aux yeux bleus, ce qu'il faut faire, ce qu'il ne faut pas faire. Ce film moraliste me révolte. J'apprends qu'elle sillonne ainsi toutes les communautés du Moyen-Orénoque, à partir de sa base située à San Gabriel, au Brésil. Elle enseigne aux Indiens ce qu'elle appelle « le culte ». Je veux photographier. Ce qu'elle m'interdit violemment. Je ne peux le supporter. Je le fais quand même. J'ai laissé peur et politesse. Je fais mon travail de documentation visuelle sur l'actualité indigène du territoire. Je veux que tous connaissent le cancer apporté par ces missionnaires sans scrupules; chacun prêchant pour son propre compte dans un fouillis théologique que réprouverait le moindre curé de village. La photo est maintenant publiée dans un magazine, *La Voix Indigène Internationale,* avec les coordonnées exactes de cette femme. Pourvu que cette dénonciation puisse un jour servir!

Le *teniente* a changé; le nouveau, ici depuis une semaine, vient de Castillete, l'extrême pointe de la péninsule Guajira, c'est-à-dire une région d'un extrême violence. Il m'invite à monter au poste pour boire un café. Tomas Tovar entre. Je le salue amicalement, lui avec qui nous avions voyagé, chez qui nous avions habité. En plein *cuartel* du commando, devant les huit gardes nationaux, autoritaire et méprisant, il me jette :

– Je dois te parler... Les Indiens de la *cabecera* de l'Alto-Continamo sont très en colère contre moi, parce que je t'avais amenée jusqu'à Tama-Tama. Tu nous mens, tu nous trompes. Je ne suis pas le seul à être contre toi, tous ensemble nous menons une enquête sur toi. Un cinéaste gauchiste, Carlos Aspuroa, t'a envoyée là-bas pour que tu dises des mensonges au public vénézuélien contre les Vénézuéliens, contre les Indiens. Tu nous nuis. Le cadeau que tu avais pour notre chef Barne Yavari était un *engaño* *.

Le *teniente,* pris à témoin, semble approuver ce qui vient d'être dit, se ravise sur l'attitude amicale qu'il avait d'abord eue à mon égard. Il passe des messages sur sa radio émettrice, contactant le quartier général de Puerto Ayacucho. Il scrute mes papiers.

Samantha est avec moi, elle écoute en silence. Sa présence m'est chaude, c'est mon unique support. Je tremble. J'ai complètement peur. Je ne sais pas quoi répondre. Le sac de nœuds des relations entre Indiens et Blancs est inextricable. Ils pensent noir, ils disent blanc, ils tentent de bâtir des réseaux d'alliance qu'ils détruisent d'un jour à l'autre. Ils passent d'une opinion extrême à une autre, à l'opposé. L'influence des missionnaires américains, intériorisée par les Indiens, n'est pas étrangère non plus à cette attitude. Je suis déconcertée totalement par le revirement de Tomas, d'une amitié à une hargne tenace. Mais je comprends qu'il est une marionnette dans la main des *Nuevas tribus.* Celles-ci ont essentiellement comme préoccupation la stratégie politique, dirigée des Etats-Unis, pour quadriller la jungle afin d'empêcher qu'elle ne serve de refuge et de terrain d'action aux mouvements révolutionnaires. Comme cela a été le cas par le passé. Elles veulent, par leur influence auprès des Indiens, les convaincre de n'apporter aucune aide aux guérilleros, au contraire de les dénoncer. Elles veulent ainsi préserver la pérennité des régimes d'extrême-droite en place. Ne sachant mes opinions, n'arrivant pas à me cataloguer, je représente un inconnu peu sûr pour elles. Elles préfèrent donc, par le truchement de leurs adeptes, me rendre la vie impossible dans le territoire, dresser mille obstacles et mille haines contre moi. Tomas, comme un jouet, sert leur volonté. Il provoque cette scène devant les gardes nationaux exprès, afin que ceux-ci, apeurés par les Indiens qu'ils sont, se retournent contre moi à leur tour. J'ai peur que toutes ces inventions ne reviennent aux oreilles du gouverneur et ne nuisent à mes projets. Tomas reprend de plus belle, soutenant au *teniente* :

– Sa lettre d'emploi n'est pas valable, c'est un mensonge.

Le *teniente* aimerait le croire, mais l'évidence des tampons officiels le laisse perplexe.

Je suis seule, la proie de tous. Moi aussi, un pion sur l'échiquier amazonien. Mais je veux me défendre. Quitter les bourbiers empestés où certains veulent me noyer. Je n'ai rien à faire de leur tactique, ni des manœuvres politiques quelles qu'elles soient. Je reste calme, apparemment. Sous un sourire, je masque le bouillonnement intérieur. A force de patience, trois heures après, je me dépêtre de cette glue et rejoins la famille de Francisco qui m'attend sur le fleuve. Nous poursuivons notre route tranquillement jusqu'à Mavaca.

La routine des huit jours de remontée est un régal, un plaisir comme un fruit mûr et juteux. Je le savoure. C'est en somme retourner chez soi. Les heures ne se comptent plus sur la montre mais sur le lent balancement du cœur. Les activités ne se planifient plus sur une liste écrite. Je me laisse porter au fil de l'eau. Mon indépendance et ma révolte s'amenuisent au long de la remontée. Je me rends compte que c'était des valeurs de l'autre monde. Ici il n'y a qu'acceptation et survie; lentement, au fil de l'Orénoque, je me débarrasse de mes plaines de médiocrité. L'énervement, l'impatience ne sont plus d'ici. Ce pays est habité par la lenteur inexorable des eaux qui coulent. Il faut changer d'intelligence. La jungle déteint sur moi. Vivre la forêt. Vivre mon voyage, comme il se présente.

Les berges tapissées s'écroulent sous le poids de la végétation. Nous longeons un rivage touffu, opaque, sans fissure. Mais pourtant, derrière l'énorme rideau d'herbes et de lianes, je sais qu'habitent des hommes que je veux rejoindre. Aujourd'hui le fleuve est calme. Le soleil ne s'est pas levé. Il fait froid et gris. Nous croisons quelques embarcations d'Indiens Makiritare. Ils longent l'autre berge descendant vers la ville. Je suis heureuse d'être dans le bateau qui va dans le sens du Haut-Orénoque. Je trouve la confidente de tous mes voyages : l'averse drue qui en un instant a tout mouillé et nous laisse grelottantes. Francisco, en riant, nous montre des serpents d'eau nageant tête dehors. Beaucoup de pierres affleurent la surface de l'eau. Nous sommes en mars, c'est la saison sèche. Des vagues d'aras, comme à un carnaval, traversent le ciel dans une trajectoire de feu d'artifice, d'heure en heure.

L'averse ayant cessé, des oiseaux chantent de nouveau. Derrière la mer qu'est la forêt, le cri d'un perroquet se fait plus aigu. C'est une symphonie discordante et bouleversante. L'odeur du fleuve m'enivre. J'aime qu'elle me soit comme une coutume. J'ai abandonné les parfums connus des villes pour celui, suave, de l'Orénoque. Nous suivons le rythme du soleil qui se couche ou de la lumière qui réapparaît. Du jour qui s'amenuise. Du noir qui s'installe. Qui se fait intime. Nous dépassons, dans de grands éclats de rire, le *cerro* Capuana. Francisco me montre le chemin fait par les gringos, il y a quelques années, qui va du fleuve à son pied. Ils ont été prospecter de l'or avec succès. Mais depuis, pour empêcher tout pillage, la loi interdit l'exploitation de ces gisements.

Les lianes lèchent l'eau, comme un homme le corps d'une femme abandonnée. Des branchages traînent dans le courant, immense chevelure qui caresse la surface des choses. Pas un souffle d'air, les palmes sont immobiles, figées. Le calme me laisse isolée dans un temps improbable. La lumière verdâtre et glauque fraîchit de feuille en feuille. La pénombre, à contre-jour, diffuse une ambiance recueillie. Les communautés que nous rencontrons sont de différentes ethnies : Piaroa, Piapoco, Puinabe, Yeral et Guahibo. J'avais bien appris durant mes précédents voyages quelques mots dans chacune de ces langues, mais devant leur multitude et la profusion des rencontres, je préfère m'abstenir car je mélange tout. Je reste là, le visage heureux. Je décide que mon sourire est passeport international, plus exactement intertribal.

Francisco, au long des haltes, troque contre ce qu'il a apporté de la ville : sucre, riz, savon, piles de lampes de poche, cigarettes, boîtes d'allumettes, sel, notre nourriture : une poule, un poisson, comme ce *morocotto* * que nous mangeons mélangé avec du manioc, du *casave,* et de l'*aji,* des poissons fumés, ou bien mis à bouillir dans l'eau du fleuve. L'extrême honnêteté de Francisco me surprend dans ce pays de corruption. Il vend au même prix qu'il a acheté les objets. Il ne fait aucun profit. Il demande le juste salaire des choses. Simplement il veut survivre, subvenir à ses nécessités, aux besoins des siens. Nous rencontrons aussi d'autres embarcations. Soudainement, l'eau sous la pirogue amarrée clapote. Je me cramponne. Nous sommes pourtant bien à l'arrêt. Nous tanguons fortement. Un bruit de frottement de bois, un choc brutal mais amorti, me font tourner la tête. Une *curiara* est en train d'accoster, de se glisser contre la nôtre. Quelle n'est pas la joie de Samantha de découvrir et d'admirer trois *vaquiros*, sangliers dodus, allongés l'un contre l'autre, les pieds liés par des lianes en écorce d'arbre. Un chasseur est de retour. Une autre embarcation suit son sillage. Le fond est chargé de tubercules de *yucca*; un vieux couple est accroupi, félins dans leur essence. Renato Camico, de la tribu Baniva *, sur le territoire de laquelle nous sommes, parcourt les berges pour tenter d'échanger une peau de *tigrito* qu'il a récemment abattu près d'ici à Urlao.

Le jour est identique, lent. Assis dans l'espace restreint de la pirogue, les petits enfants rythment la journée de leurs pleurs, de leurs cris, de leurs tétées. Les moustiques font cortège. Chacun grignote pour passer le temps ou combler les petits trous d'estomac. La soif et l'inaction sont nos gardiens. Le ciel est presque blanc maintenant, déchiré par la chaleur de midi. Des vents essoufflés rôdent. Des insectes craquent dans la brûlure du soleil. La saison sèche s'enfièvre comme un animal blessé qui se débat. Elle dévore chaque jour le ciel et la terre. Parfois, bien que les piles s'usent facilement et qu'elles soient si chères, Francisca branche une rutilante radio-cassette achetée avec la dernière paye. S'élève alors dans ce décor fantastique, une petite musique d'accordéon ou une chanson d'amour. A chaque arrêt, les enfants en profitent pour un rapide bain au milieu des petits poissons qui sautent sous un nuage de mouches. Le moindre incident technique, comme le moteur qui cale par exemple, ou le bateau qui recule poussé par le courant, est commenté dans des cris en patois créole, des mugissements d'enfants et de femmes. Souvent, le ventre du *bongo* caresse en rampant un banc de sable. Il faut alors couper le moteur, pousser la pirogue à reculons, dans le sens du courant qui nous aidera. Il collabore de sa force placide.

Mais vers six heures, la nuit venant, nous nous arrêtons sur une *laja*, large pierre sur laquelle de l'eau est immédiatement mise à bouillir. A quoi va-t-elle servir? Je ne sais. Que va-t-on manger? Je ne sais. Il n'y a rien, pas de provisions. Elle bout pour l'éventuelle soupe de poissons. En effet, les hommes pêcheront jusqu'à ce qu'ils obtiennent quelque chose à offrir à leurs familles, à tout l'équipage. Ils ont toute la nuit et toute la vie devant eux. Les estomacs savent se taire, personne ne crie famine. Chacun sait qu'il faut s'occuper, en attendant. Être aux aguets discrètement sans s'énerver ni râler. Par contre, quand quelque chose est pêché, quelle joie! Le silence, l'impatience réfrénée, le « semblant de rien » disparaissent. Les brindilles sont attisées avec empressement sous la *palangana*. Ce soir, ce sont des *barentons* *, qui seront jetés dans l'eau, coupés en grosses tranches. C'est une scène idyllique. Tellement agréable à vivre. Je suis si heureuse d'en faire partie. C'est au-delà de tout cliché. La nuit est tombée. Le bateau reprend le fleuve, guidé à la lampe de poche. La voûte de la forêt s'est refermée sur nous. Il n'y a que le petit faisceau de la lampe qui troue l'obscurité. Sur un mètre et demi. La masse lourde et noire du *bongo* est disproportionnée avec ce maigre phare. Le phare de la forêt.

Ce soir, plus tard, lorsque Francisco a détecté un endroit pour y passer la nuit, Samantha et moi nous allongeons à même la pierre chaude, délicieuse et sans moustiques, qui scintille juste dans la clarté de la lune et des étoiles. Pour y dormir. J'aime le contact dur et multiple de la *laja*, et les nombreuses aspérités que je sens sous mon corps. Dans une communion sensuelle avec la terre. Parfaite, avec la terre nourricière. Lorsque nous sommes couchées depuis un bon moment déjà, nous apercevons, trouant l'obscurité, quatre yeux rouges nous fixant. Ce sont deux *babillas* * qui, près de nous, nous observent. Ils seront les gardiens de nos rêves. Les bruits s'estompent. tous se sont dispersés à la recherche de pierres pour y confier leur nuit. Dans ce monde, les lits ne sont pas nécessaires, il suffit d'avoir sommeil. La réalité est simple, réduite à la vérité de l'essentiel. Les pensées ne sont pas obstruées, elles gagnent les territoires libérés. Nous sommes disséminés sur la rive, comme des éclats d'étoiles. La dernière image que je garde avant de sombrer dans le définitif sommeil, ce sont les deux hommes adultes de l'embarcation qui pensent déjà à préparer le petit déjeuner de demain. Eux aussi se sont couchés, ils tiennent dans chaque main, entourant solidement leur paume, un fil de nylon, qui les relie au fleuve. Ils pêchent tout en dormant. Une prise viendrait immanquablement les réveiller. Beaucoup plus tard, lorsque la lune a parcouru la moitié de son cercle, que l'ombre des arbres a tourné, soudain, un cri de Samantha me réveille :

– Ils ont pris une baleine!

Je cours voir. Une énorme bête gigantesque tressaute sur la pierre dans un fracas épouvantable. En fait, c'est une *raya* *! Il ne faut pas s'en approcher, elle produit avec sa queue des piqûres électriques. Nous nous rendormons, quand soudain le sifflement de l'eau frappée par une rame me fait ouvrir un œil. Deux *curiaras* viennent à nous dans la nuit. D'où proviennent-elles? Où vont-elles? Seul le fleuve sans doute pourrait le dire.

Chaque matin, tout se bouscule. Je n'ai même pas le temps de faire pipi, le bateau est déjà parti. Le soleil lui aussi est pressé dans sa course. Il tombe déjà, comme une catapulte, sur nos têtes. Heureusement, le *bongo* est recouvert par endroits d'un petit toit de palmes où il fait bon s'abriter. Ce voyage est vraiment long, ou est-ce que nous allons vraiment loin? La lenteur du voyage draine jusqu'à mon esprit mes incessantes questions : qu'allons-nous devenir? Que ferons-nous dans le futur? Qui sera mon mari? J'imagine une vie où j'aurais beaucoup d'enfants autour de moi... Je veux offrir à ma petite fille le plus intéressant de la vie. Je veux que le fleuve et ses nuits soient ses professeurs. A Esmeralda, j'accompagne Francisca déposer certains de ses enfants à l'école des sœurs. Cent cinquante élèves de tribus variées y sont réunis, pensionnaires, pour un trimestre. Par un merveilleux hasard, je découvre dans un petit magasin deux boîtes de lait en poudre, à vingt-six bolivars chacune. Le lait est une denrée extrêmement rare tout au long du fleuve Orénoque. Même à Puerto Ayacucho, on n'en trouve pas. Cela va faire le bonheur de Samantha. La pauvre petite fille a encore très mal aux pieds. Ils sont rouges, marron, purulents et enflammés de nouveau. Ils la démangent constamment. C'est un champignon qui se loge entre et sous les orteils. Elle peut à peine marcher. Chaque jour, je lui donne des vitamines afin de la retaper (fer, B 6, B 12 qui est supposée éloigner les moustiques de par l'odeur qu'elle fait dégager au corps).

A l'école des sœurs, tout le monde attrape et tire ses tresses. Les petits enfants font groupe autour d'elle. Hier, elle a perdu sa deuxième dent. Elle m'a fait un cadeau ce jour-là justement; elle a appris toute seule à faire ses nœuds de lacets de chaussures. Ravie, elle me demande sans arrêt de défaire ses lacets de tennis. Elle tente de les renouer avec de nombreux gestes théâtraux et encore malhabiles, pleins de bonne volonté pourtant. Cela tourne au tour de prestidigitation. Cela rate deux fois sur trois. Mais je suis priée de ne pas croire qu'elle s'est trompée. Sa page d'écriture nous occupe toujours. Elle la fait volontiers s'il s'agit de cheval, accompagnée d'un coloriage. Le dos du cahier où j'écris ces lignes se peuple de scènes merveilleuses : un cheval boit de la *yucuta* dans une calebasse, un cheval pêche sous l'eau du fleuve, un cheval converse avec un perroquet à la cime d'un arbre, un cheval monte sur un *bongo* avec nous, un cheval se fait piquer par une *raya*, un cheval dort dans un hamac tendu entre deux arbres, un cheval enduit d'*onotto*. La légende des différents dessins qu'elle doit copier dix fois est en espagnol. Nous faisons notre page d'écriture chacune à notre tour!

Je nous veux, Samantha et moi, neuves et impeccables. Pour faire face à la transition d'une géographie des villes à la géographie de la forêt. Pour nous ouvrir davantage à la connaissance, pour rompre nos routines et savoir accueillir. A la géographie des cartes, je veux supplanter une géographie du cœur, dont les ramifications sont comme les fleuves du territoire d'Amazonie. Ma petite fille a le plus merveilleux livre de géographie qui soit. Elle l'ouvre chaque jour et le feuillette avec sa peau, sa respiration impétueuse. Son cœur s'enflamme à la connaissance des hommes, des différents milieux ambiants, des situations de la vie. Ce qu'elle voit aujourd'hui lui dicte déjà sa conduite. École de l'intérieur, de la liberté, de l'écoute des autres. École des odeurs, des sensations, du respect. C'est cela que j'ai choisi pour elle.

Le dernier arrêt avant Mavaca est à Ocamo. Là, les petites sœurs salésiennes que j'avais déjà rencontrées lors d'un précédent passage me disent que quatre d'entre elles ont été rapatriées d'urgence vers les hôpitaux de Caracas, atteintes de vivax, le plus terrible des paludismes. Cela m'effraie, d'autant que je connais leurs précautions et les moyens de protection dont elles disposent. Elle m'informent par ailleurs d'une deuxième mauvaise nouvelle. Jacques Lizot a regagné Caracas, mécontent paraît-il des querelles incessantes entre les tribus indiennes et lui-même. Il a dit aux Indiens qu'il ne reviendrait pas sur leur territoire avant longtemps. Je suis d'autant plus déçue que je comptais aller le voir afin d'apprendre de lui. Malgré tout, nous dégustons avec les sœurs un *cafecito*, des gâteaux et des bananes, qui nous vont droit au cœur. Ces sœurs d'Ocamo sont les seules dont je garderai le souvenir ému de leur accueil tendre. Tous les autres religieux et religieuses que je rencontrerai n'auront pas cette délicatesse ni cette humanité.

14.

Monseñor-Teri

Le fleuve Orénoque, axe de symétrie, délimite Mavaca en deux. A gauche, cœur de la communauté, une mission salésienne bat. Trois sœurs et deux pères y demeurent continuellement. Parmi les bâtiments qu'ils occupent : un théâtre. Des représentations sont organisées dès que l'évêque se déplace, pour lui montrer « l'évolution et les progrès » de ses émules indigènes, enrobées de papier crépon, afin d'augmenter les subventions. De l'autre côté de la colonne vertébrale du fleuve, respirent deux familles créoles dans leurs maisons de boue. Elles abritent souvent quelques travailleurs temporaires. Le contraste entre la pauvreté d'une berge et la richesse de l'autre est accablante. Mon éducation m'avait appris à respecter les ecclésiastiques et leur dévouement. J'avais foi en leur honnêteté. On m'avait convaincue qu'ils étaient nécessaires entre Dieu et moi. Leur parole devait être crue. C'est dans cet esprit que je regarde défiler, sans aversion, les murs, les bâtiments de la mission; tandis que nous arrivons, accroupies, Samantha et moi, au fond de la pirogue.

Mavaca, petit village de palme et de peine, est mon pays maintenant. Ma famille choisie. J'y suis car je le veux, car j'ai une soif intense d'aller jusqu'au bout de ce que je désire, de ma liberté, des comptes d'honnêteté que je dois me rendre. Je veux que Mavaca m'épanouisse, j'ai choisi Mavaca.

Mais bien vite... Personne n'apparaît. Aucun infirmier, aucun médecin. Village fantôme de mes amitiés. Je cherche, hagarde, les odeurs et les traces, les rires et les confidences, les projets qui nous liaient. Malgré son apparente léthargie, l'Amazonie est instable comme son sol. Les mutations, les transferts de fonctionnaires sont impulsifs, rapides et toujours inattendus. Je ne retrouve aucun de ceux avec qui je me réjouissais de bâtir une entente et un espoir. Ni Simon Lopez ni Kenneth ne m'attendent. Mavaca a perdu les piliers de mon cœur. Comment sans eux, vivre mon but, les Yanomami? Il me faudra réinventer de nouvelles pistes. Je ne vois aucune possibilité pour quitter ce village. Serait-ce le terme de mon voyage? Dans les baraques préfabriquées du ministère de la Santé, il y a bien une équipe de prévention de la malaria. Francisco nous dépose devant les *ranchos* *, autour desquelles caquettent quelques poules et canards. Je m'approche. Trois hommes discutent. Je reconnais Wapo, employé responsable de la radio émettrice chargé du message quotidien vers la capitale. Il me dit :

– Installez-vous dans la *medicatura.*

Triste spectacle : l'infirmier rapatrié d'urgence pour une grave hépatite, tout a été pillé. Rien ne semble épargné, ni assiettes, ni *bombillos* *, ni casseroles ni couverts. Seuls subsistent deux armoires crasseuses et deux bureaux métalliques dans les tiroirs desquels de vieux papiers froissés et des pièces d'outils graisseux traînent. Wapo me déclare, en grande cérémonie :

– Prenez ce cadenas et cette chaîne. Je vous les prête pour une des armoires. Méfiez-vous, ces sales Yanomami sont voleurs comme des rats.

Ces propos n'affectent en rien les enfants Yanomami qui observent notre installation.

– *Galletas, sardinas* *, *caramelos* *...

Nous sommes dépourvues de tout ce qu'ils demandent. Mais ils restent là, se bousculant aux fenêtres, tendant leurs mains par les trous de la moustiquaire éventrée sans doute par leurs soins. Le brouhaha des commentaires, des rires, est étourdissant. Je ne comprends pas un traître mot de ce qu'ils disent.

La bonbonne de gaz de la cuisinière est vide. Il faudra de longs mois avant qu'une recharge n'arrive par le fleuve. A chaque repas nous devons allumer notre propre feu. Cela n'est pas simple tant il pleut. De plus, dans la collecte du bois mort, l'Indien nous devance immanquablement. Il ne reste jamais une brindille lorsque nous partons en chercher. Le réfrigérateur seul fonctionne encore. L'espoir de faire des glaçons dans des gobelets de fortune est une richesse. Mais elle s'épuise rapidement avec le manque de fuel du moteur. Nous ne pourrons obtenir que de l'eau vaguement fraîche.

Elle sert de monnaie d'échange contre une aide dans la cuisson de nos aliments. Mais bien souvent ceux qui m'ont proposé de m'assister un instant plus tôt, adultes ou jeunes enfants, après avoir dévoré le morceau de glace, descendu avec ravissement l'eau fraîche, s'écrient, moqueurs :

– Tu peux aller te faire voir avec ton feu.

Je me sens comme à un lendemain d'ouragan. Mon esprit, mon cœur, reflètent la tornade qui s'est abattue sur la *medicatura*. J'approche le caractère des Indiens Yanomami qui leur vaut une si mauvaise réputation en ville et parmi les autres tribus. L'intensité de leur insouciance s'accompagne d'un mépris dans lequel ils nous tiennent, nous les Blancs, les étrangers à la forêt.

Refusant l'obscurité qui nous assaille, Samantha et moi, afin de garder le moral, décidons d'aller nous baigner. Nous sommes bien vite cernées par une multitude de petits garçons qui nous suivent au plus près, nageant sous l'eau à vingt centimètres de nos corps, faufilant leurs mains entre nos jambes. Je plonge dans l'eau fraîche. Elle draine avec elle fatigue, énervement, tension nerveuse. Elle est accueillante, et sait faire oublier le climat étouffant.

J'accroche nos hamacs. Dans le bercement familier, je me heurte, sans me briser, me fêle plutôt, à la vitre transparente d'une réalité qui ne correspond pas aux attentes de mon imagination. L'angoisse est sur moi. J'ai chaud, froid. Je ne sais si ce sont des séquelles du paludisme ou simplement la peur. D'être ici, sans plus rien, sans aucun appui amical, à devoir seule inventer notre vie.

De la fenêtre, je regarde les trois familles créoles qui vivent ici, heureuses avec leur ribambelle de petits enfants, leur nourriture produite par le *conuco,* dont le fumet tentateur me parvient proche et impossible. Heureuses d'un retour de chasse et puis du temps, du temps qu'ils ont pour vivre, pour faire l'amour, faire et élever des enfants, cuire des plats magiques, laver le linge. Et nous qui sommes là? Le soir est totalement venu, je me noie doucement dans une bouteille de punch-crème, boisson légèrement alcoolisée achetée à San Fernando de Atabapo dans un ultime sursaut. J'avais pris soin de l'emporter dans mon sac à dos, de l'enfouir. Elle m'est une bouée dans mon désemparement. Ce soir, cette bouteille sera ma compagne. Je me sens comme une vieille routarde, longtemps voyageuse. Ne pas perdre pied, refuser la dérive. Je m'accroche à ce litre, comme à une branche basse sur une rivière en crue. Elle me parle aussi la langue du souvenir, l'autre monde, très loin, sur une autre terre d'où je viens. L'alcool glisse, capiteux, en moi.

Un des motoristes, marié, se fait épouiller par sa femme. A cette scène sensuelle, mon corps frémit de sensations ondoyantes. Comme j'aimerais être l'un d'eux et sentir sur mon crâne la main de l'autre. Je ne veux pas les imiter. J'aspire à être eux-mêmes pour connaître au plus profond de leur intimité leurs émotions et leur existence absolue. Dans la nuit noire, arrive un petit garçon Yanomami. Il me dit :

– Tu veux que je fasse ton feu demain? Ah bon, alors je vais manger avec toi ce que tu es en train de cuire.

L'assurance maligne de ce petit bonhomme me réjouit tellement que je n'ai pas le cœur de lui refuser mon assiette. Les enfants ne cessent de nous épier, même en ce début de nuit. Ils frappent à la porte :

– Ouvre, crient-ils, il y a quelqu'un...

Ils s'enfuient à toutes jambes lorsque j'entrebâille la porte. Le soir les cinq hommes créoles du coin, serviette de bain sur l'épaule, assis sur une ferraille ou sur un bout de bois, devant leur maison, se racontent les dernières nouvelles. Comme toujours les luttes sanglantes des guerres Yanomami nourrissent l'actualité. De nombreux détails, coups de hache, de machettes, têtes coupées, giclées de sang, me rendent étrangement rêveuse. Est-ce bien parmi eux que je vais m'enfoncer seule avec ma fille?

La *medicatura* craque de mille bruits. De toutes parts. Je me demande, tendue, si ce sont des Indiens qui se faufilent. Les récits créoles résonnent avec répétition : flèches qui transpercent le ventre, plaies sanglantes... Viennent-ils nous assassiner, nous violer, dans la discrétion de la nuit? La frayeur me glace. Je serre Samantha très fort contre moi, souhaitant me fondre, pour se protéger. Je distingue des pas précipités, des frôlements, des halètements, une présence, des présences... Tout craque. Mon pouls s'affole. Ce ne sont que des rats. Nous nous en apercevrons à nos dépens plus tard.

Le 17 mars, mon premier réveil dans le Haut-Orénoque. J'ai aujourd'hui vingt-huit ans. Le matin gris qui m'est offert en cadeau d'anniversaire a un goût de déprime au fond de la bouche, la tête, le corps entier. Mon cœur balbutie d'errance. Mais l'inconnu, l'appel vibrant que je ressens sont richesses. Je dois tendre le bras, saisir avant qu'elle ne s'évanouisse dans la profondeur végétale l'extraordinaire présence du monde que je perçois.

Les deux rives du fleuve sont deux mondes totalement hermétiques. Aucune coopération, aucune sociabilité. Ils sont fermés et exclusifs. Je ne veux pas une fois encore céder à la mixture des vapeurs désagréables et nauséabondes qui envahissent mon esprit. Je tente de me réfugier dans la sérénité bienveillante des gestes routiniers, pour rester invulnérable. L'habitude est-elle une défense? Ainsi je prête une attention démesurée à la calligraphie en espagnol que la main malhabile de Samantha dessine sur notre cahier corné et poussiéreux. Je cherche la voie que le destin de ma volonté trace. Où est l'île fragile de mes certitudes? Ma vie ne s'améliore-t-elle qu'à coups de pleurs? Chaque aube qui se lève est une promesse, le monde y est neuf. Je dois être à la hauteur de cette renaissance. Levée avec l'aurore, j'attaque le jour comme un mineur le filon. L'obscurité est encore totale. Présente et maîtresse. Elle m'enveloppe entièrement. Pourvu que mon existence ne s'y noie pas aussi. Ma réalité est acharnement. Une difficulté d'être. Oser démarrer. Entamer ce long processus qui doit me mener jusqu'au cœur de la forêt. Pourtant si proche, elle semble inaccessible à une femme seule et à son enfant. Oserais-je casser la cage des réalités inaccessibles? Vivre auprès de ceux que j'ai choisis comme horizon de ma vie. Cela fait bien trop longtemps que j'ai la solitude pour ombre. Je ne m'en effraye plus. Mais les difficultés dans ce monde différent sont bien plus grandes que toutes celles rencontrées durant mes années de vagabondage. Nous devions alors, Samantha et moi, nous débrouiller pour notre survie, faire face. J'ai vingt-huit ans. Ni bougies ni cadeaux. Je m'offre la rage de mon futur.

La pile de mes pellicules vierges, des objets que je destine aux Indiens m'impressionnent. Il faut leur trouver une signification véritable. Quitter le marais de l'incertitude pour rejoindre, regoûter, l'aventure du quotidien. Peut-être pourrais-je opter pour la solution d'un interprète créole, intermédiaire auprès des Indiens. Il m'accompagnerait, me défendrait, présence apaisante et sécurisante. Mais en fait cela ne correspond pas à mon désir. Pourtant je sens une hostilité constante. J'ai peur que la réalité me dise non. Depuis Puerto Ayacucho, j'imaginais Mavaca comme un tremplin. Cela s'avère être un trou, une impasse, un puits sans fond. Il faut que ma tête invente une nouvelle issue. Il me faut garder paix et sécurité. Moi-même me poursuis. Je n'ai que ma tête pour dialoguer. Ne pas manquer d'intelligence pour y répondre. Le dur univers m'oppresse. Comme une main qui se plaque à ma bouche, qui fouille mes tripes. Je tourne en rond. Réfléchir. Déconfite, confuse, triste et désemparée. Fatiguée et indécise de tout. Je suis tremblante. Mon cauchemar m'est fidèle. Je panique dans une trappe, comme un rat pris au piège. A son propre piège. Une impression d'échec me poursuit. Je me dois de lui échapper.

J'ai décidé de vivre sur le territoire d'Amazonie. Je veux m'y accrocher, refuser le retour bredouille à Puerto Ayacucho. Je ne veux pas prendre la première pirogue, le premier avion qui m'éloignerait de ce pays sans avoir vécu, concrétisé, la rencontre totale que me dicte ma volonté. Je regrette aussi l'absence des amis, des liens tressés, de Jacques Lizot. Tous me répétaient que notre sécurité ici ne serait pas assurée. Les Yanomami font peur. Les maladies font peur. J'impose cela à ma petite Samantha. Chaque jour qui passe est déjà une réussite aux yeux de ceux qui me traitaient d'écervelée, d'inconsciente, lorsque nous préparions, annoncions notre départ. Mais je m'en veux de ne pas traiter ma fille en proportion de ce que je l'aime. Samantha, mon disciple involontaire. Cette enfant, élevée depuis sa naissance à coups d'objectifs sur le crâne, à chaque fois que je me baissais pour l'embrasser, l'écouter ou la porter. Car j'ai en bandoulière, la plupart du temps, un ou deux appareils photos. Elle pleure, elle transpire, elle obéit et se fait silencieuse lorsque je lui confie mon sac de matériel. Si souvent, elle a dû m'attendre en le gardant, assise à califourchon, dans des endroits inconnus, tandis que je courais répondant à l'alerte de la photo. Samantha, elle, est toujours là. Pour m'aider, me supporter. Elle seule est toujours présente. Bien souvent, c'est elle, ma petite fille, qui me remonte le moral. Alors pour nous, j'essaie d'aménager la *medicatura* afin de nous y sentir contentes. Je tente d'améliorer les vestiges de ce qu'elle a été. Recréer un espace où la désillusion serait bannie et où notre bien-être s'épanouirait. Je savoure la richesse du précaire. Nous apprenons à être positives. Engagement qui nous rend fortes, une des pierres de fondation du futur de Samantha. Je décide d'être joyeuse. Le bonheur n'est pas à recevoir, je réalise que je dois le construire. Je reste donc attentive aux différentes possibilités, même lointaines, que m'offre la vie à Mavaca. Ainsi je regarde et j'observe les Yanomami qui passent.

Leurs différentes peintures corporelles, les humeurs variées qu'ils manifestent, leurs activités défilent devant mon regard reconnaissant. Je suis satisfaite d'ouvrir les yeux et d'admirer ce que m'offre cette vie différente. Avec patience et optimisme, être témoin. Depuis la naissance de Samantha, huit ans, mes règles reviennent à chaque lune. C'est déjà une longue période. La régularité de la nature m'impressionne. Je respecte sa constance. Je fais confiance en ses manifestations sacrées, preuves divines dont je suis à l'écoute. Tout fonctionne et je n'ai qu'à m'en réjouir.

Une nuit, un orage extraordinaire s'abat sur Mavaca. Le tonnerre éclate au plus près de nous. La fin du monde ruisselle. Notre demeure devient un frêle esquif sur un immense fleuve en colère. La pluie nocturne est terrifiante. Sa persistance redouble. Son ampleur provoque une crue grondante. Je suis partagée entre le ravissement de l'espérance des premières lueurs du jour à venir et la joie de me dire que les dernières heures du monde accourent dans le bruit de l'éclair. L'eau fouette et perce tout. Nous voguons par-delà notre propre existence. Je n'ai aucune attache matérielle, aucun bien qui pourrait me retenir. Les liens affectifs sont dénoués depuis si longtemps. Je suis libre pour une nouvelle arche de Noé. Ma fille et moi sommes sur le même navire. Que le monde aille à sa perte. La violence des forces de l'univers enflammé nous fait tressaillir et nous emporte. Au matin, l'Orénoque a monté d'un mètre cinquante.

Sur la même rive que la *medicatura*, à quelques dizaines de mètres, se dresse un *shabono*. L'architecture est impressionnante. Je demande toujours à Samantha de m'y accompagner. Nous prenons ainsi notre courage à quatre mains. Lorsqu'on s'approche, les cris, les rires se font de plus en plus précis et retentissants. Ils semblent éclater en écho sur les mille arbres de la forêt. Mon cœur s'accélère. La porte que nous devons franchir pour nous faufiler dans l'immense forteresse m'arrive à hauteur de poitrine. Déjà des enfants s'agrippent à nous. Les vociférations sont de plus en plus fortes. L'odeur particulière et toute-puissante d'un campement indien prend à la gorge. Dès que nous y pénétrons, Samantha et moi, nous nous asseyons dans le premier hamac libre. Les bruits, les senteurs, l'atmosphère, la langue étrangère sont à eux seuls un voyage. Je m'efforce de faire abstraction de toute gêne, de toute peur, au milieu de ces palissades circulaires. Les yeux noyés de larmes à cause de la fumée des feux de bois, Samantha et moi restons silencieuses et transparentes. Les Yanomami nous accueillent avec des attitudes multiples.

Certains, sans se déplacer, de loin, tout en poursuivant leurs occupations, m'invectivent durement en langue tribale. Pourtant il me semble comprendre ce qu'ils me disent. La moquerie, le mépris, et la haine s'assemblent sur leurs lèvres et répondent à leur surprise. D'autres au contraire, nous manifestent une indifférence totale. Ils semblent ne pas nous voir, passant devant nous, chargés et imperturbables. Des fruits pourris éclatent sur nous, des noyaux sucés, des os rongés s'abattent en pluie intermittente. Nous servons de cible à des enfants, des vieilles femmes. Ainsi ils attirent notre attention. C'est leur manière de m'apprivoiser. Une femme déjà rencontrée autour de la *medicatura* s'approche de nous et nous offre du *pijiouao* *. Une autre rivalise d'attention, nous tendant une calebasse d'eau. Ragaillardie par ces manifestations, j'apprends à savourer ce nouvel aliment. S'habituer au goût, à l'apparence. Quand soudain remonte en ma mémoire le conseil impératif de refuser systématiquement la nourriture des Indiens, au risque de contagions parasitaires fatales. Pourtant j'en fais fi, je veux vivre ici, eh bien, j'en accepte les conséquences.

La torpeur de midi ne signifie pas forcément pour les Yanomami un déjeuner, car ils mangent lorsqu'ils ont faim ou surtout lorsqu'ils ont de quoi. Sous cette douce chaleur qui cerne le *shabono,* Samantha dans la poussière court derrière un *perriquito.* Les ailes bâtardes de l'animal déchaînent des rires chez ma petite fille, mais des rires tendres. Je m'assois sur une bûche disposée un peu plus loin. Une femme s'approche lentement. Je l'observe tournant autour de moi. Ses mains se tendent vers mon visage à le toucher. Elle en dessine le contour. Puis, tranquillement, elle cherche dans mes cheveux des poux, des parasites. La douceur de ses gestes, la beauté de son amitié offerte embuent mes yeux de larmes. Je suis bien. A l'opposé des voyageurs-explorateurs, je n'arrive pas en pays conquis. Je ne cherche pas à être le centre de l'attention des Indiens. Tout au contraire je veux me fondre jusqu'à en être oubliée. Je ne suis ni un voyeur ni un curieux. Je viens chez les Yanomami vivre. C'est-à-dire devenir moi-même. Par l'accumulation des gestes quotidiens qui leur sont familiers, je pénètre sans même l'analyser leur mode d'existence, sans leur poser de questions. Mes perceptions et mes sensations ne servent pas à une recherche ethnologique, à une vérité que l'homme blanc figera sur le Yanomami. Elles sont mes compagnes, riantes et douces, elles fabriquent ma vie. J'apprends à mieux vivre. C'est-à-dire à accepter. Samantha et moi sommes seules dans un monde si différent. Notre bateau est petit, il est fragile. Je tente de le préserver des grands vents et des fortes tempêtes. Il vogue. Il existe. Nous sommes seules, nous sommes bien. Parfois la tentation est forte de prendre une embarcation plus grande, d'embarquer du monde, mais nous sommes craintives. Nous avons si souvent failli chavirer par la maladresse de marins d'eau douce.

Je débarque les mains vides, offrant aux Yanomami ce que je

désire être. Une fumée tournant sous l'auréole du *shabono* vient me piquer les yeux, elle m'empêche de bien distinguer ce que je fais de mes mains en épluchant les *pijiouaos* et de distinguer les traits de la femme qui continue son labeur de me caresser les cheveux et le visage. Je ne sais si vraiment ces larmes sont uniquement dues à la fumée. La communauté Yanomami semble dormir. Mon regard suit le treillis régulier du toit de palme. Les vieillards ne bougent plus, les enfants se taisent. Tous semblent indifférents, ou plus exactement absorbés par quelque chose d'essentiel qui retiendrait toute leur attention et qui en même temps les ferait voyager bien loin de notre sol. Les femmes que j'observais dans la matinée arrogantes et comme défiantes à mon égard se sont radoucies. Les gestes s'appesantissent. L'Indien n'a pas véritablement la passion du travail. Une fois la nourriture assurée pour lui et les siens, il consacre son temps à l'observation, au repos, à la douceur de penser. Une autre occupation est primordiale chez le Yanomami, homme comme femme : l'éducation des enfants. Tous, du guerrier jusqu'à la cuisinière, du vieillard à l'adolescent, cherchent le contact de l'enfant. Un mystère plane au fond des yeux de tous les petits Yanomami et c'est cela que les adultes viennent y chercher. Avec l'enfant, ils créent la vie, ils renouvellent la raison d'être, ils prolongent la race fière des Yanomami. Cela me donne aussi envie de prendre ma petite fille dans mes bras et de la bercer. Tu te souviens, Samantha? Te bercer lorsque tout allait mal et que nous étions dans la froideur de l'Europe. Le rôle qu'occupent les pères dans cette éducation me bouleverse. C'est bien trop rare chez nous, bien trop suspect peut-être aussi. Tandis qu'ici, dans la forte chaleur de la forêt, le père trouve la place capitale qu'il doit avoir. J'aime la tendresse d'un père pour son enfant. J'aime qu'il ait de la tendresse pour mon enfant. Les petits Yanomami sont élevés collectivement et tous les hommes comme toutes les femmes se sentent responsables et donc s'intéressent à l'ensemble. Samantha est incluse dans ce groupe et de ce fait tous et toutes lui prêtent l'attention nécessaire à un épanouissement heureux.

Je ne veux pas changer ces hommes, ni leurs croyances. Pourtant la nation Yanomami n'est pas des plus rassurantes. Divisée en plusieurs groupes, hostiles les uns aux autres, des coutumes guerrières les rassemblent. Généralement à l'aube, les différents groupes s'attaquent, se tuent, pillent les provisions et volent les femmes. Je n'ai pas à porter de jugement. J'ai à faire taire la frayeur qui est en moi. Je leur demande beaucoup. Il faut que j'accepte en échange de payer. Chez les Indiens, rien n'est gratuit. Rien n'est laissé au hasard. Tout a une signification. C'est justement cela que je cherche. Je ne peux croire d'ailleurs qu'il existe quelque part une action humaine dépourvue de sens. Chez nous en Europe, dans les pays d'Occident, on a perdu la signification. Ici, je la reconnais à chaque pas, à chaque geste que fait le Yanomami. Je cherche et je trouve. C'est une satisfaction si rare au XXe siècle. Parmi eux, je me reconnais dans leurs joies, leurs rêves, leurs désirs et leurs hésitations, leurs problèmes et leurs angoisses. Tout devient prétexte et support à une communication. Au-delà de la différence de langage, au-delà de la différence physique, nous parvenons à nous comprendre. Par cette compréhension, une véritable communion s'installe. Nous nous écoutons attentivement. Ils adorent qu'on leur conte des histoires avec force gestes. Souvent lorsque le soir s'installe et que je décide d'aller au *shabono* Monseñor-Teri, au milieu de quelques familles, je mime des scènes de la vie quotidienne : une missionnaire qui débarque au *shabono,* un Indien qui s'est fait mal dans la forêt avec des épines. Je raconte, je parle, je mélange un peu toutes les langues. Mais en tout cas, leurs grands yeux trouent l'obscurité en me regardant. Je sens, par-delà la gratitude, l'amitié naissante. Et lorsque, après moi, un homme se lève pour faire un récit dans son dialecte, que je ne compends pas encore très bien, orné de descriptions venues de la nuit des temps, j'apprends à prendre au sérieux ce qu'il dit. J'apprends par-delà la naïveté de la fiction à comprendre ce qui se dévoile de l'origine de ce peuple. Le groupe se désagrège. Le même Indien avec qui je venais de passer ces instants de détente à mimer réciproquement des scènes part sans un mot, sans geste d'adieu, et cela aussi j'apprends à le comprendre.

Voyant s'éloigner cet homme, je pense à ce que j'ai entendu rapporter à Puerto Ayacucho de voyageurs, d'explorateurs qui sillonnaient en quinze jours une partie du Territoire fédéral et prétendaient le connaître comme leur poche. Il fallait les entendre : « l'enfer vert », cet univers amazonien « assourdissant et empoisonné », « cette tension et cette angoisse de la solitude constantes »... Et je regarde la douceur de ce début de nuit... Les pas nonchalants de l'Indien qui s'éloigne. Bien sûr, l'Amazonie, ce n'est pas un rêve rose pour petites filles modèles. C'est un espace de vie. Des gens y vivent depuis bien longtemps, s'y nourrissent, des gens y meurent. Ce territoire n'est pas un inconnu, ce n'est pas une tache blanche sur une carte. Les Indiens le connaissent, eux le sillonnent, eux savent reconnaître les différents fleuves, les différentes richesses, les différents arbres. Certes, pour nous c'est du dépaysement complet, mais n'exagérons pas notre peur, car ce n'est que la nôtre. Eux ne craignent rien. Ils sont grands, les Indiens de la forêt. Aucune trace dans leurs yeux de la peur du Blanc, tout au contraire. Parfaitement décidés, ils prouvent leur appartenance à une grande nation. On peut aussi s'étonner et même être choqué du mépris dans lequel ils tiennent tous les Blancs. Mais simplement un rapide examen de conscience nous permet de savoir ce que notre civilisation a imposé à toutes les tribus indiennes d'Amérique. La destruction n'a été souvent que notre seule réponse à notre peur et incompréhension. Alors, comment ne pas comprendre le rire des Yanomami devant l'attitude conquérante de quelques petits Blancs qui viennent du bout du monde pour se donner des sensations? Pour eux tous les Blancs sont des êtres inférieurs et menteurs. Le Yanomami n'a besoin d'aucune des nécessités du civilisé. Il est riche de sa seule forêt, de sa seule existence. De son seul corps nu. Je me prends à envier les hommes et les femmes de la forêt dans leur magnifique nudité. Même s'ils sont peu expansifs, ils ne laissent transparaître sur leur visage aucune marque de surprise ou d'attention. Je suis troublée, profondément troublée par le reflet physique de la vie intérieure des Indiens.

La nuit est totalement tombée. Les groupes se sont retirés dans des coins du *shabono*, le silence se fait. Mais lorsque le Yanomami ne parle pas, ce n'est pas tout à fait le silence. C'est quelque chose de plus. La fierté intime de chacun plane sur le *shabono*. Je me sens petite contrairement au monde d'où je viens où l'on enseigne à me sentir supérieur, grand, fort, où le puissant a toujours raison sur le faible. Je me sens petite. Incapable de planifier mon futur, à l'exemple de la forêt qui ne prémédite pas où tombent les semences de ses arbres, de ses plantes, et tous pousseront vers la lumière. Je ne sais pas ce que dans dix ans je ferai, je ne sais pas qui dans dix ans j'aimerai, je ne sais pas dans quels pays je serai, quelle rencontre aura été faite, quelle tribu, qu'elle soit indienne ou de l'autre bout de la terre, m'accueillera alors. Je n'en sais rien. Je ne peux le savoir. Je suis petite. Je n'ai pas à planifier car je suis dans la jungle et que la jungle est puissante. L'orage, la pluie et le vent décident bien plus vite que moi de ce que sera mon destin. Comme les Yanomami, j'apprends à me limiter à l'essentiel. Je suis dans le *shabono* Monseñor-Teri. J'y reviendrai souvent. Je m'y ferai des amis. Il tire son nom du fait que Mavaca est la première base où passent beaucoup de « personnalités » blanches qui veulent visiter la réalité de la forêt et qui s'arrêtent sur cette dernière piste d'atterrissage durant une demi-journée, pour les plus tenaces. La visite au *shabono* est alors quasi obligatoire. Les Indiens, dans leur profonde ironie, dans leur humour, ont nommé ce lieu du nom dont ces gens s'affublent entre eux : « si monsieur veut se donner la peine... ». Je suis au premier pas de la jungle et déjà je saisis qu'il me faut oublier mon héritage.

Parfois il n'y a presque personne dans le *shabono.* J'apprends que beaucoup sont partis à la recherche de nourriture dans la forêt. J'assiste alors à leur retour. Enrobés dans de grandes feuilles, nouées avec des lianes, pendant sur leur dos, solidement accrochées, ils rapportent différents fruits sylvestres : *pijiouao,* cacao, *wama,* papayes, bananes et bien d'autres aliments dont je ne connais pas le nom. Lors d'une de mes visites, des hommes me demandent violemment de sortir de l'enceinte. Ces guerriers tiennent des propos franchement menaçants à mon égard. Ils sont en colère car, paraît-il, j'aurais approché un vieillard au point de le mettre en rage. Ils éclatent de rire devant ma mine craintive. Leur changement d'humeur est immédiat. Je tente de m'habituer à ces blagues et à cet humour constant qui décontenance l'Occidentale que je reste et qui est l'expression même de la vie sociale des Yanomami. Mon éducation, lointaine mais tenace, m'a appris à être discrète lorsque j'arrive chez des inconnus, à ne pas gêner, à être polie, ne pas faire de peine. Que faire devant un homme en rage quand je sais que c'est un guerrier? Je pourrais bien sûr m'imposer comme le font les rares Blancs qui ont l'habitude de ces « primitifs »: crier plus fort qu'eux. Mais cela ne semble pas une bonne solution. Je ne suis pas autre chose qu'eux. Je n'ai pas à leur imposer mes réactions. Tout cela au nom de ma prétendue supériorité de race. J'aime mieux qu'ils se moquent effectivement de moi parce que je crains leur colère et que progressivement ils m'acceptent en tant que femme, non plus en étrangère, en Blanche. Ce peuple est prêt à m'aimer, mais il est prêt aussi à me détester franchement. Les Yanomami ne manifestent pas de désir particulier de ma présence parmi eux malgré une curiosité réciproque. Mais je ne souhaite à aucun prix un refus absolu de leur part. Je ne veux pas être le centre de leurs préoccupations. Je veux me fondre dans leur existence la plus banale. Qu'ils me prennent pour ce que je suis, un être humain! Comme je les prends pour ce qu'ils sont. Le choc de cette rencontre, de cette confrontation entre deux humanités est la sève de notre vie commune. Samantha, comme une ombre me suit. Je devine ses yeux immenses qui glissent discrètement sur la vie tourbillonnant autour de nous.

Je prête à des jeunes garçons, sur leur insistance, mon magnétophone qu'ils prétendent savoir manier, afin d'enregistrer les chants d'un vieillard qui soigne sa femme. Je compte par ce geste créer des liens d'amitié entre ces adolescents et moi. J'ai l'impression qu'ils comprennent ce que j'aime faire et les motifs de ma présence parmi eux. Peu après, le vieillard se précipite sur moi en hurlant. Il exige de l'argent. Afin d'éviter tout scandale, je lui donne en vitesse dix bolivars. Tentant de l'apaiser. Lui promettant sur sa demande une chemise pour sa femme et un cache-sexe de toile rouge, *guayuco*, pour lui-même. En contrepartie, je demande la permission de filmer les rites funéraires qui se préparent. C'est une cérémonie durant laquelle les cendres des morts mélangées à de la soupe de bananes sont consommées. En imagination, j'ai déjà dans la tête toutes les images somptueuses que je pourrais y obtenir. Mais en fait c'est un espoir fou. Les jeunes me préviennent que cela me sera interdit, que les hommes se mettront en colère et que la famille du mort refusera.

Je prends quelques photos d'un homme qui danse après avoir ingurgité du *yopo*. Cette drogue développe un monde que certains qualifient d'imaginaire. Ainsi le Yanomami vit constamment entouré d'esprits. Ceux-ci deviennent plus réels que la réalité elle-même. Les deux univers sont en parfaite osmose. Le quotidien n'est pas spectaculaire. Les photos à rendre ne surgissent pas comme cela. Ce ne sont pas des sujets fixes. Ce ne sont pas des conditions idéales de travail : le temps, la lumière sont toujours contre moi. Je dois attendre, observer, être disponible et surtout me trouver une contenance, une raison d'approcher telle ou telle personne, d'entamer une conversation avec elle. Trouver une raison à mes déplacements dans l'enceinte du *shabono*. Je dois faire face aux refus multiples des Yanomami, à leur hostilité bien souvent marquée. Je la comprends même si elle m'est pénible. Ils ont trop souvent été objets de curiosité gratuite, d'intérêts vénaux. Ils veulent défendre leur culture et leur intégrité. Je le comprends parfaitement. Finies les photos faciles. Que personne ne croie que l'on prend des photos aisément en reportage, comme des cygnes tranquilles sur un lac urbain. Chacune est à payer un bon prix, pas une aumône. L'inflation existe pour tous. C'est mon plaisir, mon métier de prendre des photos. Je n'ai pas à me servir des Indiens, à les utiliser en les volant. J'apprends dans leurs attitudes à comprendre leurs volontés sans qu'on ait besoin de me l'expliquer. Aujourd'hui, je suis un groupe de femmes en corvée d'eau. Sous la pression d'un danger que je ne perçois pas, elles me somment de faire demi-tour. J'obéis à leurs injonctions :

– *Casa*, retourne là-bas...

C'est déjà si bouleversant de penser que ce qu'elles nomment ma maison est en fait le *shabono*. Toutefois devant leur visage agressif, leur autorité bruyante, je ne peux m'empêcher d'être triste. Cette violence manifestée dans les rapports humains me laisse à la fois terrifiée et déconcertée, atterrée. Je suis un chien battu. Je tente que cela ne se lise pas sur mon visage. Je veux conserver mon attitude décontractée, tranquille, à la fois amicale et sereine. Souvent dans un hamac à l'intérieur du *shabono,* je laisse l'inactivité et le calme serpenter en moi, soudainement rompus par des cris qui s'élèvent du bord du fleuve. C'est une alerte au grand poisson, *tonina!* Six ou huit hommes surgissent de je ne sais où. Grands et jeunes ils se jettent dans le fleuve. Je cours avec eux. Ils tentent de cerner leur proie. Ils brandissent les arcs. Lancent des flèches. Mais le monstre disparaît. Retournant vers le village, j'aperçois des femmes qui vont chercher de l'eau potable dans un trou. C'est une source que seuls leurs yeux expérimentés reconnaissent et différencient des autres trous marécageux alentour. Sans faire exprès, des pièces de monnaie tintent dans ma poche. Cela attire leur attention et leur convoitise. Elles veulent l'argent immédiatement. Comment leur expliquer que dans le monde d'où je viens, l'argent est un moyen de compte, non pas un objet esthétique de cadeaux. Elles ne veulent pas comprendre. A court d'arguments, je leur propose d'échanger cette monnaie contre des photos, le lendemain, lorsque le soleil sera revenu. L'une d'entre elles, cessant de me bousculer, de me frapper, de harceler mes poches, explique aux autres :

– *Manichi, Manichi*... tout en couchant son visage sur ses mains jointes, fermant les yeux.

Puis elle pointe le doigt tendu vers l'est et l'élève jusqu'au zénith. Elle a saisi l'heure propice de la photo. Maniant un appareil imaginaire, elle mime l'échange de l'argent contre les clichés. Elle exprime alors le contentement des deux parties. Nous toutes, sommes arrêtées pour la regarder. Sa force de conviction est si pénétrante que nous repartons tendrement enlacées, apaisées.

Dans la poussière de l'après-midi, des enfants ont attrapé un lézard. Ils le font mourir en lui faisant ingurgiter du tabac. Ils jouent également avec des fourmis. Ils me disent, en riant, que les vieilles femmes adorent s'en nourrir. Un petit garçon, à la peau de pain d'épice, aux yeux en étincelles, tout nu, s'approche à vingt centimètres de Samantha. En un clin d'œil, il a pris soixante ans. Voûté, fripé, tremblotant, il déguste des fourmis invisibles. De la main, il tapote l'épaule de ma fille, l'invitant dans son jeu. Les voici tous les deux, vieilles femmes, crachotant les pattes. Ils écrasent sous leurs gencives dénudées les corps croustillants et savoureux des petites bêtes vivantes. Bien vite des adultes Yanomami s'approchent et font cercle. Comme la voûte d'un théâtre, le *shabono* retentit des rires et des applaudissements d'un public enthousiaste. Même la palme du toit vibre de joie devant la parodie de société que nous offrent les enfants. L'adaptation de Samantha est spontanée. Elle réussit à se faire accepter par ses rires et ses mimes.

Par la rumeur, j'apprends que le lendemain, cinq jeunes hommes Yanomami partiront en forêt, chasser dans la zone du Haut-Mavaca. Ce simple mot résonne pour tous. Synonyme d'extrême danger, ce territoire est frontière avec le périmètre ennemi. Blancs comme Indiens civilisés ne s'y risquent jamais. C'est le lieu de la guerre. Les cinq jeunes vont en reconnaissance militaire, la chasse servant de prétexte. Ils prouvent ainsi leur bravoure à leurs propres yeux, comme à ceux de la communauté. Ma décision est prise. J'irai. Même si aujourd'hui je ne peux accompagner les chasseurs. Je ferai tout pour participer à leurs émotions, être dynamique, vivre de l'intérieur l'actualité Yanomami, et m'y fondre. Etant donné le caractère Yanomami et, il faut bien le dire, le mien, les journées sont émaillées de disputes avec les Indiens. Cela nous vaut les plus touchantes réconciliations du monde. Ainsi un homme dans la force de l'âge me poursuit jusqu'à la *medicatura* en hurlant sa colère. La violence physique est imminente. Il menace de jeter mes « machines » dans le fleuve pour les briser. Je suis furieuse, en même temps je respecte sa colère. Toutefois, je dois parvenir à leur faire comprendre que ma volonté de prendre des photos et d'enregistrer leurs chants est une preuve supplémentaire de l'intérêt, de l'amour et du respect que je leur voue.

Un matin très tôt, alors que je vais quérir de l'eau, calebasse à la main, des lamentations, des pleurs me parviennent. Une grande tristesse suinte du *shabono*. Un petit enfant me confie :

– Un vieux est mort dans la nuit... On va le brûler maintenant.

Je laisse toutes mes affaires en plan. Réveille Samantha brusquement et l'entraîne direction le *shabono*. Au pas de course. L'entrée en est complètement barricadée. L'enfant désigne, silencieux, par où nous infiltrer. Il soulève un pan de palme. Nous pénétrons en rampant. Nous demeurons immobiles à l'endroit où nous débouchons. La cérémonie se déroule sous nos yeux, à cinq mètres. Les hamacs tressautent de cris de douleur. Quelques hommes s'affairent en cherchant de grandes bûches. Ils portent des braises sur leurs machettes, bâtissent un bûcher. Je regarde, éberluée. La vie et la mort véritables. Un homme totalement peint en noir surgit. Sa flèche pointée sur moi. Samantha crispe ses doigts dans ma cuisse, sous la menace fatale. Surtout ne pas donner l'impression d'avoir peur. Ne pas accrocher mon regard à la pointe effilée pourtant si tendue à quelques centimètres de nos corps. Je souris d'amitié. L'homme inspecte mon sac, m'interdit de prendre des photos. A l'instant où le hamac du mort est porté pour être jeté sur le bûcher, je brandis pourtant mes appareils et filme en tremblant au maximum. Imaginant chaque seconde que des éclairs, des hurlements de colère, des coups s'abattront sur moi. Plus le temps d'appréhender cette violence. Ou je suis touriste, ou je suis reporter. Mon choix est fait. Peu m'importent les conséquences. Je m'absorbe totalement. Du fond de moi-même remonte la détresse de la mort. Je tressaille sous sa brutalité poignante. Ses ressacs bruyants m'étranglent. Et je pleure le mort. Pétrifiée. La cérémonie s'achève brusquement. Je range au plus vite tout le matériel. J'ai profité des quelques instants durant lesquels l'attention entière des habitants du *shabono* était dirigée vers le bûcher. Même ceux restés à l'écart pour me surveiller fixaient alors de leurs yeux embués de tristesse la crémation à l'odeur accablante. Le mur des interdictions peut s'évanouir dans un détournement d'attention, une absorption. J'apprends mon métier. Sitôt après, un autre homme passe.

– Interdit les photos. *Quami* *, *Quami*... en montrant mon appareil. Les Yanomami entreraient en grande colère contre toi.

Il me force à sortir.

Je suis satisfaite. J'ai vu. J'ai vécu. J'ai perçu. Mais aussi, je suis émue, sarclée de la tristesse communicative de cette épreuve commune. Je me rallonge au fond du hamac, dans notre petite maison de béton. Peu importe l'inactivité du reste de la journée. Peu importent la chaleur, les moustiques. Peu importe la mauvaise nourriture. Plus rien ne me nuit. Le manque de projets concrets n'est plus un problème. Je viens de comprendre : je suis reporter. C'est-à-dire disponible, accueillante à tout ce qui advient, en attente. Vaincre sa peur, oser. J'aime. Je ne désire rien d'autre. A l'écoute des offrandes du hasard.

Six jours après le décès, les chasseurs rentrent de la forêt avec des fardeaux verts soigneusement enrobés de lianes. De la viande fumée. Entre-temps des femmes étaient parties dans la forêt chercher des bananes qui ont mûri. Deux femmes nues viennent s'asseoir sur le sol sous les hamacs de ceux qui viennent d'arriver. Elles éclatent en sanglots. De chaudes larmes roulent bruyamment. Elles reniflent, crachent, essuient la morve contre le coton rougeâtre où repose leur homme épuisé. Elles lui tendent des calebasses de nourriture chaude. Les enfants jouent, tout près, comme si de rien n'était. Le lendemain matin, vers sept heures, l'obscurité n'est pas levée. Tous sont réunis, accroupis, en larmes. Quelques hommes brandissent leurs flèches dans les airs. D'autres pilent les os du défunt avec des bâtons teints à l'*onotto*, dans un petit tronc creusé, orné de plumes blanches. Ils y versent de la soupe fumante de banane. Ils mélangent. Chacun plonge une petite calebasse, boit. Puis s'en retourne à son hamac. Recueilli. La veille, on m'avait prévenue que je ne pourrais prendre de photos. Le capitaine, c'est-à-dire le chef, refuse. Parmi les Yanomami, il a une réputation sanguinaire. Il a, il y a quelques années, brutalisé, bastonné un ethnologue allemand, le laissant en pleine jungle sans pirogue ni boussole, perdu, sans connaissance. Je suis ici, dans le *shabono*, ce matin, par amitié pour ces hommes. Je me sens concernée par la mort. Blanche ou Indienne, par-delà les différences, elle nous tient tous dans sa poigne. J'ai moi-même trop de peine dans mon cœur.

A la confluence de toutes les activités Yanomami, je m'y fonds. Ainsi lorsque j'en vois se diriger vers le fleuve se baigner, je me précipite et prends mon bain en leur compagnie. Qu'ils sentent l'amitié en fusion dans le cratère de mon cœur. S'habituer les uns aux autres, se créer un passé de connivence. L'eau terreuse nous réunit dans son lit. Le Yanomami s'enduit de boue jaune. Je l'imite. Nos deux corps luisent sous le soleil, qui arrondit nos formes. Mon savon ayant été depuis bien longtemps emporté par le courant, j'adopte le sien. Ses cheveux de charbon sont coiffés du plat de la main dans le sens de sa tonsure. Il se mouche dans les doigts, d'un grand geste qui entraîne la morve à un mètre de lui dans le fleuve. Sa bouche plonge entre ses deux chevilles. Il aspire l'eau. Je n'ai pas son agilité et dois m'immerger pour me rincer les dents. Ensemble, nous rions de ma maladresse. Lorsqu'un adulte masculin nous rejoint au bain, il détache soigneusement la ficelle qui tient son sexe relevé. Il le cache alors dans le creux de sa main. De même qu'une femme, détachant les ficelles qui ceignent son thorax nu, se voile les seins de ses bras croisés. Des oiseaux déchirent l'étoffe étroite de l'air au-dessus du fleuve :

– *Gente, Gente!* caquettent-ils.

Ce sont des oiseaux parleurs. Ils poussent ce cri à chaque fois qu'ils aperçoivent des gens. En refrain, nous reprenons ces gerbes sonores.

Ainsi je connais Caribe, un Indien Yanomami. Il parle un peu l'espagnol. Il me propose de l'accompagner lorsqu'il fait tomber des *pijiouao.* Le lendemain matin, à six heures trente, le jour n'est pas levé. Il me hèle depuis sa petite *curiara.* Je bondis hors du hamac. Il m'emmène de l'autre côté du fleuve. Le *conuco* nous accueille pour toute la matinée. Il ne faut pas imaginer un verger, un jardin potager, bien ordonné. Un amas inextricable de branchages, de gros troncs calcinés sont tombés pêle-mêle. Il faut marcher sur ceux-ci pour franchir plus facilement le fouillis végétal qui se dresse, qui pousse. Le *conuco* est un espace arraché par brûlis à la forêt vierge. Mais aucun moyen n'existe pour dégager le terrain. Caribe escalade le tronc d'un palmier grâce à un échafaudage mobile de bois qui le hisse peu à peu. Il évite ainsi les épines acérées qui hérissent le tronc. Il a glissé sa machette sous le fil de coton qui tient son sexe. Mes yeux discernent à peine ce qu'il fait en haut de l'arbre qui tangue dans le vent qui se lève. Je suis béate d'admiration. Il descend au bout d'une liane un gros régime de fruits, des glands orangés. De gros nuages gris s'installent dans le ciel, tout est à contre-jour. Il repique ensuite des plants de bananes. Puis s'enfonce dans la forêt à la recherche de *wamas.* Lorsqu'on l'ouvre, des noyaux enrobés de coton blanc sucré apparaissent. Quel délice! Il faut recracher la multitude des noyaux verts ensuite. Lorsque la matinée se termine, Caribe s'approche de moi :

– En plus des dix bolivars, du *guayuco* et du petit miroir comme nous l'avions dit, j'exige des peignes, des hameçons, tout ce que tu as dans ton sac.

Avant même que je manifeste quoi que ce soit, il est en furie. J'ai beau rajouter à ce qu'il demande, ce n'est jamais assez. Je reste calme.

– Tu es une menteuse, saloperie de Blanche...

Je suis seule au *conuco,* face à plusieurs. Leur langue m'est inconnue. Leurs forces physiques sont supérieures aux miennes. Sans compter que le moindre de leurs appels rameuterait autour de nous plusieurs autres guerriers. Je ne suis pas rassurée, mais cela n'est rien à côté de ma déception. J'avais conclu un marché dans l'amitié. Caribe ne le respecte pas. J'aurais tellement voulu éviter les malentendus. Alors qu'il me traite en « Blanche ». C'est-à-dire comme pas digne de respect, une personne à exploiter avant qu'elle ne l'exploite. Déception, rancœur, frayeur. L'après-midi de ce même jour, à la mission salésienne, Caribe débute une nouvelle et grande diatribe contre moi devant les sœurs et d'autres Indiens :

– La Blanche est une menteuse, une voleuse, une mesquine...

La violence, le dédain de son ton sont plus tranchants que la plus effilée des flèches. Sans même comprendre le sens de ses paroles, la force de sa voix me fait trembler. Je n'aime pas cette accusation publique. Je n'ai rien à me reprocher. Je tente d'expliquer aux sœurs. Elles me répondent :

– Ils sont comme cela vis-à-vis des Blancs. C'est leur façon de se comporter. Il faut vous habituer au caractère de l'Indien.

Tous les Indiens présents reprennent en chœur les arguments de Caribe et ils vocifèrent à leur tour, m'accusant de les tromper. Ensemble, ils quittent la mission, laissant des traînées de colère éclatante derrière eux. En hurlant.

Je suis de nouveau désemparée. Je pensais avoir créé une certaine chaleur dans mes rapports avec la communauté Yanomami. On me renvoie la haine. Ne pas perdre confiance, conserver le calme. Ne pas laisser l'anxiété me miner. M'aiment-ils? Parfois oui, parfois non. Comme ils aiment chez eux : à double tranchant. Haine et violence sont les sœurs de l'amour sur l'Orénoque sauvage. Selon leur humeur mobile, tantôt ils se font doux, tantôt ils me repoussent méchamment. Cependant je perçois les balbutiements d'une adoption réciproque. Accroupie à l'ombre, près de la *medicatura*, je ravale mes pleurs. Dans la position traditionnelle de l'Indien au repos, j'attends tout et rien. Je décide que le territoire autour de « notre maison » est mien. Là c'est moi qui commande et je ne laisserai personne venir m'y chercher querelle. Ne pas tout accepter. Dans la lourdeur tardive, je regarde passer les gens. C'est ainsi que mes yeux émerveillés peuvent contempler un jeune garçon sur un rocher, au coucher du soleil, bandant son arc et ses flèches. Cinq petites filles s'enlacent sur le dos d'une *curiara* renversée dans l'eau. Une vieille femme s'asperge le corps d'eau avec une marmite. Des jeunes garçons se peignent, se mettent de nouvelles boucles d'oreilles, au bord du fleuve, tout en regardant les plus jeunes pêcher. Deux petites filles sont assises sur une roche, elles laissent leur regard filer dans le courant. Je resplendis de ce que je vois. Ne me voyant plus revenir au *shabono*, une bande d'enfants vient jusqu'à nous. Ils apportent des objets de chez eux : morceaux de résine dure qui sert de bougie, du *shinani* *, fil de coton pour l'habillement. Ils me les échangent. Le contact est renoué. Nous faisons ensemble les gestes que j'ai tant de fois observés au *shabono*. Ils me tiennent dans leurs bras, serrée, carressée. Je m'abandonne, heureuse de cette affection retrouvée, directement destinée au cœur. J'épouse leur comportement. Leurs attentions attisent les braises de notre intimité.

C'est souvent le matin au réveil que je découvre les occupations qui retiendront ma journée. Ainsi, alors que je faisais une fois encore brûler notre *avena* *, je vois passer un groupe de femmes. Elles vont vers le débarcadère, portant de gros paniers de pêche. Je me précipite, laissant de nouveau tout en plan, et m'embarque avec elles dans leurs frêles pirogues. Nous traversons le fleuve. Une marche en forêt nous conduit à une lagune. Elle est envahie d'arbres morts, où les araignées courent. Dans l'odeur fade de la vase, la pêche s'organise. Je m'enfonce dans le sol spongieux jusqu'aux genoux. Mes pieds heurtent des éléments durs et tranchants que je ne peux distinguer tant l'eau est trouble. Des ondulations me frôlent. Des algues filandreuses me retiennent prisonnière. Je me retourne. Je suis seule. Mes amies ont disparu. Je cherche. Je reconnais une touffe de cheveux qui dépasse à peine de la surface. Entre les tentacules des racines d'un arbre effondré, je finis par remarquer le corps d'une autre, qui épouse parfaitement les mouvements du bois. A intervalles réguliers, parmi les roseaux, je vois apparaître et disparaître une jeune fille. Elle s'immerge totalement, en retenant sa respiration durant des moments interminables. Sous l'eau noire, elles cherchent leur nourriture. Certaines se mettent en rage contre moi soudainement, me lançant de l'eau, de la terre, des pierres, des bâtons. A la fin de la matinée, l'une d'entre elles s'approche, m'offrant trois poissons, genre anguille. Les autres paraissent attendries par ce geste, elles me font signe d'accepter. Plus tard, la première femme vient me réclamer de l'argent avec véhémence. Moi qui croyais que c'était un cadeau!

Je suis attentive aux allées et venues à l'intérieur du *shabono*. Dès que certains s'éloignent, je dois être prête à les suivre, peut-être pour plusieurs heures, les poches pleines de nourriture et de matériel. Sur le qui-vive. Alors que j'ai à m'occuper de Samantha, préparer nos repas, mener notre vie quotidienne. Souvent mes tentatives pour photographier ou m'approcher d'un groupe sont repoussées dans les cris et la férocité. Certains m'interdisent de retourner au *shabono.* Déconcertée, je découvre le caractère des gens de la forêt. Des « bons sauvages », des « Indiens pittoresques »? On est loin du compte. Je commence à comprendre, à connaître leur caractère belliqueux où le moindre incident est prétexte à querelle sanguinaire. Ce que j'expérimente sur moi, je le vois aussi éclater entre eux. Les créoles, les infirmiers, les religieux, tous craignent les colères des Yanomami qui n'épargnent personne. Même la sœur salésienne Nora prend son fusil chargé quand elle quitte la mission.

Un homme couturé de cicatrices depuis le sommet du crâne jusqu'aux épaules, souvenir de luttes guerrières, exige de l'argent, des ciseaux, contre un service qu'il m'a rendu. Il nous a rapporté de la forêt des *lluvias* *. Je les lui donne comme convenu. Mais il les dédaigne, les jetant à terre, demande davantage. La colère fait frémir ses blessures anciennes. Ses deux bras comme des troncs gigantesques dessinent au-dessus de ma tête des arcs dangereux. Il part. M'ordonne de regagner la *medicatura* et de n'en plus bouger. Pourtant je suis certaine qu'il désire ces objets demandés, qu'ils représentent pour lui une avancée, un statut aux yeux de la communauté. A la longue, les côtoyant quotidiennement, je sais qu'il réagit ainsi en un mélange de passion pour la colère, de goût théâtral pour la rage, de volonté d'impressionner, de laisser diffuser la force brutale qui l'habite. En fait, sa fierté originelle balaye d'un revers de mépris furieux l'ébauche fragile de son intérêt pour les possessions matérielles. Le progrès refusé rue dans ses yeux incandescents de courroux.

D'autres indices me permettent cette conclusion. Une matinée dans le *shabono,* une femme portant accroché à son sein dans une écharpe d'écorce d'arbre un enfant de trois ans, gras et rebondi, luisant de plaisir, m'interpelle :

– *Camisa, camisa* *...

Elle s'approche, totalement nue, insistante et autoritaire. Elle s'agrippe au col de ma chemise. Comme désespérée. Elle tire, se cramponne, se suspend. Les boutons vont craquer. Sa demande se fait lamentation. Je cède. Pourtant jamais je ne la verrai la porter. Il me semble que c'est plus par jeu, par défi de lutter pour obtenir

Samantha et son amie Yanomami deviennent inséparables. Redoublant d'attentions tendres, elles vivent la complicité sensuelle de l'amitié véritable.

Pleines d'audace, Samantha et moi ne nous laissons pas impressionner par les trottoirs inconnus de Caracas. Nous y installons des expositions ventes d'artisanat indigène.

Chacun se protège d
la chaleur accablante
L'attente du départ
est longue.
Les rythmes de la vie
indienne passent
avant les nécessités
d'un horaire fixe.

J'aime regarder
Samantha vivre, libr
et fière, dans
un monde à la mesu
de mes espoirs.

Le danger se masque derrière la beauté de l'écume.
Tourbillonnants et capricieux, les rapides bousculent notre frêle embarcation.
Nous remontons le fleuve à contre-courant.

Segundo, le Makiritare,
m'est d'emblée sympathique.
Il y a un mois, il a été piqué
par un serpent. Nous l'accompagnons
usqu'à la citadelle de palme de Curumoña.

Les Yanomami poussent le lourd bateau de bois.
Dans les branches imbriquées, sur le sol traître,
au milieu des ronces, à travers ce grillage
de verdure, ils avancent. Leur corps nu,
au premier regard insignifiant et fragile,
devient si fort, si beau.

Coincée par trois jeunes adolescents, fringants étalons,
Samantha exige que je vole à son secours.
Diplomate, je leur explique : « Non, ma fille n'est pas à marier. »

« Il n'y a plus rien de grave, Samantha.
Même si je meurs, tu seras heureuse, hein! Tu es grande dans la tête.
Je le sais. Tu connais la vie. Elle t'appartient. »

Samantha saute de racine en racine,
s'efforçant de ne pas se laisser engloutir
par le délire vert. Les charges
sont lourdes à ses épaules.

L'amour que Samantha porte aux animaux
est si vaste qu'elle tombe amoureuse d'un ocelot.
Compagnon de jeux et de câlins, il est plus vif
qu'une peluche.

Fatiguée, Samantha revient du *conuco.*
Seule l'espérance du régal des cannes à sucre
lui font accepter les deux heures
qui nous restent à parcourir jusqu'au *shabono.*

Après avoir re
une flèc
empoisonnée au cura
lors d'une attaq
des Shamata
des douleu
inhumaines broie
mon corp

Tous s'attendent
à ce que je meure.
Samantha prend
la première photo
de sa vie.

Les chamans donnent
au corps du malade
la position rituelle.
De leurs mains,
ils en arrachent
la douleur.

Il n'y a plus de différences. Nous sommes frères.
La même terre nous porte. La même jungle nous cerne.
Samantha vit heureuse, mon enfant des Yanomami...

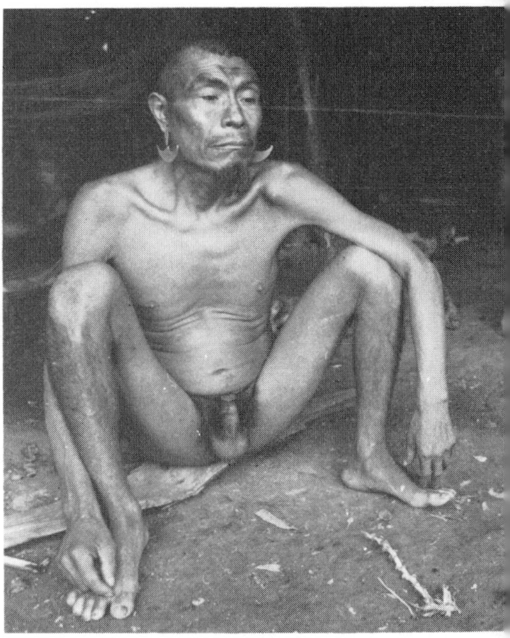

« Je demande s'il y a un sorcier.
Je me sens partir. Je supplie qu'on l'appelle.
C'est un vieux qui s'était
mis en colère une fois contre moi.
Depuis je n'ai jamais osé le regarder,
lui parler, l'approcher. »

Capitaine Naguigue, à qui je dois la vie.
Lors d'une séance de sorcellerie,
il a péniblement extrait de mon corps
le poison, se rendant lui-même malade.

Le *shabono* nous accueille dans sa sécurité circulaire.
Il n'était qu'un toit de palme,
il devient notre village, notre demeure.

Nous n'étions que voisines, elle devient ma grand-mère.

Tout Yanomami doit manifester la vertu essentielle
de sa tribu : le courage.
Ils s'appellent entre eux *Waïka,* c'est-à-dire « celui qui tue ».

A la prochaine lune, les hommes de la tribu iront dans la jungle
tendre une embuscade aux ennemis qui nous ont attaqués.
Ils vengeront ainsi nos blessés.

La peur d'une attaque ennemie est si grande
que les femmes effectuent les activités quotidiennes
en groupe et dans la précipitation.

L'exode du *wayamou* s'ébranle, famille par famille.
Au fur et à mesure que nous nous enfonçons, les femmes se dénudent.
Avec répugnance, elles rejettent les vêtements.

Il faut se peindre, dans la jungle. Charmer, par son élégance, l'âme des êtres animés ou inanimés. a beauté corporelle u Yanomami reflète sa grandeur intérieure.

« Le balancement des hamacs rythme les moissons bonheur et de joie. Nos deux corps nlacés se fondent. »

Pour la première fois de ma vie, j'accepte mon état de femme. Les Yanomami initient. J'appartiens aux valeurs de la jungle. J'aime ma vie d'Indienne.

Seule dans l'immens
de la respiration
verte de la forêt.
Ma petite fille a le pl
merveilleux livre
de géographie qui s

Samantha n'est pas
perdue au bout
du monde,
ni décontenancée.
Elle est à l'école
de la liberté, de l'écou
des autres, du respe
C'est cela que
j'ai choisi pour elle.

quelque chose que pour la chose elle-même que les Yanomami réclament sans cesse. Tellement rôdés à la lutte pour la survie, à la lutte pour la lutte, tout est matière à faire plier devant eux nature et humanité. Parfois, de retour à la *medicatura,* Samantha me demande :

– Maman, pourquoi ta chemise rouge est-elle restée dans le *shabono ?* Je l'ai vue, tu sais, c'est le hamac d'un chien.

D'autres fois, nous avons la surprise de retrouver un tee-shirt noir donné à un enfant enturbanné sur la tête du *capitan* * de Monseñor-Teri, ou bien des chemises transformées en pagnes, cachant juste le pubis d'une femme. Je ne peux m'empêcher de rire. Pourtant la déconvenue me rejoint le soir lorsque je suis seule dans le hamac, ma fille endormie depuis longtemps. Est-ce à moi personnellement qu'ils en veulent ? Comment vivre avec ces constances Yanomami : la querelle, la colère, la violence ? Dois-je me laisser rabrouer ainsi ? Lorsque j'en aurai les motifs, je veux pouvoir manifester ma volonté, mon existence parmi eux, par une sainte et forte colère.

Un jour, un avion en provenance de Puerto Ayacucho atterrit à Mavaca. En descendent, Pépé Jaime, du ministère de la santé, Carlos, l'un des fils d'Helena Valero, accompagnés d'un Américain en mission. Curieuse, dans leur sillage, je les suis au *shabono.* Visite rapide, durant laquelle leur Instamatic fonctionne sans interruption. Les Indiens ne bronchent pas. Je suis perplexe. Pourquoi, eux, ont-ils des droits que je n'ai pas ? Est-ce parce que je suis là tous les jours avec les Yanomami, aussi démunie, alors que les visiteurs ne passent ici qu'une demi-heure ? De plus je suis femme ; de plus je suis arrivée, pauvre, par le fleuve ; de plus je suis seule, sans équipe ; de plus je les aime. Enfin, je ne suis plus le centre d'intérêt de tout ce village. Je ne suis plus la seule à être différente. Les commentaires, les ricanements, l'attention et les moqueries se détournent de moi. Déja je fais partie, un peu, du paysage. Je me prends à regarder les nouveaux venus avec les yeux des Yanomami.

Samantha retrouve souvent ses petits amis Yanomami. Elle porte son petit phoque Joli-Cœur en bandoulière, confortablement installé. Elle l'échange, l'espace du jeu, contre les bananes vertes que les gamins Yanomami dorlotent comme des poupées. Tous partent baigner ce petit monde dans le fleuve. Ils regagnent un *shabono* imaginaire, portant en équilibre sur la tête une calebasse tout aussi imaginaire. Samantha, aidée d'un enfant Yanomami, transforme des feuilles vertes en hamac pour sa peluche. Mais il faut penser à défendre cette progéniture, le petit garçon lui construit un arc et des flèches. Ils cuisent sur un feu miniature des bananes de la taille d'un auriculaire, parfaitement immangeables. Après ce repas succinct, ils peignent, avec des airs farouches, Joli-Cœur, les bananes-poupées et même des chiens qui passent, de terribles couleurs guerrières. Je ne me mêle pas de leur jeu. Je regarde, l'émotion rivée à ma gorge. J'oublie tout. J'entends ma fille rire au milieu des peaux noires des Yanomami. Celle que l'univers m'a prêtée. Pour mon plus vaste bonheur. Ma fille, rosée de miel en moi. Avec toi, la vie perd ses couleurs sombres.

Chaque matin, le *bongo-école* vient prendre les enfants Yanomami. Samantha se fait un point d'honneur d'être prête à l'heure dite, et de se rendre à l'école avec ses nouveaux amis. En attendant le bateau, nous observons dans le *shabono* les mamans préparant les petits, mettant de fraîches plumes dans les oreilles, peignant de nouveaux dessins colorés sur la peau. Elles appellent Samantha pour la peindre, lui glissent deux plumes blanches immaculées et fines dans ses petits trous d'oreilles. Les leçons se déroulent en langue indienne. Samantha est contente de l'apprendre. Écrire au tableau, sur le cahier, chanter... A la cantine scolaire, on sert de la nourriture indigène, manioc ou riz. Elle déjeune avec ces enfants qui découvrent l'assiette individuelle, la fourchette et le gobelet. Les créoles de Mavaca s'insurgent parce que je la laisse ainsi partager le repas des Yanomami, par crainte des contagions.

Après les heures studieuses, la détente. Le bain réunit presque tous les enfants. Ils s'éclaboussent, nagent et plongent. Je les entends, ma fille comprise, gazouillant en Yanomami. L'intégration est complète : mariage réussi! Mais il faut penser au dîner. Chaque enfant pêche son propre repas. Aucune difficulté pour Samantha, à deux exceptions près. Elle ne veut pas toucher les vers avec ses doigts et se trouve un petit ami complaisant qui les accroche sur son hameçon. La seconde étant qu'elle a horreur du poisson et qu'elle m'offre royalement ses prises. Ce soir, à son retour de la *medicatura*, une joie comme elle en raffole l'attend. Dans un trou, elle découvre mon maillot de bain et deux de mes chaussettes perdus depuis quelques jours. Les voleurs sont des rats. Elle rit aux éclats devant le choix des rongueurs :

– Les habits de maman, et puis pas les miens. Ces bestioles, ils reconnaissent l'odeur...

Et de rire, de rire, dans la nuit lumineuse de la forêt. Ses jeux éclairent mes tristesses.

Dans l'enceinte du *shabono*, j'observe des hommes ingurgitant du *yopo*. Je m'approche. Le sol est gluant de vomissures. Bien vite des femmes m'entourent et m'entraînent. Je fais partie du groupe féminin. A ce titre, je dois rester éloignée de l'activité sacrée des hommes. Détourner mon regard de leur direction. Elles m'incluent dans leurs occupations de l'après-midi. Je n'ai pas le choix. Nous confectionnons des boucles d'oreilles à partir de petits bambous, de tiges, de plumes. Avachies l'une sur l'autre, je sens l'haleine chaude de mon amie. Elle explore les replis de peau, mon cou, ma nuque. A la recherche d'insectes, de piqûres, de soulagements à m'offrir. Je reproduis ces mêmes gestes sur une autre femme, blottie contre moi. Et la chaîne de la tendresse s'égrène ainsi parmi nous toutes. Une adolescente somptueuse, aux seins fiers gonflés de jeunesse, m'enlace. A la main, elle porte un pain d'*onotto*. Elle vient multiplier ma beauté, notre beauté. Par des peintures corporelles. Elle m'a choisie pour magnifier ensemble l'éclat de notre féminité. Sous le ramage constant des chants répétitifs masculins, après une expectoration longue et bruyante, elle crache dans ses mains. Le tabac, la bronchite chronique, produisent une abondance de salivation. Elle s'en frotte les mains. Me les passe sur le visage et le cou. Puis à l'aide de petits bâtonnets qu'elle aiguise sur ses dents, elle dessine sur ma peau. Je sens les ondulations du stylet, les arêtes des lignes brisées, glissantes sur sa bave. La résine coagule et resserre mon épiderme. Son application, sa force créatrice me laissent coite, docile. Comme une mariée que l'on apprête avant la cérémonie. Me voici sœur, femme Yanomami. Femme parmi les femmes. Je ne suis plus blanche de peau, tandis que son bâtonnet descend sur mon corps. L'*onotto* teint mon cœur en rouge. Celui-ci diffuse par pulsion dans mes veines une saine fraîcheur. La répétition de ce geste au fil des jours m'incorpore à leur vie. Cette reconnaissance charme mon âme. Les créoles de Mavaca ne goûtent absolument pas ces peintures. L'hygiène et l'écœurement ne sont pas seuls en cause. J'entends leur dégoût, leur désapprobation totale chaque fois que je quitte le *shabono* ainsi peinte.

Accompagnant Samantha à l'école de la mission, je reste à attendre à l'ombre d'un arbre, regardant le fleuve couler. Les mouvements des Yanomami qui passent. Mes pas, ensuite, me mènent souvent jusqu'à la maison de Francisco et Francisca, son épouse. L'homme est la plupart du temps parti. Des lianes, des pierres à affûter, de la palme pour restaurer les toits, occupent sa quête pour de longues heures. Les femmes vont au fleuve battre le linge. J'aborde le père de Francisco. Il est venu de San Carlos de Rio Negro à Mavaca, car ici pousse le sassafras, arbre nécessaire pour construire un *bongo*. Il est un de ces rares anciens créoles possédant encore l'art de creuser en un seul tronc un lourd bateau. Durant des mois, la vie de Mavaca sera rythmée ainsi par ses coups de hache tenaces. Je ne me lasse pas de le voir faire. Espérant être encore là lorsque le *bongo* sera inauguré et lancé sur le fleuve Orénoque.

Au retour des hommes, les tâches achevées, ils m'invitent, m'appelant de loin, tandis qu'une assiette est lavée et rincée pour moi. Francisca me désigne les larges marmites dissimulées dans la maison. Cela signifie, dans sa bouleversante générosité, à la fois : « Tu es chez toi ici, ma maison est tienne. » Et en même temps : « Partage notre repas. » Francisco se lève alors, il place une planche sur un bidon vide pour m'en faire un siège. Eux déjeunent accroupis comme toujours. Mon appétit est aiguisé par l'amitié et le cœur avec lesquels cette nourriture m'est offerte. Leur insistance, leur chaleur me laissent repue et heureuse. Nous parlons peu, mais passons le plus clair de notre temps à rire de bon cœur. Sans souci de là où je viens, de là où je vais, sans arrière-pensées ni inquiétudes. Ils m'accueillent. Je suis leur fille, Samantha leur petite-fille. Ils m'offrent pour couronner cette douceur exquise un verre de café, chaud, sucré... Je le déguste lentement en regardant quelques Yanomami profiter du feu qui s'éteint pour cuire à même la braise un maigre poisson et des bananes. Un assoupissement me gagne. Je me vois, voyageuse démunie, solitaire, assise sur un tabouret de fortune, accueillie et étrangère. Je regarde les enfants, les vieillards. Je rêve. Quand, à mon tour, j'aurai un foyer autour duquel joueront mes enfants, se réchaufferont mes anciens, j'y accueillerai dans la même amabilité fraternelle des vagabonds, voyageurs étrangers, personnes différentes de mon monde. Ils ressentiront alors ce qu'aujourd'hui j'éprouve. Je souhaite que ma famille nombreuse les enserre dans une gentillesse intelligente et discrète comme vous, Francisco et Francisca, avez su m'offrir.

Un beau jour, un nouvel infirmier débarque de son hors-bord. Il vient d'être muté. La *medicatura* est son domaine réservé. Je m'en rends compte à mes dépens. Il la ferme à clé. Il me demande de retirer toutes mes affaires et de ne plus habiter ici. Il veut « réorganiser » ce local. Il joue au chef. Il chamboule notre frêle réalité. Où mettre en sûreté tous nos bagages, nos réserves de nourriture, nos provisions de bois sec? Sans le secours d'une clé, d'un cadenas, tout sera dérobé. Les Yanomami de Mavaca sont réputés comme étant les plus voleurs de tout le Haut-Orénoque. Bien plus que les valeurs matérielles qui disparaîtraient, c'est le choix de ma vie, être ici, qui serait anéanti.

Je rassemble tout, dans nos hamacs, sous un abri provisoire. Consciente des deux heures quarante-cinq minutes qui me restent en films vierges super-huit, comptant et recomptant les quatre minables rouleaux vingt-quatre trente-six sur les quatre-vingt-dix du départ déjà utilisés, je tente de me prouver que mon programme avance, que je suis jeune et que la vie de la forêt est riche de promesse. Le soir vient sans que nous l'entendions; Samantha et moi, un peu plus démunies que la veille, nous nous apaisons, heureuses de savoir que le sommeil sera au rendez-vous. Comblées d'être vivantes.

Lors d'un passage de vieux missionnaires, je découvre sur la banquette de leur avion un livre publié par le célèbre photographe Napoléon Chagnon. J'obtiens de le garder. Des jours entiers, je contemple les photos terribles des bagarres Yanomami. Je dévore chaque détail. Les blessés, les corps-à-corps sanglants. Si un homme a pu s'enfoncer dans la forêt, seul parmi les Yanomami, c'est donc possible pour moi. Je rêve d'être le Chagnon d'aujourd'hui.

15.

Arc-en-ciel sur Mavaca

Les bonheurs de Mavaca sont rompus parfois, trop souvent, par les mesquineries de ma race. Elles m'atteignent avec d'autant plus de dureté. Dans la jungle, l'Église est la seule force de poids. Les Indiens et les rares créoles se trouvent de fait sous sa juridiction, les autorités militaires n'étant bien souvent que des relais à l'arbitraire religieux. Les sœurs de la mission salésienne restent, dans ce climat torride, d'une froideur extrême envers nous. M'ignorant, elles me privent d'une relation privilégiée entre elles et moi que je croyais possible. Leur connaissance du territoire m'attire. Mais je n'existe pas pour elles; mépris et indifférence sont leurs vertus ecclésiales. Par leur *motoriste*, Sisto, frère de Francisco, j'apprends qu'elles partent trois fois par semaine en « pénétration ». Elles ratissent les *shabonos* alentour. J'aimerais les accompagner, portées par notre amour supposé commun envers les Indiens. De jour en jour, elles me repoussent dans une foison d'excuses nouvelles. Les faux-fuyants ont un air de mensonge :

– Non je n'ai aucun plan de sortie, me dit, digne de confiance, sœur Nora vers midi.

Une demi-heure plus tard, je la vois passer sur son hors-bord, une casquette de base-ball à la visière de plexiglass rivée sur le crâne, cinq bidons d'essence rangés à l'arrière. Le voile au vent. Calée à son volant de compétition, elle attaque la brise dans une gerbe d'eau. Un sursaut de la sœur, digne d'un don Juan prétentieux : l'avant du bateau jaillit hors du fleuve. L'hélice s'emballe. Les remous qu'elle laisse font s'entrechoquer les pirogues amarrées. L'écho des grands arbres renvoie le vrombissement du moteur. Ainsi je peux la suivre : tel méandre, telle falaise, tel banc de sable. Je sais maintenant qu'elle va loin. Je n'ose le croire de la part d'une religieuse : elle a menti. D'être humain à être humain, elle aurait au moins pu m'expliquer :

– Je ne peux pas, ou je ne veux pas, vous emmener.

J'aurais accepté. Pourtant elle fait miroiter devant mes yeux crédules ce qu'elle a décidé de ne jamais me donner. Je ravale mon chagrin, délaissée. Dix-huit ans d'éducation religieuse s'écroulent.

Comme par enchantement, un matin, leur manière d'être à mon égard se métamorphose. Je ne suis plus une ombre. Elles me voient, me parlent, me disent bonjour. Quand nous nous croisons. Même, elles me sourient. Je n'ai pourtant pas changé de vêtements : même pantalon sombre, même chemise beige. Avant elles m'ignoraient, maintenant elles me remarquent... Qu'y a-t-il de différent? Enfin, l'une se décide, ambassadrice du groupe. Elle me prie de réaliser un reportage photo sur les activités de la mission. J'en suis contente, joyeuse d'être admise. Je peux alors m'approcher d'elles, éventuellement converser. Je sens soudainement que j'ai accès à leur géographie : déambuler autour de la mission, aborder les enfants dont elles s'occupent, respirer sur leur territoire. Il m'arrive même d'oser me reposer sur le banc à l'ombre d'un marronnier importé. Tranquillement, la brise de l'Orénoque me décoiffe. Me remonte à l'esprit la tâche que les sœurs m'ont confiée.

– Un patient va arriver se faire arracher une molaire. Attendez-le ici, Sonia. Les malades du dispensaire ne viennent que dans deux heures. Revenez, Sonia. Vers la fin de l'après-midi, il y aura le cours de couture. Soyez là, Sonia. Puis la leçon pour les filles où elles apprennent à enfiler des perles. Voyez-le aussi, Sonia. Demain, les élèves seront déguisées, ne manquez pas cela, Sonia. De même lorsque leurs pupilles chantent, récitent, lisent, comptent, prient, multiplient, sans oublier le jardin d'enfants...

Au débarcadère du *bongo-école,* sœur Marie-Isabelle, la directrice, partage l'espace d'un instant un éclat de rire avec moi. Surprise, par le père Juan qui fait irruption, en flagrant délit, elle s'excuse :

– Oh! Vous savez, père, les sœurs et moi avons décidé d'utiliser sa technique. Et c'est tout... Ses instruments de travail sont en bon état de fonctionnement. Ses piles sont neuves, les pellicules vierges intactes. C'est son métier...

D'un coup je me sens fondre. Je ne suis plus Sonia. Réduite à un objet utilitaire. Je croyais vivre une ébauche d'amitié avec ces visages souriants. Clair et net à leurs yeux : je suis embauchée, enrôlée. Le sourire de la directrice était une enveloppe d'hypocrisie. Je suis désorientée, interloquée.

Une fois le reportage achevé, les rouleaux impressionnés, leur attitude vire de bord. Elle perdent leur mielleux pour se faire harcelantes. A l'inverse de ce qui était convenu, elles me supplient et exigent que je leur remette sur-le-champ, en toute propriété, mon travail. A l'encontre de toute règle déontologique de mon métier. Il était convenu que je leur fasse parvenir un tirage papier de chaque cliché. Sur la pression tyrannique et menaçante, je cède, leur remets l'objet de leurs désirs. Je ne reverrai jamais le fruit de mon travail. Je sais, par ailleurs, que certaines photos ont été vendues sur un plan international. Elles m'ont volé.

Ce matin, Samantha et moi avons beau attendre. Le *bongo-école* ne passe pas. De petits enfants viennent nous trouver :

– Les sœurs avec tout le *shabono* sont parties à Lechosa pour une grande fête, chantée et dansée. C'est la célébration des palmes et des plumes blanches.

Pourquoi ne pas m'avoir prévenue? Alors que les sœurs savent très bien l'intérêt gigantesque que je porte à la vie traditionnelle Yanomami. J'aurais dévoré des yeux, bu de tout cœur la beauté magique de cet événement. Tous étaient au courant. Et je suis là sous la chaleur pesante du jour, exilée de mon propre rêve. Pourtant les salésiennes savent être prévenantes quand il s'agit de travailler pour elles. D'utiliser ma personne à leur avantage. Sans jamais collaborer à mes buts. Elles ne m'ont pas prévenue de façon délibérée. Mesquines, elles agissent à la sauvette. Le lendemain, les Yanomami de Monseñor-Teri me demandent :

– Pourquoi n'es-tu pas venue à la fête hier? Tu aurais bien aimé, Sonia. Nous avons beaucoup chanté, dansé et ri. Les petites sœurs ont pris des photos et même le père a fait du cinéma.

Les religieux, jaloux de leur exclusivité, tentent à tout prix de maintenir le monopole de leur relation avec les indigènes. Je suis renversée par cette absence de charité. Interdite, au nom de Dieu. On a cassé en moi quelque chose qui ne se répare pas. Une débâcle intérieure me déchire, le désarroi me submerge. La gorge grosse, comme un automate, je regagne le *shabono*, y laisser couler le temps. Y oublier le monde.

Durant cette même période, alors que déjà la désillusion a établi son camp en moi, un jeune garde national est déposé à Mavaca pour une journée. Visiblement afin de me prendre comme cible de son autorité tyrannique. Il restera une semaine. Tout au long de ces jours, à chaque occasion, il m'assaille, me pourchasse :

– Eh, Sonia, que fais-tu ici ? Pourquoi le gouverneur ? Que fait-il de tes photos ? Qu'est-ce qu'il te dit ? Et l'ambassade de France, pourquoi t'envoie-t-elle ici ? Tes papiers ? Ce n'est pas suffisant. Tu sais bien, l'autre... Celui que tu devrais avoir...

Ses questions sans fin n'ont ni queue ni tête. Plus émotionnelles que réfléchies. Il cherche essentiellement à me rendre la vie à Mavaca impossible. L'épée et le goupillon. Je me souviens d'une gravure ancienne, exposée au musée de Caracas, où est représentée une scène de débarquement des colons espagnols. Prêtres en tête, brandissant des crucifix, suivis de près par des soldats en armes. « Belle » union qui a décimé l'Amérique du Sud. Vingt tribus indiennes ont été exterminées sur le seul territoire vénézuélien. Traquée, je suis à bout. Son acharnement est de tous les instants. Un jour, j'accompagne une jeune femme brésilienne nouvellement arrivée, qui a peur des Yanomami, au *conuco*. Le garde national pénètre alors comme un ouragan dans tous les *ranchos* créoles. Il entreprend auprès des matrones une campagne d'intoxication contre moi. Il n'oublie certes pas de se faire offrir de la *yucuta*, de la soupe de viande, et pourquoi pas un café, denrée précieuse réservée aux bons amis. La bouche pleine, sa diatribe est d'autant plus percutante :

– Où est cette femme ?... Elle doit être encore avec ces Indiens. Elle gêne. Vous allez voir, je vais lui casser ses appareils photo, jeter ses films au fleuve. Je vais l'emporter avec moi, pour la faire expulser du pays. La Colombie, ce n'est pas loin, hein ? Expulser, je vais la faire expulser dans les vingt-quatre heures. N'importe où, mais qu'elle parte. *Conmadre*, vous savez, ses papiers sont faux.

Il tapote fraternellement l'épaule de la grosse épouse de Wapo :

– Et puis, ajoute-t-il, ces étrangers ils se croient tout permis dans le territoire, toujours avec des faux papiers.

En essuyant sa bouche graisseuse sur le revers de son treillis, il continue :

– Je veux gagner des étoiles, grimper des grades, grâce à l'exploit de renvoyer cette Européenne.

La rumeur circule. Je l'apprends bien vite. A mes dépens et à ceux de Samantha. Les enfants ne veulent plus jouer avec elle, les regards se détournent de nous. Je suis humiliée. En porte à faux, la gêne et la froideur s'installent. Des jours durant, je perds mes amis. Un soir tard, des bruits de bottes martèlent le hall de la *medicatura*. Un coup de poing fait voler la porte. Le garde national apparaît. Il m'interpelle dans la pénombre complète, en indien :

– Sonia, *hapo*, rapido, montre tes papiers...

Je suis en règle. Mais frontières, douanes, permis, passeports : objets d'un autre monde, comme indécents face aux réalités de la jungle. Pourtant je m'exécute, sors d'un plastique soigneusement plié, ficelé d'élastiques, les papiers. Il insiste. Ses pieds sont tordus vers l'intérieur, son pantalon d'uniforme est tendu à l'extrême. Son visage d'adolescent boutonneux luit de graisse et de bestialité. Son corps est à quarante centimètres du mien, il exige sans cesse des réponses à ses questions inlassables. Il jouit de son autorité, de sa supériorité militaro-machiste. Il m'écœure et sa sottise irrationnelle m'effraie. Pourtant je garde mon calme. De guerre lasse, je finis par demander à la radio un éclaircissement de la situation auprès des autorités de Puerto Ayacucho. Docile. Quelques jours plus tard, devant les créoles réunis comme chaque soir à l'heure du message radio, la réponse arrive :

– La lettre que le gouverneur a donnée à Sonia, certifiant qu'elle travaille pour lui comme responsable de son département de presse et d'information indigène dans le territoire d'Amazonie, est absolument suffisante. Le gouverneur est l'autorité suprême. Prendre note du nom de ceux qui l'ennuient...

Comme par enchantement le garde national disparaît de l'horizon de Mavaca et regagne sa base. Dans mon for intérieur, je souris à ces titres ronflants, vides de sens et fragiles, que l'on m'a attribués. Ils sont un maigre écran devant ma précarité. Avec reconnaissance, je retrouve dans le message de réponse la main douce d'Enrique.

Une équipe de prévention contre la malaria, femmes et enfants compris, est installée dans des préfabriqués contre la mission. Les tentatives de les approcher pour partir avec eux, dans leurs tournées d'inspection, s'avèrent fastidieuses et vaines. Ce n'est jamais le bon moment, pas cette fois-ci, le prochain voyage... On demandera au chef à son passage, dans un mois... Je m'accroupis au bord du fleuve, laissant traîner la main gauche dans l'eau ocre. Attendre. Oublier d'espérer.

Je tente d'être dynamique dans notre insertion. Parmi mes initiatives, je suis une bonne partie des activités quotidiennes des créoles. Ainsi tous les mardis soir, Samantha et moi les accompagnons à une séance de diapositives sur la vie de Jésus à la mission. Pour partager leur compagnie, je vais jusqu'à leur acheter notre repas, assiette de canard sauvage, œufs de *barenton, casave.* Pour ne plus être seule, jusqu'à l'extinction de l'électricité.

En revenant d'une pêche avec Samantha, en fin de soirée, quelle n'est pas notre surprise de voir, dans la petite *churuata* que l'O.M.A.I. a construite à huit mètres du *shabono,* de la lumière. Nous nous approchons. Cent à cent cinquante Yanomami entrent et sortent, véritable fourmilière humaine. Nous nous glissons. Une belle femme de trente ans, Carmen, anthropologue caraquénienne, règne sur cette effervescence. Calme, apaisée, tandis que les Yanomami touchent à tout, goûtent la nourriture, commentent à tue-tête, s'installent accroupis sur les coussins, mettent en marche son magnétophone qui diffuse du Bob Marley. Ils l'aident aussi à emménager. Chacun se propose. Tendre le hamac, allumer la lampe à kérosène. Carmen regarde avec intensité, silencieuse. Je deviens son amie. Nous avons le même âge, la même origine socio-culturelle. Et par-dessus tout : toutes deux amoureuses des Indiens. Sa marijuana est délicieuse. J'observe que nous avons deux manières différentes d'être avec les Indiens. Elle est tranquille, équilibrée, non impulsive, alors que je suis toute exubérance. Malheureusement, quinze jours après son arrivée, alors que le projet de son étude était programmé depuis plus de deux ans, planifié dans le budget, Carmen est rappelée par le ministère qui l'emploie, l'O.M.A.I. On lui retire définitivement son permis de séjour dans le Haut-Orénoque. Pourrissent toujours, dans la *churuata* abandonnée, son précieux équipement et sa bibliothèque...

Toutes les difficultés, problèmes, tensions, loin de me faire renoncer, renforcent mon désir, ma détermination de quitter Mavaca, de m'enfoncer dans la forêt vers d'autres *shabonos,* de plus en plus éloignés. Je suis au bord du précipice pour sauter, vivre mes besoins, mes désirs. Peu importent les barrières, les obstacles présents et oppressants. Si près de l'action, tout me devient indifférent. Violence de la résolution.

Coûte que coûte, je dois trouver une solution. Première tentative, aller avec le *bongo-école* qui longe le fleuve, de communauté en communauté. Afin de m'arrêter quelques heures, plusieurs jours, dans chacune d'elles. Les enfants, les adultes rient beaucoup en nous voyant. Tout est sujet de moquerie envers nous. Ils ont mille questions à nous poser, dont nous ne comprenons pas le quart. Samantha et moi regardons, étonnées, émerveillées. Nous laissons glisser en nous le lait de cette extraordinaire intensité. L'enrichissement me mûrit. Samantha ressent exactement les mêmes pulsations que moi. Inutile de se le dire. Nos mains enlacées lorsque nous débarquons dans un nouveau *shabono* sont éloquentes. Samantha est mon compagnon discret, attentif, tendre, saisissant tout à demi-mot. Espiègle, elle aide à fondre les couleurs vives qui se choquent de cette aquarelle en ébauche. Affronter et surmonter. Répondre à la curiosité des Yanomami que je sens déjà atteints par l'influence missionnaire. Leurs demandes le révèlent. Ils sont plus d'une cinquantaine, debout ou accroupis en cercle autour de nous. A s'esclaffer. A questionner :

– Pourquoi es-tu là? Pourquoi prends-tu toutes ces photos? Pourquoi ne pas rester avec les Blancs à Mavaca? Pourquoi restes-tu si longtemps avec nous alors que les autres photographes ne demeurent que quelques jours? Pourquoi tes tresses?

Le capitaine s'avance sur moi, la lippe mauvaise, l'œil sec :

– Pourquoi cette enfant est ici?

Il désigne d'un geste hautain la petite Samantha qui se recroqueville derrière moi.

– Ta femme, elle laisse son enfant, elle? Moi je l'emmène partout. C'est ma fille.

Je lui ai répondu sur le même ton, des éclairs dans les yeux pour celui qui toucherait ma fille. Nous nous sommes jaugés. Ils ont vu ma férocité poindre. Je gagne alors leur respect. Il me faut tout inventer dans ces rapports nouveaux. Je suis seule à devoir répondre. Tout converge sur moi, à moi de les satisfaire, de donner bonne impression, de les distraire, de détendre l'atmosphère lourde. A moi de m'aider. Je n'ai pas d'échappatoire, sinon moi-même. C'est ma vie. La vie que je cherchais. Je l'empoigne à cette minute même. C'est impressionnant.

L'arrivée à Dayari-Teri où j'accompagne les fonctionnaires de la malaria est mouvementée. De la berge élevée, les Indiens sautent dans le fleuve. Se hissent à bord de la pirogue déjà surchargée. L'eau affleure dangereusement. Les Yanomami ont vite repéré dans l'amas des bagages mes sacs. Ils fouillent. S'ébrouent comme de jeunes chiens mouillés. L'infirmier et le *motoriste* sont débordés, bousculés. Les rires Yanomami percutent la falaise d'arbres et de terre orange. Je sens les entrailles du fleuve gesticuler sous leur exubérance. Quatre fiers hommes se ruent sur moi, ils enserrent mes épaules, et mi-rieurs mi-courroucés, crient à mon visage, exaltant de bonheur : *Oji* *, *oji*. Je sais déjà que c'est le rite de l'accueil par lequel les

Yanomami reçoivent tout nouveau venu dans leur *shabono*. A peine franchie l'enceinte, un guerrier nu, peint du thorax au front d'un violet tranchant, bondit sur moi. Il m'agrippe de face, m'emprisonne de ses deux bras. Ses muscles de pierre roulent et m'écrasent. Torse contre torse. Il agite son bassin, son sexe, de façon vive, violente, infatigable. Mon nez baigne dans la sueur brûlante de son cou. Je tente de lui échapper. Il est trop fort. Je ne peux plus respirer tant ma poitrine est comprimée. Son bassin me heurte, me frappe. Mes essais sont vains. Tout le *shabono* se lève et assiste à la scène dans l'hilarité générale. Je garde le visage rieur pour qu'ils ne s'aperçoivent pas que je suis terrorisée. Pour maintenir l'événement au stade de la blague. Je cherche des yeux l'homme de la malaria. Il est petit de taille, fait mine de ne s'apercevoir de rien. Il se désagrège derrière une poutre du toit de palme. Je lui en veux. J'aurais espéré son aide. Il a peur. Sa faiblesse physique le paralyse. La force colossale des guerriers Yanomami fait frémir d'effroi ceux de son ethnie, les Baré. Mes tresses sursautent au rythme du déhanchement infernal. Je suis tordue. Son ventre, ventouse contre le mien, n'arrête pas de me creuser. Mon corps se ploie à sa vigueur orageuse. Je suis gênée et apeurée. Je suis pourtant habillée. Les minutes semblent interminables. Il va finir par me faire l'amour devant tout le monde. L'infirmier termine consciencieusement son tour de *shabono* en distribuant les pastilles. Il me fait alors signe de le suivre par la porte qu'il emprunte. J'aimerais bien! Le moteur tourne déjà et je suis encore prisonnière.

Entre Dayari-Teri et notre prochaine étape, Manaviche, nous dormons sur un banc de sable, à même le sol, protégés des averses tropicales continues d'un sac plastique. Pour rien au monde, en effet, ces fonctionnaires ne passeraient la nuit dans un *shabono*. Ce que pourtant je fais couramment. Manaviche, situé sur un petit affluent peu navigable de l'Orénoque, est un lieu reculé, où les Yanomami ont une réputation de pureté. D'autre part, c'est un symbole pour moi, puisque Jacques Lizot y demeure. Une multitude de jeunes hommes m'assaillent. Ni craintifs ni réservés, leur hardiesse oppressante me fait fête. Ils tâtent mes sacs en bandoulière, essayant de deviner ce qu'ils contiennent. S'en emparent et disparaissent à l'autre bout du village avec. D'autres comparent nos anatomies. Se saisissant de mes mains qu'ils étendent contre les leurs, les retournent, palpent nos articulations. S'étonnant de leur faiblesse, de la fragilité de la peau, de la minceur de mes ongles. J'éclate de rire. L'un a vu mes dents. Il m'attrape le menton, comme chez le dentiste, juste un peu plus ferme... Il écarte les gencives :

– Ho, Hooooooo! *Napegnouma* *! Ho, Hoooooo!

Et le voici parti en vastes commentaires à l'intention du *shabono* entier, attentif. A mon tour, j'ouvre sa bouche, imitant son ton exclamatif. Je suis sidérée. Ses dents ont bien un centimètre d'épaisseur, bien rectangulaires, comme des morceaux de sucre. Une dentition de cheval! Une paire de pinces et de tenailles réunies. Je comprends alors son étonnement devant mes incisives ridicules. Je ne peux m'arrêter de rire. Cela les gagne et conquiert peu à peu toute la tribu. En un clin d'œil, mes sacs sont ouverts, les objets répartis dans le village entier. Chaque pellicule, pile de flash, objectif, filtre. Ils déambulent, examinant les objets, se les montrant. Étudiant méticuleusement chaque détail. Comme par miracle, tout le matériel photo regagne le sac, mais les bibelots que je destinais aux échanges ne referont jamais surface. Même mes poches sont inspectées et vidées. Elles pendent lamentablement en oreille d'éléphant.

Cela fait un moment que je ne sens plus la présence de Samantha autour de moi. Je me retourne. Elle est coincée par trois jeunes adolescents, fringants étalons, dans un hamac. Ils sont entreprenants. Elle pleure, elle hurle, elle exige que je vole à son secours, elle se débat. Rien n'y fait. Gardant tant bien que mal mon calme et mon sourire, je tente de la tranquilliser et m'approche du groupe. Avec le plus de gentillesse dont je suis capable, je négocie la libération de ma fille. Diplomate, je leur explique :

– Non, ma fille Samantha n'est pas à marier. Dans ma tribu, il faut être beaucoup plus grande. Regarde, comme cette femme-là. Quand ma fille aura des seins de cette taille, tu pourras la choisir si elle le veut bien.

Bras dessus, bras dessous avec Samantha, je respire. Il est décidément plus ardu de rencontrer des Yanomami en chair et en os que d'arpenter les reliefs de leur culture accrochés aux murs du musée de Caracas, sous l'œil débonnaire d'un gardien en uniforme, catalogue à la main, avec comme seul engagement d'avoir acquitté le droit d'entrée, dans la stricte limite des heures d'ouverture.

Je décide de partir pour cinq jours et cinq nuits dans le dernier *shabono* desservi par le *bongo-école*. Samantha me prévient :

– Je ne t'accompagnerai pas. Je reste ici, dans le village, avec les créoles.

Dans un petit sac à dos rouge, je mets mon hamac, cinq pâtés et une bouteille de ketchup. Si une grand-mère m'offre une fourmi, je pourrai l'assaisonner. Je n'apporte ni cahier, ni crayon. Exprès. Je n'ose pas. Je ne veux pas qu'ils me prennent pour une anthropologue de plus. Je ne veux pas avoir l'air d'étudier ceux avec qui je désire vivre. Je refuse la tentation de me réfugier dans mes notes. D'emblée, je sens que dans les règles de vie Yanomami je ne dois pas me promener de toutes parts, dévisager chacun, interpeller ceux qui passent. D'instinct, je sais que c'est avec les femmes que je dois être, dans leur proximité sécurisante. Silencieuse et retranchée. Quand un homme s'approche, véhément et provocant, ainsi je cache ma timidité, mon affolement, ma joue sur l'épaule d'une femme. Comme un enfant recherchant la protection de sa mère. Et c'est alors à elle de répondre.

Les femmes me peignent. Avec elles, devant tous les hommes du *shabono* accroupis, je chante et danse à la tombée de la nuit. Se tenant par les épaules, mes nouvelles amies nues vont et viennent de dix pas dans la poussière. Je m'applique. Ma voix reprend en chœur avec elles le solo. Dès le premier soir, de par leur insistance, je suis membre actif de la communauté. La nuit tombe. Les dernières braises dessinent sur le corps nu des Indiens des vacillements qui répondent à ceux de la forêt. Des visages rougeoient puis s'effacent dans l'ombre. J'écoute la nuit. Des grondements, les mille appels du crapaud, les craquements d'insectes, les sifflements des oiseaux : la nuit s'infiltre dans le *shabono.* Comme des étoiles filantes à portée de main, les lucioles trouent de leur danse l'air compact. L'air frais et acide du noir disperse les odeurs des bananes cuites, de transpiration épaisse, de fumées humides. Sur ma main, sur ma peau, je me surprends à chercher des senteurs familières.

La paix du soir est déchirée par les avertissements brutaux d'un homme. Il tempête. Invective *Napegnouma.* Ainsi je sais qu'il parle de moi. On me traduit qu'il veut me violer, qu'il vient pour me faire l'amour. Deux jeunes hommes, voyant mon regard, se lèvent. Sans un mot. Ils décrochent mon hamac, l'installent au fond du toit, dans l'angle le plus fermé, et disposent les leurs en triangle devant. L'un d'eux pose sa main sur mon avant-bras tremblant.

– Celui qui crie est un violeur. Il a déjà fait beaucoup de mal aux femmes. S'il vient ici, il nous trouvera sur son chemin. Je lui prouverai qu'il ne me fait pas peur.

Ses traits sont durs, arrogants. Son regard fixe, droit. Je vois en lui le tempérament impulsif, insoumis du Yanomami. La base de ma sécurité est l'intégration. Elle comprend la création de liens d'amitié. Ma participation aux activités féminines. Rester à la place qui m'échoit. A l'écart, sans être en dehors de la vie communautaire. Ce n'est cependant pas un rempart infranchissable pour l'imprévisibilité Yanomami. Avant l'aube, je suis réveillée par des crachements et des toux à n'en plus finir, jusqu'à ce que le village s'anime.

– *Curata* *? me propose une femme alors qu'elle ranime le foyer. Les Yanomami se dispersent avant la pointe du jour. Le *shabono* se déserte, comme une île exilée dans la chaleur verte. Mes provisions s'épuisent. Je me nourris comme les Yanomami. J'avale le plus vite possible, fermant les yeux. Sans trop penser à ce qui grouille dans la feuille que l'on me tend. Un matin, je suis prise d'une terrible colique. Bruyante et odorante. Pas le temps de quitter le *shabono*. Cela provoque aussitôt des hurlements de réactions. Je dois, en face de spectateurs, commentaires, rires et moqueries, couvrir de terre mes excréments, mettre l'ensemble dans des épluchures de bananes vertes, sortir le tout de l'enceinte. Et cette porte me semble tellement loin... Je dois recommencer trois fois, jusqu'au lieu éloigné duquel je rapporte de la terre vierge. Je vois tous les Indiens m'imiter dans mes gestes ridicules. Ils miment avec perfection mon malaise, ma gêne. Dans l'euphorie générale.

Cinq jours, cinq nuits. Riches, intenses, complexes. Seule et entourée à la fois. Apparemment, il ne se passe rien d'extraordinaire. Pourtant c'est tellement extraordinaire que je n'arrive pas à y croire. Des bouillonnement d'émotion se bousculent dans ma gorge. J'ai envie de pleurer. Du trop plein de joie. Les instants sont tellement chargés de puissance que mon appareil photo en devient insignifiant.

De retour à Mavaca, les malveillances, rumeurs générales, « qu'en-dira-t-on », médisances, calomnies, poursuivent leurs cours. Mais qu'importe. Je retrouve Samantha. Et je garde de ces jours Yanomami un arc-en-ciel scintillant au fond de mon espoir.

16.

Sur les pas d'Alucive

Alucive, Yanomami que j'avais rencontré à Puerto Ayacucho, alors qu'il entreprenait de multiples démarches pour se faire octroyer habits, nourriture, argent, moteur pour pirogue, passe par Mavaca. Je me souviens de lui, en chemise et pantalon, possédant des sacs de riz, des hamacs, des vêtements, des ustensiles. Je le retrouve nu. Son arc sur l'épaule. De son contact avec la civilisation il ne garde que son prénom : Alucive. C'est mon seul ami Yanomami dont je connaisse le nom. Il me propose de l'accompagner avec Samantha jusqu'à son *shabono*, Curisipuei-Teri, et d'y vivre parmi sa famille. Ainsi je pourrai revoir son aînée, celle qui marche, petite bonne femme de trois ans qui dormait, enlacée dans mon hamac, à la maison indigène de Puerto Ayacucho. Elle me suivait, je l'entraînais. J'étais tellement heureuse d'aimer en vrai un enfant indien. Elle était devenue la petite sœur de Samantha. Nous étions bien toutes les trois, bien que les créoles désapprouvassent ce geste. Ils prétendaient qu'adopter un enfant indien est mal.

Je préviens Alucive. Nous n'acceptons que s'il s'engage à nous défendre, à bien nous garder, à empêcher qu'on nous vole, à nous aider dans notre recherche de nourriture. Nous protéger. Ce sont nos conditions. Il est d'accord. Mais vif et malicieux, il me demande déjà de l'argent pour acheter de l'essence, à un prix exorbitant. Je refuse. Aucune importance, il nous accepte malgré tout. Nous partons, tôt le matin, car le voyage sera long. En direction des sources de l'Orénoque. L'appréhension se mêle à l'excitation. Je vais au-delà de moi-même, à ma rencontre. Après des heures monotones et mouillées, nous croisons une *curiara* de femmes. Tous s'arrêtent. Nous nous enfonçons à pied dans la forêt. Alucive abat un immense arbre. Les femmes courent sur le tronc et sur la ramure, en équilibre, pour cueillir des *wamas.* Ma maladresse, une fois encore, provoque des sourires. Mais pas de ces moqueries si tonitruantes. Je suis arrivée avec un Indien Yanomami. Tous alors me respectent. J'en suis convaincue lorsque nous débarquons devant le *shabono.* L'accueil est pure gentillesse. Nos sacs sont portés pour gravir la berge escarpée. Personne n'assaille, n'importune. Aucune sollicitation. On m'offre des bananes, que je jette à cuire dans les cendres. Samantha dévore sa boîte de thon, sans que quiconque en quémande. Après son repas, elle part jouer avec les enfants. Ils profitent des dernières lueurs du crépuscule, jouant à la guerre avec des pointes de flèche. Mais dès la chute du jour, ils ont l'interdiction de jouer bruyamment et sont violemment renvoyés vers le foyer de leurs mères. On craint les esprits nocturnes maléfiques qui rôdent.

Quel n'est pas mon étonnement de voir que les possessions personnelles d'Alucive, hormis son moteur, se réduisent à un simple hamac de fibre, quelques calebasses et une hache. Qu'a-t-il donc fait de tout ce qu'il avait accumulé à Puerto Ayacucho? Je le lui demande.

– J'en ai vendu et surtout donné. Maintenant mes frères indiens me doivent tous quelque chose. Quand ils reviendront de la chasse, du *conuco,* ils s'en souviendront. L'Indien qui donne est plus riche que celui qui possède. Tous me doivent reconnaissance.

La journée est lourde, sans surprise. Dans le hamac, je me repose intensément, ce qui me donne un air occupé. A l'indienne.

Pour la première fois de ma vie, j'accepte mon état de femme. Je suis les Indiennes pour qu'elles m'initient. L'apprentissage s'effectue sans que cela soit dit. Ce n'est pas aisé. L'effort d'observation est intense. Nous sommes quelques-unes à nous esquiver. La forêt est encore sombre, la marche lente. Comme les autres femmes, mon front est ceint d'une large écorce d'arbre qui soutient le *shoto* * vide. La densité végétale qui m'oppresse est d'uniformité sans nuances à mes yeux. Les femmes, elles, comprennent et interprètent chaque détail. Comme le mineur reconnaît sa galerie entre toutes. La moiteur étouffante, à chacune de mes inspirations, colle à mes lèvres, soude à ma gorge les feuilles, les plantes, les arbres gorgés d'eau. Les femmes Yanomami scrutent les fourrés, la cime des arbres, les mille bruits. Tout est pour elles une indication : le sol, les fibres végétales, les mousses, les pierres, l'eau, la hauteur des arbres; la place du soleil leur parle. La nourriture à venir, la cueillette à faire, la promesse d'une collecte fructueuse d'insectes. Je reste désespérément sourde et aveugle. J'ai déjà tant de mal à les suivre, d'arbre en arbre où elles filent dans la légèreté du papillon. Équilibre étonnant et puissance contenue dans les pieds de ces femmes qui m'arrivent à la poitrine. Les orteils s'agrippent là où mes bottes glissent irrémédiablement. Mon infériorité ridicule m'envahit, source d'humiliation. Je prends conscience de mon manque de civilisation, de mon « primitivisme » dans la forêt. Évolution à l'envers, c'est mon monde qui a régressé. Je me sens à mes premiers pas. Nourrisson balourd qui fait rire de sa gaucherie. Nourrisson dans un corps d'adulte. Je ne suis bonne à rien, ici. Ma médiocrité interdit une confiance en moi. Je suis réduite. Accepter cet état, en sortir. Je découvre avec angoisse et éblouissement une tout autre lucidité. Les hommes et les femmes de la forêt sont les vrais, les seuls explorateurs. Eux ne croisent pas les bras sur un torse bombé, les deux pieds plantés net en terre. Élégant, l'Indien évite et surpasse les dangers, navigue et marche sans bruit. Patient, dans le secret de son calme, il bâtit entre lui-même et l'univers végétal un pont. Il est charnière des deux mondes.

Soudain, une femme s'arrête, brandit une perche qu'elle vient de ramasser. A un mètre au-dessus de sa tête, elle frappe une fourmilière, grosse masse noire de terre. Lorsqu'elle tombe au sol, la femme fixe le plus vite possible cet ovale sur le pieu planté. Une autre dispose en gouttière et en entonnoir les feuilles les plus grandes trouvées, autour du bâton. Les fourmis, en flots, tentent de s'échapper et s'entassent sans pitié dans un panier de feuilles. Accroupie, j'observe, bonne élève prête à participer, et régalée que je suis par les cris de joie et les rires pointus. La marche reprend, silencieuse, recueillie. Les femmes Yanomami s'émerveillent de tout, jeunesse des êtres libres. La forêt est nouvelle à leurs yeux sans cesse neufs. Entre elles, elles se montrent les détails qui attirent leur attention tendue. Jamais la crainte des guetteurs ennemis n'est absente. Le moindre craquement les laisse livides dans l'obscurité de la forêt. La pointe d'une flèche ajustée peut jaillir derrière ce tronc, entre ces feuillages. Une branche qui se balance sans raison, le cri étrange d'un oiseau... Soucieuses de ne laisser aucune trace de notre passage, elles ne cassent pas de branches, ne laissent rien traîner, nulle empreinte. Elles ont la violence contenue d'une vie qui ne pardonne pas la moindre inattention.

Sur la route du retour, une femme s'arrête devant un marécage. S'y immergeant, elle plonge le bras sous les racines torturées d'un palmier. Elle en retire un magnifique crabe, la bouche cousue malgré les morsures des pinces. Soudain, devant nous, se dresse le *shabono.* Seule l'odeur m'avait indiqué sa proximité. Maintenant le voici face à moi. Rassurant, alors qu'hier il ne semblait être qu'un tas de palmes. Il est mon protecteur, mon havre et mon repos. Rentrer à la maison, mon foyer parfumé d'épices, savoureux de sécurité. La pénombre se troue, le *shabono* est là. Il invite le soleil et son écrasante violence. Je me glisse dans un hamac, furtivement. Un à un le village se peuple. Nul ne salue. Je retiens mon désir d'aller au-devant de mes amis sans nom. Mon rôle de femme l'exige. Samantha apparaît. Elle est au milieu d'une bande d'enfants de son âge, sous les ordres du plus fort du groupe. Elle s'éclipse pour me rejoindre.

– Je t'embrasse vite, ma maman, il faut que j'y retourne. On a tué un oiseau blanc. C'est le grand, avec sa boucle d'oreille bleue, qui l'a fléché. Je veux voir...

Elle détale en courant. Mais elle ne tarde pas à revenir, elle pleure. Une fourmi « 24 » vient de la piquer. La douleur dure vingt-quatre heures. Je n'arrive pas à l'apaiser. Elle hurle. On nous appelle de l'autre côté du *shabono.* Un homme peint prend sa main. Je reconnais la détermination du chaman. Il crache une salive verte sur la plaie. Applique des cendres, fait brûler une plume noire avec laquelle il balaie la peau de Samantha. Une allumette craquée est écrasée sur la piqûre. Il souffle, aspire, rituel bruyant. Comme pansement, il dépose des morceaux de bois mastiqués recouverts d'une feuille de tabac, liés par une liane. Les grands yeux bleus de Samantha, écarquillés, ne le quittent pas. Sa peinture violet et noir, ses plumes jaunes et rouges, ses cris, les expressions de son visage.

– Il est gentil, ce docteur, hein maman!

Elle n'a plus mal. Et retourne jouer, fière de ce nouveau bandage.

Le lendemain, sous une pluie martelante, Samantha et moi suivons quatre femmes. Ma petite fille s'enlise, tombe et retombe. Des lianes lui font des croche-pieds. Une multitude de petits rios entravent notre marche. Samantha doit descendre dans le lit, tandis que les femmes les franchissent d'un bond. Le sol se dérobe, boueux, glissant. Il fuit sous nos bottes. Nous n'en sommes plus à contempler les beautés de la forêt amazonienne. Nous endurons notre peine. J'aime ce chemin sans retour. Ma vie est dans le pas suivant. Devant. A portée de pied. A portée de main. Le sol fangeux a englouti mon itinéraire. Je m'approche au plus près du feu déchirant de l'essentiel, ce qui me fait être et en même temps me dévore.

Les Yanomami s'arrêtent. Samantha et moi buvons l'air du repos. Mais elles cassent un vieux tronc vermoulu, infatigables. Elles récoltent des vers blancs, larves graisseuses et gigotantes. L'ambiance est à la frénésie. Je reconnais la nourriture qu'on m'a offerte hier. Je m'en rappelle le goût, mais ne peux déterminer si c'est bon ou mauvais. Elles collectent aussi du cacao sauvage, et une fleur jaune qui sera cuite ensuite à l'eau. Beaucoup d'efforts, des heures de marche, pour peu de nourriture aujourd'hui. Les *shotos* sont encore quasiment vides. Vers cinq heures de l'après-midi, des femmes, en désespoir de cause, se précipitent à la chasse aux crapauds. C'est une course effrénée. Elles courent dans l'eau jusqu'aux genoux. La vase est un piège. Nous galopons pour les suivre, trempées et maladroites. Elles sont bredouilles. Retour dans la nuit, à la *canalete*. Le courant nous porte. Mais on ne peut rester inactives; ni ne rien ou si peu rapporter au village. Alors nous ramassons de gros insectes volants tombés à l'eau. Et qui se débattent à la surface. Par les commentaires, je comprends que c'est un mets excellent, digne d'être dévoré sur place. Je ne suis pas encore bien assurée lorsque leurs yeux en discernent à proximité de ma main et que tous me disent :

– *Napegnouma*, prends, prends. Donne-le-moi...

L'animal bat des ailes dans ma main, ce contact m'effarouche. A la tombée de la nuit, le *shabono* s'endort sous les larmes et les lamentations des femmes. Que se passe-t-il?

Au réveil, la pluie est si drue, le ciel en touche les palmes du toit. La famille d'Alucive et nous devions partir à la chasse. Nous aurions boucané pendant que les hommes traqueraient le gibier. Pourtant chaque hamac du *shabono* est occupé, personne ne sort, les femmes, parmi les piaillements des nourissons entre deux tétées, dénudent de leur écorce des lianes et, d'un coup de dents, les divisent en quatre. Elles les tissent ensuite en paniers. Les jeunes hommes affûtent les pointes en bambou de leurs flèches avec des feuilles rêches comme du papier de verre. Un guerrier Yanomami affine une perche, cela deviendra un arc. Un couple voisin bavarde, le ton monte, s'envenime. La parole est hachée. La femme me rejoint, s'assoit souriante à mes côtés. Elle suce sur mon bras les piqûres de moustiques du jour. Lorsqu'elle retourne à son foyer, l'homme ramasse une bûche, la brandit, l'abat violemment sur le crâne de son épouse. Je frémis sous son hurlement de douleur; glacée, j'entends se répercuter ses plaintes dans les nuages qui roulent si bas, alors que des bourrasques de pluie s'engouffrent sous l'auvent sombre. Pourvu que ce ne soit pas ensuite mon tour... Parfois, aussi, de terribles disputes se lèvent entre pères et enfants. Dans une rage aveugle, les hommes lancent sur leurs fils tout ce qui se trouve à portée de main : bananes vertes, tisons du feu qui se consume sous leur hamac, marmites d'aluminium. Ils ratent rarement leur cible. L'enfant reste marqué pour plusieurs heures, cherchant refuge dans un isolement bref. Où se cacher dans une bâtisse circulaire quand un père en furie vous poursuit. Tournant la tête de l'autre côté, j'aperçois la femme d'Alucive qui allaite d'un sein son dernier-né, et de l'autre un chiot. Mon attention est attirée alors par un singe, propriété collective du village, qui se balance sans fin dans l'armature du toit. Lui aussi attend le terme de cette averse diluvienne.

L'air est brusquement troué d'un ronflement de hors-bord. Trois hommes blancs et civilisés à souhait débarquent. Quel n'est pas leur étonnement de me « découvrir » partageant un hamac avec une femme qui doucement m'épouille, au milieu d'autres accroupies, dans une intimité complice d'amitié et de tendresse. Ils sont de langue française. Trois Suisses. Richissimes ingénieurs de Caracas qui s'offrent à prix d'or une équipée. Une journée, aller et retour en avion privé, pour l'expérience de « voir les derniers vrais sauvages ».

– Nous sommes venus à plusieurs et armés, car nous ne sommes pas rassurés avec tout ce que l'on raconte sur ces fameux Yanomami.

Leur tête lorsqu'ils aperçoivent débouler Samantha, en *guayuco*, par une porte annexe, suivant une ribambelle de gamins avec arcs et flèches, chiens et cris, perroquets et rires! Elle vient se blottir dans mes bras, les regarde. Le plus naturellement du monde. Ce sont eux alors qui paraissent incongrus, hors de l'univers réel. Ils sont sidérés. Mais n'en oublient pas cependant de se prendre mutuellement en photo près « des sauvages », tandis que le troisième se tient sur la défensive prêt à défendre ses amis. Ils distribuent des bonbons. Un à chacun. Et s'affolent vite lorsqu'un Yanomami en réclame plusieurs.

– Que pouvons-nous faire pour vous? me demandent-ils à l'unisson, les yeux exorbités et fixes.

Pantois. Ils s'attendaient visiblement à ce que je leur saute au cou dès leur arrivée au *shabono*, les suppliant de me délivrer. Pauvres tarzans déprimés! Les questions se bousculent : une femme seule avec son enfant, l'accablement d'être si loin de tout, la peur, la nourriture, la compagnie saine de gens cultivés comme eux, l'aide... Leur bouche s'agrandit, l'ébahissement les rend muets, les trois

Suisses se taisent. En plus, ils ont mauvaise conscience de partir sans nous. Ils me laissent alors chacun leur carte de visite, ultime geste d'aide qu'ils imaginent. Ils se retournent sans cesse tandis qu'ils regagnent la rive, leurs yeux ne peuvent se détacher de Samantha et de moi. Comme sur le quai d'une gare. Dans cinq heures ils seront à Caracas l'ultramoderne, l'avion les attend. Mais ils regardent en arrière, cette femme, cet enfant... Je ris. Les Indiens aussi. Nous, nous n'avons pas de problèmes. Nous sommes en harmonie. Heureux.

– Les Blancs ont peur. Ça se voit. Alors nous leur faisons peur, encore plus. Toi, tu es comme nous, alors tu restes. Eux ne peuvent pas. Ils ont peur. Toi, oui...

Mi en espagnol, mi en yanomami, je reçois d'Alucive le plus beau des présents. Les trois Suisses ne sont restés qu'un quart d'heure. Un tour de *shabono* et vite s'enfuir. En effet, ils ne peuvent demeurer davantage dans ce qui n'est pour eux qu'une carte postale, vue de loin. Rester plus longtemps, c'est perdre contenance, c'est recevoir en pleine face la brutalité de la différence. C'est se mettre en question devant l'étonnante réalité indienne. Ils préfèrent se rincer l'œil sans pudeur, quelques instants, comme des voyeurs. Ils inclinent au folklore, plutôt qu'à la vérité indienne. Leur curiosité malsaine ne tient pas devant l'insolence du bien-être Yanomami. J'ai honte de l'attitude de ces touristes qui croient leur civilisation meilleure, la plus achevée, qui traitent les Indiens comme des enfants mineurs. Les Blancs me sont devenus étrangers. Le monde extérieur à la forêt ne me poursuit pas. Je ne veux pas effleurer la vie Yanomami. J'ai tout ici : passé et avenir, rythme de vie, famille et amis. Le reste m'apparaît comme extérieur à ma propre vie. Folie, ont-ils dit, que de venir ici, parmi les Yanomami, avec ma petite fille. Folie? Et si cette folie s'appelait grande sagesse aux yeux de la forêt.

Tard dans la nuit, alors que Samantha et moi dormons fermement, une main s'agrippe à notre hamac, une forme se blottit. Avec violence, la toile est secouée. La frayeur nous coupe le souffle. Nous nous pinçons. Moites. Nos yeux s'écarquillent dans l'obscurité totale. Nous distinguons la respiration haletante, saccadée, d'une femme à cinquante centimètres de nos visages. Elle court se réfugier à l'autre bout de notre hamac, se suspendant aux cordes. Un homme se précipite. Attrape ses mains, essaie à toutes forces de la détacher. Notre lit de toile est entraîné dans une tornade, ébranlé, cahoté. Le silence règne. Je reconnais Alucive et son épouse. Ils courent, se poursuivent et à chaque fois, elle se cramponne au hamac. Il faudrait en descendre, mais où aller? J'aime l'impression de sécurité que nous procure la moustiquaire fermée. Une chambre, rien que pour nous, bouclée, à l'abri des suprises. Et voici que notre petite maison fragile est secouée par la tempête de la violence. Selon toute vraisemblance, Alucive veut faire l'amour à sa femme, et elle n'en a aucune envie. Elle se cache derrière notre hamac, seule protection qu'elle peut trouver dans tout le *shabono*. La rage d'Alucive s'enfle, délaissant sa compagne, il jette tous les biens de leur foyer vers le centre du village : marmite, lianes, peintures, paniers, bananes... C'est signe qu'il est prêt à tout. Sa femme le ressent sans doute. Elle se laisse décrocher. Samantha se hisse, juste ses yeux affleurent le bord de toile. Elle commente :

– Il l'a jetée sur le hamac, il se met à genoux sur elle. Ça y est, maman, ils font l'amour...

La femme se débat, se tend d'efforts. Mais la nuit est hachée des claques qu'Alucive lui donne. Elle pleure maintenant, de sa volonté brisée. Longtemps après, elle se lève pour remettre en place les affaires, les maigres possessions du foyer, et les raccrocher dans la nuit discrète. Je comprends qu'elle est certainement dans une période féconde et qu'elle aurait désiré éviter qu'un quatrième nourrisson ne s'accroche à ses flancs.

De grands bruits heureux, des bavardages légers, des rires, réveillent le *shabono* allègre. Il est six heures du matin, déjà de nombreux hamacs sont vides. Il se pourrait que la journée soit belle. Alucive nous emmène, Samantha et moi, à un petit étang éloigné pour pêcher. Il est le meilleur enseignant qui soit. Avec lui, j'apprends la forêt. Il m'éclaire sur l'impalpable de la pensée indienne. Il avance, avec souplesse et agilité, lentement, s'arrêtant, attentif aux vibrations secrètes de la jungle. Je mets mes pas dans ses empreintes, je laisse mon corps refaire ses gestes, je me coule au rythme de sa marche et de ses réflexes. La fluidité me pénètre et je regarde, étonnée, mes membres se mouvoir comme au ralenti. Mes yeux se décillent, mes oreilles se débouchent. Je reconnais quelques notes dans l'anarchie première de la jungle. Je reconnais quelques formes. Les troncs hostiles, les passages propices. Je me retourne, Samantha suit. Imitant mes gestes, allongeant le pas, les nattes au vent, une peau lumineuse dans la forêt éteinte. Je vois briller un tel feu de joie dans ses yeux que les larmes affleurent mon visage. Merci, dieu de la forêt, à chaque pas nous te respirons. Un peu mieux. Alucive s'immobilise, se dissimule, fait corps avec un arbre : ventre contre tronc. Il a perçu le cri d'un oiseau mâle. Il module au creux de ses mains la réponse de la femelle en chaleur. Il répète ces sons jusqu'à ce que le mâle vienne, suspendant son vol, se percher dans les branchages au-dessus de lui. Nous retenons notre respiration. Alucive reprend de nouveau l'appel mensonger. Il tend son arc. Quelle splendeur! Au milieu des arbres, maître dans son domaine, je l'admire. Je l'ai vu prolétaire en ville, quelle différence! L'éclair de la flèche déchire la voûte des branches et, en écho, le cri mortel du *pajuil* résonne, tragique. A quatre mètres de nous, dans un fourré impénétrable de ronces, de lianes, de folie imbriquée, l'oiseau tombe, suivi de feuilles brisées, de brindilles arrachées. Alucive prend plus de temps, presque trois quarts d'heure, à retrouver sa proie qu'à la tuer.

Voici l'étang. Nous nous apercevons que les affaires de pêche de Samantha ont été dérobées du petit sac qu'elle porte en bandoulière. Hameçon, fil, plomb, tout a disparu. Elle se désole. Je prends alors conscience que nous sommes seules, Samantha et moi, à des heures du *shabono*, avec un homme, Yanomami, que je sais violent. Justement la situation où tous me déconseillaient le plus vivement de me trouver, j'y suis. Tant qu'Alucive ne me fait pas l'amour comme je l'ai vu faire hier à sa femme, ça va!... Pas de panique... Ce ne semble pas être ce type de préoccupations qui le poursuit. Il a posé ses armes, assis sur une large feuille, il s'absorbe dans les moindres rides suspectes de la surface de l'eau. Le temps s'arrête. Brusquement une flèche jaillit, troue l'eau épaisse qui s'écarte violemment, se fige et se couche sur les algues vertes. Alucive, jusqu'à la taille, pénètre l'étang. Au bout de la flèche de deux mètres cinquante, frétille un poisson argenté de la taille d'un doigt. Placidement, il l'enrobe d'une feuille et l'attache dans son dos à côté de l'oiseau et du carquois. Sur la marche du retour, Alucive repère un palmier. Il l'abat. Sa machette taille, s'acharne. La sueur ruisselle, diamant quotidien sur le dos de l'Indien. Les faisceaux serrés résistent à son effort. L'arbre enfin s'écroule. Tout le long du tronc, Alucive fend l'écorce. Il en sort un grand morceau de chair blanche, luisante. Il coupe le cœur du palmier, et sans un mot de ce cadeau somptueux, nous reprenons la marche. Au fil du chemin, nous le dévorons goulûment. Lorsque le *shabono* apparaît, il n'en reste plus rien.

Cinq garçons m'appellent. Ils ont bouilli un énorme poisson qui repose sur une feuille lumineuse. Plat superbe. Ils m'en donnent une grosse portion, grasse et blanche. A pleines mains, je le porte à mes dents voraces. Certaines femmes de retour du *conuco* font bouillir du maïs. J'observe le jeu de Samantha qui passe et repasse devant leurs foyers, dans l'espoir de s'en faire offrir. Alerte au gibier! Tous les hommes saisissent leurs arcs et disparaissent au pas de course. Dix minutes plus tard, ils sont de retour, portant un tamanoir, tué à coups de machette sur la gueule. Nous accompagnons une femme et des enfants sur le fleuve où elle brûle les poils de l'animal, le lave et le découpe. Deux des garçons qui nous suivent se battent, s'arrachent les cheveux jusqu'au sang, sans que quiconque pense à les séparer. Les autres plongent dans le fleuve depuis un tronc qui l'enjambe. Il faut ensuite regagner la rive à contre-courant. Samantha se mêle à tous leurs jeux. Rentrées au village, nous préparons notre nuit. Remplir nos gourdes d'eau de pluie, nous laver, changer nos vêtements trempés, faire nos tresses.

Il me suffit de m'éloigner de quelques mètres pour que Samantha soit immédiatement objet de curiosité dense, de pressions incessantes. Comme elle s'est rendu compte que ni larmes ni cris ne la dégagent, elle invente une nouvelle défense. Elle grogne. Cela a le don immédiatement de détendre l'atmosphère et de renverser les rôles. Au bord du drame, elle trouve le dynamisme nécessaire pour imiter un félin prêt à bondir. Surpris et ravis, les Indiens font donc semblant de s'enfuir à grands cris, mimant la terreur du fauve. Elle part à l'attaque en poursuivant le groupe qui s'éparpille grognant et hurlant dans la poussière du *shabono.* D'un épisode gênant et même bouleversant pour elle, Samantha, par son intelligence spontanée, réussit à garder la maîtrise de la situation, imaginant une réponse adaptée au goût du jeu des Yanomami. Et je regarde, admirative et émue, ma petite fille courir à travers l'aire dégagée, feulant comme un tigre derrière ces guerriers nus qui rient aux éclats sous le soleil fou, dans la moiteur argentée de fin de journée de cette saison des pluies. Sa course est dorée de sueur, sa joie se mêle à la poussière, elle poursuit sa vie.

La nourriture de Samantha s'épuise, mais il n'y a aucun moyen de quitter Curisipuei-Ţeri. Personne ne possède d'essence, et personne n'envisage un voyage à la rame aussi lointain. Je pense pourtant à revenir vers Mavaca. Une fête doit avoir lieu à Iyewei-Teri, à plusieurs heures en aval. Sa réputation parmi les Indiens m'attire. Je veux en être.

Un bruit de moteur gagne le *shabono.* En grande cavalcade, j'accompagne un groupe de Yanomami qui dégringolent la colline vers la rive du fleuve. L'infirmier, son *motoriste,* passent en hors-bord. Ils ne s'arrêtent pas. Les Indiens les avaient reconnus au seul ronflement du moteur. Nous nous installons au bord de l'eau, accroupis en grappes, sur des troncs, des pierres. A les attendre. Ils repasseront peut-être? Dans quelques heures, sinon demain... Ce n'est que le lendemain..., en effet, que le bateau accoste. Quelques instants pour une vaccination collective rapide. La joie que j'éprouve à retrouver les deux créoles est davantage faite de l'étonnement admiratif que je lis dans leurs yeux. Ils acceptent très volontiers de nous ramener, Samantha et moi, à Mavaca. Mais je sais que ce n'est qu'un au revoir que je donne à Alucive et à mes nouveaux amis de Curisipuei-Teri. La brise baigne dans sa fraîcheur nos visages. Je serre sur mes genoux, contre ma poitrine, Samantha, ma toute petite fille. Les battements de son cœur résonnent sur ma paume ouverte. Heureuse d'être mère, heureuses, ensemble, du premier souffle de notre audace. L'étrangeté des jours passés nous construit; vivre au quotidien la différence est une aventure. La vraie, celle qui n'a pas besoin de tapage publicitaire. Nous sommes enivrées de la prouesse intime. En plein chemin de notre propre accomplissement. Fortes et solides.

A Platanal, l'infirmier fait halte à la mission. Il n'a pas fallu longtemps pour retrouver la mesquinerie et les jugements expéditifs :

– Quel dommage, Sonia, quelle barbarie, quelle perte de temps et quel gâchis pour votre petite fille! me dit une vieille sœur. Élever une enfant dans cette forêt... La faire grandir parmi ces gens qui vivent comme des animaux... Retournez donc dans votre pays. Les Indiens ne connaissent pas Dieu, renvoyez votre fille. Ils sont nus... Ce n'est pas possible pour une petite enfant de voir cela.

L'effet ne serait pas plus terrible si elle m'avait jeté à la tête un seau d'eau froide. Nous rentrions de ce séjour à l'origine du monde éblouies et conquises. Comment cette religieuse qui vit depuis si longtemps à proximité des Yanomami n'a-t-elle pas découvert leur beauté, leur pureté, leur vérité si proche du Dieu authentique? Son accueil me choque, me révulse même. Je pense l'inverse quant à l'éducation de Samantha. Je ne peux lui offrir de plus belle école, l'intellect n'est pas seul à être développé, mais aussi son cœur, ses émotions, sa perception de la vie. Toute une attitude ouverte face au monde. Je me retourne vers ma fille d'or et de soleil. Elle dévore à pleines dents, tout en riant, une goyave. Le jus roule sur ses lèvres. Son rire éclate en bulles de bonheur. Faut-il donc être sourd et aveugle pour ne pas voir l'épanouissement tranquille qui rayonne de tout son être? Mon enfant des Yanomami.

17.

Galet soyeux des Yanomami

Notre sac à dos gonflé et ventru me fait honte devant le dénuement de nos compagnons de voyage. Chacun ne porte que son hamac, roulé en boule, pour tout bagage. Ils sont quatre. Quatre hommes Yanomami, peints en noir. Déjà tendus du combat à venir. Le visage fermé, leurs mâchoires sont déterminées, farouches. Aller au-delà de leur apparence, de leur mine patibulaire. Je me convaincs de notre ressemblance humaine. Je m'interdis la peur. La solennité de leur attitude et de leur corps nous étreint. Une fête se prépare Caribe, qui nous a invitées à les suivre, m'explique qu'elle aura lieu à Iyewei-Teri demain matin très tôt. Une bagarre générale entre tous les participants, doit en effet clore la cérémonie, comme il est de coutume. La nuit est noire, il est six heures du soir. Nous voici Samantha et moi, blotties l'une contre l'autre, dans le tronc creusé d'une pirogue. Le faible ronflement du moteur cesse soudain. La panne. Instinctivement une réaction méfiante d'Occidentale m'envahit. A des kilomètres de tout, en pleine jungle, en pleine obscurité, quatre guerriers, deux femmes sans défense... Mais non. Après avoir bricolé le réservoir, le bruit monotone vibre à nouveau sur le fleuve désert. Le tunnel sans ombres ni couleurs nous aspire de nouveau. Je sens le corps de Samantha se fondre au mien, nos bras, nos mains se soudent, sœurs siamoises de la peur.

Il est déjà si effrayant de se rendre ainsi, dans un lieu inconnu, assister à une bagarre rituelle qui opposera entre eux les redoutables combattants de la forêt. Mais lorsque nous arrivons le lendemain matin, ce n'est plus qu'un lendemain de fête. Mon rendez-vous est manqué. Dans le *shabono* les reliefs des festivités s'amoncellent. Sur les visages, les peintures brillantes de la nuit ont coulé, les plumes blanches sont ternies, la fatigue d'avoir chanté, dansé et bu est la compagne du matin. Les femmes traînent des calebasses vides. Les hommes s'échangent leurs derniers trésors. Les visiteurs Yanomami venus d'un autre village repartent en amis. La guerre n'aura pas lieu, la bagarre est inutile. Des cendres de morts des deux communautés sont partagées, mangées dans la même soupe chaude de bananes. Il est tôt. Il est trop tard. Trop tard pour mon reportage sur la fête exceptionnelle. Trop tard pour les photos uniques. Mais il est trop tôt sur une journée nouvelle qui brille des lumières de la paix. Je ne suis pas venue pour rien. J'ai vu des visages fatigués et heureux. Je suis accroupie dans ce *shabono* que je découvre. Je sens les os de mon visage se contracter. Ma mâchoire se serre. Elle mord ma déception et la transforme en énergie volontaire du futur. L'exceptionnel m'échappe sans cesse, le quotidien est mon lot. Je m'y tiendrai, le dévorerai.

Avant de repartir vers un autre *shabono,* nous nous installons l'espace d'une nuit à Mavaca dans l'ancienne maison du Makiritare Simon Lopez. La boue séchée et le toit de palme éventré nous offrent calme, autonomie et intimité. Entre quatre murs clos, à l'opposé de l'esprit communautaire et transparent de la vie tribale. La lampe à kérosène brille dans la nuit et éclaire notre doux désordre. Nous sommes chez nous. Notre intérieur précaire et dénudé m'éloigne davantage encore des décors figés et stéréotypés des maisons occidentales. Il n'y a rien, mais tout nous appartient. Nous évoquons, Samantha et moi, nos papas. Elle, le sien, qu'elle ne connaît pas. Je tente de le lui décrire, ce père sans visage, m'efforçant de trouver les mots qui le fassent aimer. Huit ans de silence et d'inconnu. La flamme de lampe dessine des formes, l'atmosphère s'adoucit. Il semble faire nuit depuis toujours. Le romantisme de nos paroles échangées vacille entre la tristesse et la belle histoire. Une enfance particulière. Samantha lutte contre le sommeil, ses yeux me fixent encore alors que j'écris avidement sur notre cahier commun.

– Maman, je voudrais savoir vraiment lire pour comprendre tout ce que tu écris...

Tandis que les feuilles froissées de mon écriture fiévreuse s'accumulent, elle approche la lampe au plus près de moi pour m'éclairer davantage. Elle tente de lire, se roule contre moi et cède à la nuit. Son corps chaud s'abandonne dans la confiance aimante.

Le lendemain, nous voulons profiter du *bongo-école* pour aller au *shabono* de Naguigue. Personne ne veut nous y emmener. Pourtant il était convenu avec leur capitaine que nous irions dans ce village. Je veux considérer cet accord de principe comme passeport. L'embarcation retentit de l'hostilité grouillante. Certains m'interdisent l'accès de leur communauté. D'autres se taisent. Les cris montent. Pour la première fois, devant cette cinquantaine de Yanomami houleux, j'ose une colère. Ma voix jaillit, débridée. Ma peur se transforme en violence verbale. Tout y passe, en yanomami, en espagnol et même en français. Samantha me regarde effarée, ne sachant si elle doit rire ou pleurer. Fière en tout cas de sa maman qui tient tête. Elle est mon alliée silencieuse. J'obtiens d'être débarquée au *shabono* de Naguigue. Je n'entends plus leurs récriminations, je ne les vois plus. Il faut descendre sur une branche d'un tronc abattu dans le fleuve. En vitesse. Nos sacs pèsent. C'est une épreuve. Je tente de garder un calme apparent. Mes pieds glissent, je me mouille jusqu'à la taille. Le sac photo a bien failli aller à l'eau. Dix minutes de marche nous séparent encore du *shabono*. Après une heure où Samantha et moi nous nous tenons effacées, laissant à chacun le temps de nous accepter, j'accroche nos hamacs. La nuit descend si rapidement. Une vieille femme vient nous en déloger avec rudesse. Je crains qu'elle ne nous signifie ainsi notre renvoi, mais elle se dirige vers une autre place libre qu'elle nous désigne. Par-delà la dureté muette de son geste, je sens une acceptation tacite de notre présence. Et mon cœur se gonfle d'espoir.

Des hommes, alors, obstruent les deux entrées principales du mur de palme. Quelques rondins et branchages entrecroisés suffisent, tant la taille des portes est petite. Je me précipite faire pipi dehors, dernière possibilité avant le lever du soleil où les ouvertures seront dégagées. J'espère que je n'aurai ni diarrhées ni besoins urgents. Je transpire dans mes bottes trempées, mes pantalon et chemise brûlants. Le corps entier me gratte. Une odeur de poils grillés parfume l'air chaud. Samantha dodeline de la tête, elle est heureuse dans son hamac. Elle invente des chansons :

– Étoiles, donnez-moi un petit morceau pour que je brille comme vous, et maman aussi... Snap, snap, snap. C'est l'histoire d'une petite fille qui voyage dans tous les pays, en portant le sac noir de sa maman qui prend des photos partout... Elle veut même aller en Chine. Snap, snap, snap...

Un voisin que la nuit déjà nous masque lui ordonne, d'une voix sourde, d'arrêter. Demain, l'enfant pourra reprendre sa chanson. Il me faut expliquer à ma petite fille que chez les Indiens, il est interdit de faire du bruit dès la chute du jour, car cela réveillerait les mauvais esprits. Samantha reste bouche bée, le geste suspendu. Je lis dans ses yeux sa compréhension discrète du monde.

Au réveil, l'effarement comateux est vite dissipé. Je ne reste pas longtemps ébahie dans un demi-sommeil. L'odeur, les bruits, la promiscuité, par rafales, me secouent. Et la réalité intense éclôt. Nous sommes en pleine forêt, parmi le peuple Yanomami. Frères de notre choix. La houle des traumatismes, des tensions intérieures, des frayeurs, est dominée par une vague successive et douce de l'émotion éprouvante. Au cœur de mon désir. Cela me renverse. Et je suis un galet soyeux dans les bras du ressac.

Je ramasse nos gourdes, une marmite, et traverse l'aire centrale pour aller chercher notre eau potable. Des compagnes m'emboîtent le pas. Une femme ne sort jamais solitaire, même si ce n'est que pour aller à la source, à trois cents mètres de là. Dans leurs commentaires, hachés de rires à gorge déployée, je comprends qu'elles n'ont pas voulu me laisser courir les risques seule. Le viol, les serpents, et surtout la crainte constante des ennemis. Les trois *shabonos* des capitaines Pécapibué, Sinteri Jontangue et Naguigue, celui où nous sommes, sont en effet dans l'angoisse d'une attaque-vengeance d'une tribu Yanomami, les *Shamataris* *. Je découvre pour la première fois de ma vie les précautions à prendre en état de guerre. Nous débouchons devant un étang de boue. C'est la source... Les femmes s'y précipitent. Pipi et toilette intime troublent, s'il est encore possible, l'eau grisâtre et spongieuse. Un chien, qui nous a suivies, est attrapé. Nul n'est épargné par le désir de propreté. On le lave, sans tenir compte de ses protestations véhémentes. D'un geste de mains à la surface, elles éloignent les feuilles, les araignées, les particules végétales microscopiques. Elles trempent leurs *palanganas* et retirent avec une rapidité extrême le chargement d'eau. La mare est brouillée de la vase soulevée par leurs pieds. A toute vitesse, déjà, elles détalent, me laissant, indécise, mes récipients encore vides en main.

– *Lopé* *, *lopé*... vite... vite, crient-elles en riant.

Et de rire de plus belle, lorsqu'elles aperçoivent au fond de ma gamelle l'eau noire que je ramène.

– *Shami* *, sale, horrible... *No sirve*.. Pas bon.

La prochaine fois, j'essaierai d'arriver la première! En attendant, je fais mine de saisir l'une de leurs *palanganas* et de l'échanger contre la mienne. Nous nous poursuivons, nous chamaillant. La bonne humeur nous tord le ventre. Notre espièglerie étonne même les oiseaux qui se taisent. Mais aucune d'elles ne perd la nécessité de rentrer au plus vite dans la sécurité du *shabono*.

Sitôt de retour, j'observe tout le village occupé à découper puis à mastiquer de la viande à pleines dents. Les chasseurs, rentrés hier soir, en avaient rapporté en grandes quantités. Samantha et moi nous contentons d'un morceau de *yucca*, que je jette dans la braise. Je ne peux déterminer s'il est doux ou amer, alors que ce dernier nécessite une préparation spéciale. Tant pis, nous avons trop faim. Un enfant de dix ans, déjà ami de ma fille, s'approche. Il nous tend un morceau de viande enveloppé dans une feuille. Plutôt une touffe de poils drus, plantés serrés sur une mince couenne blanche. C'est du sanglier sauvage. Nous nous le partageons. La graisse animale est trop rare dans notre équilibre alimentaire pour faire les difficiles. Mais lorsque nous y mordons, de petits cristaux grincent sous les dents. C'est surprenant, bien que nous soyons déjà habituées à ce que notre soupe soit saupoudrée de cendres. En effet, le vent ou un chien qui s'ébat la soulève sous la marmite qui cuit. Parfois, suprême offrande, le capitaine nous fait envoyer de grosses poignées de têtards noirs, cuits dans une feuille. Samantha, après s'être hissée sur la pointe des pieds pour regarder ce que je reçois, toussote. Et mine de rien, regagne son hamac où elle s'absorbe dans le repas de son phoque en peluche – le pauvre –, qui doit finir les poils de sanglier! Quant à moi, je ne mâche pas vraiment les têtards, les avalant au plus vite. Le goût est indistinct, gluant certes, mais digne d'un restaurant chinois de Toronto ou d'ailleurs. Toutefois, nous préférons le menu habituel: bananes au petit déjeuner, bananes au déjeuner, bananes au dîner. Cuites à la braises, bouillies, crues, en purée, grillées dans l'huile du thon de Samantha. Jaunes ou vertes, les bananes.

Samantha, le déjeuné avalé, aime aller se reposer dans notre hamac. Mais bien souvent, elle ne prend pas soin d'étirer la toile et se jette dessus alors qu'il n'est pas déplié. La chute est inévitable. Sa tête, en premier, heurte le sol dur et reçoit tout le poids du corps. Sitôt consolée, elle part chercher sa culotte qui sèche au soleil et la laisse tomber dans une flaque boueuse. Le *shabono* retentit de son « merde » magistral, mais son moral ne semble pas atteint pour autant. Elle trotte, allègre, vers ses occupations qui souvent restent mystérieuses pour moi. Elle n'en oublie cependant pas sa page quotidienne d'écriture. Nous avons beaucoup plus de temps, maintenant, à lui consacrer. L'ambiance est plus détendue. D'autant qu'ensuite nous inventons de magnifiques coloriages aux couleurs de la jungle. Elle me raconte qu'une de ses amies Yanomami, de son âge, a déjà un mari et que, le soir, ils font l'amour.

– Je les ai vus, maman, sûr... Mais ma copine, elle n'aime vraiment pas. La journée, le mari, il ne la regarde jamais, il est toujours à la chasse. Ce n'est pas drôle, hein, maman?

Son bavardage cesse rarement. Elle me décrit son avenir. Quand elle aura un bébé, une ferme où élever des chevaux, des amis, une maison. Elle s'assoit alors sur une bûche, humblement, tranquillement, et regarde le soir arriver à pas de géants. Elle attend, elle grandit. Elle me sourit.

Parfois, lorsque Samantha et moi sommes autour du foyer que nous partageons avec une vieille femme, les deux capitaines viennent nous rendre visite. Ils sont deux : Naguigue est le chef de ce *shabono*. L'autre, un Yanomami d'une taille hors du commun, fort comme un taureau, est le capitaine de Nakisipué-Teri, village du Haut-Mavaca, éloigné de tout fleuve. Sa communauté a migré sur les bords de l'Orénoque pour échapper à ses ennemis. Elle ne représentait pas une force guerrière suffisante pour faire face aux attaques. Mais ces visiteurs devront partir, au moins pour récolter le *conuco*. Il faudra alors les aider militairement, et aussi se nourrir de leur plantation afin qu'ils paient la dette contractée ici depuis des semaines. La coalition doit servir aux deux partis. Les deux hommes s'accroupissent en silence, à quarante centimètres de moi. Ils posent sur mon hamac, contre mon visage, leur grosse chique de tabac vert. Ce geste est un signe de politesse dans la visite. Leur coude calé sur le genou, ils tiennent leurs mains devant leur bouche. Sans se perdre dans des bavardages de salutation, ils attendent que le temps passe. La proximité corporelle est déjà si éloquente : elle exprime la satisfaction de notre réunion, l'acceptation de ma présence parmi eux. Un bien-être apaisant et communicatif. L'essentiel est réduit dans le partage, non dans des mots que le vent tropical disperserait. La plénitude nous emporte tous les trois sous les pans de son manteau de soleil. Avant de se redresser, le plus grand des deux capitaines me fixe dans les yeux. Il entonne d'une voix mâle et harmonieuse une mélopée dans sa langue. Le discours s'allonge, s'étire. Il attend une réponse. Je n'ai que mon sourire à lui offrir, le plus large, le plus vaste possible. Mon visage devient lisse, s'adoucit. Une illumination qui, de sa phrase, me pénètre et rejaillit sur moi. Je suis belle en écoutant la langue Yanomami.

Le lendemain, le capitaine Naguigue nous invite à le suivre et à accompagner l'une de ses deux épouses au *conuco*, l'autre restant au *shabono* pour garder les nourrissons. Il faut transporter sur son dos d'énormes charges de plants de bananiers, les déposer près des hamacs du chef afin de les repiquer ultérieurement dans un autre verger. Une averse dense fouette nos corps, il pleut des hallebardes. Nous sommes transpercées par chaque rafale, plus aiguë qu'un couteau. Samantha imite silencieusement nos compagnons. Elle emprunte mon canif, cherche une feuille de bananier la plus grande possible. Elle s'énerve car elle la troue. En effet, elle est fragile et des fissures apparaissent vite le long des nervures. Samantha m'explique qu'il faut que nous en prenions soin. Nous l'expérimentons en guise d'imperméable. Les deux mains sont occupées à la maintenir au-dessus de nos têtes. Les moustiques apprécient l'opportunité de cet abri. Ils s'y réfugient en masse, se posant sur le visage, les doigts, le front, sans que nous puissions les chasser. Charmant supplice! Sur le chemin du retour, entre les racines d'un tronc torturé et grandiose, j'aperçois deux bâtons de cérémonie peints à l'*onotto*, couverts de plumes blanches et de dessins exécutés au charbon de bois. Je reconnais ces perches. Quelques jours auparavant, elles étaient plantées devant le hamac d'un jeune qui restait immobile pour un jeûne rituel. Un enfant m'avait alors expliqué que c'était une initiation chamanique. Elles servent maintenant d'offrande aux dieux de la forêt. La nature sauvage se pare ainsi, grâce aux Yanomami, des beautés dues à la croyance des hommes. Ce tronc orné est la cathédrale farouche de la jungle.

Autour du foyer voisin se regroupe une famille. Le père, la mère et une petite fille. Toute relation chez les Yanomami a une base familiale. Samantha et moi, par besoin d'affection, essayons de nous fondre dans ces liens de parenté. Nous appelons l'homme *Happé* *, imitant en cela leur enfant. La femme rit, complice et touchée. L'homme prend son nouveau rôle au sérieux. Maintenant, c'est à lui de prendre soin de nous, d'être attentionné, de nous protéger, de nous aider dans notre quête quotidienne de nourriture. Comme à sa petite fille, il doit nous enseigner, nous expliquer la vie sylvestre. Cette adoption crée entre la famille et nous deux des attaches intimes. Nous sommes fières d'avoir aux yeux de la communauté ces relations parentales. Ensemble, nous partons à cinq, accompagnés d'un chien, dans la forêt. Les deux petites filles ferment la marche, un *shoto* proportionné à leur taille sur le dos. Dans un sabir bariolé, elles échangent des confidences incessantes auxquelles je ne comprends décidément rien. La femme, nue et légère, grimpe le long d'un tronc parfaitement lisse. A dix mètres de haut, dans le vent qui incline la cime, elle cueille des glands verts. Dans un décor argenté de la saison des pluies, son corps épouse le contre-jour, se noie dans la forme élancée du tronc. Mon admiration béate est à la mesure de mon insignifiance.

Je ne suis pas au bout de ma surprise. Un peu plus loin, son mari détache le *guayuco* qui cache son sexe et l'attache alors autour de ses pieds. Il enserre le tronc d'un papayer. A force de traction de ses chevilles, s'aidant de ses bras, il se hisse jusqu'au sommet. Son agilité nue me sidère. Il lance les papayes directement dans le *shoto* de sa petite fille à quinze mètres sous lui. Les fruits éclatent, mais au moins aucun ne sera perdu. Ils disparaissent parfois durant de longues heures, nous laissant seules. Ils poursuivent leur quête de nourriture. Le temps de rire est passé, l'exigence de la faim est impérative. Même si j'aimais les suivre pour observer ce qu'ils font, nous comprenons que nous ralentissons leur marche. Ils nous retrouveront sur leur chemin de retour. Nous les attendons. Sans bouger comme ils l'ont ordonné. L'inquiétude s'apaisait en nous. Milieu hostile, certes, mais surtout mystérieux. Tout se cache et se dérobe, tout grouille et guette. Les animaux, serpents, insectes, les plantes vénéneuses, épines, les ennemis à l'affût. Quelle branche ramasser pour tuer quelques minutes à l'effeuiller? Où s'asseoir? Nos jambes sont pourtant lourdes de fatigue. Nos quatre yeux grands ouverts ne distinguent cependant que si peu de chose dans l'océan vert. Le monde trouble qui nous emprisonne martèle notre existence frêle. Dociles et enfantines, nous attendons *Happé*.

A leur retour, chacun porte sur le dos un petit sac vert mystérieux, fait de feuilles roulées. Ce n'est que ce soir que Samantha et moi saurons ce que ces heures de cueillette leur auront procuré. Sur le chemin du *shabono*, nous faisons halte au *conuco*. Derrière le rideau épais apparaît, soudain, un espace un peu plus libre, une verdure différente : une bananeraie. *Happé* abat d'un coup de machette le lourd régime encore vert. Son épouse tire de l'écorce des bananiers de larges lanières. Le sac est fait sur place, simple lien qui enserre le régime, le maintient dans le dos et s'appuie sur le front. Il me désigne l'une de ses charges, composée d'un régime de bananes jaunes et de deux verts.

– Pour toi, pour la petite... Porter et puis manger...

La femme, posant ses mains sur mon cou, plongeant ses yeux, à bout portant, dans les miens, rit de ma surprise. Caresse douce de ce don, sueur versée pour nous, crainte de ne pouvoir supporter le poids. En effet, lorsqu'elle m'aide à le hisser, la pression sur la colonne vertébrale est telle que je suis sûre que je ne pourrai faire un pas. La femme ajuste le régime. Puis le lâche. Immédiatement, la lanière passée sur mon front tire ma tête en arrière, la déracine. J'ai l'impression que mon cou va céder La tête renversée, je ne peux me redresser sous la masse. La bouche grande ouverte, je suffoque. La petite fille et la femme s'esclaffent, Samantha est gagnée par la contagion. Mais je ne ris pas. Mes yeux, brouillés de larmes, ne voient que le ciel gris et changeant. Ma tête immobile, coincée entre les deux omoplates, arrachée, cherche le souffle, supplie une aide. *Happé* retire alors le régime, mon crâne vient heurter ma poitrine, pantin inanimé. Le rire reprend de plus belle, lorsqu'ils voient mes mains me masser le cou, les yeux exorbités. Je tourne la tête dans toutes les directions, surprise de constater qu'elle m'obéit. Mais la femme me repose bien vite le régime sur le dos, nous devons repartir, et en vitesse. La jungle n'est pas sûre. Je comprends dans leurs encouragements le mot ennemi qui revient sans cesse. Elle me fait signe de partir en avant. Mais où?

– Par là, va, va vite..., me répète-t-elle.

Sans chemin, parmi les herbes hautes, les épines qui griffent, j'avance, titubant sous le poids. Je sens que je vais m'aplatir comme une feuille de bananier. A chaque pas, les bananes, dures comme pierres, rentrent dans mes côtes, heurtent de leurs pointes aiguës ma maigreur. Je me retourne et lui lance un regard éperdu, que je veux le plus attendrissant possible. Elle hurle encore :

– Là-bas, va...

Je fais trois pas, chaque herbe m'est un piège tendu. Je vacille. Dans un train d'enfer, *Happé,* son épouse et sa fille me dépassent, traçant dans les enchevêtrements vierges un sentier. La transpiration colle mes vêtements à la peau. Elle dégouline sur le visage comme une douche. Les Yanomami, apparemment indifférents à l'effort, rient et parlent, imitent des cris d'animaux et d'oiseaux. Dans mes yeux, je vois danser des milliers d'étoiles rouges et noires. Samantha, quant à elle, se moque déjà moins de moi. Elle peine sous un chargement de papayes. Son *shoto* en déborde. Chacune regardant l'autre, nous éclatons de rire pour nous stimuler. Nous essayons d'oser les suivre, le plus rapidement que nous pouvons, pour au moins ne pas rester isolées. Samantha trébuche, les fruits roulent, s'ouvrent. Elle est maculée de leur chair éclatée. Les pépins éclaboussent son petit dos. Les herbes gardent trace de son passage, des lambeaux de papayes y dégoulinent. Me baisser pour l'aider n'est pas facile, je perds l'équilibre. Les bananes jaunes et sucrées se détachent une à une de mon dos. Petit poucet étrange, je laisse notre dîner, notre goûter, notre dessert préféré, sur les chemins de la jungle. Samantha, pour me remercier de l'avoir aidée en évitant de perdre notre menu favori, court de-ci, de-là, ramassant les petits fruits qu'elle place un à un dans sa robe relevée après m'en avoir rempli les mains.

Nous débouchons sur un marécage. A l'aller, j'avais porté Samantha pour l'aider à traverser, car il est profond, et elle aurait eu de l'eau jusqu'à la poitrine. Elle attend que je recommence. Trois régimes sur le dos, Samantha dans les bras, ces papayes, nos petites bananes jaunes et molles que nous voulons sauver... Dans l'eau trouble jusqu'à la taille, les bottes pleines de boue. La traversée est épique, cruelle aussi! Pour ne pas céder au découragement, nous rions, imaginant un dessinateur habile qui rendrait la scène dans une bande dessinée. Nous percevons dans le fouillis sonore de la jungle les appels de la femme de *Happé*. Petits cris pour nous aiguiller dans la bonne direction ou ordres impératifs de nous dépêcher. Nous arrivons enfin au bord du fleuve. L'Orénoque majestueusement coule ses eaux. Le souffle court, je regarde, éberluée, le corps lavé de la femme et de la petite fille. Elles ont déjà pris leur bain, leurs cheveux plaqués par l'eau, d'un noir profond. Monter dans la petite pirogue qui nous ramènera au *shabono*, avec l'énorme chargement, est une entreprise d'équilibriste. Les bottes boueuses glissent, nous ne sommes pas comme ces jeunes Yanomami qui ont obtenu de quelque missionnaire des chaussures, et qui les ôtent dès qu'ils quittent le *shabono*, pour ne les remettre que le soir à leur retour. Le contraire de nous, de même font-ils avec leurs vêtements. Les régimes, en tombant dans le fond, impriment un sévère roulis à la *curiara*. Reste Samantha, qui doit enjamber tout cela pour s'installer, maintenant tant bien que mal les papayes et les bananes mûres dans la sécurité de son *shoto*.

Ma famille monte à son tour, posant lestement le pied sur l'un des rebords de la *curiara*, sans que celle-ci ne bronche un seul instant. *Happé*, d'autorité, me passe une *canalete*. Il faut ramer à contre-courant pour regagner nos foyers. Tout en forçant sur la pagaie, les muscles rompus, mes yeux s'attachent au dos de Samantha. J'ai envie de l'étreindre, de lui dire ma joie d'être là, avec elle, accablées de la fatigue de la jungle, avec une famille qui devient la nôtre et qui nous invite à partager sa vie que nous aimons. Des commentaires s'élèvent de la berge, nous ne voyons pas leurs auteurs. L'étonnement en tout cas est évident. *Napegnouma*, la Blanche, qui rame pour conduire une *curiara* d'Indiens; *Napegnouma* qui rapporte de la nourriture, de lourds régimes, à partager entre elle et sa famille nouvelle. Le chien haletant et trempé se place tout contre moi. C'est peut-être ce qui m'effraie le plus de toute cette journée. Plus que la *curiara* chargée à ras bord, où l'eau affleure, près de sombrer corps et biens dans l'Orénoque immense. Sitôt touchée la rive d'en face, la famille descend à toute vitesse, emportant son chargement. Samantha et moi sommes seules dans la pirogue désertée. Quelques bananes jaunes flottent dans le fond, les trois régimes intransportables que je ne peux fixer seule sur mon dos, les papayes écrasées, attendent tous une solution. La *curiara* est ballottée par le clapot du fleuve; accroupie dans l'eau, je creuse mon imagination. Nous descendons, transportant une à une nos charges, déposées alors sur l'herbe du rivage. Nous nous lavons, nous préparons notre entrée au *shabono*.

Nos retours, en effet, sont guettés et toujours très remarqués. Je crois que notre arrivée est attendue et je soupçonne les petits enfants de tenir informée la communauté sur notre approche. Toujours est-il que dès que je me baisse pour franchir la porte, un silence absolu s'établit, dès que je me redresse de l'autre côté, un tonnerre de cris, de rires, retentit tout autour du *shabono*. Les hurlements de surprise, les fusées d'exclamation, les commentaires d'étonnement, se succèdent en bourrasques. Souvent, avant de franchir l'entrée, Samantha me supplie de l'attendre afin qu'elle puisse me donner la main, ainsi protégées de nos doigts enlacés. Nous traversons dignement, comme si de rien n'était, l'aire centrale, en direction de notre foyer. Toutes les activités, en un seul regard, cessent. Les yeux, les attentions de chacun se resserrent sur nous. Ils nous dévorent. Nous décortiquent. Notre façon de marcher, nos corps, nos fesses, ce que font nos mains... Des réflexions plus salées aussi, qui font se tordre un groupe d'hommes devant lequel nous passons. Leur désir se lit, et à voix haute ils décrivent les plaisirs qu'ils aimeraient connaître avec nous. L'état de mon pantatalon sale les fait mourir de rire. Eux rentrent propres au village, ils se baignent à chaque point d'eau. Notre air crevé, nos dos pas assez ou trop courbés renforcent leurs joies. La qualités des bananes que nous portons les intéresse vivement. Certains viennent jusqu'à nous pour les tâter. Ils se tournent alors vers la communauté et expliquent à tous. Nous nous forçons à garder un sourire sur les lèvres, ils seraient trop contents de se moquer de notre difficulté. Nous échangeons les jurons que nous proférions dans le secret de la forêt contre des visages ouverts et prêts à la plaisanterie. Samantha, tout sourire, murmure pour moi seule :

– Ils me font chier. Et puis en plus, leurs papayes, je les déteste!

Et comédienne, d'envoyer à droite et à gauche des sourires, des œillades. Elle provoque des hurlements d'attendrissement. Des multitudes de regards, de gestes maternels s'arrêtent sur elle. Il ne nous est plus alors difficile de faire comme les Indiens, jeter le fardeau au pied de notre hamac, pousser quelques cris aigus qui expriment notre joie, notre enthousiasme débordant – cela amuse beaucoup tous nos voisins –, nous affaler, jambes flageolantes, dans notre toile en fermant les yeux. Oublier le monde, se reposer avidement! Ce retour triomphal chasse dans nos esprits les dures heures de la forêt. Invariablement, quelqu'un qui passe gentiment s'arrête et vient accrocher nos régimes à une poutre du toit de palme. Le sommeil s'abat sur nous, plus vif qu'un oiseau de proie. Des regards attendris, les attentions répétées nous font comprendre que, pas à pas, nous charmons la tribu.

Un autre jour, *Happé* et son épouse nous font signe. Ils partent se baigner à la source. Nous nous trempons en maillot de bain, torse nu. L'homme me commande impérativement de laver son hamac. C'est le travail d'une femme, je suis l'une d'entre elles. Je ne peux être qu'une étrangère ou un membre à part entière d'une famille. Ils s'ébattent dans l'eau rafraîchissante, poussant des gloussements de plaisir. Libres dans le flot apaisant. Ils n'oublient pas de me prodiguer conseils et ordres.

– Bats-le contre la roche, rince. Frotte-le davantage. Insiste là, au pied. Bats-le une nouvelle fois. Rince plus fort, encore...

Je n'ai jamais lavé mon hamac personnel. Et je n'ai aucun goût pour le faire! Mais je comprends que je ne dois manifester ni gêne ni ennui. Bien au contraire, il me faut rester docile et souriante. J'y gagne leur sympathie et, par-delà, mon acceptation comme femme de la tribu. Je savoure le paradoxe de la Blanche réduite au rôle de serviteur des Yanomami, l'inférieure qui ne sait rien faire à leurs yeux. Renversement complet de ce qu'ils expérimentent dans leur contact avec les gens de ma couleur. Eux, les esclaves des créoles et des Blancs, se délectent sans méchanceté de ce monde à l'envers. Et je continue à frotter ces fils de coton imbibés d'*onotto.* Chacun rentre au *shabono,* semblant de rien.

Un homme d'un autre *shabono* vient en visite. Je ne saurai jamais son nom. Personne ne se nomme, si ce n'est par des périphrases : la femme qui porte l'eau, celle qui est toujours assise à côté du maigre, celle qui a une oreille arrachée. Ou bien par des liens de parenté : « La tante de mon frère qui boite, le fils du frère de ma femme ». Mais si un missionnaire a attribué un prénom chrétien à un Yanomami, il ne répugne pas à le dire, étant donné son peu d'importance. Il est extérieur à lui. Il ne dit pas ce qu'il est en profondeur. Cette interdiction de nommer provient de la crainte de recevoir des malchances, de voir l'âme, l'être, s'échapper de la personne. Les noms Yanomami désignent le lieu de leur naissance, relation privilégiée entre eux et la nature à cet instant précis : ruisseau, mousse. La mère y a caché le placenta. Il ne faut pas que les mauvais esprits le sachent, ils s'en serviraient contre le Yanomami. En revanche, dans le secret de son esprit, l'Indien peut invoquer le dieu – Ruisseau, pour une protection spéciale. L'homme qui arrive se dirige en premier vers mon hamac où Samantha déjeune tranquillement. Il la déloge sans ménagement. Elle est furieuse. Je n'ose rien dire, son âge, sa taille me glacent. De plus, il m'est totalement inconnu. Il se mouche plusieurs fois dans ses doigts, les essuie sur le hamac, frotte ses mains à l'endroit où nous posons notre tête pour dormir. Il déguste notre réserve de bananes jaunes sans scrupule du travail nécessaire pour les trouver et les rapporter jusqu'ici. Il dévore les trois patates douces que vient de m'offrir *Happé* pour notre dîner. Il exige mon hamac. Mais sur mon refus, il repart comme il est venu, sans un mot, sans un regard.

Notre vieille voisine s'approche à son tour. Accroupie plus que debout, elle vient le plus discrètement possible boire à notre marmite. J'arrive de la remplir, parcourant les trois cents mètres au pas de course depuis la source. Et celle-ci qui nous gâche l'eau si précieuse! Elle pose ses lèvres sur le bord de la *palangana*. Elle ne boit pas à « l'indienne » : aspirer l'eau en plein milieu du récipient. C'est à l'encontre de toutes les règles d'hygiène que l'on m'avait prescrites avant de venir ici. Les créoles étaient formels : ne jamais partager l'eau d'un Indien, au risque d'infections et de parasites de toutes sortes. En plus, elle me dit qu'elle est malade. Elle a effectivement l'air incommodée. J'espère que ce n'est pas contagieux. Nous buvons cette eau, pourtant. Il le faut bien. Peu à peu, le dégoût précautionneux nous échappe, c'est autre chose que nous cherchons.

Une jeune femme s'approche alors, m'attrapant les mains, elle les serre autour de son crâne. Je comprends qu'elle a une migraine et qu'ainsi elle veut que je lui enlève sa douleur. Je remarque alors que certains s'attachent une liane autour du front afin que la pression allège leur mal de tête. C'est un jeune garçon à la coupe de cheveux vénézuélienne, c'est-à-dire comme tout le monde, abandonnant la coiffure traditionnelle des Yanomami, qui me l'explique. Il me dit qu'il ne veut pas que son crâne ressemble à un *shabono*. Samantha n'apprécie pas du tout les visites que nous recevons de temps à autre, durant lesquelles elle est obligée de laisser sa place dans le hamac :

– Ils n'ont qu'à s'asseoir par terre quand ils nous rendent visite. Ils veulent toujours que je leur laisse la place.

Aujourd'hui, c'est le tour du capitaine Naguigue. Je lui marque toujours un profond respect dû à sa qualité. Sans doute vient-il voir comment nous allons, du moins je le crois, car en fait il ne prononce pas une parole. Je m'efforce durant toute la durée de sa halte de lui être attentive. Souriante. Je suis à la merci de sa décision, de son pouvoir. Il ne faut pas que nos relations s'enveniment au point qu'il nous renvoie. Il est bon aussi que la communauté tout entière voie le chef nous porter attention. Mais il déguste les noix de cajou que Samantha se réservait, des épluchures s'amoncellent sous le hamac. Brusquement, il me demande de les balayer. Je m'exécute, refrénant une rage sourde. Il pète, rote et bave. Cela ferait rire Samantha si elle n'était pas en train de bouder d'avoir été ainsi délogée. Ce qui me rassure, c'est de constater qu'il se comporte de la même façon dans tous les foyers qu'il visite. En tout cas, Samantha en tire une bonne leçon. Quand elle le voit se lever à l'autre bout du *shabono*, elle cache le mieux qu'elle peut ses nourritures favorites.

Un peu plus tard, passe un guerrier d'une quarantaine d'années. Son corps et son crâne presque rasés sont couverts de peintures rouges. Il luit dans la chaleur éclatante. Sans doute va-t-il retrouver d'autres hommes avec lesquels il entreprendra une séance de *yopo*. Son œil perçant a détecté des crottes de chien dans le périmètre qui m'est attribué. Avec de grands gestes véhéments, des sons gutturaux, il me demande de les retirer d'urgence. Ma vieille voisine m'explique qu'il faut les mettre dans des pelures de bananes vertes et aller les jeter très loin hors du *shabono*. Les mains dans la poussière, je m'exécute. C'est ce que tout propriétaire de chien doit faire. Je me sens un peu ridicule, accroupie dans cette tâche. Je retiens la furie qui me gagne. Nous n'avons pas de chien! Pourtant ce traitement qui m'est infligé m'indique que nous appartenons au village, que nous partageons avec eux tous ces soins quotidiens. Je me contente de m'amuser de ces situations pendant lesquelles j'apprends le caractère des Yanomami, leur manière d'être, leur vie sociale.

Samantha aime se faire peindre le visage. Elle ne refuse jamais lorsqu'une bande de filles de son âge l'entraîne dans une séance d'*onotto*. Même des femmes adultes aiment chaque jour l'orner de nouveaux dessins. Toute fière, elle retourne à notre hamac, et immanquablement s'attire les foudres bruyantes de la famille voisine :

– C'est sale, *shami*... Enlève cette peinture. Ce n'est pas bien, sœur Nora ne va pas être contente. Elle va nous attraper. Nous non plus nous n'aimons pas l'*onotto*. C'est horrible.

L'influence des missionnaires détruit peu à peu la beauté et le sens de décoration corporelle, grandeur des corps Yanomami. L'accès de la mission est fortement déconseillé à tout Indien peint. Au concert des voix furieuses répondent, avec autant de fougue, d'autres, qui elles s'extasient et s'émeuvent devant ma petite fille bariolée de rouge. Je comprends que le *shabono* est lui-même divisé en opinions diamétralement opposées. Ce sont des occasion rêvées pour leur amour de la discussion. Samantha est bien étonnée d'être ainsi l'objet d'enflements verbaux, alors qu'elle ne cherchait qu'à passer inaperçue au milieu de ses amies peintes. Elle apprend l'étrange réalité de ce monde choisi.

Cet après-midi, je décide de traverser le *shabono* pour offrir des bananes à une amie, qui m'avait aidée à attraper un poisson. Alors les femmes crient, surtout les vieilles. Tout le monde hurle, me fait signe de retourner à mon hamac. C'est effrayant, leurs mines tordues de clameurs autoritaires. Je ne comprends pas leurs ordres. Je ne me laisse pourtant pas démonter et continue mon chemin. Ensuite, revenant vers notre foyer, l'une des épouses du capitaine Naguigue me tend impérativement son doigt vers une marmite. Il me faut aller la remplir d'eau à la source. Une nouvelle fois dans la journée!... Mais elle est femme de capitaine, je dois m'exécuter. J'en profite pour nettoyer et remplir la mienne, me promettant de la ranger du chemin de la vieille voisine. Notre coin devient insupportable. Entre deux et trois heures, le soleil y donne en plein, fouettant de chaleur cruelle notre hamac. Nous devons émigrer plus loin, à l'ombre. Nous nous glissons dans un hamac inoccupé. Des hommes sont réunis à proximité pour se droguer. Ils sont plus nombreux que d'habitude, des visiteurs se mêlent à ceux de la tribu. Le *yopo* circule. Je dénombre trente-cinq personnes. Soudain, huit d'entre eux se lèvent. Ils cheminent, aux aguets, tout autour du *shabono*. Leurs yeux scrutent chaque espace. Ils cherchent quelque chose. Marchant sur la pointe des pieds, ils agitent haches et machettes. Brusquement, le silence est déchiré par leurs clameurs. Ils s'égosillent, se ruant sur une proie invisible qu'ils viennent de débusquer... L'un brandit un *shoto* et le retourne violemment sur le sol, emprisonnant ainsi le mauvais esprit qui se cachait. Relevant d'un coup le panier, chacun frappe l'air d'ardents gestes. Les armes se déchaînent, les lames irascibles fendent en tous sens l'espace. Dans l'instant, leurs traits se détendent. Comme soulagés, sereins de leur victoire, ils redescendent parmi les humains. Détendus, ils marchent naturellement vers le groupe des hommes qui les attend.

Pendant ce temps, les femmes imperturbables et nues, quoique d'un œil elles suivent les activités de leurs hommes, tressent de petits paniers. Elles nous initient à leurs travaux. Les jeunes filles adoptent très vite Samantha. Nous devons faire nos preuves. Nous rions de notre maladresse. Ces ouvrages féminins demandent entraînement et précision. Le tissage du *shoto* qui nous est confié n'a pas la régularité des leurs. Il faut refaire le travail et sourire à leurs reproches. Une femme enceinte vient vers notre groupe. Elle porte un *mapanare* * mort, serpent venimeux. Elle le lave dans un minimum d'eau par économie pour les réserves du village. Elle le coupe en tronçons de quatre centimètres qu'elle place dans une feuille verte pour les cuire à la braise. Ma vieille voisine incorpore des fils de coton immaculés, transversalement, dans le tissage de son hamac sale. Ainsi son corps risquera moins de tomber entre les liens rectilignes. Elle m'est maintenant la plus proche de cœur. Nous n'étions d'abord que voisines. Elle devient ma grand-mère. Elle m'appelle *Napegnouma* sur un ton qui me bouleverse. Elle me prend sous sa protection et, très vite, elle m'entraîne dans toutes ses activités. Les enfants rient :

– Tu ne peux pas sortir avec la vieille. Elle marche trop vite. Même nous, elle nous sème.

Son attachement pour moi me permet de découvrir une personnalité d'une délicatesse surprenante. D'instinct, elle devine ce qui peut être une source d'inquiétude ou de danger. Elle tente d'y remédier. Elle peut rester des heures à mes côtés, à me regarder me reposer ou écrire. Elle sent bien mon conflit intérieur. De temps à autre, elle me caresse le bras ou les cheveux, comme si j'étais une enfant. Jour après jour, je m'habitue à la forêt vierge, à ses gens différents. Ma demeure parmi eux se creuse comme une tanière de bonheur. Mes souvenirs d'Europe s'estompent. Les particularités de la vie Yanomami me deviennent naturelles, ma vie quotidienne épouse la leur. La barrière s'est brisée, la joie s'y engouffre.

Vers cinq heures, l'après-midi, le *shabono* se vide. La chaleur folle cède le pas. Dans un sursaut de fraîcheur, l'énergie renaît. Les Yanomami entreprennent des travaux pénibles qui ne procurent pas immédiatement de la nourriture. Faire brûler la forêt, abattre de grands arbres, arracher des racines, nettoyer le sol, planter, semer. Les femmes s'en reviennent ensuite les bras et le *shoto* chargés de bois mort. Toute la nuit, les feux seront entretenus. Sept hommes font une entrée solennelle dans l'enceinte. Leur pas est décidé, arcs et flèches sur l'épaule. Des dépouilles d'animaux aux fourrures généreuses pendent inanimées sur leur dos. A la demande du capitaine, ils étaient partis à la chasse au lever du jour. La tension de la journée s'apaise. Un jeune garçon bombarde Samantha d'un vieux fruit juteux, puis de noyaux. La famille voisine prend immédiatement la défense de ma petite fille, criant et gesticulant des menaces en direction de notre assaillant. Le capitaine, en personne, vient aussitôt voir ce qui se passe et s'assurer qu'on nous laisse tranquille. Cette protection touchante est une nouvelle preuve de l'attention accueillante que l'on nous porte. Des jeunes de treize ou quatorze ans s'approchent. Ils reniflent des feuilles écrasées, sorte de drogue délicieuse, disent-ils en m'en proposant. Leur rire ivre est si tonitruant que je refuse immédiatement. Tout à côté de nous, *Happé* est allongé sur le sol. Son épouse appuie de tout son poids ses deux mains le long de sa colonne vertébrale. Douceur de l'intimité sans pudeur. Soudain, celle que j'appelle ma grand-mère éclate en de bruyants sanglots. Un avion à hélices zèbre le ciel, vers Puerto Ayacucho. Elle se souvient de son fils blessé que les infirmiers de la *medicatura* de Mavaca ont évacué d'urgence vers l'hôpital de la capitale.

– Là-bas, me dit-elle, en montrant le nord, chez toi, à *Napegnouma-Teri*... Là-bas, mon fils...

Il n'est jamais revenu.

La nuit, j'aime me réveiller quand il n'y a plus de bruits. Les feux s'étiolent, la braise s'endort sous la cendre. Le « cercle des feux » s'efface lentement dans l'obscurité sécurisante de la forteresse Yanomami. Même les chiens dorment, blottis au plus près des foyers. Quelques braises, réveillées par le vent, sont alors des étoiles rouges Elles se répondent en anneau et courent en rond le long du *shabono* Tout est tranquille. J'ai du mal à croire qu'il y a tant de monde qui dort, tant de bruit la journée. J'entends souffler la terre. Les poitrines, au rythme lent du temps qui coule, se soulèvent et s'abaissent. Les peurs, les moqueries, les gênes, les incompréhensions, les difficultés sont absentes. J'ouvre, larges, mes poumons au ciel noir qui tresse à l'enceinte sa couronne de nuit. Je respire. Heureuse de vivre, d'être là, au cœur de cette vie, au centre de l'expérience choisie. Heureuse d'être vivante. De sentir Şamantha contre moi endormie sans soucis, partageant le sommeil indien. Heureuse de demain qui viendra.

Mes yeux, ouverts à la nuit, parfois distinguent une forme en mouvement. Ma vieille voisine, par exemple, ce soir. Elle ravive son feu, s'accroupit au-dessus. Elle ramasse un tison qu'elle approche au plus près de ses parties intimes. Elle se gratte, se touche, se chauffe. Ce n'est pas pour le plaisir de la masturbation. J'ai vu en pleine journée d'autres personnes âgées quasiment s'asseoir sur des braises ou à même le sol, les jambes écartées de chaque côté du feu. Elles tentent ainsi d'arrêter les démangeaisons et d'enrayer les infections des parties génitales. Ma voisine regagne son hamac. Tout se repétrifie.

Je reste seule éveillée dans la grandiose plénitude du noir. Un vent plus fort se lève. Il charrie des vagues de nuages. La lune disparaît, sa blancheur se déchire. Tout le jour, je me sentais comme si la nuit ne tomberait jamais. Nous sommes ensemble, elle et moi.

18.
Valse le monde

Des rumeurs parcourent le *shabono*. Comme une charge électrique qui bondirait et se tendrait. Des informations contradictoires, variées, circulent. De bouche à oreille, la réalité se déforme, la vérité impalpable ne peut être cernée. Le capitaine vient aujourd'hui plusieurs fois nous rendre visite. Cette insistance montre bien que quelque chose se prépare. Dans ses tirades en Yanomami, un mot revient sans cesse : *wayamou*. Six fois de suite, il répète *manichi*, en couchant sa tête sur ses mains jointes. Puis il reprend, mimant un départ, le terme *wayamou*. Dans six jours, le *shabono* partira donc pour un long voyage à travers la jungle en direction d'un verger éloigné, en plein sud, en profondeur, vers le Brésil. Il désigne du doigt Samantha, nos bagages, moi-même, et il montre la porte, la direction du sud. Nous pouvons les accompagner. Dès qu'il nous quitte, la famille de Happé, qui, mine de rien, n'a perdu aucun mot de la conversation, me certifie avec force gestes et verve, pleins de conviction, que nous ne pouvons y aller. Le danger est trop grand. Passe alors un visiteur Yanomami, il vient d'un autre *shabono*. Il lui manque un pied qui lui a été arraché par un ocelot lors d'une chasse. Il s'appuie sur un bois d'arc pour marcher. Malgré son infirmité et son moignon tuméfié, un air de majesté se dégage de toute sa personne.

– Là-bas, une longue marche, d'abord, des fêtes. N'y va pas, *Napegnouma*. Le *wayamou* vers le Haut-Mavaca, c'est trop dangereux. Ils sont très méchants. Ils vont te flécher. C'est la guerre, là-bas si loin.

Un fonctionnaire de la malaria, Indien Makiritare, qui vient asperger le toit du *shabono* de D.T.T. contre les moustiques me dit :

– Le chemin pour y aller est très mauvais. Vous ne résisterez pas, ta fille et toi. C'est montagneux. Les moustiques y sont très « paludiques ». Personne ne répondra de toi, là-bas. Parfois les Yanomami sont amis, mais ils deviennent vite ennemis. On ne peut croire en leur parole.

Ma vieille voisine s'approche à son tour. Son visage tout contre le mien, elle me dit des choses essentielles à en croire ses yeux. Des mots douloureux, qui la blessent, viennent à ses lèvres. Mon cœur s'accélère. Je ne comprends rien à son discours. Le ton est percutant et doux à la fois. Elle tend sa main vers ma figure, ses conseils sont tendres. Je ne comprends rien. Comme j'aimerais savoir, grand-mère, ce que tu murmures ainsi! A son tour, un jeune vient m'expliquer qu'après-demain tous partent pour neuf jours de marche. Au verger, selon lui, ils resteront deux lunes. Alors que pour certains le départ n'est pas encore fixé, la marche ne durerait que quatre jours. Tous, au moins, sont d'accord pour dire que le *casave* là-bas sera abondant, que des fêtes se dérouleront et que le départ n'aura lieu que lorsque le *curare* * aura été préparé par les hommes.

La violence qui circule dans l'air ne demeure pas longtemps dissimulée. Dans la nuit, une immense dispute orale éclate. Le *shabono* roule sous la tempête des voix furieuses. Tous y prennent part. Tôt le matin, le jour n'étant pas encore levé, la colère renaît. L'intensité de la rage exprimée est impressionnante. Véritable bagarre verbale qui nous terrorise. Samantha et moi, nous nous serrons bien fort dans notre hamac, nous faisant toutes petites; une partie de notre sort se joue ici. Je saisis que certains refusent le départ en *wayamou* à cause des dangers de guerre. D'autres leur rappellent les alliances passées qui les forcent à porter assistance aux Yanomami de Nakisipué-Teri. Les arguments fusent de part et d'autre de l'enceinte. Chacun renvoie, le verbe haut, sa hargne. Combattre la colère de l'autre. Profitant d'une accalmie, nous nous rendormons. A cinq heures trente, un homme s'éveille. Il troue la nuit d'un long discours proféré d'une voix forte et âpre. Aussitôt, il s'attire en écho des commentaires et des réponses de toutes parts. Je sens la communauté déchirée par une faille. De quel côté de celle-ci vais-je me retrouver?

Rien n'est résolu. Dans le matin qui s'annonce, un homme, le visage peint d'un noir épais avec quelques lignes blanches probablement faites par ses doigts, quitte d'un pas autoritaire le *shabono*. Il se dirige vers les deux communautés les plus proches. Sans doute est-ce un émissaire en vue de regrouper les forces. Des femmes ont l'air de déménager. Certaines décrochent leur hamac et partent. D'autres portant des réserves de bananes, des enfants en bas âge accrochés à leurs flancs, les suivent. *Happé* me parle, de moi certainement, mais je ne déchiffre rien de son message. Si ce n'est les mots « sœur Nora ». Peut-être veut-il que je retourne vers elle? Six ou sept jeunes hommes sortent, l'air martial, les mains crispées sur leurs arcs et flèches portés à hauteur de leurs têtes. Un homme mûr, aux cicatrices impressionnantes sur les jambes, passe, portant un *shoto*, lourd visiblement, duquel dépassent une multitude de pointes de flèches. Une fois de plus, je ne sais de quoi il s'agit. Que se prépare-t-il? Je sens mon cœur battre la chamade. Samantha, heureusement, dort tranquille et paisible, je crois. Personne pour m'expliquer, pour aiguiller mes décisions. Prête à ranger nos affaires pour quitter les lieux, je ne sais si je dois partir ou rester. Qui suivre? Qui écouter? Progressivement, le *shabono* entier s'anime. Beaucoup rassemblent des objet artisanaux, les maigres biens de leurs familles, et partent en *bongo* vers la mission. Là, le père tient une « coopérative » où les Yanomami échangent leurs possessions contre quelques provisions : riz, sardines, sucre; quelques denrées : savon bleu, hameçon, toile rouge, *palanganas*.

L'hésitation m'habite. L'affolement me prend à la gorge, aux tripes. J'ai peur. Être violée, malade; Samantha violée, malade. Le désarroi tourbillonne, je perds la tête d'irrésolution. Seule à prendre cette détermination définitive. L'incertitude fait le lit de la lâcheté. Non, je n'irai pas. Mais ce serait tellement riche, intense. Fou, peut-être? Mais exaltant. J'ai la sensation d'être ivre de perplexité. Mon sac est intransportable, alourdi des boîte de conserve de Samantha; mes règles vont arriver et je n'ai rien pour me protéger; le cahier de mon journal de bord s'achève. Si nous partons au *wayamou*, sur quoi écrirai-je? Tous les prétextes sont bons, je m'y cramponne. Les fais défiler pour résister, pour conforter la plus morne des solutions : rester. J'ai peur de faire le saut. Mais il m'attire totalement. Je veux prendre résolument le virage, basculer dans une autre phase. Je suis à la porte d'un autre monde. Je suis lisière indécise. Je frôle le seuil en équilibre tangent. Il vaut mieux que je réalise mon appartenance au monde de ce côté-ci de la charnière, pourtant l'autre côté m'appelle avec tant de force. Le jour est barbouillé de violence précipitée, de tergiversation vacillante. Le soir s'enroule vite sous l'auvent du *shabono*.

Alors que je suis prête à m'endormir, la vieille voisine s'approche, une bûche encore rougeoyante à la main. Sous notre hamac, elle rassemble quelques morceaux de bois, y dépose les braises. Elle souffle et réactive le feu. Pour notre chaleur, pour notre bien-être. Son attention me bouleverse. J'ai tant besoin des gestes des autres... Je perçois tout de manière différente. Tous ces gens qui me font des câlins, ces femmes qui m'asticotent, me touchent, qui me jettent leurs noyaux ou leurs épluchures sales, je les regarde autrement. Je les laisse faire, les yeux à la fois proches et lointains. Je les vois telles qu'entre elles elles se voient. Les barrières de peur, de savoir, de particularités sont rompues. Je les admire : elles sont potelées, bien portantes; leurs bébés avides contre leur sein. Elles ont des émotions, que je partage dorénavant. Proches et lointaines, je devine que je suis l'une d'entre elles. Cette impression nouvelle cristallise ma volonté. Avec elles, je suis vivante. La nuit est maintenant totalement là. J'entends la grand-mère qui pleure secrètement dans son hamac. Samantha partage le sien avec un nourrisson que l'on m'a confié en garde. Deux petits garçons sont assis sur mes bottes. Ils me regardent, me demandent l'heure. Ils veulent mon Bic, et que je leur lise ce que j'écris. Ils m'interrogent sur notre menu de ce soir, ils le répètent entre eux.

– Là-bas, nous allons bien manger, tu sais... Il y a beaucoup d'animaux de la forêt. On va chasser. La viande, c'est bon. Nous en mangerons souvent.

Il paraît qu'il y a beaucoup de crabes délicieux sur le chemin du *wayamou*.

Je décide d'aller à Mavaca, tenter de trouver une solution, de préparer le départ. Le père de Francisco vient me chercher comme il me l'avait promis. Il doit me montrer la technique pour brûler l'intérieur de la pirogue qu'il construit. Parmi les créoles, Samantha et moi faisons une gigantesque lessive. Les femmes épouillent ma fille qui se gratte au sang. Nous partons toutes deux nous laver dans l'Orénoque. Le savon bleu, souverain contre les piqûres, est un véritable bonheur. De la tête aux pieds, nous nous frottons mutuellement. Le linge essaie de finir de sécher, malgré toutes les averses. Bien que je m'absorbe dans ces gestes banals, ma raison n'est plus assurée. Je suis perdue, esseulée. Sans savoir quoi faire de moi, de ma vie. Toutes ces journées et toutes ces nuits... Je ne sais plus rien. L'hiver ou la saison des pluies ne commencent qu'à peine. Le ciel est bas, la pluie constante. Il n'y a pas de lumière. Comment être photographe dans ces conditions? Tout se ligue donc contre moi? Rien n'a vraiment de sens. La rage que j'éprouve envers tout ne m'épargne pas même. J'ai envie de tout plaquer ici.

Dimanche 10 mai 1981, alors que j'accompagne les créoles à la messe, le père de Francisco, sans me prévenir, part en *bongo* chercher les Yanomami. Il les dépose plus haut, sur le fleuve Mavaca. Peints, ils sont une cinquantaine à chaque voyage. En effet, le vieux effectue plusieurs aller et retour. Je suis furieuse. Ils partent sans moi. Être toujours près du but qui m'échappe. Ce n'est plus possible... Alors c'est clair : il faut les rejoindre. Insoumise, en sueur, survoltée, je trie nos affaires. Tous désapprouvent mon départ. Personne ne m'aide. Ils font cercle à dix mètres autour de moi, regardent fixement mes efforts. Les commentaires vont bon train, alors que je bourre un sac du minimum d'affaires qui me semblent utiles pour ces semaines en jungle. J'essaie de penser vite et bien. La femme de Francisco me tend un paquet arrivé durant mon absence. Il contient des lettres de France. Je dois retrouver les Indiens, seule, avec l'appui de personne.

De la berge, je jette mon sac dans le hors-bord du père missionnaire. Sans un regard, sans rien lui demander, enfreignant sa froideur et son indifférence coutumières, Samantha et moi nous nous imposons dans son bateau. Il part au point d'arrivée du *bongo,* là où les Yanomami entament véritablement leur marche du *wayamou.* Nous sommes recroquevillées; impossible de parler, de faire un geste. La terreur est absolue. Le monde va basculer, l'instant se suspend. Tout proche, je sens déjà les pulsations de la réalité différente qui nous attend. Sur ce fleuve, nous parviennent des effluves de la forêt vierge. Ces odeurs combattent les senteurs de savon que nous portons. Il n'est pas difficile de savoir lesquelles seront les plus fortes. Les yeux découvrent mes pieds. Mes bottes bâillent, la semelle est presque entièrement décollée. Elles sont fichues. Il faudra qu'elles tiennent. Je n'ai rien d'autre. Mon visage demeure impassible. Dans mes yeux brille une flamme dure et violente. Inébranlable dans la décision prise.

Le père ne s'y trompe pas, qui n'ose rien opposer à ma volonté. J'accepte les conséquences de mon choix. C'est l'inconnu total devant nous. Après l'instant où nous débarquerons, nul ne peut dire ce qui se passera. Aucune Blanche n'est ainsi partie seule, qui plus est avec sa petite fille, vivre entièrement parmi les Yanomami, s'enfonçant dans la forêt en période de guerre. Seuls peu de Blancs connaissent cette réalité : deux, trois, peut-être? Le père missionnaire, lui, vivant ici depuis plusieurs décennies, ne sait absolument pas ce que c'est. La conjonction du *wayamou* et de la guerre est à l'horizon de ce voyage. L'unique, l'extraordinaire, sans doute. Mais il y a plus que cela.

Le hors-bord s'arrête après quelques heures de navigation. Nous accostons au pied d'une falaise escarpée de boue. Seul le *bongo* vide attend. Il n'y a personne, pas de chemin. Pas un bruit. Une tête apparaît brusquement dans l'enchevêtrement hostile. Je ne regarde rien, ne cherche rien. Je ne pose pas de questions. Je fais comme si tout était normal pour moi, comme si je savais ce qui allait advenir, comme si tout était prévu. Avoir l'air organisée, tranquille. Sans bruit, je descends tous nos sacs, Samantha débarque. Je remercie le prêtre. Nous escaladons la berge glissante, Nous dérapons, nos sacs roulent. Ils faut s'accrocher aux herbes coupantes. J'ai plus de bagages que je ne peux en porter toute seule. Nous sommes debout, dominant le fleuve. A cet instant commence ma vie. Le gouffre m'aspire. Dans le silence, la solennité gouverne mon intimité. Je lève la tête et regarde une dernière fois le soleil avant de m'enfoncer dans la jungle. Je ne sais quand je le reverrai. Dans la pénombre, j'aperçois plusieurs Yanomami silencieux, accroupis, affairés à sangler leur *coroto*. Je vis cet inconnu comme s'il m'était familier. Calmement, je me convaincs que nous appartenons à leur tribu. Je charge ce que je peux sur mon dos. Par-delà l'insolite, je me contrôle. Refusant les questions que l'on m'a habituée à poser, refoulant les émotions que l'on m'a enseigné à ressentir. Je dois rester efficace, ne pas laisser couler en angoisse mon énergie. Ne pas redouter la surprise, m'imposer de nouvelles normes : tels sont mes principes. Je souris à des enfants qui nous observent et qui jouent.

Une à une, les ombres qui nous entouraient s'enfoncent. Allons-nous nous retrouver seules? Face à nos bagages? Un guerrier pointe son doigt dans cette direction. Ceux qui n'ont presque rien attrapent nos paquets. Ils dédaignent les lanières des sacs et les fixent sur leur dos par des lianes. Ils sourient. Nous cheminons en file. Je suis obligée de stopper car les sangles de mon sac à dos cassent plusieurs fois. Tous alors s'immobilisent. Je suis rouge de confusion. Je tente des nœuds. Certains hommes portent de lourds fardeaux, des marmites, des haches, des flèches. Mais leurs yeux et leurs oreilles sont sur le qui-vive. La marche est éprouvante, pas simplement physiquement. Tout palpite dans ma tête, je renonce à ma civilisation.

Samantha est secouée par un bouillonnement de sanglots. De grosses larmes ruissellent. Des hoquets l'ébranlent à l'intérieur comme à l'extérieur d'elle-même.

– Maman, j'ai pas peur. Enfin, un tout petit peu... Mais surtout je sais que, toi, tu as peur. Cela me fait pleurer. Et tous les gens, ce matin, ils ne voulaient pas qu'on y aille. Pourquoi, maman?

Je comprends que ce sont autant les tensions récentes que la frayeur du moment qui la bouleversent. Je lui explique :

– Écoute, Samantha. Nous devons tenter de toutes nos forces de nous faire aimer par les Indiens. Rien ne pourra nous arriver s'ils nous aiment. En voyage, ma chérie, j'ai appris que le plus important à obtenir, ce qui résout et protège, c'est que les autres nous aiment. Cela sauve tout. Il faut éviter les disputes avec eux. Que tout aille bien, nous n'avons pas le choix. Tu verras, mon amour, il n'y aura pas de problèmes.

Après une marche de deux heures, nous débouchons sur un campement d'environ quarante huttes. Tous s'affairent à construire plus d'abris, à renforcer l'étanchéité du toit par de grandes feuilles. La forêt vierge impénétrable, sous les coups des machettes, s'ordonne en village indien. Les hamacs sont tendus, six par hutte. Samantha et moi, nous tombons assises sur nos sacs à dos. J'aperçois quelques têtes connues. J'ai chaud. C'est énorme ce qu'il y a en moi de chaleur. Je transpire de frayeur. J'ai fait un choix à contre-courant. Mais nous sommes soulagées. Une chape de plomb s'est levée. Le plus dur de la décision a déjà été pris. J'ai franchi la porte. J'ai tout plaqué. Je valse de monde. Je suis neuve. Je nais pour des expériences inédites. Ce premier campement est à l'orée de ma vie nouvelle. Ne pas se laisser impressionner ni affoler. Cette jungle qui grouille de trois cents primitifs assemblés, fébriles, avec lesquels nous sommes seules ma petite fille et moi, sauvages parmi les sauvages. La communauté est douce, les bruits deviennent familiers. Cette journée, intense entre toutes dans ma vie, s'allonge. Les Yanomami se détendent. Ils lancent quelques blagues en l'air, nous regardent et rient. Ils roucoulent. Des enfants passent près de nous et, d'une claque dans le dos ou l'épaule, écrasent les moustiques qui s'y pressent. Ils me montrent leurs mains maculées de sang.

Je me souviens alors des lettres enfouies dans mon sac. Onze lettres, mon frère, un petit ami de Guadeloupe dont les bras me manquent, la nourrice qui m'a élevée au Maroc, papa. Je dévore les lettres de mes deux petites sœurs qui me racontent leur accouchement. Premier bébé pour chacune, là-bas, si loin, en France. Étrange situation de lire ces missives, vieilles de trois mois ou plus, en pleine jungle, alors que tout est incertain. Les nouvelles que je reçois, surtout l'atmosphère qui se dégage de ce genre de vie ne font que renforcer mon choix heureux d'en avoir terminé avec les significations de leur monde. J'appartiens aux valeurs de la jungle. Je pense à ceux que j'aime et dont m'éloigne ma conception de la vie. Je ne veux plus appartenir à ces préoccupations, à ce type de quotidien. Je ne veux plus partager leur sort, ces amours. Je reçois l'affection ailleurs, maintenant. Aimer et être aimée ici, détester et haïr ici, maintenant. Quelque chose me pousse à quitter les miens, non seulement ma famille, mais ceux à qui je ressemble : les Blancs, les peaux claires, les maisons, le confort. Je ne garde plus mon cœur pour mes semblables. Je récolte sans jamais être rassasiée. Quand je suis dans la forêt, le monde recule, s'enfuit, n'existe plus. Je ne peux même plus l'imaginer. Il est à tant de jours de marche. Il n'y a encore que ma famille qui subsiste dans mon esprit, faible flamme de bougie, battue au vent de l'aventure. Rejetée, refusée, vous les installés de mon monde, vous ne vouliez pas de moi, jeune mère célibataire éprise de liberté. Votre étroitesse, je la fuis. Je quitte vos interdits. Civilisés, je ne crois plus en vous. Je vous renvoie à votre propre oppression. J'ai choisi. Une refusée parmi les refusés, les Indiens Yanomami. Je suis devenue une femme autre. Mon passé ne m'appartient plus, songe d'une étrangère. Ce voyage est mien. De nouvelles attaches me dictent des lignes de conduite. Ma révolte est rouge. Souvent je la lave de mes larmes. Je ne veux ni abdiquer ni me dévêtir de son manteau troué qui me sert de carcasse. Je n'ai de confidentes que les étoiles. Il ne fait plus froid vivre sur la terre. Je m'enroule dans les pans de la communauté Yanomami. Mon avenir est la prochaine averse. Je n'ai de livre que le regard de l'Indien. La vie est notre seule possession, notre unique royaume. Personne ne peut venir nous la dérober. J'aime ma vie d'indienne. Non pas le temps d'une brève visite. Je ne suis pas ici en conquérant, mais en mendiant d'amour. Je n'ai plus de rôle à tenir, l'une des sources de mon malaise s'évanouit. Je me possède. Ma solitude est un trésor à préserver, unique moyen de ne pas me détruire. J'ai foi en la dignité et la sincérité indiennes. Mon soulagement est intense, ma substance, ma vie intérieure ne peuvent ici que se déployer. L'exubérance n'est plus à bannir. Même si je frémis d'inquiétude, j'étouffe d'une joie secrète. Je suis à la recherche de l'estime de moi-même. Au fond de mes entrailles, bouillonnent confusément révolte et passion. Je suis enceinte d'honnêteté. Je suis de nulle part. Je veux sortir de mes rêves, les transplanter dans ma réalité. Sans tricher. Oser rêver et les assumer. Me faire adopter, partout. Samantha, toujours assise sur son petit sac à dos ballonné, me regarde. Elle ne dit rien. Elle voit mes yeux, respectant leur dérive. D'une main maternelle, elle remet mes tresses à leur place, les caressant de chaque côté de mon cou. Je découvre alors l'aurore de la vie dans les yeux de ma fille.

Dans l'après-midi, un jeune Yanomami de seize ans environ vient me voir. Ce n'est pas la première fois que j'ai affaire à lui. Il est magnifique, toujours peint de dessins différents chaque jour. De même, il change de boucle d'oreille. Son sourire est lumineux. Toute une sérénité intérieure se dévoile sur son corps, sur son visage. Sauf quand il m'approche. A ce moment, il se ferme. Dur et catégorique, il me dit alors :

– Tu es payée pour venir ici. Tu vas gagner beaucoup d'argent sur notre dos, sans que nous le sachions. Tu ne peux pas venir avec nous. Pourquoi es-tu ici? insiste-t-il. C'est une erreur de ta part. J'ai beaucoup vécu chez les Castellanos *, je sais. Ici, ce n'est pas comme j'ai vu chez toi : il n'y a pas de route, de bus, de voiture. Pas d'épicerie. Pas de docteur. Si tu meurs dans la forêt, les créoles vont dire que les Yanomami t'ont tuée. Ce sera mauvais pour nous.

De toute ma sincérité, je tente de lui expliquer :

– De même que tu aimes aller à Puerto Ayacucho voir comment les Blancs vivent, je veux venir chez toi. Apprendre. Partager. Je suis amie des Yanomami. J'aime les Yanomami. Je hais la vie des Blancs. Je veux vivre avec et comme ta famille. C'est pour cela que je suis ici. Pour apprendre à vivre comme toi.

– Tu peux rester. Mais plus de photos! Tu dois expliquer au gouverneur qu'il ne doit plus envoyer ses photographes ici. Tu dois renoncer à ce travail.

J'essaie de lui expliquer que si je prends des photos, c'est pour faire partager à mes proches, à ma famille, l'amour que je voue à son peuple. Finalement, en signe d'acceptation, il me demande si j'ai mes pastilles préventives contre le paludisme.

– Oui, bien sûr.

Je réponds d'une voix assurée. Mais je veux vérifier. Je fouille la poche du sac où elles doivent se trouver... Vide. Je déballe fébrilement toutes nos affaires. C'est le drame!

Elles n'y sont pas. Ce matin, en allégeant les bagages, dans l'excitation énervée des préparatifs, la boîte précieuse a dû rester à Mavaca. Une vapeur extérieure et intérieure m'envahit. La sueur dégouline. Une chaleur moite dilate mon corps entier. L'air que je respire est brûlant. Une étrange sensation de sommeil s'abat sur moi. Je ne vais pas m'évanouir au moins... Des larmes gagnent mes yeux, ma gorge. Une immense nappe de désespoir me recouvre. Je ne veux pas que nous mourions là-bas. Il faut prendre trois de ces cachets tous les quinze jours. Dans cinq jours, la date où nous devrons en reprendre. Le paludisme est mortel. Si nous partons, il n'y aura ni hôpital ni docteur possibles. Abattue, je parle de mon problème à des jeunes qui entendent l'espagnol; parmi eux se trouve Marcelino, le fils d'un capitaine. Je leur confie que je veux retourner demain à Mavaca chercher les pastilles, et revenir ensuite en vitesse ici.

– Parles-en au capitaine, dit-il.

Je souris un maximum, humble, désespérée. Je guette le moment opportun pour l'aborder. Il ne parle pas ma langue. Je rassemble mon courage. Il mange, se repose, se lève pour rendre visite à d'autres personnes. Marcelino l'interpelle. Il le met au courant de loin, à voix haute. Ils ne se regardent pas quand ils se parlent, l'un et l'autre, le visage tourné dans des directions opposées. Tout le monde écoute, mine de rien. En cas de problème, je suis plus habituée à la discrétion cachottière. Encore un effort d'adaptation à faire. Sans en avoir l'air. Si je ne connaissais pas les modes de communication des Indiens, je pourrais jurer que le capitaine n'a prêté aucune attention à l'explication de son fils. Les Yanomami, qui n'en ont pas perdu une miette, éclatent de rire. La gorge ouverte. Bruyamment. Leurs hurlements de plaisir résonnent clair dans la pesanteur de la forêt et de mon désespoir. Je ne dis rien. Mon visage se fait le plus doux possible. Les yeux pleins de repentir, de gentillesse. Immobile et inférieure, j'attends la fin de cet orage moqueur.

Bien plus tard, Marcelino me demande d'aller m'accroupir près du hamac de son père. Lui-même se glisse dans celui de sa mère à proximité. Le capitaine est devant moi, nu dans sa personnalité qui m'écrase. Les mains vides, c'est un chef sans képi ni galons. Je me sens scrutée. Ma médiocrité est clouée à la porte de mon être. Je ne peux plus être une faiseuse de politesses. L'Indien me juge, m'évalue. Il devine au-delà de l'apparence, dans le secret du cœur. Il jauge l'espoir qui m'entraîne à leur suite. Les désirs secrets que j'ai forgés, il les voit. Nous nous expliquons du regard. J'ai de la peine à oser lever la tête. Son langage est tout autre. Ce dialogue va plus loin, frontière de nos compréhensions différentes.

– Demain, je dois retourner à Mavaca, chercher ces pastilles. Je reviendrai rapidement.

Marcelino s'offre pour traduire. J'essaie d'être positive, concise dans ma parole. Je m'efforce à la sympathie, n'exprimant pas mon drame. Le capitaine parle à voix haute, s'adressant à tous les hommes mûrs du camp. Ceux-ci répondent dans un cocktail de voix variées. Je me recroqueville, n'osant regarder nulle part. J'attends un déluge de rage, de réactions curieuses contre moi. Le capitaine rend la sentence :

– Samantha restera ici, avec les sacs. Elle commencera à marcher avec les autres. Toi, tu nous rattraperas sur le chemin.

– Qui va la garder ? Elle est petite, ma fille...

– Moi, répond Marcelino.

Je m'adresse alors à Samantha.

– Ton papa, c'est le capitaine. Ton frère, c'est Marcelino. Ils vont te garder demain pendant mon absence.

Je le lui dis en espagnol, puis lui répète, le plus fort possible, en yanomami. Pour que tous comprennent qu'elle sera sous la protection du capitaine, membre de sa famille. J'espère que ces paroles seront un mur de défense dans cette jungle sans abris. Nous en sommes à une confiance primaire, c'est impressionnant. Je dois maintenant me renseigner sur les hommes qui pourraient faire l'aller et le retour avec moi, demain. Personne ne se propose. Deux hommes en pleine force de l'âge viennent me trouver et m'ordonnent :

– Tu nous rapporteras deux maillots de bain tout neufs, les nôtres sont trop vieux. Beaucoup de munitions à cinq bolivars pièce. On te paiera après, quand tu reviendras ; en plus, tu prendras de la médecine pour la tête, les yeux, la diarrhée, le paludisme... D'autres commandes pleuvent sur moi. J'acquiesce. Je suis soulagée d'avoir pu partager mon problème avec la communauté. Il n'est plus aussi lourd. L'individu peut faire reposer sur les autres son fardeau. Il est pris en charge collectivement. Ce soir, il fait plus doux dans ma tête.

La forêt répond à la nuit. Elle craque de toutes parts. Samantha et moi sommes partagées entre une excitation qui nous fait rire de tout et une angoisse qui nous étreint. Des souffles, des sifflements sillonnent l'obscurité. Une odeur fauve se lève. On ne peut oublier la jungle. Elle s'étouffe dans sa propre moiteur. La partie est jouée. J'ai envie de me boucher les oreilles, de ne plus rien entendre, de prendre Samantha dans mes bras, de la serrer si fort, de la rassurer, de me rassurer. Ces années nous ont si fortement unies que nous sommes le reflet l'une de l'autre. Chacune sait avant l'autre ce que l'autre va ressentir. Nous tissons avec passion notre toile de complicité tendre. Tandis que la forêt se fait hostile, que les arbres deviennent fantômes, que la nuit crie, nous nous enveloppons sous notre moustiquaire, dans ce filet d'amour.

– Et ça, qu'est-ce que c'est?

Quelqu'un me saisit la main et tente d'enlever la bague de mon majeur. Elle m'avait été offerte par un Indien canadien. En argent, turquoise et corail rouge, elle représente un oiseau. J'explique à ce solliciteur nocturne :

– C'est un esprit qui nous garde. C'est pour cela que je ne peux l'ôter ni la donner à ceux qui me la mendient.

Le bruit circule et se répète comme une traînée de poudre.

– *Hékuras *!* « Les esprits, les dieux protègent Napegnouma et la petite... »

Plusieurs fois dans la nuit, je me réveille. Dès qu'il fait un tout petit peu jour, je me lève. Essayant d'être le plus discrète possible. Mais cela provoque malgré tout les hurlements d'un homme voisin, qui annonce au camp que la Blanche se prépare à partir. Quelque chose de ce genre... Moi qui voulais profiter de l'obscurité pour éviter tout commentaire! Je réveille Samantha, préparant sa nourriture de la journée, arrange ses affaires. Je m'attarde. C'est tellement impressionnant de laisser son enfant dans la jungle. Près de l'entrée du camp, un jeune Yanomami m'attend. Ce n'est pas celui qui avait été choisi hier. Nous nous éclipsons. Tout en marchant, je pense à Samantha. Pourvu que Marcelino et son père prennent bien soin d'elle. La course dans la forêt vierge est si rapide que j'ai du mal à suivre. C'est une lutte de chaque seconde contre la végétation, l'eau. Contre soi-même. Trois jeunes m'accompagnent en plus d'une femme qui porte un nourrisson. Les mystères des déplacements indiens restent pour moi entiers. La logique n'y entre pas forcément en première place; mais une signification secrète se pressent. Nous devons franchir trois ponts suspendus faits d'une liane sur laquelle il faut marcher. Au-dessus du vide, perchée en funambule sur cette corde naturelle, je m'avance précautionneusement. Je dois ensuite rattraper mon retard dans ce fouillis sans chemin, reconnaissant la trace de mes compagnons à des branches cassées ou à des plantes foulées.

A Mavaca, épuisée, je demande au fonctionnaire du ministère de la Santé les fameuses pastilles. Il m'en donne le nombre exact dont Samantha et moi, selon eux, avons besoin pour le *wayamou*. Pas une de plus. Ils sont chiches. Je n'obtiens aucun médicament pour les Yanomami.

– Ils n'ont qu'à venir les chercher eux-mêmes, s'ils en veulent...

Je réalise bien vite qu'une nouvelle terrible s'est abattue sur Mavaca. Les visages tendus et les conversations ne font état que des bruits qui circulent depuis le matin.

– Les ennemis *Shamatari* ont quitté leur *shabono* depuis quelques jours. Ils se dirigent en direction du village Nakisipué-Teri, où vous vous rendez. Pour tuer les Yanomami de la tribu avec laquelle vous êtes. Ils vont violer les femmes. Les *Shamatari* veulent se venger du passé : ceux d'ici avaient tué les leurs.

Tous me déconseillent fortement d'aller là-bas. Ils ont abandonné l'indifférence réprobative. Ils me supplient presque.

– N'y va pas. Tu vas être battue, violée, fléchée peut-être. Non. Il ne faut pas. Leur *wayamou*, la récolte au verger, tout ça... Ce sont des blagues. Ce qu'ils vont faire, c'est se battre. Il n'y a que ça pour eux.

Les créoles refusent catégoriquement de me vendre les munitions que je leur demande. Ils m'expliquent que les Yanomami ne s'en servent pas pour la chasse mais pour la guerre. Pour tuer leurs ennemis. Une grosse *conmadre* créole m'offre une tasse de café. Je m'assieds enfin dans un peu de calme. J'apprécie le breuvage amer, secrètement, car je ne veux avouer à personne que je suis à jeun depuis hier soir où je n'ai dévoré qu'une banane verte bouillie. La directrice de la mission à qui je demande un cahier neuf et un crayon me dit :

– Si Samantha était présente avec toi ici, je vous empêcherais de retourner dans la forêt. Le danger est ÉVIDENT, certain. Il n'y a pas si longtemps, les *Shamatari* ont enlevé une femme blanche, Helena Valero. Tu connais? Tiens, voilà ce dont tu as besoin, un cahier et un crayon. Utilise-les pour écrire ton expérience. Cela va être quelque chose!...

Malgré son opposition, pour la première fois, je sens dans son regard, dans sa voix, de l'admiration. Elle me voit, enfin, comme un être humain, digne d'attention et de respect. Deux Yanomami qui travaillent à la mission, exécutant les travaux les plus ingrats, s'approchent sous le soleil tendu. Leur visage est à l'unisson de ceux des gens qui m'entourent :

– Tu ne peux pas partir. Nous connaissons les ennemis. Ils sont terribles dans leur colère. Ils vont vous tuer. Leurs flèches sont mauvaises.

Ils expriment, par gestes, par mimes, le courroux des *Shamatari*. Ils bruitent la souffrance. On croit voir des blessures horribles qui les atteignent soudain, on croit entendre la rage de tuer des sauvages lointains. Un frisson serpente dans mon dos. Vraiment, je suis prévenue. Tous les avis sont opposés à notre départ. Absolument tous. Je ne veux rien écouter. Je désire voir ce qui va arriver. Samantha m'attend. Ce ne sont pas les monotones heures de Mavaca qui peuvent me retenir. L'inouï frappe dur ma cervelle.

Nous reprenons le chemin de la jungle. Deux Indiens m'accompagnent. Différents de ceux de l'aller. Je ne les avais encore jamais vus. Je me demande comment ils savent d'où je viens et où je vais. Je ne sais pas d'où ils sortent. Étrange solitude de ces territoires dépeuplés où l'homme apparaît soudain comme jailli de nulle part. Je dois porter mon sac. Il scie mes épaules. Eux ne portent rien. Ils me considèrent comme leur petite sœur que l'on peut faire trimer et dont on peut se moquer, du haut de l'autorité de l'aîné. Je ris tout haut de mes efforts, de mes difficultés physiques. Comme les Indiens que j'ai toujours vus rire lorsqu'ils avaient de gros problèmes. La marche est longue, rude, épuisante. Je transpire énormément, douche brûlante sur mon corps, le visage. Mes yeux piquent du sel. De véritables ruisseaux creusent les ailes de mon nez. Ce goût de sueur me sert de déjeuner. J'en avale chaque goutte. Le reste du monde n'existe plus. Mon corps est lourd, de haut en bas. Je ne sais même plus si j'avance. Je bois plusieurs fois de l'eau croupie, tout en me disant : « Juste ce qu'il ne fallait pas faire. Le plein d'amibes et de microbes... »

A deux reprises, les Yanomami disparaissent dans la forêt. Je m'étais habituée à les suivre sans les voir, car ils marchaient en avant. Mais là, plus de traces, plus de signes. Je chemine seule un long moment sur ce que je crois être le chemin. Le tracé est invisible. Je tente de faire confiance à l'intuition pour deviner le chemin. J'appelle mes compagnons. Le mur d'arbres est muet. Perdue, mon flair ne me parle plus. Abandonnée. Je pense commencer par pleurer malgré moi. Ils me surprennent. Ils s'étaient cachés dans un fourré, exprès, pour m'effrayer. Ils rient, raillent, méprisent. Une autre fois, après quelques appels restés vains, je crie à toute force :

– *Shori, shori.* Je m'assois, découragée. Sans doute ai-je dû prendre une fausse direction. L'un d'eux survient, l'air hautain. Dans sa langue, il m'apostrophe. Son ton ne me laisse aucun doute, il m'invective.

Une odeur d'excréments m'indique que nous approchons de la périphérie du camp. En effet, il se distingue à peine des enchevêtrements. Ce n'est que lorsque je me heurte à la clôture de branches que je le vois vraiment. L'unique ouverture est fermée d'un rideau de broussailles. On n'entre pas sans se nommer. Les deux hommes poussent des cris stridents :

– Hi, hi, hiiii...

Il faut se baisser et se faufiler pour entrer. Je me réjouis incroyablement en voyant Samantha. Elle est pâle et semble nerveuse. Je me jette dans son hamac pour me reposer contre son corps, dans son amour. Dans un sursaut d'effort, je vais quérir de l'eau potable. Je veux offrir à Samantha un plat de riz salé. J'en ai obtenu une toute petite quantité à Mavaca. Elle le dévore. Pendant mon absence, Samantha a pleuré, beaucoup pleuré, me disent plusieurs voix. Des hommes sont venus dans la journée. Ils annoncèrent la proximité de l'ennemi, qui faisait route en direction du camp. Tous ont alors crié, et les hommes se précipitèrent, en masse, contre l'ennemi. Le camp est encore sans hommes, donc sans ceux à qui j'avais confié ma fille. Je me retourne, je n'aperçois que des femmes et des enfants. Un petit garçon m'explique que si les *Shamatari* nous volent, les guerriers de notre tribu mettront du poison sur leur chemin afin que les pieds des ennemis s'en imprègnent et qu'ils meurent.

– De toute façon, s'ils te volent, toi ou ta fille, en deux jours, les hommes d'ici te ramèneraient, à moins que les ennemis t'emportent vers le Brésil.

Aux mots du garçonnet, Samantha éclate en sanglots.

– Il m'a déjà dit tout cela. Je croyais que le poison avait été mis sur le chemin que tu devais emprunter. Il m'a tout décrit, comment ça se passe quand on est volé.

Je prends ma fille sur mes genoux, je la berce. Avec mes caresses, j'efface ses larmes. Mes mains brossent ses longs cheveux d'or. Mon cœur murmure des apaisements. Comme le nourrisson qu'elle a été, Samantha ferme les yeux et se laisse porter par la quiétude sensuelle.

Je ne sais où cacher les pastilles contre le paludisme. Elles doivent toujours se trouver sur moi, dans le cas où les ennemis m'enlèveraient. Je les enroule dans un morceau de sac plastique déchiré. Un élastique de mes tresses serré autour. Si je suis traînée dans l'eau, les fleuves, les marécages, exposée aux pluies, les cachets ne se détérioreront pas. J'aimerais ne pas mourir tout de suite chez les ennemis. Au moins vivre les quelques semaines que pourraient me procurer ces pastilles. Je place ce précieux petit paquet dans la poche avant de mon blue-jean, tout au fond. Il faudrait vraiment que quelqu'un mette sa main pour les y en arracher. J'hésite à en mettre dans la poche de Samantha. Mais elle n'est pas capable de compter quinze jours, intervalle entre deux dates de prise. Alors je prends le risque : j'espère que nous serons capturées ensemble.

Comme si la tristesse de ma petite fille, le danger menaçant ne suffisaient pas, je continue d'être l'objet de harcèlements constants. Les Yanomami veulent tout ce que j'ai et plus encore. Une délégation de femmes m'arrache à mes préoccupations. Elles font pression pour que je leur donne les cachets contre le paludisme. Elles miment la maladie, certifiant que tous leurs enfants en sont atteints. Je leur dis que j'en ai juste assez pour ma fille et moi pendant la durée du *wayamou.* Rien n'y fait. Elles s'emportent. Leurs yeux lancent des foudres d'indignation. Elles font un bruit énorme. Elles deviennent verbalement mauvaises, méchantes. Elles m'assaillent de la pire des injures :

– La Blanche est mesquine.

Elles s'égaillent dans le camp, laissant des traînées de médisance sur mon compte. J'en veux à ces employés du ministère qui ne voulaient pas me donner un cachet de plus. Si j'offre ce que nous avons, nous mourrons. Notre voisine de hamac m'aborde alors. Elle me force à ouvrir mon sac à dos, persuadée que j'y cache des boîtes de sardines. Il n'y en a pas. Elle devient menaçante. Découvre le thon de Samantha.

– C'est pour ma fille. Je ne peux te le donner. Elle ne mange pas la nourriture de la forêt. Je n'ai pas d'homme pour chasser. Je ne veux pas qu'elle meure de faim, tu comprends?

Elle insiste. Je finis par l'insulter en français, tout en m'efforçant de garder un sourire aux lèvres. On ne touche pas à ma fille!

Les hommes rentrent, un à un, au camp. Il pleut légèrement. Il fait gris sombre. Je me surprends à me disputer avec Samantha. Je suis tellement excédée que ma hargne ne trouve que cet exutoire. Je m'en veux. Elle est mon seul trésor, ce que j'ai de plus précieux. Je vais devoir rendre des comptes au capitaine. Je n'ai rien obtenu de ce dont il m'avait chargée. Marcelino me demande :

– Que disent les sœurs?

– Elles ne veulent pas donner de maillots de bain, ni rien d'autre.

Elles disent qu'il faudra que vous y alliez vous-mêmes après le *wayamou.*

Il ne semble pas entendre. Il répète :

– Que disent les sœurs pour toi?

– Elles m'ont déconseillé d'aller avec vous. Qu'il y a beaucoup de danger.

– Alors retourne, si tu veux. Mon père te le disait aussi.

Il se lève et disparaît, se désintéressant du sujet. Il vaque à ses occupations. Tout près mais tellement loin. Son attention, son intelligence me quittent. Il a parlé. Il m'a donné ce qu'il me destinait. L'un des jeunes qui m'a accompagnée ce matin vient à son tour. Il me rapporte les propos du père missionnaire, disant que je ne devais pas m'enfoncer ainsi avec les Yanomami dans la forêt. Tous les dangers que l'on me décrit sont vrais.

– Fais ce que tu préfères. Retourne à la mission ou viens. Tous les capitaines en parlent, les hommes aussi. Personne n'est contre ton départ avec nous. C'est à toi de choisir.

C'est alors que le capitaine Naguigue s'approche. Il rit, la bouche grande ouverte, de bon cœur, me sourit, passe une main douce sur la tête de Samantha. D'un ton bon enfant, il me demande :

– Pourquoi veux-tu retourner à Mavaca? Il n'y a pas de danger.

Je désire le croire. J'aimerais tellement. Faire abstraction des différences de mentalité, accéder à une confiance universelle. S'il le dit, c'est que c'est vrai. Plusieurs heures après, Marcelino se faufile contre notre hamac. En confidence, plein d'amitié, il me raconte la guerre passée qui déclenche aujourd'hui la vengeance des ennemis *Shamatari*. Avant de me quitter, il ajoute :

– Connais-tu le chemin de retour? Le retrouveras-tu, seule?

Perdue au milieu de toutes ces angoisses, je n'ai pas vu la nuit descendre. Maintenant, je sais ce que nous risquons. Être violées, Samantha et moi, par trente ou cinquante hommes. Ma petite fille ne pourra jamais avoir d'enfants de sa vie, après cela. Nous serons volées, dépouillées, battues avec de gros bâtons. Abandonnées ou tuées. Ils brûleront nos corps. Voilà ce que je sais.

Faire demi-tour, revenir au point zéro, à l'insignifiance. J'ai le cœur soulevé. Un non-reportage, voilà mon succès... Ce n'est pas possible.

– Vous comprenez, c'était impossible, j'ai failli, mais c'était vraiment trop dur... Regardez ma médiocrité, elle est quand même étonnante, superbe, n'est-ce pas?

Ce sont les phrases qui me resteraient du Haut-Orénoque? La prudence, l'intelligence logique ordonnent de ne pas suivre les Yanomami. Est-ce avec de tels mots que l'on bâtit une vie? J'ai trop la sensation d'une soif ratée. Rien du tout. Aucun poids, aucune valeur : je ne peux m'en contenter. Est-ce à dire que, femme seule, je ne peux pas vivre? J'en suis réduite à l'incapacité, à l'impossibilité. Si j'étais avec une équipe, avec un compagnon de voyage, nous irions à l'aventure, dans la sécurité de notre amitié. Programmée, nette, optimiste, elle serait joyeuse. A la découverte!... En avant, pour l'excursion.

Mais ce n'est pas cela, jamais, que je recherche. Peut-être suis-je au bord de l'abdication? Pourtant j'ai rencontré ici un sens pour ma vie et des êtres sereins, amicaux, souriants. Ils nous acceptent. Pourquoi ne pas recevoir, accueillir, cette humanité différente? J'étais jeune et belle avant de pénétrer dans la forêt. Le dessin, l'enchevêtrement des racines et des lianes déteint sur mon visage. J'y attrape des rides. Ma peau est à l'image ravinée de la végétation, tant elle cherche à l'imiter. Je les mérite, ces rides amazoniennes, refusant la facilité. Samantha me fait remarquer qu'auparavant je n'avais peur de rien, maintenant tout m'effraie. Comme c'est vrai, ma petite fille chérie... Les yeux de ton amour ne te trompent pas.

Dans quel univers vais-je t'entraîner? De quel droit te faire risquer ce qui te guette? Nous sommes seules au monde. Il n'y a pas d'autre solution pour l'une comme pour l'autre. Samantha avait, a encore, la possibilité de ne pas venir au *wayamou*. M'attendre à Mavaca. Les créoles sont prêtes à la recevoir. Elle y a des amis. Cela d'ailleurs ne la dérangerait pas de rester un temps indéfini sans sa maman, quelques semaines au plus. Elle m'attendrait, car elle saurait que je reviendrais. Mais ensemble, nous avons décidé d'expérimenter la vie Yanomami. Samantha a son mot à dire.

– Je ne veux pas, maman, te laisser y aller toute seule. Je veux être avec toi pour t'aider.

La quête de l'Indien, le reportage, Samantha d'amour, n'en a que faire. Ce n'est pas tant les Yanomami qui l'intéressent que sa maman. Elle perçoit, j'en suis sûre, à cet instant, la tentation qui me dévore. Aller au *wayamou,* aller au-devant de la guerre, chercher la mort. Je n'aime pas la vie, rien ne m'attache, en un éclair tout est balayé. Je ne vois plus rien que la mort qui me prend et me mord. Suicide aux yeux grands ouverts. La mort viendra de l'Indien, il sera doux de fermer les yeux dans l'obscurité de la forêt. C'est tout cela que, d'instinct, Samantha a saisi. Sa main serre si fort la mienne, à m'en faire mal.

– Dis? Tu auras besoin de moi, je vais avec toi...

Il fait totalement noir. Quelques rares étoiles vacillent dans le feuillage des hauts arbres. Une ombre s'approche de moi. A sa stature, je reconnais Pecapibue, le père de Marcelino. Jusqu'à maintenant, il a été parfaitement neutre vis-à-vis de Samantha et de moi. Je lui demande de s'accroupir, oubliant que je n'ai jamais osé interpeller ainsi un homme Yanomami, encore moins un chef. D'être humain à être humain, faisant abstraction de son état « d'Indien sauvage », je lui donne mon angoisse. Pour qu'il me réponde avec toute sa sincérité, son bon sens, son intelligence, son cœur, sa vision, sa compréhension du monde et des événements. Qu'il me réponde en homme, en mâle. Je place entre ses mains ce qui pèse le plus en moi.

– Capitan, est-ce que je peux aller là-bas, en *wayamou*?

Il me répond que le seul problème est la maladie. Je lui explique tout. Vide mon sac.

– Tout le monde me déconseille de vous accompagner. Même les gens de ta tribu, les Yanomami eux-mêmes, me dissuadent fortement.

– Si les ennemis flèchent, nous flècherons aussi. Là-bas, nous allons beaucoup manger. Du *casave*, des bananes, du gibier. Il y aura des fêtes; trois fois nous allons danser. Chanter. Dans vingt jours, nous reviendrons.

Tandis qu'il énumère les nourritures, plus que les mots qu'il dit, je ressens sa vie, la vie. Un appel au bonheur, à la forêt, aux activités quotidiennes. J'ai le désir de les suivre, d'être avec eux, d'être eux. Devenir eux par-delà les visages et les corps. Il ne parle pas espagnol, je parle si peu yanomami. Chacun de nous, pourtant, comprend parfaitement bien les moindres détails, les plus petites nuances de notre conversation. Il me dit, le regard clair :

– Si tu as peur, retourne.

Je n'ai plus envie d'avoir peur. Pendant la nuit, il pleut. Nous étalons une toile de plastique sur un fil tendu au-dessus du hamac, accroché entre deux arbres. Je force mes yeux à rester ouverts. à boire la nuit.

19.

Exode pour un *wayamou*

Un matin limpide se lève. Il se soupçonne déjà. Les arbres géants s'inclinent dans un rouge de feu. Des guirlandes de fleurs jaunes se balancent jusqu'au sol. Elles s'ouvrent et s'épanouissent dans les reflets du soleil naissant. L'air épouse la terre, leur union se scelle en vapeurs ardentes. La nature est tellement méfiante. Royaume de l'argenté. Les plantes s'effacent dans le gris uniforme. La parade ébouriffée du petit jour frissonne de chaque laideur végétale, s'abandonne dans une fusion de désirs épanchés. Toute verdure est mal dans sa peau, mais tellement bien sur celle des autres. Je me réveille. L'odorat envahi de senteurs à caresser. Je lace mes bottes fermement pour qu'elles ne se dénouent pas durant la marche. J'empaquette tout. Emplis nos gourdes d'eau potable. Samantha s'assoit à côté de moi. Le sourire de son rêve de la nuit la poursuit encore. Les Yanomami autour de nous sont d'un calme incroyable. Je guette un signe, un indice, un conseil, qu'ils pourraient me donner. Ils me regardent en douce, et détournent le regard sitôt que j'accroche le mien au leur. Un capitaine vient me demander quel chemin j'envisage de prendre. Celui du retour vers Mavaca ou celui du *wayamou?* D'une main timide, je désigne le sud. La grande marche. L'exode vers la jungle et la guerre.

Les femmes s'agenouillent, ceignent leur front d'un bandeau de portage. Tous les objets usuels sont munis de cordelettes en fibres roulées et suspendues au *shoto* dans leur dos. Par-dessus ces amoncellements, parfois un perroquet apprivoisé, un singe, retenus eux aussi par des lianes, contemplent les préparatifs du départ. Ils ponctuent nos efforts de leurs cris familiers. Ils se plaignent de l'inconfort des déséquilibres causés par la marche. Des bambins de deux ou trois ans rejoignent aussi les animaux, en grimpant sur les paniers. Quant à leurs plus jeunes frères, la mère les porte collés contre son sein dans une lanière. La femme ploie. Les piaillements des enfants ballottés, mal réveillés, affamés, sont ses seuls encouragements. Deux, trois anciennes ramassent dans les foyers des tisons. Elles les protègent de leur main tout au long de la marche. En cas de pluie, elles les abritent d'une feuille. Parfois elles soufflent sur la braise pour l'entretenir. La procession s'ébranle, famille par famille. L'homme ne porte que son arc, ses flèches et son carquois. Les premiers de la colonne créent un chemin par leurs piétinements. La boue omniprésente est marquée des empreintes du troupeau humain que nous sommes. A côté des traces adultes, je distingue les pas minuscules d'enfants qui courent. Là où le père fait une enjambée, le petit Yanomami en fait deux. Nous empruntons le lit de *cañitos* où roule une eau pure et vive. Nous buvons sa transparence sans retenue. De temps à autre, ils sont bordés de petites plages de sable blanc et fin. Vision paradisiaque d'une nature intacte et première. Nous foulons la virginité recommencée de ses paysages frais. Soudain apparaissent dressées devant nous des roches volcaniques. Qu'il faut contourner. De trois mètres de haut, boulets de pierre, elles s'adoucissent de lichens et de mousses. Habitué à se perdre dans les méandres végétaux, le regard se heurte à leur masse sombre.

Au fil de la journée, les hommes allongent le pas et gagnent la tête du cortège. Le groupe des femmes et des enfants, deux cents personnes environ, avance alors, en file indienne. Au fur et à mesure que nous nous enfonçons, les femmes se dénudent. Avec répugnance, elles rejettent les vêtements imposés. Par commodité, mais aussi par familiarité originelle avec le milieu vibrant qui nous environne. Par réflexe. La fatigue des heures de marche glissante, dans un relief accidenté, s'enroule autour de nos jambes. Les sacs blessent mes reins. Nous sommes trempées, la sueur nous imbibe. Les vêtements sont à tordre. Mes yeux ne distinguent plus très bien ce qui nous entoure. Je trébuche. Me raccroche à un tronc, ses épines me déchirent la main. D'une branche que mon bras balaie, une colonie de fourmis glisse sur moi. Elles me dévorent. Une liane se vrille sur ma cheville, je tombe. Au pas suivant, mon pied prend appui sur un tronc qui cède, il est pourri. Prisonnière, je dois redoubler d'efforts pour reprendre le rythme. Plusieurs fois, mes tresses se prennent dans les ronces. S'emmêlent. La femme de Happé me dit alors :

– Coupe tes cheveux, comme nous, en *shabono.*

Elle passe ses doigts sur son crâne rond. Forte de mes croyances indiennes du Canada, je résiste. Il ne faut pas couper l'œuvre de Dieu.

Je me retourne souvent pour regarder Samantha. Elle ne se plaint pas. Sa gourde passée en bandoulière, son K-Way, son petit sac à dos avec des provisions qu'elle grignote : petites amandes, chocolat, olives. Ses rangers disparaissent sous la bourbe, chaque pas lui demande un effort considérable. Parfois elle tombe. Mais aujourd'hui rien ne l'empêche d'être gaie et heureuse. Elle tente, par fierté, de marcher à la vitesse des Yanomami de sa taille. Tout en riant, elle invente même des jeux à partager avec ses nouveaux amis. Elle répète les mots qu'elle entend en langue tribale. Dans sa bouche, ils deviennent chansons qui charment tout le monde.

Dans un sous-bois plus sombre, nous découvrons des grappes de femmes accroupies. La pause. Par petits paquets, elles se reposent et discutent. Le lieu a été choisi pour sa fraîcheur, à proximité d'un *cañito.* Tandis que Samantha et moi en dépassons certaines, pour nous installer à notre tour, les interpellations, les regards sont bienveillants et cordiaux. La halte est brève. Il est doux de se recroqueviller sur ses bottes et de poser le front sur ses genoux. Fermer les yeux. La journée ne sera interrompue que par trois pauses. A l'une d'entre elles, je panique. Je vois le chemin que nous venons de parcourir, mais lors de notre retour. Samantha inanimée que je devrais porter sur mes épaules. Moi, malade, anémiée, titubante de fièvre, obligée d'être portée dans un hamac. Je vois ces cas désespérés. Je suis au milieu d'une folie. A chaque instant, je guette le visage de ma petite fille pour savoir si elle va bien. Tout est dans ma tête car, jusqu'à présent, hors la fatigue, il n'y a pas de problème.

La possibilité d'une attaque ennemie me terrorise. Les avertissements de « ceux qui savent » me poursuivent.

– Vous verrez, vous serez coincées par les pluies. C'est la saison. Les ennemis vont essayer d'atteindre et d'attaquer votre groupe avant qu'il n'arrive au *shabono* de Nakisipué-Teri.

C'est-à-dire aujourd'hui, cette nuit, demain. De l'aube à l'aurore, l'angoisse ne me quitte pas. Attentive, je surveille les hommes forts au cas où nous devrions nous précipiter quelque part. J'aperçois Antonio. Lui, si expressif et affectueux lorsqu'il me rencontrait à Monseñor-Teri, ne répond pas à mon salut. Est-ce parce que nous sommes en groupe qu'il se montre indifférent? J'espère que sa protection ne nous sera pas moins acquise si les ennemis nous agressent. Je n'ose pas vraiment croire à cette imminence. Nos voisins de halte n'en parlent pas et n'ont pas l'air apeurés. Pourtant je ne suis pas la seule à les redouter. Puisque des guerriers accompagnent, latéralement, de part et d'autre, à une cinquantaine de mètres, la colonne en marche, afin de débusquer les ennemis aux aguets et de protéger l'exode. Certains même ont été envoyés en éclaireurs. Toute une stratégie de défense environne notre déplacement. Contrairement au groupe des femmes et des enfants, toute la journée, les hommes observent un silence complet. Leurs corps peints en marron pour mieux se dissimuler, ils parcourent en tous sens le sol que nous allons fouler. Des guetteurs sont postés. Mais l'effet de surprise peut les prendre de court. Car notre file s'étend sur des centaines de mètres. Et les hommes sont obligés d'être dispersés pour couvrir l'étendue du défilé.

Peut-être ne verrai-je jamais de ma vie le *shabono*, but de notre voyage? Peut-être que demain ce sera le cauchemar, le désespoir, la fin de tout? Je me sens à la veille d'un grand drame. Avoir peur maintenant n'aidera pas. Il ne faut pas que je communique ma crainte à Samantha. Je lui explique qu'il faudra rester calmes et intelligentes si les hostilités se déclenchent. J'ai la sensation de cheminer sur le sentier de la mort, du suicide. Je me rassure comme je peux... Les *Shamatari* n'ont que quelques morts à venger. Ils ne tueront donc qu'un ou deux Yanomami d'ici. Pourvu que je ne les voie pas! J'espère de tout mon cœur qu'ils n'entendront pas dire que nous sommes là, les femmes blanches. Nos traces de bottes le long du sentier aujourd'hui? Je n'ose arrêter d'écrire de peur que le temps passe et que les ennemis arrivent. Que cela soit leur heure, notre heure. Je suis soulagée de le consigner dans mon journal de bord plutôt que de le vivre à cet instant.

Nous parvenons, enfin, à un lieu que les hommes débroussaillent. Samantha et moi parcourons le campement, inquiètes de savoir où nous serons hébergées. Par chance, un jeune trapu, aux muscles ronds, nous fait signe de laisser tomber nos sacs et de nous arrêter ici. Il fait des nœuds de lianes autour de bâtons croisés, afin de bâtir un toit. Autour de nous, des abris, un à un, s'élèvent. Les femmes accrochent les hamacs. Des enfants se chamaillent. De tous les coins de la forêt retentissent les coups de hache et de machette. Des hommes passent avec d'énormes fardeaux de feuilles volumineuses, amarrés de façon savante. C'est énorme, la palme! La hutte près de laquelle nous sommes se termine. Y aura-t-il de la place pour nous?

Une averse s'abat. Finalement, sur deux bâtons isolés, je peux fixer notre hamac. Nous n'aurons pas encore de toit cette nuit. Nous sommes entre les mains de Dieu et du hasard. Sur quel feu pourrai-je cuire la soupe de Samantha ce soir? Avec quel bois sec? Les visages de mes compagnons sont sérieux, l'hostilité n'existe plus, mais les marques de chaleur ne s'y glissent pas. Leurs regards sont impénétrables. Une femme, pourtant, m'invite à poser sur son foyer notre marmite. Mais il faudra en partager le contenu. Je meurs de faim, et ce brouet ne me rassasiera certes pas. Aucun répit ne m'est accordé, les quémandeurs et les coléreux s'empressent toujours autour de nous. Même le capitaine Naguigue s'en mêle. D'un geste obscène, il me promet un lendemain qui déchantera. Dans l'obscurité vite descendue, les lueurs des feux dansent sur les feuillages, miroirs de la nuit. Les ombres s'allongent en formes inhumaines jusqu'au dôme des hauts arbres. Des chasseurs rentrent, portant du gibier en abondance. Je salive devant cette viande, les odeurs de chair fumée me font frémir d'envie. Personne ne nous en donnera. C'est une offrande masculine, dont profitent parfois les épouses et les enfants. Mais nul ne s'occupe de Napegnouma, la femme seule.

Samantha se détend, heureuse et tranquille. Elle joue dans le hamac, transformant une feuille en tasse pour le repas de son phoque en peluche. Son arc et ses flèches miniatures sont posés, comme un valeureux guerrier, au pied du hamac. Elle chantonne sous la moustiquaire. Innocente dans sa pureté d'enfant, elle me rend la vie plus douce. La présence de son corps contre le mien est régénérante. Toutes mes frayeurs, mes terreurs tremblent et résonnent dans la paume de ma main. Celle-ci, posée sur son corps, me rend sereine. J'ai Samantha, c'est merveilleux... Nous sommes si loin, mais si loin de quoi? Dans ce monde que je ne connais pas, où je ne peux ni me promener seule, ni rebrousser chemin, ni m'éloigner. Je me sens comme dans les douleurs d'un accouchement, avant que naisse un beau bébé ou un beau reportage.

A deux mètres, dans un ruisseau, la famille voisine a découvert des crabes. Cuits immédiatement, ils sont délicieux. Ils m'en offrent une pince, cassée préalablement entre les mâchoires de fer du père. Le capitaine de Nakisipué-Teri passe près de nous. Il s'arrête pour nous offrir trois glands de *pijiouaos*. Nous apprécions ce fruit aux fibres grasses. Plus tard, à son tour, l'une des épouses s'approche. Elle nous tend une énorme banane verte. Je lui manifeste mon grand plaisir, ma gratitude. Jetée dans la braise, nous la regardons cuire avec avidité. De nouveau, le chef m'aborde. Je le fais asseoir sur la chaise de mon sac à dos, en face de moi.

– Les trois autres capitaines sont méchants, *shamis*, de te laisser porter ton sac. Tu es fragile, *Napegnouma*. Demain, je le porterai. Moi-même. Quand nous arriverons chez moi, tu verras, il y a un grand *conuco*, tu auras à manger.

Des larmes piquent mes yeux. Cet être attentionné, ce guerrier farouche, m'offre la joie simple de me sentir entourée. Après tout, proche de lui, l'avenir ne sera peut-être pas si terrible.

Le froid réveille le camp. Il est encore très tôt. Le jour se devine à peine. Le capitaine de Nakisipué-Teri, comme promis, vient à notre hamac. J'ai juste le temps de rouler notre toile. C'est un homme très grand, le plus grand de toute la tribu. Son visage, son cou sont peints en noir. Sur le thorax, il arbore cinq mains imprimées au charbon de bois. Ses yeux, ses gestes sont autoritaires. Il saisit mon sac à dos et disparaît à grandes enjambées. Léger, sûr, décidé, violent de sa volonté exigeante. Je vais pouvoir être plus libre, moins douloureuse, mieux à même de suivre la marche. Son attitude délicate me touche. Il a deviné que déjà je fournissais le maximum de moi-même. Son observation l'a mené à la gentillesse. Je lui en suis reconnaissante. Les hommes le suivent, eux aussi peints aux couleurs sombres de la guerre. Les femmes à leur tour s'ébranlent. L'une d'entre elles, voyant mes mains désœuvrées, me tend son nouveau-né pour le porter. Instinctivement, il cherche à travers ma chemise à téter mon sein. Chargées de leurs paniers, des enfants, les femmes avancent, en ordre, toujours plus loin, dans la direction où les hommes les précèdent. Comme si elles étaient obligées, poussées en avant, par une force supérieure, pour s'enfoncer davantage encore.

Je suis plus grande que la femme qui me devance. Au-dessus de son dos ployé par le *shoto*, je vois ce cordon humain de nuques pliées qui serpente dans la forêt. Aussi loin que la vue peut porter, il y a des femmes en marche. Foule en mouvements lents, vague humaine que rejette au cœur de la forêt un flux invisible. La magie de ce départ m'enchaîne à leurs pas. Les lueurs du jour sont verdâtres, elles pénètrent avec d'infinies difficultés, d'infinis déchirements sous la voûte des arbres. Nul reflet cuivré sur la peau des Indiens, elle se calque au blanc sépulcral de la lumière laiteuse. Leurs visages, le mien sans doute, deviennent des bancs de brume accrochée aux troncs. La forêt transpire au même rythme que la sueur qui ruisselle à l'unisson sur tous les corps. La végétation spongieuse, gluante, colle. Parfois il faut même ramper, se glisser à genoux, à quatre pattes pour franchir un obstacle. Sur un tapis piquant, la figure barbouillée de toiles d'araignées. Je serre les dents. Et nous ressortons de ce trou boueux, aux herbes qui coupent, saignantes, épuisées un peu plus. Nous ne devons pas céder au découragement. Nous nous heurtons à des troncs tellement imbriqués que leur individualité n'existe plus. Ils ressemblent à notre exode, union corporelle dont on ne sait où elle commence ni où elle s'achève. L'harmonie sensuelle que nous vivons est faite de la volupté de la nature mêlée à la chaleur du groupe humain. Tout à coup, les enfants crient :

– Avion, avion.

L'air roule sous les hélices. La colonne, en un frisson, se retourne vers nous :

– Napegnouma. Ceux de ta tribu... Ils te cherchent. Dis-leur que tu es ici...

Comme si je pouvais le faire d'un signe de main, sous trente mètres d'arbres. Comme si j'en avais envie. La marche me semble alors plus facile. Pour rien au monde, je ne voudrais être installée dans ce gros D.C.8 de ligne internationale. Je ne veux plus survoler la vie. Mais m'enfoncer profondément dans ce voyage-là, qui me comble de bonheur. Mon voyage.

Samantha lutte pour avancer seule. Je ne peux la porter. Elle découvre, au-delà de la fatigue, la solitude de la survie. Ni enfant ni adulte, elle est être en marche. Prise, elle aussi, dans l'élan de la file, elle titube, éblouie. Pour elle, comme pour moi, il est réconfortant de marcher dans cette lignée de femmes nues et peintes. La sécurité du groupe nous enveloppe. La communion est dans chaque pas, maillon de solidarité. Je tire ma petite fille par le bras, par la main, pour l'aider. Je lui dis sans cesse :

– Oui, mon amour, c'est bien. Continue. Tu es super.

– Je n'en peux plus. Je vais tomber. Je glisse. J'ai déjà trébuché trop de fois. Jamais je ne pourrai arriver jusque là-bas.

Les sanglots dévalent ses joues, ses yeux sont brouillés. A d'autres moments, moi-même je ne peux plus réprimer mes accès d'abattement. J'ai envie de pleurer. Samantha me dit alors :

– Maman, qu'est-ce que je peux faire pour t'aider? Oui, maman, continue, c'est bien. Tu vois, tu avances. Maintenant tu es presque arrivée. Tu es bien plus près. Viens, je vais te donner la main. Attention, maman! il y a une grosse pierre dérapante. Pose plutôt le pied, là, sur la branche. Fais bien attention, maman. Tu as vu le trou? Fais un petit saut. Ne reste pas trop longtemps ici, il y a sûrement un serpent caché. Viens. Tu vois, tu arrives bien à marcher aussi.

Mes larmes de fatigue se transforment alors en larmes d'émotion pour mon enfant, pour l'amour qu'elle me voue. Sa compréhension filiale magnifie sa présence. Nous rompons parfois l'ivresse de notre épuisement dans un étroit torrent. Inclinées à fleur d'eau, surveillant les insectes et les débris qui flottent dans le courant, nous lapons l'eau claire. Il faut éviter tout geste brusque qui soulèverait la vase. Nos gourdes, trop souvent vides, s'emplissent de force liquide bienfaisante.

La pause est attendue. Lorsque nous arrivons dans le lieu choisi, je remarque que les femmes ont jeté dans les broussailles leurs fardeaux. J'ai du mal à croire que ce sont là toutes leurs possessions réunies. Je les distingue à peine. Le capitaine de Nakisipué-Teri nous hèle, catégorique. Sans que nous ayons le temps de nous reposer, il nous fait signe de la main de continuer. Tous, assis, nous regardent, tandis que nous passons seules debout, fendant ce couloir humain, palpitant de chuchotements. Commentaires et coups d'œil vifs ne se reposent pas, eux. Dépassant le groupe, nous pensons pouvoir enfin nous accroupir.

– Non, plus loin, va..., me lance le chef.

Obéissantes, nous continuons. Il n'y a pas de chemin, la forêt est intacte. Nous y sommes seules. Samantha s'exclame :

– C'est injuste ! Nous avons manqué la pause. Je suis exténuée, maman.

Accompagnée de Naguigue, le capitaine nous rejoint. Nous devons les suivre. Ils marchent à toute vitesse, mais nous attendent régulièrement tandis que nous avançons dans ce que nous croyons être la bonne direction. Je me pose bien des questions. Où nous entraînent-ils? Tous sont restés bien en arrière, à se détendre après les longues heures de marche que nous venons de fournir. La crainte du viol m'assaille. D'autres possibilités m'effleurent... Les deux capitaines peut-être veulent-ils nous traiter avec faveur, nous protéger eux-mêmes, heureux que nous soyons leurs hôtes? Leur bravoure nous escorte. La pensée des ennemis m'est moins violente. Soudain nous sommes dépassées par huit hommes armés. Dans le crépitement de la forêt, je ne les avais pas entendus nous suivre. Sans doute forment-ils une des avant-gardes chargées de surveiller le cortège du *wayamou ?* Brusquement, l'un des chefs m'attrape par le bras, il me force à le suivre à cinquante mètres de là. Une éclaircie découvre un pan de ciel. Un paysage nouveau, comme une longue blessure au cœur de la jungle, ouvre notre horizon. Une cascade très large et haute de quinze mètres troue d'ébahissement le vert lugubre et monotone. Il me recommande de prendre une photo. Cela m'étonne et m'amuse. Prendre un cliché de nature, pas de problème; mais quant à retourner mon appareil vers lui, il ne peut même pas en être question.

La marche reprend une heure durant. Soudain le capitaine pose mon sac; ordonne à Samantha de s'asseoir dessus et me demande de le suivre alors qu'il disparaît dans les broussailles. Je ne suis pas tranquille, j'oblige ma fille à m'accompagner. Elle préférerait rester assise, enfin, à l'ombre. J'insiste. Plus à quatre pattes que debout, nous parcourons cent mètres d'inextricables enlacements. Je réalise brusquement : le *conuco!* Nous sommes arrivées. L'espoir de ces heures de marche, le but que je croyais évanoui dans la folie de la jungle. Le mirage... Le *conuco* est là. Je palpe les fruits que me tend le capitaine. A pleines dents, je croque ma première papaye du *wayamou*. Samantha se voit offrir des bâtons de canne à sucre. Barbouillée, elle croque, mastique, recrache, aspire. Elle jubile. Un sourire laisse dégouliner le jus odorant et fruité. Merci aux dieux du *conuco*. Je comprends alors que le chef a voulu nous faire en exclusivité les honneurs de son verger. Je le vois, rayonnant dans le soleil qui rebondit sur ses peintures corporelles, fier de notre allégresse, de sa beauté virile. Il semble si heureux de nous montrer où prendre et quoi prendre de toute cette nourriture. C'est une vraie joie pour lui de voir, de cueillir des aliments prêts à être mangés ou donnés. Finies les disettes des pérégrinations affamées. Le *wayamou* c'est cela. La fête de la richesse de la terre féconde, l'abondance de la vie. Ces fruits sur le point d'être mûrs et qui s'offrent sans retenue. Il y en aura pour tout le monde. La célébration des amis rassasiés. Le monde est bon à être vécu, partagé.

Du *conuco* au *shabono*, il y a encore deux heures de marche. Mais elles sont légères tant l'exubérance du capitaine est grande. Il se retrouve chez lui, enfin revenu après une longue absence. Il renifle l'air, détecte des traces de sanglier sauvage dans l'eau, la bauge de feuilles où il s'était vautré. Il me désigne les « arbres à *yopo* », les « arbres du hamac » – arbuste de coton sylvestre. Il commente tout haut ses sensations, ses souvenirs; par bouffées, la plénitude s'empare de son être. Il retrouve ses réflexes. Demain, à l'heure propice, il sait qu'il retournera chasser et cueillir, vivre son territoire. Tout à coup, au loin, au sommet d'une faible colline, la palme amoncelée du mur d'enceinte resplendit de lumière crue. Le *shabono!* Tant espéré, au nom duquel nous avons tant marché.

Nakisipué-Teri! Nous sommes à toi. Nous voici, exténuées et fragiles, accueille-nous... Tends vers nous ta sécurité circulaire, ta présence des esprits, ton refuge. J'attends de toi nourriture et repos, mais aussi l'apaisement de ma tête bosselée de doutes. L'apparition brusque et insolite de cette demeure, dans cette forêt inhabitée, est subjugante. Quelle émotion et joie et fierté lorsque nous nous baissons pour pénétrer dans son enceinte! Debout, nous restons saisies par l'immensité jamais vue auprès des fleuves du périmètre de ce *shabono.* Il a quatre fois la taille de tous ceux où nous avons vécu auparavant. L'aire centrale est envahie d'orties et de mauvaises herbes, parmi les troncs calcinés. L'auvent est désert. Dans cet espace ouvert et énorme : personne. Rien, pas une âme. Un recueillement flotte sur cet abandon, le *shabono* est pétrifié de l'absence des siens. Vision surnaturelle d'un village Yanomami fantôme. Le capitaine nous en avait réservé la primeur. Apparemment aussi farouche, je pressens l'émotion qui l'étreint. Samantha, catastrophée, me tire par la manche de ma chemise. Elle s'écrie :

– Maman, c'est pas vrai! Nous avons fait tout ce chemin pour rien du tout? Il n'y a personne ici...

Le capitaine approche deux bûches. Il s'accroupit. Je l'imite. Et dans l'après-midi qui décline, nous écoutons les bruits de l'immense colonne qui s'enfle.

Les feux, un à un, éclairent l'obscurité tôt venue. Des anciens, à l'aide de bâtonnets secs en bois de cacao, par frottements, font renaître les foyers. Ils jaillissent, de-ci de-là, de leur ronde allumée. Le *shabono* revit. On me désigne l'endroit où accrocher mon hamac. Je me rends compte qu'il s'agit du lieu où se retrouvent le capitaine de Nakisipué-Teri, ses trois femmes, le fils de la plus âgée, un adolescent de treize ans, et les nourrissons des deux autres. Amaneo, le jeune fils du chef, est un superbe garçon, beau, grand. Sa fragilité et sa finesse intellectuelle illuminent son allure. Dès ce premier soir, son rire en cascades de cristal traverse la nuit et m'atteint de plein fouet. Je reste subjuguée, mes yeux ne cessent de le dévorer à la dérobée. Je le regarde marcher, préparer pour les siens un lieu accueillant, déposer ses armes. Son corps luit à la lueur des flammes; elles dessinent sa beauté. A l'instant où je l'ai aperçu, sur mes lèvres sont montés les mots : « un véritable petit prince ». Il est aîné d'un chef tout-puissant de la jungle, il a la beauté surnaturelle d'un fils du royaume de nulle part. Dans ses veines circule le sang majestueux que je sens battre à ses tempes d'une fraîcheur intérieure. Il est à l'aube de sa vie de chef. Toutes les aspirations de sa race et du haut rang qu'elle lui assigne éclosent au bord de ses prunelles de charbon ardent. Dans un échange de regards naissent, d'emblée, une connivence, une complicité, une intimité chaste et profonde qui nous comblent. Dans une proximité sensuelle, nous devenons frère et sœur. Nous sommes sous la même autorité, la même protection. Dociles ensemble, fiers de la cohésion familiale qui nous unit, mais riches aussi d'un secret jamais dit, aux couleurs pastel de l'amour. Il vient s'asseoir sur mon hamac. Sa mère nous tend alors une calebasse de soupe fumante de bananes. Nous sommes heureux de tremper nos lèvres, tour à tour, dans le même breuvage reconstituant. Lorsque je dois saisir le récipient, mes mains tremblent. Ce n'est pas seulement des fatigues accumulées de la journée, mais aussi de l'émotion de ce partage d'un repas qui scelle l'amour familial au goût d'adoption définitive.

Samantha a retiré son pantalon boueux, que j'ai déposé à sécher devant le feu. Elle a enfilé une petite robe et se love dans notre hamac. Elle roucoule de la joie du repos, imitant les Yanomami. Elle n'arrête pas d'étirer ses jambes, de les palper, de les replier sous elle, contente de les retrouver après l'effort de la marche. Elle se roule dans la toile, laissant son imagination découvrir des jeux dans la détente heureuse. En proie à la liberté de son esprit. Elle ne ressent aucune frayeur. Notre hamac est sa maison, son foyer de sécurité. Elle y est chez elle. Peu importe où je l'accroche, elle s'y glisse et à l'aise croque l'existence.

La femme préférée du capitaine m'invite à la suivre pour aller chercher du bois mort en forêt. Elle est jeune, ses formes potelées, une poitrine forte et pleine, un nourrisson dodu constamment accroché à son flanc. Elle respire d'une force charnelle. Sa chevelure épaisse dessine un cerle parfait sur son visage ouvert. D'autres femmes nous emboîtent le pas. Après dix minutes de marche, soudain, toutes rebroussent chemin en hurlant mon nom à pleins poumons. Je m'immobilise, saisie. Je ne comprends pas. Les ennemis? Un animal dangereux? Leur excitation est à son comble. Certaines s'arment d'un bâton et accourent sur moi. Je finis par traduire leurs gestes. Je viens de marcher avec ma botte sur un serpent venimeux, petit, marron et noir. L'une d'entre elles l'achève d'un coup violent et le jette dans la direction du camp ennemi, en vociférant des imprécations afin que le poison aille sur eux. Je suis affolée. D'autant qu'à les croire ce serpent est signe de malheur. Les esprits, par sa présence, dévoilent à ceux qui le rencontrent un destin tragique.

Après que chacune d'elles eut invectivé les ennemis, leur renvoyant le présage néfaste qui les avait effrayées, nous reprenons notre quête de bois sec. Je me plie aux mille tourments de la forêt afin de remplir au même rythme qu'elles mon shoto, d'être à leur hauteur. M'éloignant progressivement, je pense pouvoir en profiter pour faire pipi. Mais les femmes, m'apercevant, me tancent vertement et font force gestes désapprobateurs. Je dois aller plus loin encore. Cette forêt qui me semble si désordonnée obéit pour les Yanomami à une géographie invisible dans laquelle l'être humain doit se fondre. Elles m'apprennent à me comporter dans la jungle. Ainsi, lorsque nous allons à la corvée d'eau, parcourant les deux cents mètres jusqu'au petit ruisseau boueux aux pentes escarpées, elles me forcent à suivre leur cadence accélérée en piaillant :

– *Wayo* *, *wayo*...

Dès que nous sommes parvenues à la source, leurs gestes sont précis, rapides. En un clin d'œil les marmites sont emplies. Moi qui croyais avoir un peu de temps pour rincer nos habits ! Je me retourne et déjà elles sont reparties. Leur peur des ennemis devient contagieuse. Je m'empresse de suivre leurs traces dans les broussailles et feuillages froissés, vers le *shabono* où m'attend ma douce fille.

Un soir, le capitaine s'approche de moi. Nous sommes accroupis autour de son foyer. Il me tend un morceau de viande fumée. Je mords à pleines dents, il le reprend, le croque et, en hochant la tête, me le rend. Nous nous rassasions ensemble, c'est comme si nous échangions politesses et civilités. Il m'explique :

– Regarde, la lune est maintenant petite. Après elle sera grosse et ronde. Quand elle redeviendra petite, nous retournerons à Mavaca.

Son propos est clair, je comprends ainsi la durée du voyage : vingt jours. Mais Mavaca me semble déjà si loin. Les créoles, les gens de ma sorte, tous évanouis dans un passé révolu. Je suis soulagée. Je suis ailleurs, dans un monde où ma liberté séduit mon bonheur. Le monde n'est plus farouche, il m'apprivoise, je l'accueille. Ma vie coule de source. Le calme se détend en moi. Nous vivons une existence nouvelle, faite de respect, d'intuition, d'attention. Les obstacles : langue, craintes, préoccupations, s'effacent. Je suis libre et j'aime le risque de l'épreuve. Je n'ai engagé aucun pari, ni lancé de défi. La solitude a fui, je m'épanouis dans la chaleur communautaire. Je nais à la forêt. Ma petite fille non plus ne peut résister à ce sentiment d'appartenir à une tribu qui nous accepte telles que nous sommes, à se sentir aimées ici. J'exulte d'être au cœur de ce que je cherchais depuis si longtemps. Nous n'étions de nulle part, maintenant nous sommes d'ici, une femme et une enfant de Nakisipué-Teri. La paix intérieure danse sur les visages de ma famille réunie. La femme la plus âgée se penche vers moi. Elle appuie de ses deux mains ridées mon ventre. Le capitaine rit.

– Tu vois bien qu'il n'y a pas de bébé, là, lui dit-il.

Tous ont alors un sourire doux et peiné aux lèvres. Ils ne comprennent pas que je n'aie qu'un enfant, et déjà si grand. Leur préoccupation tendre m'émeut et secrètement je partage avec elles la joie d'être femme, cette même vibration qui éveille nos ventres féconds.

Les jours suivants sont consacrés à la restauration du *shabono*. De jeunes hommes colmatent avec de la palme les trous de l'auvent. Ils grimpent le long des piquets, enroulant leurs chevilles de lianes, avec une agilité déconcertante. Leur légèreté ne fait pas plier les maigres perches. Des couples rentrent de la forêt portant des râpes à *yucca*. Sorties de je ne sais où, elles sont moussues, verdâtres, comme si elles avaient été cachées dans la jungle durant la longue absence des habitants du village. Ils les nettoient, les tapotent pour en faire tomber la terre, et les mettent à sécher au soleil. La troisième femme du capitaine, la plus jeune, pâle et maigrichonne, toujours un air de chien battu flottant sur le visage, jette systématiquement ses détritus, ses épluchures, sous notre hamac. Elle est notre plus proche voisine. Les odeurs, multipliées par la chaleur, attirent les insectes. Son nourrisson pleure sans cesse, il a de terribles diarrhées et jamais sa mère ne pense à nettoyer cette infection. Des flaques de pipi et d'excréments entourent notre hamac. Ainsi elle manifeste une mauvaise humeur constante à notre égard.

Je demande à la femme la plus âgée où cuire des bananes à la cendre. Elle me désigne le feu de la jeune épouse qui rechigne à m'aider. Le capitaine, silencieux, s'approche. Il saisit la main de cette jeune femme et la mord violemment. Ses dents laissent des traces sanglantes sur la peau, s'incrustant de chaque côté de la paume. Elle pleure de ce supplice. Je suis émue par sa détresse affligée. Elle est le souffre-douleur de la famille; traitée le plus durement, elle ramasse toutes les rancœurs et aversions violentes. Son caractère, peut-être peu sympathique, la condamne définitivement à ce rôle ingrat. Les autres femmes, le mari et le reste de la communauté la considèrent comme leur tête de Turc, et rien n'y fera. Je ne peux m'y opposer. Ma seule espérance est de n'être jamais ainsi traitée, bien qu'apparemment je sois la quatrième femme du capitaine. La nuit descend, apaisante. Chacun se réfugie dans les hamacs à écouter l'obscurité envahir le *shabono*. C'est alors que le capitaine, auprès de qui nous vivons, entame un long discours tonitruant. Sa voix retentissante, vibrante, me donne l'impression qu'il s'adresse à la forêt entière. Amaneo secoue notre hamac et dans un murmure me confie :

– Mon père a peur que tu meures ici. Il le dit à tous. Car les autres, ceux de ta tribu, viendraient après avec une bombe pour le tuer et nous massacrer.

Le capitaine achève sa harangue. Il m'interpelle :

– *Napegnouma, hapo!...*

Il m'offre un petit morceau de viande de *baba*. La chair blanche et fibreuse fond entre mes dents. Délicieuse, elle me rappelle le calmar.

De jour en jour montent les lourdeurs cinglantes de l'effroi. Gronde la peur sourde. L'ennemi, encore invisible, hante tous les esprits, se presse dans les conversations. Les regards se font inquiets, les cous se tendent, les têtes se tournent, les bruits, les cris retiennent davantage l'attention. Tous attendent l'attaque sur le qui-vive. Les nerfs sont à vif. L'imminence de la guerre est notre quotidien. Un tout jeune garçon vient se blottir contre notre feu. Fort de sa maturité d'enfant de la jungle, il m'explique ce que tous redoutent et n'osent formuler :

– On attend les ennemis. Ils sont très en colère. Ils ont beaucoup de flèches, leur territoire abonde du roseau nécessaire. Ils viennent nombreux. Ils vont venir au *conuco*. Quand les femmes y seront pour manger et récolter, ils surgiront, les battront et les voleront. Ils brûleront le verger, puis le *shabono*. Il ne restera rien d'ici. Ils vont flécher. Est-ce que tu crois que le gouverneur sera en colère si l'ennemi t'emporte?

Je m'empresse de le rassurer et tente de trouver dans mes propres phrases de quoi me tranquilliser moi-même. Cependant je lui demande à tout hasard si les guerriers d'ici iraient à ma défense et viendraient me recapturer. Il semble penser que oui. Samantha et moi ne sommes qu'oreilles. Quel sujet de réflexion avant de sombrer dans le sommeil! Une huitaine d'hommes, tôt le lendemain, partent surveiller les chemins. Leurs visages et thorax sont badigeonnés de noir. L'un d'entre eux porte une cartouchière pleine. Il brandit une *escopeta* * avec fierté, en parcourant en tous sens l'enceinte circulaire. Ils vont guetter l'ennemi, s'embusquer, aux aguets, et scruter les moindres frémissements de la forêt pour déceler leur approche, chercher les moindres indices de leur présence. Des hommes se droguent afin d'entrer en relation avec les esprits, pour que ceux-ci guident leur stratégie de défense. Un cri dans la jungle réveille l'attention des hommes restés au *shabono*. Une femme me crie :

– Les ennemis ne sont pas loin. Tu vas beaucoup pleurer...

Elle mime avec véracité les flèches qui pleuvront sur le village. Il fait noir maintenant depuis presque une heure. Une autre voix forte retentit dans la forêt. Tous les hommes du camp se dressent. S'assemblent au centre du village. Ils font claquer la corde de leurs arcs. Les sifflements, les vibrations sonnent dans la nuit opaque. Leur colère fuse en cris aigus qui rebondissent sur le mur de palme. Cent hommes, nus, hors d'eux-mêmes, tempêtent leur rage guerrière. La force brutale et farouche de leurs allures, de leurs attitudes, les cris et les injures sans fin répétés transforment l'angoisse en un élan agressif. Ils marquent le pas en frappant violemment le sol, se balançant en trépignements impulsifs. Les femmes approuvent par des claquements sonores de langues. Des vieilles clament, par huées, des avertissements, des protestations, des récriminations. Un chœur d'exclamations admiratives entoure et stimule les guerriers. Ils heurtent les flèches, bois contre bois. En écho, la forêt semble craquer sous leur hargne sanguinaire. Certains sortent du cercle, tendent leur arc et font mine de tirer en direction de l'ennemi.

– Ahaao... Ahooo... Ahaooo... Ahiii.

Les cris reprennent de plus belle. Un vacarme de menaces, d'intimidations excédées retentit. L'anxiété aiguë frissonne à fleur de muscle. La lune par instants se reflète dans l'acier des machettes et des haches. Des hommes les font tournoyer au-dessus de leur crâne. Les enfants, pétrifiés, regardent, les yeux exorbités. Les plus petits, affolés, ne peuvent retenir leurs larmes. Dans le tumulte des vociférations, une voix plus forte jaillit. Peu à peu, le silence autour d'elle s'épaissit. Chacun écoute celui qui hurle la vengeance communautaire, la menace volontaire de Nakisipué-Teri contre les ennemis *Shamatari*. Les affronts passés, les embuscades anciennes font surface à la mémoire de tous. Toute cette haine accumulée se déchaîne en flots impétueux qui gagnent la gorge du guerrier et brisent les derniers remparts des consciences. Les arbres semblent plier devant cette force cachée. Le village est muet d'attention. Seuls des hochements de tête vigoureux approuvent le discours. Sa fureur débridée enflamme les autres guerriers, sème frissons et encore davantage. Ses dernières paroles sont noyées sous le tourbillon des hurlements qui renaissent. Samantha et moi assistons à cette pulsion guerrière, médusées, nous agrippant l'une à l'autre. Je réalise alors avec angoisse que notre hamac est accroché à proximité du seul endroit où le mur d'enceinte, en cours de réparation, est découvert, sans son armature de palme. C'est une ouverture vaste par laquelle les ennemis pourraient s'engouffrer. Samantha, d'une voix mal assurée, alors que tout le *shabono* retourne au sommeil inquiet, me raconte, pour tout effacer de nos esprits, l'histoire merveilleuse de Cendrillon. Le lendemain, comme si l'alerte de la nuit dernière n'avait pas eu lieu, chacun vaque à ses occupations. Le capitaine, ainsi, continue à enrouler un fil de coton blanc autour de deux pieux afin de tisser un nouveau hamac. Le ciel est dégagé aujourd'hui, le soleil viendra peut-être. Au fil des jours, le tonnerre roule sans cesse. Les Yanomami savent que c'est signe de l'approche des ennemis.

Malgré les rumeurs et la proximité certaine d'une attaque, la vie quotidienne garde son allure routinière. Mais je me heurte à des interdictions successives de quitter le *shabono.* Alors que certains me proposent de les accompagner, d'autres refusent violemment que je sorte. Dès que j'approche la porte, des avis contradictoires s'élèvent. Je suis déconfite, dépitée, désemparée, ne sachant qui écouter. Je ne veux rien faire contre le désir des « autorités locales ». Je cherche auprès des capitaines un accord, mais même eux ne sont pas unanimes. Je ne sais auquel obéir. Puisque les sorties me sont interdites, j'arpente le *shabono* et j'observe la vie simple des heures calmes de la journée. Des feuilles de tabac sont rapportées du *conuco.* Vertes, fraîches, elles sont mises à sécher au-dessus des feux. Amaneo plie l'une d'entre elles, de petite taille, la mouille, la roule dans la cendre et me confectionne une chique à la taille de ma lèvre inférieure. Le goût est âcre, la langue devient pâteuse. Les trois épouses rient de ma grimace amère. Mais les femmes retournent à leur labeur. De grandes quantités de *yucca* ont été récoltées. Elles l'épluchent, la râpent, puis la cuisent en galettes irrégulières, imitant maladroitement les méthodes Makiritare. Période exceptionnelle dans l'année d'abondance de *casave,* le *wayamou* est avant tout une fête de la nourriture. Des hommes âgés, dont le capitaine, confectionnent des *mapires* où les galettes seront déposées dans un lit de feuilles de bananiers afin d'être transportées jusqu'au village sédentaire. D'autres femmes filent du coton en extrayant le grain noir qui retient la touffe. L'après-midi est chaud, les sourdes paniques de la nuit pourtant ne sont pas oubliées. Je remarque des tressaillements au moindre bruit suspect sur les visages de ceux qui m'entourent. L'attente se devine malgré les activités multiples. Un homme bat sa fillette, violemment il la projette au sol et la tête de l'enfant vient heurter une bûche. Les nerfs sont aiguisés comme des pointes de flèches. Des hommes se réunissent de l'autre côté de l'enceinte. J'entends leurs voix d'entrailles évoquer avec véhémence les dangers qui guettent le village.

Un matin, j'aperçois, accolé contre l'auvent, un amoncellement de branchages récemment coupés, car les feuilles sont encore fraîches et vigoureuses. Une vieille femme semble préoccupée, en s'affairant autour. L'épouse du capitaine, que j'aide à extraire les graines d'*onotto* de leur coque piquante, m'explique qu'une jeune fille y est enfermée. Elle met sa main entre ses jambes et imite un flot qui en coule. Les premières règles de l'adolescente sont un phénomène sacré. Personne ne doit l'approcher, ni lui parler, ni même regarder dans sa direction. Elle est juste nourrie d'eau que l'ancienne lui apporte. Le sang fécond est respecté, il scelle le pas franchi de l'enfance à l'âge adulte. Véritable initiation à lui seul, le sang menstruel n'est ni une gêne ni un signe impur. Le sort de l'enfant qui est blotti sous la cabane n'est pourtant pas forcément gai. Elle est déjà l'épouse d'un homme; elle connaît déjà les rapports sexuels, parfois violents avec le guerrier Yanomami; elle a environ douze ans. Maintenant elle va plonger dans la maternité. Des accouchements répétés, la mortalité infantile, les douleurs féminines. Elle sait qu'elle doit rejoindre le foyer d'un homme. Si son époux est jeune, elle sera sans doute sa première épouse, mais s'il est vieux ou très valeureux, elle devra s'incorporer parmi les autres femmes avec humilité. Je ressens vis-à-vis de cette petite fille une vive solidarité, car elle nous rejoint, nous les femmes. Je me sens si proche d'elle, dans ce qui est à la fois notre soumission et notre puissance.

Des hommes sont partis à la chasse pour plusieurs jours. Ils ont emprunté la direction d'où viendront les ennemis, pour guetter également leur approche. Jeu cruel de la chasse et de la guerre, où s'exprime la volonté de bravoure et de défi du guerrier Yanomami. La nuit, les femmes chantent, se levant, se tenant par le cou, en ligne, dans la poussière étoilée, le corps brillant d'*onotto* écarlate. L'une d'entre elles aux seins proéminents, dressée fière à la face de la nuit, crie une mélopée sauvage. Toutes reprennent. Je répète avec elles. Bercée, portée par l'odeur de transpiration, le balancement incantatoire des corps. Le chœur nasillard, cacophonique, évoque les esprits afin qu'ils favorisent la chasse des hommes, qu'ils avivent leur courage. Elles parlent ainsi aux esprits des animaux que les chasseurs rencontreront : le tapir, le tatou, le singe, le fourmilier, le perroquet. Qu'ils se laissent séduire par la magie des chants et le chasseur tuera sa proie. Bien plus tard dans la nuit, je suis réveillée par les halètements d'une femme. Hors d'haleine, elle gémit, de plaisir me semble-t-il. Elle hurle son bien-être. Sa jouissance roule sous l'enceinte circulaire. Le lendemain matin, je me rends compte que cette femme a donné naissance à un beau petit bébé. Durant la nuit, ce sont des cris d'accouchement que j'entendais. Je suis éblouie par l'émerveillement de cette femme qui est transportée de joie, d'honneur, de plaisir d'avoir ainsi avec son ventre, son corps, donné la vie. Je m'accroupis à côté d'elle. Elle se repose dans son hamac, le petit déjà accroché à son sein. Elle se balance et un sourire imperceptible illumine son visage. Je n'ai rien à lui offrir, si ce n'est mon amour. Je pose ma main sur son ventre vide et de toutes mes forces je souhaite qu'elle communique à cette mère nouvelle ma tendresse infinie. Son jeune époux m'émeut également. Il demeure près de sa femme, ravive le feu, dispose près de son épouse une calebasse d'eau fraîche qu'il prend soin de renouveler. Exceptionnel même, je le vois ensuite rejoindre le cortège des femmes qui partent en corvée d'eau. Son attention, sa délicatesse me font monter les larmes aux yeux.

Samantha arrive en courant. Elle paraît bouleversée. Elle veut absolument que je la suive, mais j'ai du mal à m'arracher à l'instant privilégié que vit ce couple. Je plie pourtant à son insistance. Elle m'entraîne vers une vieille femme qui retient prisonnière une petite fille de la taille de Samantha. L'enfant se débat, pleure et fait toutes sortes de grimaces, tentant d'échapper à la poigne de la grand-mère. Celle-ci fait durcir une longue épine de *pijiouao* sur un feu. Elle bloque la tête de la fillette entre ses genoux avec la fixité d'un étau. Elle perce alors la cloison nasale puis trois trous symétriques dans la lèvre inférieure. Ensuite elle introduit dans les ouvertures ainsi ménagées des fils qui pendent après de chaque côté. Samantha observe tout de ses yeux limpides mais dilatés. Elle qui m'avait toujours suppliée de lui faire percer la lèvre afin d'y placer des bâtonnets pour ressembler à ses petites amies Yanomami!

– Maman, j'ai changé d'avis, tu ne me le feras pas faire, dis?...

Le lendemain, nous voyons l'enfant à qui les femmes tirent les fils dans un sens puis dans l'autre afin d'écouler le pus et de favoriser une cicatrisation qui laisse subsister un espace où seront glissés des bâtonnets de plus en plus épais. La femme Yanomami est très coquette, souvent elle part dans la jungle choisir de nouvelles boucles d'oreilles. Feuilles resplendissantes, touffes végétales, fleurs multicolores. Elle change également les baguettes de ses lèvres afin qu'elles soient toujours blanches et belles.

Samantha, guérie de son désir d'élégance, trouve vite d'autres jeux. Elle s'amuse à faire d'énormes rots qui surprennent les Indiens eux-mêmes, pourtant experts, par leur intensité. Ils poussent des exclamations de surprise, ouvrent des yeux exorbités. Cette petite fille blonde, si frêle, fait des rots plus forts qu'eux et surtout d'une longueur! On a l'impression qu'ils ne vont jamais s'arrêter. Cela s'achève en grands éclats de rire, en commentaires surpris des plus joyeux. Samantha veut absolument ressembler à ses amis, qu'elle aime, avec qui elle rit tant. Elle les regarde se moucher par exemple, et les imite. Elle souffle tout le contenu de son nez qui coule sur ses lèvres qu'elle essuie ensuite avec une petite liane qu'elle tient par les deux extrémités dans chaque main. Elle la passe sur, sous son nez, sur les lèvres, jusqu'au menton. Elle la jette ensuite toute gluante et crache à terre pour se rincer au passage selon le rituel. J'éclate de rire à la voir faire ainsi, tant elle me touche. Cracher est d'ailleurs une activité fréquente. Nous participons même à des concours. Mais je suis blême d'admiration devant la précision et les distances obtenues par les jeunes garçons. A quatre ou cinq mètres, ils ne ratent jamais le but. D'autres fois, ce sont des concours de pets entre enfants. Mais les vieilles vocifèrent aussitôt sur un ton méchant qui fait redoubler les rires de tout le *shabono.* Mon attention est soudain attirée, aimantée, par trois gamins qui passent, à la queue leu leu l'air sérieux comme des adultes, et qui chantent à tue-tête :

– J'ai montré mon cul à tous les passants. Ma mère me disait...

Alors là! Je ne comprends plus... Me dirigeant vers le lieu d'où ils venaient, j'aperçois Samantha, debout devant une dizaine d'enfants à qui elle fait répéter inlassablement les premiers vers de cette chanson de notre « folklore traditionnel » à nous! Les petits Yanomami reprennent sans accent, avec une exactitude étonnante. Et tous d'éclater de rire devant ma figure ébahie de surprise.

Samantha aime quand je lui fais ses tresses. Le shabono, sur un cri lancé par un voisin, est en alerte. Nombreux sont ceux qui s'approchent et viennent observer, commenter l'événement. Ils s'accroupissent en rond autour de nous. Muets d'étonnement, ponctuant seulement de quelques onomatopées les diverses phases de la coiffure. Ils ne voient jamais des cheveux si longs, si blonds, tressés. Lorsque je défais ses anciennes nattes et la peigne, sa chevelure gonfle, vogue en vagues lumineuses. Le soleil joue dans les mille reflets des ondulations. Samantha semble être auréolée d'un nuage d'or. Ils ne peuvent s'empêcher de frôler avec émerveillement, les yeux embrasés. Ils cherchent à comprendre la technique que j'emploie avec les deux doigts pour tresser en un seul morceau tous ces cheveux épars. C'est le summum! Ils admirent le tissage régulier et épais alors qu'auparavant les fils dorés volaient en tous sens.

Ma petite fille a un visage d'un blanc fantomatique, l'humidité et la pénombre de la forêt déteignent sur sa peau. Mais une flamme brille dans son regard, elle est heureuse. Elle court, elle vit. Rien ne l'arrête, elle joue par exemple à poursuivre le capitaine qui fuit en criant, le menaçant de son petit arc. Et le *shabono* entier croule de rire. Elle n'a pas de jouets sophistiqués qui détournent l'attention des préoccupations essentielles. Elle est avide de surprises et de découvertes. Son imagination et celle de ses amis Yanomami créent mille mondes merveilleux, ils y pénètrent avec ravissement. Son amour des Indiens se renforce quand elle voit la place qu'occupent les animaux dans leur vie et dans leur cœur. Des chasseurs ont tué une laie sauvage. Elle était suitée. Ils ont ramené un des marcassins au village. Tous s'amusent et l'entourent de leur tendresse. Samantha n'est pas la dernière à lui prodiguer des soins. Je suis heureuse et fière de la vie libre de Samantha, même s'il n'est pas aisé d'être une petite fille sans rien d'autre que la richesse d'exister. Je la suis des yeux, elle aide à râper de la *yucca,* retroussant ses manches et ne ménageant pas ses efforts. Puis, avec ses dents, elle coupe des écorces afin d'obtenir des liens pour tisser un panier. Je la regarde, tranquille petite fille, qui trouve tout ce qu'elle a devant elle parfaitement naturel. Ainsi, si un insecte la pique violemment, elle se dirige vers une vieille femme pour que celle-ci applique sur la blessure de la cendre de fourmilière. Un soir, dans l'intimité de notre hamac qu'elle chérit, elle me dit :

– Quand je serai grande, je ferai comme toi : l'amour avec quelqu'un et je lui dirai de partir lorsque j'aurai un enfant. On sera plus tranquilles; toi tu élèveras mes enfants, et moi mes chevaux...

Je plonge mes yeux dans les siens. Ils sont candides et purs. Elle me surprend et me fait plaisir. Son audacieuse rêverie n'est pas seulement un désir d'identification, mais aussi l'affirmation nette de ses décisions. Elle est mon désir de vivre. Elle est la seule personne au monde qui m'aime. La seule que j'aime aussi. Nous achevons la soirée en faisant sur mon ventre, accrochées dans le hamac, une partie de dominos que j'ai confectionnés sur une feuille de papier.

Mon cœur est grand ouvert, je sens mon esprit se remettre en place, devenir lucide. La confusion s'efface. Les troubles se dissipent. Seule ombre encore qui envahit ma tête : la peur en attente qui me guette. Ma propre violence me quitte. Mais je m'effraie de la frénésie guerrière qui plane au-dessus de nous et qui fondra sur moi au moment où je m'y attendrai le moins. Je veux résister, ne pas flotter dangereusement dans les déchirements du désespoir. Laisser mon corps dans la fête printanière de ces heures. J'ai soif d'affection tendre, comme un chien trop battu qui enfin trouve des maîtres attentionnés. La femme préférée du capitaine, un après-midi, vient se glisser dans mon hamac. Comment peut-elle savoir ma tristesse d'aujourd'hui, aiguisée des craintes ? Elle se couche tout contre moi. Elle me cajole. Ses caresses m'enveloppent. Son visage frôle le mien. Puis elle niche sa tête sur ma poitrine, elle m'embrasse le corps. Elle me serre contre elle. Presque à me gêner. Mais son époux nous regarde avec ravissement, un doux sourire attendri élargit sa bouche. Lui si grand, si musclé, rude et dur, semble fondre devant l'émotion que nous partageons. Je ne veux pas rompre la féerie de cette communication. Je reçois cette affection avec délices. C'est doux d'être aimée par une femme.

Tous rivalisent maintenant de gestes prévenants. Ainsi, un des autres capitaines, Paluliwé, m'appelle souvent.

– Il faut que Samantha mange. De la *yucca*, beaucoup, et puis des patates douces avec du sel. Je t'en donnerai. Elle ne doit pas maigrir. Les gens de chez toi diraient que les Yanomami ne l'ont pas nourrie. Quand j'aurai de la viande de chasse, je vous en ferai porter. Prenez bien votre médecine à vous...

Il n'est pas le seul à nous fournir de la nourriture en cadeau. Quels festins, si je n'étais pas obligée à mon tour de l'offrir à chacun des membres de ma famille qui s'empressent de me la mendier. Je ne leur refuse jamais car je leur dois tout. Impossible de planifier rationnellement et de compter sur des réserves pour le lendemain. Le mieux est de se gaver sur-le-champ. Les visites succèdent aux visites. Ils s'accroupissent alors entièrement nus, tout contre moi, touchent mes tresses avec douceur, trouent le silence de quelques commentaires, inspectent chaque feuille de mon cahier. Je leur souris. Et à mon tour j'avance la main vers eux. Nous comparons les trous de nos oreilles. Les leurs sont si larges pour y fixer les plumes et les fleurs qu'ils arborent. Ils sont intéressés et surpris par le fin anneau qui traverse seulement mon lobe gauche. Nous en rions. Et soudain l'attention de tous est attirée, captivée par un petit oiseau qui vole sous l'auvent et, cherchant à s'échapper, heurte le toit de palme. Le *shabono* entier se dresse, hurle. Plusieurs jeunes se précipitent pour l'attraper. En un instant un air de fête circule et les éclats de rire se répondent comme des bulles de bonheur.

Le soir est annoncé par une bourrasque violente qui s'engouffre dans le *shabono.* L'averse déferle, tout devient fragile. Il fait déjà sombre, quelques hommes se lèvent et, du centre de l'aire dégagée, gesticulent afin d'éloigner les mauvais esprits de la tempête. Plus tard, les jeunes guerriers chantent et dansent, les arcs et les flèches tendus au-dessus d'eux. Ils clament la vaillance de leurs hommes, la dureté de leur vengeance. Un homme plus âgé entame la mélopée et le chœur des jeunes reprend avec force. Tout homme mûr doit manifester la vertu essentielle des Yanomami : le courage. Cette valeur, *waiteri* – celui qui est respecté, craint –, est sociale, principale référence à un système d'organisation collective. Ils s'appellent entre eux Waïka, c'est-à-dire celui qui tue. Leurs gestes, leurs attitudes physiques doivent refléter ce statut qu'ils portent aux yeux de la communauté. D'où l'agressivité constante de leurs rapports. Ils cherchent continuellement à prouver leur bravoure, leur volonté de puissance. Les marques de coups, les cicatrices qu'ils affectionnent sont autant de signes des luttes passées et confèrent à celui qui les arbore un prestige supérieur. Ils testent leur résistance en se frappant mutuellement, les lendemains de fête. Il faut faire preuve d'audace, et les raids guerriers en territoire ennemi sont les plus importantes manifestations de celle-ci. Son être Waïka contraint le Yanomami à garder constamment ses distances grâce à une stratégie dans laquelle il impressionne son interlocuteur. Même les enfants, à qui l'on ne cache rien, apprennent par mimétisme ces attitudes hostiles. La cruauté n'est pas absente, dans la guerre, mais aussi dans le quotidien. Combien de fois, en rentrant dans le *shabono,* j'ai vu se précipiter sur moi un guerrier hurlant qui bandait son arc dans ma direction et faisait mine de lancer la flèche! Cette menace n'est pas seulement un jeu, c'est aussi un moyen d'éprouver la bravoure de l'autre. Entre eux-mêmes, ils se le font. Ils vivent éloignés, isolés dans leur soif de férocité. Peints en noir, couleur de guerre, ils clament ce soir leur haine en longs appels gutturaux. Ils croisent les arcs et les flèches. Les yeux lancent des éclairs. Comme sous une brise, leurs corps se balancent. Le temps de la harangue est passé. Le temps de la mort est venu.

20.

18 mai, la guerre

C'est un matin comme les autres. Le réveil à la nuit encore noire, l'animation autour des foyers, les préparatifs de sortie. Les feux se ravivent. Le *shabono* s'ébroue du sommeil. La famille du capitaine, près duquel nous sommes, s'active à son tour. Les femmes préparent leur panier. Le chef m'appelle et m'ordonne d'un geste péremptoire de la main de les suivre pour aller chercher de la nourriture. Nous n'avons plus rien ni eux ni moi. Depuis trois jours les rations diminuaient, les réserves étaient épuisées, sur les piliers les sacs pendaient désespérément vides, aucune épluchure ne traînait plus autour de nous. Nous avions faim. Il est obligatoire d'y aller. Cette décision me ravit. Je ne peux rester sans rien faire ainsi, dépendante, à recevoir des cadeaux pour nous nourrir. Je dois travailler. Mûre, pour ne pas vivre en parasite, j'accepte de les accompagner. Enfin sortir, revoir la jungle, marcher et trouver des aliments frais, récolter, les mains sensuellement enfouies dans la terre, les racines du *conuco*. Sortir!

Comme je ne pensais pas devoir quitter le *shabono*, aujourd'hui je n'avais pas enroulé avec vigueur les lacets de mes bottes. Les nœuds ne sont pas très solides. J'ai juste le temps d'embrasser Samantha :

– Je vais avec Amaneo et son père chercher de la nourriture, des bananes pour nous. Je t'en cuirai ce soir. Reste avec les autres enfants. Si cela ne va pas, va voir la vieille là-bas. Tout est bien, ma chérie, tu peux rester tranquille. Je reviens bientôt.

Tandis que je m'approche de la porte du village, des hurlements et des commentaires désapprobateurs s'élèvent de toutes parts. Mais je refuse de céder à ce rideau hostile. J'ai confiance dans le capitaine de Nakisipué-Teri. C'est lui qui m'a demandé de venir, j'obéis. En toute conscience, mon devoir me guide d'accepter, de me plier. Et il faut bien que je nourrisse ma fille. Alors que je franchis l'enceinte, une tension réelle domine et plane sur le *shabono*. Mais le cri des estomacs est impérieux.

J'emboîte les pas de l'épouse préférée, la plus âgée; derrière, en file indienne, l'autre épouse, et les deux hommes en armes et peints. Nous sommes les premiers du *shabono* à sortir ce matin, à jeun, après une nuit de pleine lune. Nous marchons dans les ronces, les broussailles. Puis nous empruntons le lit d'un ruisseau. L'eau jusqu'aux cuisses. La saison des pluies imbibe et gonfle tout d'humidité dans un fouillis monstrueux. La nature semble nous prendre au piège. Les arbres s'étranglent entre eux, dans un combat où les lianes garrottent les troncs. L'étouffement moite de l'air brûle nos poumons. Il fait à peine jour, chaque feuille, chaque branche m'effleure. Je tressaille, ouverte à ces attouchements végétaux. Des feuillages érectiles, des orifices écartés. Je butine ma liberté retrouvée. Mes membres se détendent, je sens la sueur rouler jusqu'à mes fesses. Le relief est très accidenté, des pentes abruptes succèdent à des collines désorientées. Véritable labyrinthe qui tourbillonne de verdure fraîche. Mon petit sac rouge avec mon matériel photo en bandoulière bat mes reins à chaque pas. La boue ne laisse aucune prise à mes bottes. Je dérape souvent et m'étale de tout mon long dans la fange à l'odeur fétide. Vaguement, je reconnais l'itinéraire qui mène au *conuco*. Je sais alors que la marche durera deux heures avant d'y accéder. Quelle plénitude de cheminer, unis, ainsi avec ces êtres, ma famille, participer à l'activité de base qu'est la quête de nourriture! L'une d'entre eux, assimilée, incorporée.

Tout à coup, la vieille femme devant moi nous fait signe de nous arrêter. Elle s'éloigne sur une quinzaine de mètres à droite. Nous l'attendons, immobiles, figés, muets. Je suis maintenant la première de la file indienne. Elle regarde en haut, à droite, à gauche, elle observe. J'imagine qu'elle cherche une fourmilière, des glands, des fruits. Comme je l'ai vu souvent faire. Elle se retourne vers nous, sans la moindre hâte, tranquillement. Dans un magnifique sourire, elle nous murmure :

– *Wayo, wayo...*

Dans un demi-tour parfait, les Yanomami détalent. Moi aussi. Un frisson me glace le corps. Je m'élance à leur suite. Je tente d'abord de suivre les deux femmes. Elles disparaissent rapidement car elles sont petites, nues, et se confondent avec la nature. Je ne les vois plus. Je talonne alors le capitaine. De par sa stature, il se dérobe moins à mon regard. Mais il court vite. La distance entre nous s'agrandit. Ses larges épaules qui filent en zigzag à une vitesse vertigineuse sont ma seule obsession. Le suivre. M'immiscer là où il se glisse. Bondir. Il pénètre les broussailles, il court en cassant des branches. Ses bras font de larges moulinets pour éloigner de son visage les ronces et les épines. Il tourne, à gauche, à droite, accélérant de plus en plus. Souvent il s'accroupit pour franchir un obstacle. Je me rends compte soudain que je cours derrière un homme, moi, une femme. Ce n'est pas dans les mœurs de la forêt. J'ai tellement intégré les valeurs Yanomami que je m'offusque moi-même. Suivre cet homme que j'ai vu hier encore brûler l'une de ses épouses avec un tison! Il disparaît à son tour. Je l'ai perdu. Toute seule dans la jungle. TOUTE SEULE. J'ai peur. Je ne sais pas quelle direction prendre. La forêt, pour moi, à droite, devant, derrière, c'est la même chose. L'homme courait en crochets, je ne sais plus où je suis. J'ai du mal à voir. La seule certitude : courir le plus possible. A toutes jambes, à tout corps. Éviter de tomber dans un trou, sur une liane. Essayer... Courir... Je n'ose regarder derrière. A mon tour j'essaie de courir en tournant, d'imiter le capitaine. Courir...

C'est alors que dans le dos je sens une sensation chaude et forte. Étrange. Ma main, comme ça, par hasard, passer derrière, pour voir ce que c'est. Et ma main a dans sa paume un bâton de bois. Une pointe de flèche. Un bambou aplani sur les deux faces, aiguisé, tranchant sur les arêtes. Ma main se crispe et remonte le long du roseau de la flèche. Cette flèche est plantée dans mon dos. Je continue de courir. Elle tressaute dans ma main. Pas le temps d'avoir peur. Pas de place pour l'épouvante. Juste une absolue surprise. Je suis soulagée, comme délivrée, ce que je pressentais s'est abattu sur moi. De toutes mes forces, j'arrache la flèche de ma main droite. Je la laisse tomber sans un regard et cours comme jamais de ma vie je n'ai couru. Je regarde ma main, il y a une seconde, elle tenait une flèche. Je touche mon dos, mes doigts sont maculés de sang. C'est alors que je commence à me sentir mal. Les arbres vacillent, une chaleur éclate ma peau, dilate mes veines des pieds aux cheveux. Des soubresauts me désarticulent. Mes dents claquent. Mes oreilles sont sourdes. Je me mets à hurler, hurler littéralement :

– *Capitan, wayo, wayo.* La flèche... *Duele* *... *Nini* *... J'ai mal, j'ai mal. Espera, attends. *Wayo, wayo.* Les ennemis!

Je hurle de toutes mes tripes. Je hurle, je n'arrête pas. Je me déchire à appeler le capitaine. Je lui gueule que j'ai du sang, que j'ai mal, que l'ennemi, que tout, qu'il attende. Je ne pleure pas. Il y a plus urgent à faire. Ils sont salauds de me laisser. La solitude brutale. Je me croyais avec des amis, une famille, entourée. Je suis seule, dans un monde étranger, inconnu. Sans défense, seule, lâchée, abandonnée. C'est horrible. Trop horrible pour le croire, pour le vivre. Je comprends le « chacun pour soi ». On ne s'attend pas dans la jungle. Chacun s'occupe de sa peau. Je n'arrête pas de courir. Les lacets en cuir de mes bottes se défont. Ils s'accrochent partout. Me font perdre l'équilibre. Je m'arrête. Tant bien que mal, grimaçant, je me baisse, les démêle, les arrachant aux ronces qui les retiennent, les croise, les renoue. Ils sont gluants. Je bloque les bouts à l'intérieur des bottes boueuses. Le plus vite possible. Je pense à la cinquantaine d'ennemis, peut-être, invisibles derrière les buissons épineux. Prêts à me flécher de nouveau. Cinquante flèches qui me perceront, me déchiquetteront. Ils vont venir avec leurs machettes, leurs haches, me violer, me traîner, m'emmener, me hacher, ils me laisseront en charpie, en lambeaux. J'attends d'être criblée. Dans quelques secondes. C'est imminent. J'écoute les bruits, aux aguets. Combien sont-ils? Où? Le sang colle ma chemise contre ma peau. J'étouffe. Je connais la rage Yanomami, je ne m'en sortirai pas. Ils sont là.

La course reprend. Je crie de nouveau, mais ma voix déraille :

– Capitaine, viens...

C'est alors que je commence à pleurer. Mes oreilles bourdonnent. Je ne suis plus qu'un tremblement partout, dans les mains, dans la tête, dans le corps entier. Je n'arrête pas de hurler n'importe quoi. Dans mon esprit, cela effraiera peut-être les ennemis. Cette jeune fille blanche qui vocifère en espagnol et en yanomami. L'essentiel, c'est de crier, de ne pas arrêter. Se retenir à ma propre voix pour ne pas sombrer. Des cris lamentables et féroces, plaintifs et hargneux, désespérés et sauvages, mêlés, enlacés, dans un ultime instinct de survie. Des cris avant que je ne tombe. Des cris pour les amis, qu'ils sachent où me chercher, des cris pour les ennemis, pour les impressionner, leur montrer que moi aussi je suis Waïka. Je n'en peux plus, je vais m'effondrer. Rester là, je suis crevée, vide, aplatie. Mes membres s'enrayent, plus rien ne fonctionne. Je ne peux même plus respirer. La gorge en feu. Essoufflée, époumonée. J'ai déjà trop couru. Je ne sais même pas ce que j'ai. J'ai du sang partout, sur les deux mains maintenant. Ces ennemis que je n'ai pas vus, que je ne vois pas mais qui me voient... Je continue de courir mais l'allure diminue. J'ai de plus en plus de mal à mettre un pied devant l'autre. Mes yeux brouillés de larmes ne distinguent qu'un brouillard vert, sombre. Je cours encore. A peine. Ne plus pouvoir respirer. La gorge asséchée, gonflée. Je suis un corps différent. Je suis en nage, mouillée, la douleur dégouline en moi. Éreintée, exténuée, à bout. Il n'y a plus rien qui existe, je ne pense à rien. Même pas au monde. Je cours dans la jungle pour courir. Plus rien d'autre ne compte. Il y a les ennemis derrière. La course, moi dans la course. Je reconnais vaguement un étroit lit de rivière, une colline escarpée. J'escalade, m'agrippant à tout ce que je trouve, puis me projette dans le courant, essayant de rejoindre l'autre rive. Je suis emportée, je lutte, me rétablis. A bout de souffle. Grelottante de fièvre, de terreur. Je grimpe sur la rive rongée et effritée. J'identifie un arbre mort avec son tronc éventré. Comment savoir si c'est le bon chemin? Des indices : certains passages, une côte raide, une légère pente, le coude d'un ruisseau. Ma hantise : fuir. Je me force à courir encore. Je crie à tue-tête lorsque j'ai assez d'énergie. Appeler le capitaine, ce grand type, beau, fort, musclé, auprès duquel je pensais être protégée. Mais il n'est plus là. Disparu. Et je suis perdue. Désagrégée dans ma peur. La confiance m'abandonne. Je me sauve dans la jungle, avec des ennemis à mes trousses, je me sauve et une plaie sanglante taillade mon dos. Je me sauve dans une direction qui n'est peut-être pas celle du *shabono*. Je me sauve et cela n'en finit plus.

– Haarr!

Un homme apparaît juste derrière un arbre. Je m'effondre de terreur. Le choc. La peur. Voilà, ça y est. C'est fini. Non. C'est le capitaine!

– Haarr!

Un râle grave. Son regard autoritaire, impératif, presque mauvais. Il me fait signe de détaler jusqu'au village et de continuer ma course. M'attrapant par le bras, il me lance dans la bonne direction. Je file. Il reste là, campé solidement sur ses jambes arquées aux muscles saillants, son arc bandé, sa flèche tendue. Il fait claquer férocement la corde, tout en insultant les ennemis. Puis il se frappe les cuisses du plat de la main, se balançant d'un pied sur l'autre. J'ai tellement été effrayée. Je me croyais tombée dans une embuscade. Je cours de plus en plus difficilement, presque doucement, les jambes flageolantes. C'est quasiment une marche. Mais je cours quand même. Je ne vois plus les arbres. Des taches vertes, marron m'apparaissent. Je ne comprends pas comment je ne me heurte pas de plein fouet à des troncs ou à des branches. Tout à coup, une horde de guerriers me croise. C'est le renfort des nôtres. A plein galop, ils dévalent, en poussant des cris stridents au passage, sans ralentir leur course. Ils agitent leurs armes pointées vers l'ennemi et vers le ciel. Des hurlements de guerre. A la queue leu leu, ils sont trente, ils sont quarante, je ne sais, qui déboulent dans les pas l'un de l'autre. Leur visage est crispé sur leur bravoure, les irréductibles de la jungle en proie à la vengeance sanguinaire. Maintenant je ne cours plus. Je marche lentement. J'ai presque envie de ramper, de me coucher là, de tout oublier, de ne plus rien faire, de ne plus exister... De rien... Ils me font signe de retourner au village ; enfin, ceux qui me voient. Nul ne s'arrête, nul ne s'apitoie. Ils ne sont qu'un élan guerrier, volonté furieuse, ils vont à la guerre.

– *Wayo, wayo, wayo...*, crient-ils.

Et ils y vont.

J'aperçois la ceinture de palme du *shabono*, au loin. J'y arrive, doucement, titubante et molle. Je ne sais plus si j'existe. Il y a des femmes debout devant le village, à l'extérieur. Cela n'est jamais arrivé. Elles sont nombreuses. Chacune est figée en une mine catastrophée. Des larmes coulent à flots sur les visages que je distingue à travers mes larmes. Elles sont toutes là, à me regarder, pantelantes, les bras au long. Elles me dévisagent comme si j'étais une apparition. Je rentre chez nous. Elle me font une haie, spontanément. Comme un automate, je continue d'avancer. Je les ignore presque, à la manière indienne. Trouver la porte. Je me baisse pour entrer.

Il y a Samantha. Petit ange, petite fille blonde. Ma gosse d'amour. Samantha que je n'ai pas eu le temps de coiffer ce matin tellement nous étions partis dans la précipitation. Samantha pleure. Je ne la reconnais pas. Elle n'est que sanglots, soubresauts, spasmes. Elle a des larmes partout. Elle est rouge. Elle tremble. Elle hurle. Elle me voit. M'agrippe. M'attrape. Elle plante ses ongles dans ma chair.

– Maman, on m'avait dit que tu étais morte.

J'en oublie mon drame. J'en oublie ce qui était grave. La guerre, le reste. Je lui souris, chaudement, profondément. Faisant glisser en elle la sécurité maternelle.

– Mais non, Samantha, regarde. Je suis revenue. C'est fini, tu vois. Nous sommes bien ensemble. Samantha, ma chérie.

Nous restons enlacées, cramponnées l'une à l'autre dans une fusion éblouie. Le temps n'a plus prise. Nous ne pouvons nous détacher, nous mêlons nos souffles, nos larmes, notre peau ne forme plus qu'un seul corps, unies par le même tressaillement. Fondues l'une dans l'autre, nous n'existons que par l'amour entier de l'autre. La mère, la fille. La fille, la mère. Peu importent le lieu, l'heure, les événements. Serrées si fort, nous nous étouffons.

Le village n'est plus peuplé que d'enfants, les tout-petits et les femmes. Elles sont toutes autour de nous en un énorme attroupement. Elles pleurent toutes et les enfants aussi. Il y a des sanglots partout. Je n'entends que cela. Elles regardent mon dos, le sang, la chemise. Elles touchent, elles réfléchissent à haute voix, s'interrogeant entre elles sur mes chances de survie. Elles me fixent alors, redoublant de larmes débordantes. Elles me voient mourir. Aucune n'ose tenter le moindre geste de sauvetage, de soin, d'attention. C'est alors que je commence à ne plus me tenir debout. M'allonger. Boire. Vraiment je me sens mal. Je me dirige, chancelante, vers mon hamac. Je m'allonge. Samantha voudrait me rejoindre et se nicher tendrement contre moi, comme d'habitude. Je réalise qu'une douleur me cisaille le dos. Je lui refuse, j'ai trop mal. Elle reste debout ou assise tout près. Nos deux mains scellées sont réunies. En levant la tête, j'aperçois tout un pan de mur de palme qui manque, à côté de nous. Sur une dizaine de mètres, c'est la pleine jungle. Je me souviens de ce que l'on m'avait rapporté sur les tactiques Yanomami. J'ai la certitude d'une deuxième attaque des ennemis. Ils ont fait diversion pour attirer nos hommes hors du *shabono,* maintenant ils vont venir piller et brûler le village, violer et prendre les femmes.

Je tente de trouver la force de me lever. Mon corps s'engourdit, il perd son autonomie, son agilité. Je ne peux me sortir seule du hamac, je dois me faire aider. Je me traîne, dure, raide, coincée comme un bâton sec, tendu et noueux. Je veux fuir cette ouverture béante de la muraille par laquelle les ennemis vont s'engouffrer. J'ai peur. Déjà j'avais visité un *shabono* dévasté après une attaque. Il était désert, seules quelques *palanganas* éventrées d'un coup de hache traînaient, les piliers martelés et brisés. Le malheur planait sur le désastre poussiéreux. Les habitants étaient dispersés, ayant perdu leur cohésion sociale. Sans hamacs, sans feux, sans marmites, ils se terraient dans la jungle, par petits groupes désorientés et épouvantés. Je prête l'oreille perpétuellement pour percevoir les craquements discrets de l'irruption des ennemis. Je ne suis pas en état de courir. J'ai peur. Ma petite fille! Vacillante, je fais le tour du village pour essayer de trouver un endroit où notre sécurité me semblera moins aléatoire. Je dis aux femmes, comme je peux, en inventant des phrases dans leur langue, que j'aimerais mettre mon hamac dans un lieu plus protégé. Je trouve la force de dénouer les cordes qui l'amarrent, puis de le traîner dans la poussière jusqu'au coin que j'ai choisi. Je ne peux plus faire un geste, un effort. Je prie une femme pour qu'elle accroche le hamac. Je n'ai plus qu'une envie, me laisser glisser au sol. Je mets les liens dans la main de quelqu'un qui est là, que je ne vois pas tant le brouillard devant mes yeux s'épaissit. Des enfants me révèlent qu'il y avait du curare sur la flèche qui m'a atteinte. Je me relève. Je titube, prise de panique. Je vais de l'un à l'autre.

– Qui peut me soigner? Faites quelque chose. Voyez là, j'ai du sang. J'ai eu une flèche... Ne me laissez pas comme ça. Moi je ne sais pas quoi faire. Je ne suis pas d'ici, vous comprenez. Je ne vois pas ce qu'il y a. Je ne sais pas ce qu'il y avait sur cette flèche. Je ne connais rien. Je ne suis pas indienne, vous comprenez. Faites-moi ce que vous faites aux vôtres quand ils sont blessés. S'il vous plaît...

Personne ne bouge. Elles sont toutes à pleurer, à hurler. Je reconnais les lamentations pour les avoir déjà entendues. Les déchirements de deuil.

Je demande s'il y a un sorcier. Je me sens partir. Je supplie qu'on l'appelle. C'est un vieux, impotent, qui s'était mis en colère une fois contre moi. Depuis je n'ai jamais osé le regarder, lui parler, l'approcher. Personne ne bouge. L'effervescence désordonnée et tragique continue. Une atmosphère et des réactions de fin du monde secouent notre groupe rassemblé. Je tente d'aller vers le chaman. Quand nous sommes face à face, je me retourne, relève ma chemise et lui montre mon dos.

– Sorcier, *Brujo* *, guéris-moi. Regarde, fais quelque chose. *Nini bruca,* j'ai très mal.

Je me baisse et mets ma plaie sous ses yeux. J'insiste, j'implore, je mendie son savoir. Je surmonte la gêne que j'éprouve. Mais je me sens tellement bizarre. Une si grande envie de dormir, de m'affaler par terre. Qui en premier a parlé d'eau chaude? Je ne le sais. Toujours est-il que tous approuvent cette bonne idée. Mais nos gourdes sont vides, les *palanganas* des femmes sont à sec. J'ai à peine assez de voix pour en réclamer. Personne ne veut aller jusqu'à la source si loin, en pleine guerre. J'agrippe la main du vieil homme.

– Soigne-moi, sorcier. Je ne veux pas mourir.

Il rit à moitié. Il veut bien soigner. Mais soigner ce n'est pas lui, ce sont les esprits qui à travers ses mains agissent. Il faut tout un rituel pour cela. Et puis ce n'est pas sûr. Les enfants se pressent contre moi.

– *Jaraca* *, crient-ils, c'est le nom de la flèche qui s'est plantée dans ton os. *Bruca* le curare, beaucoup de curare dans ton sang.

La peur n'arrête pas de m'envahir. Elle se glisse partout. Du haut en bas, dedans, dehors. Je me sens lourde. Ma tête ne tient plus. J'ai du mal à respirer. Mes paupières s'abaissent d'elles-mêmes. Un filet de salive déborde de mes lèvres et coule le long de mon menton. Je ne peux pas empêcher un tremblement qui agite mes jambes. Je vais m'allonger. Une femme, aux gestes doux, me met de l'eau sur le visage. De l'eau brûlante est appliquée sur mon dos. Elle jette des pincées de sel sur ma plaie. Mon dos est métal en fusion. Mon hamac, mes habits sont trempés. Je distingue des mouvements autour de moi. Certains s'assoient contre le hamac. Des femmes et des enfants viennent voir, restent un moment, puis repartent. Je garde la main de Samantha. Je ne veux la lâcher. Nos doigts enlacés, ma paume broie sa petite main toute la journée. De toute ma force intérieure je lui dis :

– Il n'y a plus rien de grave, Samantha. Même si je meurs, tu seras heureuse, hein! Tu es grande dans la tête. Je le sais. Tu connais la vie. Elle t'appartient.

Nous échangeons le premier vrai sourire calme de la journée. Mes yeux ne peuvent se détacher de l'ouverture, ils sont braqués dans cette direction d'où j'attends qu'une bande en furie débarque. Je ne suis même plus en état de me lever. Nous resterons dans ce coin où nous ne sommes même pas cachées. J'espère qu'ils ne nous verront pas. Je regarderai ce qu'ils feront. Je ferai ce qu'ils voudront. Moi, je pleurerai. Ici, il n'y a que le vieillard impotent, déjà parti se rallonger dans son hamac. Je n'arrive pas à dormir. Je suis brûlée par une soif terrible. Toutes les marmites sont vides. Il n'y a plus d'eau dans le *shabono*. La journée s'étire lentement. Je recherche de la fraîcheur. Mon cœur tape ma poitrine. Je tente de me relever du hamac. J'ai mal partout. Mon dos est droit, je ne peux me plier, me baisser. Je m'allonge de tout mon long par terre. Et j'y reste.

Le soleil est déjà bas, les hommes reviennent un à un. Ils sont crottés, sales. Ils gardent l'air noble et indifférent de leur départ. Pourtant leur visage rayonne de contentement épanoui. Au-delà de la satisfaction immédiate de la bataille, ils semblent atteindre une plénitude parfaite. Leur pas est léger, à peine effleurent-ils le sol. Comme malgré eux, de longues phrases jaillissent de leur bouche. Sans s'adresser à quelqu'un en particulier, ils décrivent avec des intonations multiples, des grognements répétés, ponctués d'onomatopées reprises par l'auditoire, les splendeurs de leur violence. La fierté magnifie le ton qu'ils emploient, la tête levée vers le ciel, les yeux égarés dans les étoiles que parfois les nuages découvrent. Je ne comprends que des bribes de phrases. L'ennemi a déguerpi, laissant plusieurs morts. Ceux d'ici m'ont vengée.

– Il y en a, dehors par terre. Ce ne sont que des tas d'os. Pas loin, là où *Napegnouma* a été fléchée. Nous, nous avons visé le mou, là où est la mort. La forêt est silence pour eux, ils n'entendent plus l'oiseau. Les vers vont manger et pourrir leur corps. Et personne ne pourra les brûler. Nous avons vu leurs traces, les pas, les tiges brisées par leur fuite où coulait encore de la sève. Nous les suivions de près. Ils sont lâches. Ils ont décampé. On a même retrouvé deux machettes que les peureux ont abandonnées. La guerre a été forte et belle. Nous avons été si loin que nous avons vu là où les ennemis avaient fait leur feu la nuit d'avant. Les braises étaient encore chaudes. Et même des restes de nourriture. Deux de ces chiens de *Shamatari* sont morts. L'un des blessés ennemis, en vengeance pour *Napegnouma*, agonise encore, nous avons entendu ses râles de détresse.

Le village entier participe à la joie de la victoire. Je les crois, je les écoute. Comment douter de ces affirmations convaincues, clamées par tant de bouches différentes? Le *shabono* ne parle que de cela. *Napegnouma* est déjà vengée. Un homme revient blessé. Un énorme trou dans son biceps laisse à nu la chair sanguinolente et éclatée. Il a mal. Son teint est verdâtre. Il gémit, enfoui dans son hamac. Il habite à deux feux de nous. Je peux le regarder, nos blessures nous rapprochent. Son épouse va de lui à moi, dans un même dévouement.

Vers la fin de la journée, des jeunes adolescents remettent mon hamac à sa place normale. Je les suis péniblement, plus traînée que debout. Et me rallonge contre le feu. Plusieurs personnes, au hasard de la soirée, viennent me demander :

– Ça va? Qu'est-ce que tu vois avec tes yeux? Tu vois la nuit? Et ton ventre, là, tu as mal? Et ici? Tu peux respirer? Et ta tête, *nini bruca,* tu as mal?

Ils me touchent pour voir si je suis chaude ou froide. Étrange diagnostic où tout le *shabono* participe. Certains adoptent des visages bouleversés, soucieux. D'autres, en revanche, rient franchement. Les moqueries ne m'épargnent pas.

– Maintenant tu sais ce que c'est de sortir en temps de guerre, me disent les trois autres capitaines réunis, la bouche fendue aux éclats.

Sans bien me rendre compte de ce que je fais, sans même savoir en quelle langue je m'exprime, je tente de me justifier. Je prends à partie chaque personne qui passe, je déroule un long plaidoyer sincère et confus. A cœur ouvert.

– Oui, je le savais. C'était la guerre. Mais cela faisait plusieurs jours que je n'étais pas sortie. Samantha et moi nous n'avions plus rien à manger. Et le capitaine m'a dit de les suivre. La confiance que j'ai en lui... Vous comprenez? Ces femmes, mes amies, y allaient dans la forêt. Travailler, affronter le danger. Je ne pouvais pas les laisser y aller pour nous, sans participer aux risques. Je ne peux toujours accepter d'être nourrie, je n'aime pas mendier. J'ai ma part de difficultés à prendre. Porter notre nourriture et l'utiliser comme bon me semble et à l'heure que je veux. Et puis je ne suis pas habituée à être enfermée, même dans un *shabono*. Je veux connaître ce que vous faites à l'extérieur. Vous comprenez?

Toujours couchée à terre, je ne peux plus faire un mouvement. Impossible de bouger, trop douloureux, trop difficile. On me dit de me reposer. Je ne sais plus ce que cela signifie. Des femmes viennent s'asseoir, beaucoup pleurent. Des enfants aussi, en sanglots bruyants. Personne ne parle plus. Ils attendent que je meure. Mes yeux se ferment tout seuls, fatigués. Ils n'ont plus rien à regarder. Je tiens Samantha dans mes mains, c'est l'essentiel. Quand mes yeux se rouvrent, c'est pour voir des visages couverts de sanglots, des poitrines qui hoquettent, des Indiens qui attendent autour de moi sans que le temps ait d'importance. Mes paupières se ferment et se rouvrent. Je ne sais combien de secondes, de minutes, elles restent ouvertes; je ne sais combien de secondes, de minutes, elles restent fermées. Des Yanomami, moins patients, timides ou discrets, passent à distance, regardent attentivement de loin. Chacun parle autour des foyers. Être vivante ou être morte n'a plus vraiment d'importance ni de signification. Ma pensée n'est pas fatiguée. Il n'y a que le corps. Je peux mourir ou être vivante. Cela revient au même. Je vais mourir. Tout est si simple, la peur est remplacée par la paix. Comme un léger froissement musical, je vais mourir. Je ne rôde plus, je m'abandonne à mon dernier souffle. La logique normale de la mort s'impose, douce, claire. Je ne suis plus qu'un demi-jour. Mon esprit danse sur une frontière indécise. C'est facile. Dans un sursaut, je fixe ma fille. Son cœur ruisselle en odeurs d'or. Sa main, pelotonnée dans la mienne, me retient à la vie. La brise venant de la jungle me fait du bien. La forêt me soulage. Mes rages, mes désespoirs à hurler, à crever, s'épuisent dans sa moiteur. Elle me meurtrit, mais je ne lui en veux pas. Je suis face à moi-même dans la meurtrissure. Pour la première fois, la fureur ne pointe pas en moi. La vie me charme, alors qu'elle me quitte.

Tous les hommes sont revenus. Il fait nuit. J'entends dire que la guerre est terminée. Un jeune de ma taille, dix-huit ans peut-être, lavé et orné de plumes multicolores, aux oreilles, autour des bras, somptueux et détaché, se penche sur moi. Le feu danse sur les dépouilles d'oiseaux et les peaux emplumées qui embellissent sa parure. Sa nudité m'émerveille. De la pointe du pied, il soulève mon épaule.

– *Napegnouma*, tu es encore vivante? Pas encore morte? Cela veut dire que tu ne mourras pas.

Je tourne la tête. Je le fixe droit dans les yeux. Mon regard signifie :

– Comment?

Il répète alors ce que j'avais parfaitement entendu. Il me redit la même chose. L'enchantement. Une béatitude me pénètre, se diffuse en nappes de ravissement. C'est tellement gentil de la part du monde de m'offrir ce cadeau. Je ne dévisage plus le gamin. Plus personne. Si le jeune Indien me l'a dit, c'est qu'il le sait. Peut-être le délai critique depuis la blessure est-il passé? Il m'explique, avec ses mains, que le poison met quatre heures pour circuler dans le sang afin de paralyser et de tuer le blessé. Au-delà de ce temps, le sorcier peut peut-être quelque chose. Une allégresse débridée m'attaque de toutes parts. Je souris à tout le monde, ceux qui sont là, qui me regardent. Qui ne me regardent pas. Je souris pour moi.

Pendant toute cette journée, depuis mon retour blessée, beaucoup me contemplaient avec des visages tragiques. Je leur faisais des grimaces en leur disant :

– Ne pleure pas.

Je mimais leur tristesse, puis je leur faisais un énorme sourire avec une petite blague qui déformait ma bouche. Je leur disais :

– Oui, c'est ça. Il faut rire, comme ça...

Pour qu'ils me remontent le moral. Pour ne pas céder aux larmes et à la peur à mon tour. Ils m'impressionnaient, tellement dramatiques. Je ne voulais pas qu'ils soient catastrophés. Leurs visages en larmes me remplissaient d'effroi. J'avais l'impression d'être déjà morte. Des femmes ébauchaient un timide sourire figé. Je leur disais :

– Voilà, comme ça. C'est mieux. Encore plus.

Et je leur montrais qu'il fallait qu'elles agrandissent leur sourire. Voilà, la lune s'est levée. Tout le monde se berce, comme si rien ne s'était passé. La guerre est terminée. Samantha est dans notre hamac, au-dessus de moi. Dans l'obscurité, mes yeux grands ouverts n'arrêtent pas de la regarder. Ma main suit la forme de son corps blotti dans la toile tendue, espace trop vaste pour elle seule. Je la sens, ma fille, mon enfant, ma chair. C'est vraiment bien qu'elle soit là. La journée a été si pénible pour elle. C'était horrible. On lui avait dit que j'étais morte. Le bruit avait couru au village, longtemps avant que je n'y revienne. Que l'ennemi m'avait tuée. Les enfants lui avaient déjà tout décrit. La mort. Mon corps qui allait être brûlé. Mes os pilés. Mes cendres recueillies dans une petite calebasse, qu'elle aurait ramenée chez ceux de sa tribu. Ensuite elle aurait mélangé mes restes avec de la soupe de bananes chaude, avant de la boire, la partageant avec la famille réunie, comme cela se fait ici. Elle acceptait parfaitement cette réalité, mais ne pouvait supporter la mort de sa maman. Samantha savait tout cela quand elle m'a vue arriver au village sur mes deux jambes. Quel choc, mon apparition debout, alors qu'elle m'attendait, si malheureuse, portée froide sur le dos de guerriers. Pauvre Samantha, la dureté de sa journée est au-delà de l'exprimable. Elle est courageuse. Elle pleurait beaucoup. Elle a mis longtemps à se calmer. Encore maintenant, son petit corps au-dessus de moi est agité, dans son sommeil, de soubresauts électriques qui résonnent dans mes paumes larges ouvertes. Merci à l'univers de nous réunir, que nous soyons ensemble, Samantha et Sonia, dans les plis de la nuit enfin descendue. Merci aux forces mystérieuses du monde, du bonheur d'avoir une enfant, là, si proche de moi.

Allongée par terre, mes yeux errent. Au feu le plus proche, le capitaine s'amuse avec son nourrisson. Il le fait sauter dans ses bras. Applique sa bouche sur son ventre et souffle très fort. Il le tapote du plat de la main. Il lèche son corps, suce son petit sexe. L'enfant rit, se tortille. Brusquement, le tenant par un bras, le père se lève et dépose son fils sans ménagement près de sa mère, et d'un pas hautain il s'éloigne. L'homme qui avait été blessé durant la guerre est allongé dans son hamac. La main collée contre sa bouche pour éviter que les esprits ne quittent son corps, il réfléchit, calme. Parfois son épouse applique de l'eau bouillante sur sa plaie. Il grimace. Puis il se redresse, s'accroupissant devant son feu, il se saisit d'un tison et l'approche au plus près de son bras. Son visage reste impassible. Il transcende la douleur en un chant cristallin et s'efforce à l'allégresse. Il m'apprend à souffrir. De nombreuses personnes viennent me rendre visite. Passer le temps, assises à se gratter, à chercher mutuellement les puces, à manger les poux qu'ils trouvent. Pour me tenir compagnie. Ce matin tôt, des hommes reviennent de la chasse. Un groupe important s'assemble non loin de moi. Ils boivent des cendres de morts mélangées à de la soupe. Après un décès, les Indiens n'ingèrent pas tout de suite les restes du défunt. Ils attendent que les proches, la famille soient réunis, à l'instant propice et privilégié. Des femmes se rendent à la cérémonie, les joues enduites de suie noire. Je ne peux bouger. La vieille femme du capitaine s'approche régulièrement de moi. Et pose ses mains sur ma blessure.

Mon dos est raide, dur, droit. Je ne peux m'asseoir. Des crampes se réveillent en permanence, enserrant dans leur étau mon rein droit. Elles forment une grosse boule noire, compacte. Je ne sais plus que faire. La vieille, inlassablement, me masse. Et enfonce ses mains dans ma chair, tire, tend. Le moindre bruit alentour, le moindre geste près de moi provoquent des éclairs de contractions. Indépendamment de toute volonté, de tout mouvement de ma part. Comme une tenaille qui s'épanouirait et se bloquerait tour à tour. Comme mille pinces de crabes qui attaqueraient mes nerfs. Je ne sais comment me mettre pour les éviter, les arrêter. Je pleure. Je hurle de douleur. Je crie ma misère. Des crampes fulgurantes m'accrochent dans le dos, sur les côtés, dans le ventre. Je ne peux me lever seule. Lorsque je dois faire pipi, il me faut appeler une femme qui à son tour se fait aider. Ils me saisissent par les bras, précautionneusement, me portent, me traînent. Je me suspends. Cale mes aisselles sur leurs épaules. Aucune main, aucun bras ne peut frôler mon dos sans provoquer des tornades électriques qui me font hurler. Plus grande qu'eux, je dois plier mes jambes pour qu'ils me soutiennent. Franchir la porte, qui m'arrive à la poitrine, est le plus douloureux. Différentes méthodes sont expérimentées. Je souffre trop. Alors le capitaine enserre mon thorax dans ses bras puissants. Mon dos appliqué à son ventre. Il me soulève du sol, mes jambes pendent, molles. Puis il se baisse, sans se courber, et avance, arqué, presque accroupi, mes membres inférieurs complètement repliés, portant la masse inerte de mon corps. A l'extérieur du *shabono*, il me faudra encore m'éloigner. Je ne le peux. Il m'autorise à faire mes besoins à proximité de l'entrée. Je reste debout. Deux femmes me tiennent. Une troisième presse mon ventre. Je respire fort. Elle masse vers le bas mes intestins noués. J'oublie la gêne multipliée par le temps qui me semble interminable. D'autant que des rires et des exclamations, des hurlements de joie, des commentaires fusent et m'indiquent qu'une multitude de Yanomami observent et m'épient cachés à l'intérieur du village. Je n'ai jamais déféqué ainsi, debout, face à des gens, sachant que je serai obligée d'envoyer ma fille cacher et jeter mes excréments.

Samantha doit tout faire pour moi. Plusieurs fois par jour, elle se charge de la corvée d'eau. Seule ou accompagnée d'une autre enfant, elle va à deux cents mètres de là, à la source. Nos deux gourdes et la *palangana* sont si lourdes! Je n'aime pas la laisser aller, sachant que l'effort est à la limite de ses forces. Souvent les petits garçons qui l'escortent lui font des plaisanteries. Ils s'écrient :

– Attention, voilà les ennemis!

Elle est traumatisée, décomposée. Elle ne sait jamais si c'est réel. Elle hait cette blague, et de retour au village, tous se moquent régulièrement de sa frayeur. Arrivée au ruisseau, elle doit se déshabiller, se déchausser, alors que la peur ne la quitte pas. Samantha, ma gouvernante tendre, mon infirmière si petite, ma dame de compagnie affectionnée. Elle cuit ma nourriture. Secoue mon sac de couchage. Tape mon « oreiller ». M'apporte ce que je réclame. Un sourire aux lèvres, une main qui effleure mon visage au passage. Son dévouement la retient sans cesse à mes côtés. Elle en oublie sa vie, ses amis de jeu. Chaque matin, elle me coiffe et refait mes tresses. Prenant de l'eau dans le creux de sa main, elle me lave le visage. Elle imite les vieilles femmes et me masse. Ses mains égrènent des caresses sur ma souffrance. Elle n'a que huit ans, cet être si organisé, si mûr, qui se sacrifie avec autant d'amour. C'est précieux, une petite Samantha.

Au crépuscule, trois des capitaines, Naguigue, Paluliwé, Pécapibué, en délégation solennelle, viennent me trouver. D'un air grave et imposant, après quelques instants de silence intense, ils me déclarent :

– *Napegnouma,* si tu restes allongée par terre, tu ne te relèveras jamais. Des mauvais esprits vont enfoncer ton âme dans le sol et tu ne pourras plus jamais marcher.

Leur sentence officielle est tombée. D'emblée je les crois. Avant qu'ils ne s'éloignent, je leur demande de me transporter dans le hamac. Mon dos ne peut plus épouser sa forme arrondie. L'inconfort cruel de ma position m'arrache des larmes. La nuit est bien avancée. Le *shabono* dort depuis longtemps. Je ne peux fermer l'œil. Soudain une foudre me tord le dos. Je hurle en indien :

– Femme, viens vite. J'ai mal!

Une ombre se glisse. J'attrape sa main pour la précipiter à

l'endroit de la douleur, et de l'autre, j'enfonce mes ongles profond dans sa chair. Le temps que passe la souffrance. Alors ses doigts se font affectueux. Ma paume dans la sienne est le seul point de communication avec le monde. Elle se serre, se relâche, s'adoucit, se referme, en effusions éperdues. Exprimer que je ne suis pas seulement une bête torturée, mais un être humain, une femme qui pourrait être sa fille. Elle rallume le foyer, y place de l'eau à chauffer. Puis elle la jette, bouillante, à l'endroit de la crampe. Son mari, le capitaine, vient l'aider. C'est merveilleux, ces quatre mains chaudes qui pressent ma peau. Mes grands yeux d'eau, mon visage traqué s'illuminent du feu ravivé. Lorsque les crampes suivantes m'assaillent, ils ne se lèvent plus. Pire, le capitaine me fait un signe tranchant, m'ordonnant d'un ton sans réplique de ne pas bouger, de ne pas pleurer, de laisser passer avec calme et intelligence, à l'indienne. Je me contente donc d'écouter les cris qui sortent de mon corps. Mordant la toile, je m'agrippe aux sangles et aux bords du hamac. Je regarde silencieusement la clarté plus vive de la lune qu'un nuage découvre. La nuit entière à deviner les formes du ciel... A soupirer. Je dois à plusieurs reprises faire pipi. D'abord dans mon verre que je vide sur les cendres du feu. Mais je ne peux même plus faire ce geste les autres fois. Je me mouille littéralement. Les crampes se déchaînent à chacune de ces occasions. Je suis dans une mare d'urine. J'attrape ma culotte que j'avais lavée dans le noir au fond d'un quart et qui pendait à sécher au-dessus de moi. Je l'utilise comme éponge. Seule avec mes plaintes, mes gémissements, ma honte. A l'aube, l'épouse du blessé accourt. Elle m'asperge d'eau chaude bénéfique. Me masse. Cela me réconcilie avec tout et tous.

Je ne peux sortir seule du hamac. Le capitaine invente une technique pour m'extraire de la toile sans que je hurle. Il enjambe, derrière moi, les cordes du hamac. Il place les bras autour de mon thorax. Et soudain il me lève d'un bloc, le tronc restant vertical. Sa force et sa haute stature lui permettent ce geste puissant. Une fois debout, mes jambes se dérobent sous moi. Mes mains attrapent mon dos, se calent sur mes reins. Immédiatement des femmes malaxent, triturent mes muscles contractés, afin que je retrouve suffisamment d'énergie pour ne pas m'écrouler. Je trébuche et m'affaisse, deux femmes se saisissent de moi pour me maintenir. Il m'est impossible de tenir sur mes jambes.

Des hommes parmi ceux qui se droguent de l'autre côté du *shabono* m'aperçoivent et s'approchent. Ils sautent, gesticulent, chantent, se touchent, vomissent et brandissent des objets invisibles Les sorciers. Ils me font asseoir. Chacun s'affaire autour de moi Donner à mon corps la position rituelle : le tronc à angle droit avec le sol, les jambes tendues, collées à la terre et écartées. Un homme se cale derrière mon dos pour le maintenir dans cette pose que je ne peux tenir. Des femmes m'appliquent contre lui pour que mon thorax reste parfaitement droit. Penaude, je suis apeurée et interdite. Ma mine pâle, mes yeux baissés. Je transpire à grosses gouttes. L'attroupement autour de nous se fait silencieux. Le reste du *shabono*, même plus loin, est attentif. Les quatre chamans chantent. Ils conversent avec les esprits. Entre eux, ils s'indiquent des détails sur moi. La tension déforme leur visage. Ils me fixent avec des yeux exorbités, mais ne me parlent pas. Leurs mains me calment, dans une attitude affectionnée. Sous l'effet de la drogue, ils semblent percevoir les agents qui transmettent la maladie. Distinguer, définir les mauvais esprits envoyés par l'ennemi. Ils les exorcisent et les extraient, parfois avec violence, de mon corps. Je me sens vidée, le paysage se trouble et se met à trembler. La stupeur inonde mon regard. Les sorciers s'accroupissent contre moi. Je sens leur peau, leur chaleur, leur respiration. De leur main, ils arrachent le mal hors de moi. Une lutte s'engage entre leurs esprits et ceux de ma douleur. Leurs cris s'accélèrent. Ils grognent. Le mal résiste. Une empoignade magistrale. Leurs bouches râlent, soufflent sur moi. Ils me palpent, balaient mon corps de leurs doigts écartés. Leur épanchement affectif me cingle. Mon corps rebelle se tord, se tend. Il est ruisselant de larmes. Les chamans crachent dans leurs mains, dans un effort considérable, ils me libèrent d'une puissance douloureuse, invisible, qui me laisse frissonnante et éperdue. L'un se penche, il suce la plaie, aspire le poison. Sa bouche ventouse avale ma peau, avale ma chair. Je sens ses lèvres, je sens sa langue. Je suis fouillée, fouettée par la lutte qui se livre dans mon corps. Soudain il se détourne et vomit en cascades verdâtres. Je reconnais capitaine Naguigue. Des mucosités coulent de son nez. Il crache et dégorge comme un volcan sa lave. Il crie comme un animal piégé. Les autres, avec des halètements rauques, le remplacent, se tendent au-dessus de moi dans des convulsions violentes. Ils hurlent, rient. L'un entonne une mélopée si douce, l'autre se lève et d'un pas aérien danse devant moi. Puis il vient me renifler au plus près. Je suis au cœur de la sorcellerie Yanomami. Naguigue s'éloigne presque en rampant. Il regagne tant bien que mal son hamac, s'y coule. Il est vert, malade. Son souffle est court. Il ferme les yeux et sombre immédiatement dans le néant. Être chaman n'est pas une fonction, mais chaque initié, lors de prises de *yopo*, peut se sentir inspiré par tel ou tel patient et agir en conséquence. C'est ainsi qu'au fil des séances de sorcellerie je serai soignée par des hommes différents.

Samantha est terrorisée par ces cérémonies. Accroupie à quelque distance, elle ne perd aucun détail. Je sens ses grands yeux dilatés me dévorer et tenter une protection contre ces hommes hors d'eux. Elle est prête à bondir pour me défendre. Elle est sur ses gardes. Et en même temps, elle voue à ces sorciers une confiance parfaite. Bouleversée, ma petite fille... De retour dans mon hamac, aidée par trois femmes, je m'écroule. Je pleure énormément. Recroquevillée en moi-même, si petite et si fragile. Je leur dois tout à ces hommes. J'attends tout des chamans. Si respectables. Éperdue, heureuse de l'affection qu'ils me portent, mes dents grelottent. Je suis si inférieure. Je suis entre leurs mains. Eux savent. Je pleure. De peur, physique, psychique; de désemparement; parce que je ne sais pas ce qui va advenir. Une femme me déshabille. Elle me fait une toilette, longue, tendre, discrète. Prenant de l'eau dans ses mains, elle me lave de ma transpiration, de la poussière. Le visage, le cou, les épaules, le corps. Elle me retourne. Je suis une enfant entre ses doigts. Elle fouille dans mon sac et en tire un vêtement sec qu'elle m'enfile. Leur humanité compatissante m'ébranle d'émotion.

La nuit suivante, une énorme averse s'engouffre sous l'auvent. Le tonnerre secoue l'obscurité. Les éclairs submergent le ciel, atteignent la palme. Un orage d'une intensité extraordinaire se déchaîne au-dessus du *shabono*. Samantha dort par terre. J'occupe notre hamac. Elle me fait de la peine, ma pauvre petite fille. J'ai peur des serpents et des araignées, des mauvais esprits qui vont enfoncer son âme dans le sol. Elle me fait pitié, ma Samantha, couchée à même la terre. Je réveille le petit garçon voisin et lui demande de prêter son hamac. Il accepte gentiment et se glisse dans celui de sa maman. Samantha n'a pas de moustiquaire, c'est déjà une folie. L'air est irrespirable avec la pluie battante. Les feux ne sont que fumée opaque. Mon sommeil est haché de réveils. Parfois étranges où je sens mon corps, léger comme de la plume, tournoyer lentement et aérien. D'autres fois, plus souvent, douloureux. Une crampe attaque, elle provoque une contraction, une torsion violente. Je crie. Je pleure. La vieille femme se lève, de mauvais gré. Elle tente quelques massages. Ma douleur ne faiblit pas. Je rugis de plus belle. Il me semble n'être qu'une meurtrissure. La femme alors se fâche. Avec véhémence, elle me réprimande. Un long discours en indien. Je crains qu'elle ne réveille tout le *shabono.*

– Tu es une femme d'ici, maintenant. Tu ne dois pas te plaindre.

Je ravale mes larmes, mes souffrances. Je me resserre sur moi-même. Muette et malade. Personne ne vient, personne n'est à côté de moi. Personne ne m'aime. J'ai si mal. Déchirée.

Je tente de sortir seule du hamac. Je retombe chaque fois. Je ne peux pas. Guetter le moment où quelqu'un me regarde. Lui faire comprendre que je voudrais me lever. Par un regard implorant, par une voix chevrotante et chétive. Le capitaine veut bien m'aider à condition que je ne pleure plus. D'autres fois, ce sont des femmes qui me forcent à me mettre debout, ou des jeunes filles qui m'invitent à aller avec elles. Ma douleur est telle que je plante systématiquement mes ongles dans leur chair à leur grande surprise. Mes grimaces les étonnent et les apitoient. Une vieille invente une manière nouvelle. Elle fixe, au-dessus de moi, dans le toit de palme, une perche à laquelle je m'accroche. Alors, faisant levier, elle parvient à me hisser. Une fois debout, tous m'aident à franchir les trois mètres qui me séparent de ma « salle de rééducation ». Un lieu où l'armature du *shabono* est à deux mètres de haut, à portée de bras. Mes jambes ne portent rien, je tiens à la force des muscles. Ils vont céder. Des femmes, sans interruption, massent mes jambes des cuisses aux chevilles pour « chasser le venin », toujours sur les indications d'un sorcier qui, mine de rien, observe toute la scène. Puis le vieil homme m'ordonne de balancer les jambes d'avant en arrière et de monter les genoux. Je martèle ensuite le sol avec mes talons afin d'expulser le poison, comme ils me le demandent. Des gens se lèvent tout autour du *shabono,* ils viennent voir mon corps. Je suis objet de curiosité, but de promenade. Pas moi en tant qu'être humain, mais mon dos blessé, les réactions corporelles, les effets du curare. Ils commentent entre eux la plaie. J'aimerais comprendre ce qu'ils disent. J'entends des mots revenir fréquemment, qui me font horreur : *jaraca* nomme le type de flèche que j'ai reçue. Et *chico* * signifie curare. Ces bavardages me fatiguent, m'affaiblissent. Je suis assoiffée, désespérée, affolée, paniquée. Je les mendie tous des yeux, et je m'y raccroche à ces regards. Plus spécialement à ceux d'une femme à proximité, l'épouse du blessé, qui me dit avec son visage si expressif que « c'est bien, que tout va bien ». Elle me sourit. Je la vois comme l'unique bouée qui me garde vivante. Mon regard est la seule chose que je puisse lui offrir, mon seul message, pour lui rappeler que moi aussi je suis une personne humaine, dans cette position tellement ridicule.

Je suis un spectacle. Un long bâton blanc, raide. Marchant très lentement. Fragile dans sa longue jupe. Le torse nu, recouvert d'*onotto* écrasé. L'entaille sanguinolente, sans peinture rouge, tranche en blanc mat sur ma colonne vertébrale. A hauteur de la taille. Je suis comme un fantôme, si maigre. Et tout le monde me regarde. Il est tôt, le ciel est encore rose. J'entame mon premier tour de *shabono*. Accrochée à un arc que l'on me tend en guise de canne. Un arc! c'est le comble, il me soutient après m'avoir atteint. Je trébuche, aussitôt des adolescents me donnent la main. Je m'appuie sur leur avant-bras, de tout mon poids. Un de chaque côté. Leur amitié me remplit de vie, d'espoir. Dans leur fraternité, j'avance encore, je m'efforce à faire un pas. Et le tour de *shabono* progresse. Ils m'encouragent, me stimulent. C'est une vie intense. Je vis. Le visage tordu. Lors d'un tour suivant, Samantha me sert de guide, de bâton. Doucement, en me soutenant. Elle est si gentille.

– Maman, tu es grande. Tu ne dois pas pleurer.

Elle m'emmène faire pipi, et au retour me force à marcher le plus rapidement possible.

– Encore, allez, vieille bique, plus vite!

Ma petite impertinente d'amour a bien compris le sens de la rééducation, et elle applaudit à mes efforts. Nous continuons, ma main plantée sur son épaule qui s'affaisse progressivement sous le poids. Parfois elle s'arrête et me dit :

– Attends maman, je vais lâcher... Tiens-toi en équilibre. Je change d'épaule.

Elle court de l'autre côté et se prépare à recevoir la pression de mon corps. Sa faible carrure est marbrée, griffée de mes ongles. Le trajet est long pour parcourir l'enceinte. Des crampes m'assaillent durant la marche. A chaque crise, à chaque contraction lancinante, on me traîne jusqu'aux barres qui soutiennent l'auvent. Je m'y accroche. Des femmes, toujours différentes, toujours inespérées, me soulagent avec des frictions. Mes bras sont faibles. Mes biceps tremblent. Mon corps pèse. Plusieurs fois, je suis sur le point de lâcher, de tomber à terre. Mes jambes se dérobent perpétuellement. Mon dos est cuisant. Ma tête dodeline et se renverse. Mes yeux se ferment. Je ne suis qu'un tremblement. Si faible, que je sens mes os au bord de craquer. Je m'écroule. Le capitaine, près duquel nous vivons, est attiré par les cris que poussent toutes les femmes. Par ceux de Samantha qui lance une plainte immense. Il accourt. M'attrape une main et, comme un gros paquet, me hisse. Je pends par le bras droit, dans son dos, les jambes molles. Pantin désarticulé, inerte. Il me laisse tomber dans mon hamac. Je n'ai plus que mes yeux pour pleurer.

Au fil des jours, au fil des visites des chamans, des progrès se dessinent. Quelle joie! J'en suis plus qu'heureuse. Les Yanomami aussi se réjouissent. Lors de mes tours de *shabono,* certains m'interpellent et m'offrent quelque nourriture. Une banane, des patates chaudes, du miel, un morceau de viande fumée, des minuscules crabes cuits. Ils me les donnent en disant :

– C'est bien d'être venue jusqu'ici. Il faut continuer à réapprendre à marcher. Il faut aller vite te reposer, *Napegnouma.*

Des larmes imbibent mes yeux à chaque cadeau. Je suis tellement reconnaissante, irradiée de leur joie à me revoir marcher, à me voir persévérer dans mes efforts. Comme une récompense. J'emprunte un *shoto* pour porter leurs dons. Cela provoque des rires, si doux. Je m'appuie toujours sur l'arc. Et d'un pas chancelant, je poursuis mon périple. Ce matin, en plus de la tension de mes exercices, je tente de faire des blagues, des singeries, pour dédramatiser le visage des femmes qui me fait peur. J'essaie de les faire rire, en grimaçant, en louchant. Je déclenche de véritables cris de gaieté. Je suis soulagée. Et puis, je ris franchement, oubliant la douleur qui me tord le dos, lorsqu'une femme se retourne, me montrant ses fesses qu'elle écarte de ses deux mains. Nous croulons tous de rire. Samantha n'en croit pas ses yeux, au retour de sa corvée d'eau. Elle qui, une demi-heure plus tôt, m'avait vue, sentie, agrippée autour de son cou, crispée sur mon supplice. Je fais des clowneries. J'imite un soldat marchant au pas. Un perroquet vert à qui on a rogné les ailes, l'air lamentable, dépouillé de ses plumes, son cou maigrelet, ses cris perçants. Tous s'esclaffent et gloussent.

Tout au long du *shabono,* les Yanomami réagissent à mon passage. Un homme qui prépare son *yopo* me regarde dans les yeux et roule sa langue de manière grivoise, ses doigts décrivent des va-et-vient obscènes. Un autre simule avec ses bras un arc et une flèche. Il me vise. Je trouve, la première fois, la plaisanterie peu à mon goût. Mais cela a le don de beaucoup faire rire les Yanomami. Dès cet instant, je suis harcelée par les Indiens qui veulent me voir mimer à mon tour la flèche. Je cède. Mon drame devient grâce à eux une impayable farce. J'en ris moi-même à perdre haleine. Enfin quand nous nous calmons un peu, il suffit qu'un Yanomami parte, le dos cambré, singeant ma façon de marcher, pour que les tempêtes de rire nous secouent à en avoir mal. Les femmes n'ont jamais compris que je n'aie pas lâché mon sac rouge avec le matériel photo durant ma fuite. Lorsqu'elles m'imitent, il occupe une grande place. Des fous rires mémorables nous malmènent. Le clou : des vieilles femmes me lancent les premières notes, les premiers cris, les premiers mots de ma tirade accablée, de mes appels désespérés, de mes râles blessés, lorsque durant des heures j'implorais le capitaine dans ma fuite éperdue, durant la guerre intertribale. Les Yanomami ont la passion des récits. Il me faut alors rattraper au vol leur suite et revivre devant eux ma course, mes larmes, mes hurlements. Véritables déclamations théâtrales qu'elles me supplient de poursuivre. Parfois un appel plus fort est repris par le chœur des spectateurs. Ils l'amplifient, le prolongent en grognements d'agonie. Ils rient. Et ils rient. Pouffent à n'en plus finir. Se tapent sur les côtes. Se renversent dans la poussière. Et roulent de rire. Ils n'en oublient pas pourtant ma douleur. Presque aussitôt deux femmes me tiennent pour marcher vers la source d'eau potable. C'est ma première vraie sortie hors du *shabono* depuis dix jours. Arrivées, elles me déshabillent, m'aspergent d'eau. La sensation de bien-être sensuel est totale. Mes pieds s'enfoncent, orteil après orteil, dans le sable. Voluptueusement. Mes cheveux défaits glissent sur mon corps endolori. Elles renversent des *palanganas* d'eau fraîche sur moi. Je suis nue. Je suis bien. Pour la première fois, mon corps ne m'est plus parfaitement étranger. Mes yeux se ferment de délice. Ma peau frissonne sous les caresses de la nature. Je suis tellement heureuse de chaque progrès.

Le lendemain, le matin me paraissait un succès. Je pensais pouvoir poursuivre mes rondes autour du *shabono*. Mais je suis clouée dans mon hamac. La douleur me rive. Je ne peux ni me lever ni même appeler. Je ne suis que sanglots, blessure déchirante. Les deux vieilles qui s'occupent le plus souvent de moi ne l'entendent pas de cette oreille. Elles appellent le capitaine pour me mettre debout. Elles font venir deux jeunes garçons qui me maintiennent droite. Elles me massent les jambes et les reins. Ordonnent de mettre de l'eau à chauffer. Devant le village attentif, elles m'ôtent mon tee-shirt et ma longue jupe. En petite culotte, couleur chair, minuscule et transparente, je ne peux faire un geste, rien. Ma pudeur ne vient pas de ma nudité mais de la couleur de ma peau. Je suis blanche et cela me semble indécent face à leur teint doré. Elles font ma toilette. Elles m'enlacent et jettent sur mon corps de l'eau très chaude, véritable douche. Elles frottent, elles caressent. L'attroupement n'est pas moqueur, mais attendri. Ils geignent. Les deux Yanomami me recouchent. Mes yeux suivent l'une d'elles qui regagne son foyer. Là, son époux, l'autre blessé de la guerre, attend ses soins. Devant son hamac, sont fichés en terre deux poteaux ornés de plumes blanches. Ils doivent séduire les *Hékuras* afin que ceux-ci réintègrent le corps du blessé, car ils s'étaient échappés par la plaie. Il me regarde. Une complicité faite de solidarité nous réunit. Une chique de tabac gonfle sa lèvre inférieure. Je perçois malgré cela son sourire. Samantha range nos affaires, balaye notre coin. Le *shabono* se vide. Elle ranime le feu et tourne avec un petit bâton des bananes mises à cuire. Le temps passe si vite.

Au retour de la chasse, le capitaine s'arrête devant mon hamac. Sans un regard, l'œil perdu dans le toit du *shabono* où courent des blattes, il me dit :

– Hier, en prenant du *yopo*, les *Hékuras* m'ont parlé. Je saurai en rêve quand tes douleurs partiront.

Il m'annonce également son départ ainsi que celui de son fils Amaneo pour trois jours. Ils iront à un autre village éloigné, y échanger des flèches et des hamacs. Jamais il ne se sépare de son arc, ni pour aller uriner ni pour rendre visite à d'autres hommes. Il semble inquiet. Peint en noir, accompagné de deux guerriers, il rôde sur le chemin du *conuco* pour le surveiller. Il craint un éventuel retour des ennemis. L'atmosphère s'alourdit, des cris de guerre recommencent à naître parfois. Les hommes sont nerveux. Certains fabriquent de nouveaux arcs. Le bois provient d'un arbre particulier, *palo de Brazil*, noir, qu'ils affinent en le frottant inlassablement avec une mâchoire de pécari. La peur renaît en moi. Pourtant je me rassure en observant le travail quotidien des femmes. Je ne peux y prendre part, mais Samantha aide de son mieux. La raison d'être du *wayamou* s'exprime pleinement dans les énormes charges de *yucca* qu'elles rapportent du verger. Toute la fin d'après-midi, la soirée sont occupées à la peler, la râper, à rassembler la poudre en boules, à les presser, à en extraire le goût amer, à les cuire sur des plaques de fer récupérées de fûts d'essence, à les faire sécher au soleil. Elles ramènent également de l'*onotto* en grande quantité. Les grains sont mis à bouillir, puis malaxés pour devenir des petits boudins prêts à être utilisés. Je m'étonne du nombre qu'elles en préparent. Des enfants prennent soin des vieillards. Ils aident à couper leurs cheveux, à rafraîchir leur tonsure circulaire avec une écorce de roseau aiguisée. Certains viennent me le faire. Ma main tâte un rond chauve juste au sommet du crâne, tandis qu'une fillette hilare me tend de longues mèches châtaines. Des vieilles femmes retirent les vers des pieds à de petits enfants avec des morceaux d'os pointus. Le capitaine Paluliwé et son fils me rendent visite. Ce dernier me fait pleurer en parlant durement.

– Si tu ne guéris pas, tu vas rester ici. Nous, nous allons partir bientôt. Tu ne peux pas marcher avec tes douleurs. Écris un mot pour l'homme de la *medicatura* afin de lui demander de t'envoyer des secours. Quand nous irons, nous leur donnerons. Tu ne pourras plus jamais marcher de toute façon.

J'en ai assez de cette dureté. De cette étrange cruauté que certains Yanomami manifestent à l'égard des faibles. Je me mets en colère. Pour la première fois depuis ma blessure, j'ose affronter un guerrier, un homme Yanomami. Je lui dis ce que je pense, qu'il n'a pas le droit de m'effrayer, ni de faire pleurer Samantha avec ses prophéties de malheur. Je fais mine d'être en rage pour le faire taire et éclate de rire après. Utilisant la même tactique que la leur.

Le ciel s'assombrit à une vitesse vertigineuse. Le vent se lève soudainement. Il entraîne en tourbillons aveuglants la poussière et les débris végétaux. Une tornade s'abat violente et suffocante. La pluie, en trombes, fouette durement l'aire centrale. Les gouttes sont énormes. Les enfants se précipitent nus et courent sous l'averse. Samantha bondit, enlève sa petite robe et rejoint ses amis, se roule dans les flaques bourbeuses. Le toit de palme ondule sous les attaques de la bourrasque. Il plie puis se redresse comme si les piliers allaient s'arracher. Mon hamac accroché à l'armature tangue et oscille. Des éclairs sillonnent mon dos. Par rafales, la pluie s'engouffre et frappe mon hamac. Tout s'envole. Les bananes, les marmites valsent. La femme du capitaine se met en colère contre moi. Car de l'eau coule de la palme à l'endroit où l'on avait enfoncé le bâton pour m'aider à me lever. Je me sens triste comme si c'était de ma faute. Handicapée, je ne peux même pas réparer. Elle pourrait être compréhensive, j'étais avec elle le matin de ma blessure. J'imagine son époux et son fils, le petit Amaneo, sans abri dans la jungle, dans cette folie des éléments, où la forêt vierge ploie sous la violence de l'ouragan. La nature est si puissante devant l'homme démuni. Le déluge s'apaise aussi vite qu'il était venu. En attendant le prochain. Profitant de l'accalmie, des bruits de machette s'entendent. On coupe du bois pour la nuit. Les enfants se groupent dès l'approche du crépuscule. Mes yeux brillent dans la pénombre d'inquiétude et d'extase.

Samantha adopte les variations climatiques de la jungle. Tantôt d'excellente humeur, elle se rit de mes seins qui, d'après elle, rétrécissent chaque jour.

– Il faudra que tu mettes un soutien-gorge avec du coton à l'intérieur pour que cela fasse plus gros...

Moi qui n'en mets jamais! Tranquillement, elle continue de dévorer une canne à sucre, heureuse et épanouie, devant un aréopage de petits garçons. Tantôt triste, elle rouspète contre la semi-disette qui lui est imposée. Elle refuse alors toute nourriture. Elle est tellement blanche, grande et maigre dans ses habits sales. J'espère qu'elle ne va pas tomber malade. Ici, il y a tellement de nourrissons, d'adultes, pâles, fiévreux, tour à tour soignés par les chamans. Qui toussent, qui pleurent, qui se tiennent le ventre. Ils sont blanchâtres, jaunes, immobiles dans le hamac. Ils se baignent souvent. C'est inquiétant le nombre de maladies qui ont l'air de se répandre dans ce camp, chaque jour. Ce soir, j'applique une lotion sur les pieds de Samantha infestés de sauvagnon. Elle pleure. Une dizaine de femmes et d'hommes rient de sa douleur et se moquent. Quelle idée bizarre de rire quand quelqu'un pleure. A la longue, cela me décontenance. Cependant, le temps file au rythme des Indiens. Ce sont eux qui décident, qui organisent. Dociles, nous sommes emportées par le courant Yanomami. Rebondissant au long des jours et des nuits, sur l'extraordinaire quotidien. La banalité routinière nous imprègne d'habitudes prodigieuses et hallucinantes.

En pleine nuit, une vive clarté embrase un foyer. Une concentration poignante de pleurs résonne alentour. Tristesse profonde dans la nuit obscure. Un petit enfant vient de mourir. Celui que j'avais vu naître quelques jours auparavant. Depuis sa naissance, il était malade. Je serre Samantha tout contre moi. La réalité de la forêt. La vie indienne, dure, dramatique, sans cadeaux. Je reste de longues heures éveillée. Les cris faiblissent puis reprennent. Je reconnais le râle sourd de la mère. Au lever du jour, un adolescent coupe une grande quantité de bois. Il est peint et orné de plumes magnifiques. Il a été désigné pour le rôle qu'il a à tenir, car il ne fait pas partie de la famille proche. Moins touché directement, il est plus à même de supporter le choc émotionnel. Avant d'entasser des bûches d'un mètre sur l'aire centrale, à la limite de l'aplomb de l'auvent, juste devant l'endroit où habitent les parents du petit mort, il nettoie la terre et dégage un espace. Il saisit des braises sur sa machette et les dispose afin d'allumer le bûcher. Il souffle, agite un éventail de palme tressée, déplace les rondins. Un brasier s'élève. Il déchire les dernières brumes de la nuit. Le jeune Yanomami fait alors un tour de *shabono*, furetant au hasard, afin de dénicher un vieux panier. Dès qu'il l'a trouvé, il se dirige droit sur la mère. Sans la regarder, il prend le nourrisson blanc et raide, qu'elle porte enlacé dans ses bras. Un hurlement inhumain écartèle la femme. A se faire éclater la poitrine. Le père se roule dans la poussière, une expression atroce laboure son visage. Il se griffe les joues et se tord en véritables convulsions. L'adolescent replie le panier et, sans toucher le corps, dépose son macabre paquet sur le foyer, qu'il tisonne et couvre d'autres billots. A travers les odeurs de bois, pointent soudain des puanteurs de chair grillée. Alors redoublent les hurlements. Une plainte unanime ouvre toutes les bouches. Des vieilles femmes, des enfants se précipitent vers le bûcher. Ils pleurent intensément. Des mélopées lugubres jaillissent de leurs poitrines. Ils dansent, d'avant en arrière, sans fin. Les larmes coulent sur leurs joues enduites de suie. Leurs paumes ouvertes sont tendues vers le ciel. Quelques hommes s'approchent. L'un se met à quatre pattes et reprend le rythme de la danse. Il va vers le feu puis s'en éloigne continuellement. Leurs pas sont plus lourds, leurs allures masculines et pesantes cadencent le désespoir. Dans le cas de crémation d'adultes, chaque personne l'ayant connu fait brûler par l'adolescent chargé du feu les objets usuels du mort. La mère du nourrisson est noyée dans ses larmes, elle se roule en boule dans son hamac, le monde s'est effondré pour elle. L'incinération dure l'espace d'une flambée. Il achève de se consumer. Drame irréversible. Chacun s'éloigne, l'attention s'effrite. Des hommes et des femmes commencent à sortir du *shabono*. Les activités de la journée les requièrent. Comme s'il ne s'était rien passé. Les heures passent. De la viande est répartie. On nous en donne un petit morceau, bienvenu pour Samantha. L'adolescent du matin, qui a rafraîchi sur son thorax la peinture noire, revient devant le bûcher. Il en retire des ossements calcinés. Avant de les rassembler dans une auge mortuaire de bois préparée à cet effet, il les enterre pour les refroidir. Long travail minutieux, qui le retient à quatre pattes. Le rite funéraire se poursuit. Il apporte le mortier à deux guerriers, qui pilent les os et glissent la poudre obtenue dans deux gourdes. Celles-ci disparaissent sans que je puisse voir ce qu'elles deviennent. L'adolescent retourne devant les restes du feu qu'il disperse, nettoyant la place. Aucune trace de l'événement ne subsiste. Nul n'a le droit d'évoquer l'existence ou le nom du défunt. Des larmes amères nouent ma gorge. J'apprends à vivre dans la familiarité de la mort.

Le lendemain, au réveil, je réalise soudain, en voyant mon carnet de bord, qu'aujourd'hui expire ma carte de séjour. A compter de ce jour, je suis en illégalité. Une sorte d'allégresse me saisit. Comme mes amis Yanomami, je ne suis plus répertoriée, je suis libre. Et personne ne viendra à Nakisipué-Teri, au fond de la jungle, me demander mes papiers... Mes réflexions s'arrêtent là. A quelques mètres de moi, deux vieilles femmes au fond de leurs hamacs respectifs s'injurient copieusement. La gaieté est générale. D'énormes piles de *casave* s'entassent près de chaque foyer. Ainsi que des paniers entiers de patates douces. Personne n'attaque gloutonnement ces réserves. Mon estomac affamé pousse des soupirs d'envie. Un homme au regard agressif me fait signe de ne pas toucher ces stocks, ou sinon il me coupera la tête. Je m'éloigne en frissonnant. Des cris joyeux nous arrivent de la forêt. Des chasseurs, de retour d'une expédition de plusieurs jours, regagnent le *shabono*. Un à un, ils franchissent la petite porte. Ils sont plus de quinze. Sur leurs épaules, retenues par des lianes, pendent des dépouilles. Leur air noble et dégagé me remplit d'admiration. D'un pas fier, ils regagnent leur foyer, ils jettent les fourrures inertes, comme distraitement. Ils s'allongent dans leur hamac, absents et rayonnants de la gloire intérieure de pourvoir la communauté en viande abondante. Les femmes et le reste du village s'empressent autour du gibier. Certaines pièces sont vidées une fois les poils brûlés sur un feu. Une odeur de viscères et de cochon brûlé pique le gosier. D'autres sont mis à cuire immédiatement. Ainsi près de moi, dans une marmite, dépasse une tête de sanglier avec les soies, les yeux, les lianes qui servaient à le porter... Une grande excitation électrifie le *shabono*.

Presque à la tombée de la nuit, des hurlements retentissent dans l'enceinte. Les hommes se dressent, se ruant au milieu du village. Ils font claquer leurs flèches contre le bois de l'arc. Ils gesticulent avec frénésie sur place. Le capitaine revient, suivi de son fils Amaneo, de leur visite à un *shabono* allié. Je me rassure. La facilité à pousser des cris effrayants pour les Yanomami m'étonne toujours. Vingt hommes les accompagnent. Ils entrent en file indienne, s'immobilisent au centre de l'aire dégagée. Ils sont rouges d'*onotto*, des plumes blanches recouvrent leur chevelure. Des amis, des alliés... La fête qui se préparait est pour eux. Théâtrale et volontaire, leur fixité fait partie du protocole d'arrivée. Un tohu-bohu est en cours. Ceux d'ici se pressent autour d'eux, courent en tous sens, expriment en gestes et cris leur joie et leur surprise. Après un moment, les visiteurs gagnent, au hasard, des hamacs et s'y couchent. Durant une heure, ils s'y reposent, impénétrables. Puis ils installent leur propre toile. Samantha et moi sommes obligées de déplacer le nôtre pour faire une place à un nouvel arrivant que le capitaine tient à honorer. La nuit tombe. Chacun retrouve l'abri de sa couche. Une joute oratoire occupe les hommes. L'un se lève et chante de façon scandée. Un visiteur lui répond, reprenant le même phrasé. Véritable compétition de mémoire, de prononciation. Amaneo, que je retrouve avec joie, me traduit des bribes de phrases. Certaines d'entre elles parlent d'exploits guerriers, de cueillette fructueuse de roseaux à flèches, de besoins en marmites des visiteurs. La nuit passe, les voix s'usent. Mais dès que l'un faiblit, un autre prend la relève. Au matin, les femmes se précipitent vers les foyers, la viande est placée sur les feux rallumés, la soupe de bananes est réchauffée. Les hommes se réunissent. Accroupis. Ils comparent leurs armes. De longues discussions s'engagent. La passion des échanges, du troc enflamme les guerriers rassemblés. Jusqu'à la colère. Les Indiens tiennent aux possessions, non pas tant pour leur usage que pour le statut que confèrent le don, la répartition. Un chien galeux est attrapé. Le capitaine lui lie les pattes avec une liane. Il l'offre à un des visiteurs. En échange de marmites, ceux-ci sortent de leurs *shotos* d'énormes bobines de fil immaculé. Une fillette d'environ douze ans éclate en sanglots. Elle est donnée. Elle ne veut pas quitter sa mère, ses frères qui la protégeaient. Partir si loin, chez des inconnus. Elle a peur. Je sens la main de Samantha se crisper dans la mienne.

Pour sceller l'alliance entre les deux *shabonos,* alliance politique et militaire, précaire et menacée par l'impulsivité du tempérament Yanomami, un repas est partagé. Des quartiers entiers de gibier fumé sont découpés. Chacun en reçoit. Je salive. Le goût prononcé et savoureux de la viande enchante mon palais. La chair gicle sous mes dents après avoir croqué la surface coriace. Repue de soupe, je m'appuie à un pilier. Mon ventre est gonflé. Le goût sucré mêlé à celui d'une côte de pécari est sublime. J'en raffole. Le *wayamou* tient ses promesses... Les conversations languissent, chacun se réjouit de la nourriture abondante, des cadeaux, de la bonté de la vie. J'observe à la dérobée Samantha. Elle est assise à l'écart. Une cuisse entière de singe occupe ses deux mains. Elle déchire à pleines dents la chair excellente. Je la vois sourire de contentement. Sans un adieu, les Yanomami se lèvent et préparent le départ. On roule les hamacs, on entasse les provisions dans les paniers. Sous l'activité des femmes, les enfants dans les bandeaux de portage se réveillent et piaillent. Je ne peux croire que le retour soit si proche. Les visiteurs, les alliés m'attirent. Ils représentent un autre *shabono,* plus profond dans la jungle, une possibilité. Les suivre? La vie que j'aime... Tentation vive pour moi que de rester avec eux, de partir avec eux. Rien ne nous sépare plus. Mais je tiens à peine debout. Mon dos brille de douleur. Le capitaine me fait signe de suivre les femmes. Elles avancent lentement sous les lourdes charges. Je franchis maladroitement et raide l'entrée du *shabono*. Mon village?

Nous rejoignons le cortège. J'ai le cœur gonflé. Le corps très gauche, coincé, meurtri. La jungle nous a engloutis. La marche est si dure. Nos pas s'impriment dans l'humus tropical. La saison des pluies a tout inondé. La forêt coule. Samantha tombe dans un marais que nous traversons. Des pieds aux tresses, elle est trempée. Elle est furieuse. Les palpitations de la nature nous prennent et nous rejettent. La visibilité est nulle tant la pluie qui se met à tomber est drue. La chaleur intense lève des gerbes de vapeur. Nous sommes des éponges gorgées. Nous sommes fatiguées. Il faut franchir un torrent impétueux sur un tronc glissant. Je me cramponne à des lianes. Ma blessure hurle. Les Indiens m'observent, goguenards. Samantha vient à mon secours et m'aide à traverser. Retenant notre respiration, nous surmontons nos hésitations et franchissons le vide. Vers une heure de l'après-midi, en pleine lumière, la colonne s'immobilise. Les hommes construisent des huttes pour abriter notre nuit. Mais bien vite, toutes les places à l'abri sont occupées. Il ne nous reste qu'à accrocher notre hamac entre deux cabanes, sans toit, sans protection. Et la pluie qui tombe! Averse après averse battante, nous sommes ruisselantes. Sous la nuit qui galope, je tends un vague plastique au-dessus de notre lit de toile. L'eau imprègne tout. En cascades, elle glisse le long des troncs, suit les cordes de nos fixations. En cataractes, elle bondit sur nous, blotties dans notre sac de couchage. Je passe toute la nuit à écoper ce navire fragile. A tordre notre duvet. Samantha frissonne, je tente de la protéger tant bien que mal. La nuit est mauvaise, si noire, si orageuse. Je serre ma petite le plus fort possible contre mon corps, dans un effort pour la sentir vivante. Mes mains à plat sur son ventre fiévreux, à écouter chaque battement de son cœur avec anxiété et bonheur.

Au matin, la pluie ne cesse toujours pas, tout s'égoutte. Le niveau d'eau a incroyablement monté durant ces dernières heures. Dans la petite rivière à côté de laquelle le campement est établi, nous avions de l'eau à la cheville en arrivant; je vois un Yanomami la traverser, il en a jusqu'à la poitrine. L'eau affleure les hamacs, dès que nous en descendons, nos pieds disparaissent dans la crue. J'avais plié nos affaires. Mais les Indiens ne bougent pas. Impassibles sous l'averse, ils laissent leurs regards se perdre dans les volutes d'eau. On ne voyage pas dans la forêt quand il pleut. Les dangers sont trop grands. Boas, *mapanares*, maladies... Tous se réfugient sous la dernière hutte, bâtie sur une élévation. Elle est la seule à avoir conservé un feu. Samantha s'allonge sur un tas de feuilles tout contre le foyer. Elle est blanche, pâle, molle. Je suis horrifiée par cette vision de ma petite fille sous la pluie, en pleine jungle. Ma Samantha, malade, sans forces. Je suis dans l'impossibilité de faire quoi que ce soit. Je vois la vie diminuer en elle. Il faudrait convaincre les hommes de lever le camp. L'existence de ma fille est en jeu. Mais les habitants de la jungle vivent au rythme des pluies, obéissent au calendrier des rivières. Si la nature veut que les humains regardent un autre humain mourir, souffrir, être malade, l'homme n'y peut rien. Elle est maîtresse, c'est elle qui décide. L'Indien attend sa volonté, que la pluie cesse ou qu'elle se prolonge, la force des éléments est étrangère à la réalité, aux désirs, aux nécessités de ceux qu'elle soumet. Je ne suis rien dans la forêt, je dois me taire, vivre, accepter ce qui est. Je regarde la petite tête blonde qui semble inanimée, au milieu d'une quinzaine de guerriers, sous un petit toit de feuilles, par une pluie violente, très loin dans la jungle. Assise sur une racine, l'eau cingle mon visage. Personne ne peut deviner que je pleure. La vie et la mort ne dépendent pas de ma décision.

Le lendemain arrive avec une délivrance : le départ! La terre ferme a disparu. Nous marchons dans l'eau sans distinguer ni fleuve ni piste. Les flots divaguent et se mêlent. Nous pataugeons, nous nous enlisons. Certains passages sont difficiles. Engluée jusqu'à la poitrine, je dois porter Samantha à hauteur de mes épaules et, de l'autre bras tendu, mon sac photo. Parfois la marche s'allège, le terrain devient plus ferme. Samantha retrouve son sourire, en entendant les Yanomami imiter des cris d'oiseaux. Les enfants doivent les reconnaître. Elle mâchonne un bâtonnet qu'une femme lui a donné pour enlever la fatigue.

– Maman, c'est vrai, je suis en pleine forme. Écoute, à chaque pas, ma botte fait spuitch, spuitch... dit-elle en piétinant allégrement dans la boue.

Quel étonnement de reconnaître déjà un des campements qui nous avaient hébergées lors de notre première nuit de voyage, à l'aller. Nous le dépassons. La végétation touffue, les ronces, les arbres déracinés, les marécages nous tendent leur filet. Il faut lutter pour marcher. Les esprits de la forêt semblent s'amuser à semer des pièges sous le pas de ceux qui la traversent.

Soudain, le fleuve! Le grand fleuve silencieux. Argenté. Nous nous pressons sur la rive. Tous muets, pour mieux le voir, le sentir. Au sortir de la jungle, sa ligne facile, sa sinuosité rigoureuse, son calme tranchant nous attirent et nous hypnotisent. Son lit éventre la forêt, dans une sensualité ardente. Je suis rive et fleuve, liane et eau, léchant et léchée, brutale et brutalisée. Un *bongo* arrive. Il est si petit. Pour une telle foule qui enfle. Les disputes succèdent aux bousculades. Les *shotos* sont lourds et encombrants. Tout le monde est fatigué par le voyage et pousse. Bonheur nu, brut, d'être assis après tant d'efforts dans un bateau, le corps appuyé, accolé, de chaque côté entre ceux de mes amis. Être portée par ce fleuve gros de forces secrètes, agglutinés dans la torpeur de la fatigue, de la chaleur, du terme du voyage. Dans ce *bongo* gonflé d'êtres humains, je regarde Samantha assise à côté de moi. Elle joue avec un perroquet accroché au *shoto* de la femme devant elle. Je l'admire. Comment lui rendre justice? Son cœur, sa maturité, l'attention d'amour qu'elle porte aux gens et aux choses m'émerveillent. Petite enfant de huit ans ayant vécu dans la jungle, parmi les Indiens qui effraient ceux qui les approchent, petite fille qui a frôlé tant de drames, qui a cru sa maman morte, puis qui l'a soignée, petite fille de huit ans, ton âge n'y fait rien, tu es une femme, pleinement. Je t'admire, tu m'éblouis, je te respecte. Ce ne sont pas seulement des louanges que je pose devant toi, mais l'adoration qui me submerge. Samantha, je te rends hommage. La plénitude est totale, ferme, solide au cœur. Les Yanomami, lors du dernier soir à Nakisipué-Teri, m'avaient dit :

– Nous te déposerons à Mavaca afin que tu ailles te faire soigner chez les gens de ta tribu. Dès que tu iras mieux, reviens avec nous...

La pirogue aborde près de la mission. La zone est marécageuse. Le bateau ne peut rester immobile dans le courant. Nos sacs sont lancés, ils disparaissent dans les roseaux. Des Indiens s'impatientent. Je ne sais quel sol nous allons trouver. Mon dos raide n'aide pas mes mouvements. De vieilles femmes glapissent sur notre lenteur. Il faut descendre. Samantha saute la première. Je suis sûre qu'elle va s'enfoncer dans l'eau profonde. Pourtant elle franchit d'un bond le mètre qui nous sépare de la berge. La terre ferme! Elle fait ce que je n'ose faire, mon petit chat bondissant. J'ai les bras coupés par son audace. Je la suis dans l'élan. C'est elle qui me montre l'exemple. J'apprends à mieux vivre aussi, grâce à toi, Samantha! Le *bongo* s'en va.

Les deux pères de la mission regardent le débarquement du haut de leur colline. Ils saluent quelques Indiens, mais lorsque je m'approche pour leur parler, ils disparaissent. Accueil des représentants de Jésus-Christ ou de pharisiens dérangés? Mon écœurement le dispute à la tristesse devant une telle réaction. Samantha et moi, après avoir récupéré dans les roseaux coupants nos sacs, nous nous dirigeons vers la maison de Francisco et de Francisca, les créoles qui avaient été si bons lors de nos séjours à Mavaca. Tandis que nous débouchons par le petit sentier, Francisca pousse un cri d'effroi. Elle accourt.

– Mais tu n'es pas morte? Ici, tout le monde le sait. La flèche... La flèche...

Elle me palpe. Elle m'embrasse. Son accolade chaude sent le manioc qu'elle préparait. Elle pleure et je ne tarde pas à l'imiter. Je ne sais que répéter :

– Doña Francisca, oh! doña Francisca...

Elle est émue. Elle veut voir. Savoir. Arrivent les hommes, leur stupeur égale celle de la femme.

– C'est vrai, ils t'ont fléchée? Montre-nous.

Je dois exhiber ma plaie pour apaiser leurs incertitudes. Ils manifestent un contentement véritable à me retrouver. Ils me regardent comme s'ils n'en croyaient pas leurs yeux. Mon corps vivant les impressionne.

– On nous a dit que tu avais été fléchée par les *Shamatari,* que tu étais morte. On t'avait déjà pleurée, tu sais. Les Yanomami nous ont dit que tu étais brûlée, tes cendres dans une gourde et ta petite fille emmenée au Brésil. Santa Maria... Tu es ici...

Francisca et son mari se signent à une vitesse vertigineuse. Une bonne dizaine de fois.

– Tu étais morte, tu sais...

Dans la soirée, alors que ce couple simple et chaleureux nous accueille pour le dîner, Samantha s'endort, la tête sur mes genoux. L'or de ses cheveux joue avec le feu. L'atmosphère est douce. Francisco se penche sur moi.

– Je vais te faire une confidence. L'homme qui t'a fléchée s'appelle Sipariba. C'est le capitaine du *shabono* Mu-Marébué-Teri. C'est très loin vers les sources du Haut-Mavaca. Après, il est venu pour avoir une entrevue quelque part dans la jungle avec le capitaine de Monseñor-Teri. Pour savoir si les Blancs allaient te venger. Venir chez eux les tuer avec des fusils pour te venger. Ils t'avaient très bien vue. Il était furieux que tu sois avec ses ennemis. Tu devais mourir.

Plusieurs jours s'écoulent, calmes et sereins. Les douleurs ne me lâchent plus. Je vis tordue, bosselée de souffrances. Mais confiante en l'avenir. J'ai des projets à foison : attendre le retour de Jacques Lizot, vivre dans le Haut-Orénoque, repartir en forêt. Je passe des heures à faire sécher, entre les averses, mes carnets de bord complètement mouillés et illisibles. Feuille à feuille, je les étale au soleil, au vent, à même le sol, retenus par des graviers. L'écriture réapparaît à mon plus grand soulagement. Plus d'un an de vie partagée avec les Indiens ne disparaît pas comme cela. Cependant, tous me convainquent d'aller à Puerto Ayacucho, pour une visite médicale, une radio, un bref contrôle. Et qu'après je pourrais revenir ici. Presque de force, Samantha et moi, nous nous retrouvons dans un hors-bord filant vers la capitale du Territoire fédéral d'Amazonie. En quelques jours de vitesse, pressés par l'urgence, sous un ciel uniformément gris, nous atteignons Puerto Ayacucho. Le fleuve s'élargit. Nous flottons sur des nuages liquides qui crèvent en gerbes d'écume derrière le hors-bord. Le bruit affole les oiseaux, la forêt file. Je te quitte forêt. Tu n'es déjà plus que deux traits verts et fuyants sur les rives. Je voudrais te dire des mots très tendres. Pour rêver un peu plus. Ne crois pas toutes les injures que j'ai pu crier lorsque tu me tenais. Je voudrais te dire des mots fragiles, délicats. Légers, ronds et subtils. Parfumés de larmes. Je porte le feu. Je suis le sang. Tu sais bien que je saigne... Mais sois assurée : je ne regrette rien. Ni haine ni rancune. Tu m'as fait peur. Simplement, à force d'oser, jour après nuit, j'ai réalisé ce que j'ambitionnais, vivre. Tu as été le territoire de ma liberté, l'espace de mon épanouissement. Grâce à toi, ma torpeur était vaincue, les serres du désespoir avaient lâché prise. Forêt, tu m'es confisquée. Je suis privée de ton souffle. Je quitte un pays devenu mien. Il y a trop d'air, sur ce fleuve, trop de lumière aussi. Cet éblouissement rend aveugle. Je me souviens brusquement de la cecité du monde blanc. A trop voir, on ne voit rien. Forêt, tu me manques déjà. Ton œuvre, en moi, ne s'arrêtera pas comme cela. Tu m'as pétrie, transformée. Je suis différente. Cependant ma déception me colle au mur de la médiocrité. Cette frustration de revenir sur mes pas, blessée, alors que j'allais au-devant du monde. Mais dans mon poing crispé, une volonté fait son nid. Je la sauvegarderai. Elle me guidera, en retour, aux sources des fleuves d'Amazonie, là où j'ai laissé mes frères Yanomami. Ils sont nos contemporains. Sur nos têtes comme sur les leurs brille la même voûte étoilée. Leur peuple est en marche. Je reviendrai! Me joindre à leur cortège originel. Humblement. L'empreinte dont ils m'ont marquée a ouvert en moi une trouée. S'y engouffrent les enseignements dont j'avais besoin, en feux de gerbes. Ils me vivifient. Les soins pour la maladie de la désespérance, le temps qui donne ses mains, le visage utile de l'essentiel mis à nu. Samantha rit, Samantha vit; son destin de femme, dur et vrai, m'ensoleille. J'entasse à la hâte des odeurs fugitives, les clapots où se reflètent les arbres mêlés, les cris qui peuplent le sous-bois.

Puerto Ayacucho. L'hôpital, dès l'arrivée. Je suis impressionnée d'entendre sur mon passage les gens se répéter :

– Regarde, c'est elle... La première femme blanche à avoir été fléchée au Venezuela, en plein XXe siècle!

Une assemblée de médecins, tous ceux de la ville en fait, entourent mon lit. Radios, infiltrations de procaïne entre les disques, piqûres diverses. Et surtout agitations, commentaires, sans fin. Sur un cliché apparaît une masse plus sombre. Un bout de flèche? Chacun suppute les nécessités d'une opération. On affûte presque les bistouris. Quand soudain un technicien passe et conseille aux docteurs de me demander si je ne porte pas un stérilet! Les traitements ont beau être variés, ils ne sont pas efficaces. Je suis un bâton raide et tordu vers l'arrière. Je ne peux marcher. Aucune autonomie. Tout empire, le mal s'accroît. Je suis expédiée d'urgence à Caracas. Mais très vite, les autorités médicales capitulent. Les médecins se dégoûtent de mon cas qui les met en échec, quand ils ne veulent pas m'utiliser comme cobaye. Je ne trouve compréhension et soins qu'auprès d'une acupunctrice de l'ambassade de Chine. Tous les jours, à son domicile, elle se fait aider de son mari et de ses deux filles qui servent d'interprètes. Fond de musique chinoise, mais douleurs des manipulations et aiguilles... Les anesthésies répétées empêchent la doctoresse de poursuivre son travail plus avant. Mon corps ne peut en supporter les doses de plus en plus massives. Elle m'explique que ce n'est que sous le ciel de mes ancêtres que mon corps se détendra, dans la chaleur apaisée d'une compréhension d'êtres qui me ressemblent. Elle me convainc. Au moment de la quitter, elle se précipite dans son jardin, qu'elle dénude en coupant tous les cactus. Elle racle les épines et enferme les plantes dans un sac de jute.

– Quand tu arrives en France, va chez tes sœurs, ton frère, ton père. Eux te soigneront. Reste là-bas un temps. Et dis-leur de couper dans le sens de la longueur les cactus en deux, de les chauffer dans une poêle, de les saupoudrer de sel, et de te les appliquer bouillants sur les parties douloureuses de ton corps blessé. Là où les convulsions musculaires te déchirent.

Huit ans que nous voyageons. Vu tellement de nations sans revoir la France. A force de rouler sa bosse, les émotions, les angoisses accumulées, les combats sur soi-même et sur les autres débordent. J'accepte d'aller pour quelque temps chez les miens. Reprendre souffle. Repartir de plus belle. La terre entière est mon pays. Mais j'ai peut-être besoin d'une halte? L'avion vrombit, la carlingue vibre. Sur une civière, à l'arrière de l'appareil, je laisse Samantha poser ses deux mains sur mes joues. Elle me fixe, intensément. En confidence, comme une caresse d'amour, j'ouvre pour elle mon âme :

– L'Amazonie est en moi. J'ai des Indiens plein la tête, plein le cœur. Occident, tu as beau me serrer dans tes bras, je ne t'appartiens plus. Ma vie s'appelle insurrection.

21.

Une épaule tatouée

Le hall de Roissy résonne de la cloche métallique. La voix froide qui se voudrait humaine, d'une hôtesse, égrène les partances, les appels. On me débarque de l'avion à moitié portée. Déposée sur une chaise roulante. Le service médical de l'aéroport me prend en charge. Transvasée de brancard en civière, de couloir en ascenseur, j'arrive. Samantha trotte à mes côtés, dans la salle de récupération des bagages. Huit ans que je n'ai pas touché le sol de France! Huit ans que je n'ai pas entendu les conversations les plus courantes en français! Huit ans que je n'ai pas approché autant de gens de ma nationalité! Mon pays, je voulais y rentrer la tête haute, et me voilà agrippée, courbée, sur cette chaise de douleur. J'ai honte de cette maladie qui empêche une rentrée triomphante face à moi-même comme je me l'étais souhaitée. Mais à trop fréquenter les pistes, les routes désertes, il faut bien qu'il en reste quelque chose, que la Grande Forêt marque d'une cicatrice ou d'une autre. Je porte la mienne, en étoile dans le dos. Les bagages commencent à défiler sur le tapis roulant. Là-bas, un Vénézuélien aurait dit : « votre *coroto* »; ici les employés qui m'assistent regardent avec un air mi-narquois mi-étonné cet amoncellement hétéroclite de paquets qui boulent les uns sur les autres. Que fait-elle cette handicapée avec tant de valises et tant de sacs, imprégnés d'odeurs végétales, avec ces cartons mal ficelés sur lesquels des écritures maladroites ont marqué : France, comme le nom d'une terre d'espoir?

Tout d'un coup, dans les mouvements effervescents, qui s'articulent autour de moi, des autres passagers, j'aperçois un peu dans le lointain, la tête de papa. Son visage, ses yeux, sa bouche légèrement crispée. Je vois son regard qui file, à droite, à gauche, qui cherche, anxieux, épris d'un amour impatient. Je vois les mouvements de plus en plus rapides de sa tête, de ses membres. Il cherche à hauteur d'homme. Il cherche, à hauteur de sa fille debout. Et je suis là. Ma gorge tellement nouée, comme un feu de sarments. Je ne peux prononcer un mot. Je ne peux l'appeler. Il s'approche. Il est tout près. Il ne me voit toujours pas. Secouée, je me sens paralysée. Aucun geste n'est possible. Il passe à moins d'un mètre de moi. Il faudrait crier, il faudrait lui dire : « Papa, je suis là. » Tendre la main, saisir la sienne, retrouver sa chaleur. Je ne peux pas. Je n'ose pas. Une marée de larmes brûlantes monte et descend de ma gorge. Barrage qui menace à tout instant de céder. L'émotion est un brasier. Une montagne, l'émotion est une falaise. Une citadelle. Je suis sa prisonnière. Exceptionnellement, Samantha ne m'est d'aucun secours. Jamais ou presque, elle n'a vu son grand-père. Il faudrait crier, appeler, tendre la main. Mon père se retourne. Il nous avait dépassées. Ses yeux s'abaissent. Par hasard. Soudain il reconnaît la tresse des cheveux. Il reconnaît la forme du crâne. Il reconnaît la nuque. Il reconnaît les habits de perles. Il reconnaît le style des bagages. Il reconnaît l'enfant blonde aux tresses d'or qui me tient la main. Quelque chose vibre en lui, vacille. Il fond sur moi. Je sens ses deux mains me prendre aux épaules. Son visage s'approcher du mien. Ses larmes qui ruissellent sur ma nuque. Sa chaleur. Sa douceur qui m'enveloppe. Mon père. Mon papa. C'est lui. Il m'a reconnue enfin. Il s'approche de moi. Durant toutes ces années, j'en ai appelé tellement de ce nom-là. Ces chefs indiens qui m'avaient tout appris, je leur disais qu'ils étaient mon père, qu'ils étaient mes pères. Mais toi c'est autre chose. Toi, je sens dans mon ventre que nous sommes liés pour toute notre vie. Je perçois dans ma chair que tu m'as faite, et que je t'aime. Papa tu es là, nous allons réapprendre à nous parler. Tu fais le tour de ma chaise roulante. Tu t'accroupis devant moi. Tu déposes tes deux mains de chaque côté de mon visage. Et je ne sais pas combien de temps cela dure. Tellement nous nous regardons. Tellement mes yeux bleus dans tes yeux bleus et tes yeux bleus dans mes yeux bleus... Simplement, quand je me souviendrai, plus tard, j'appellerai cela la mer turquoise, infiniment. L'amour total.

Nous voilà sur l'autoroute du Nord. Nous rentrons chez les miens. Je ne redécouvre même pas les plaines mornes, ni le brouillard du matin qui enveloppe les rares clochers déchirant l'horizon. Je ne peux admirer ce paysage fugitif car je suis allongée dans la voiture, le dossier rabattu sur l'arrière. Tous sont calés, entassés de l'autre côté. Dans le mouvement et le bruit lent, monotone, de cette voiture confortable et luxueuse, tous se taisent, trop riches du respect essentiel de l'autre, trop riches de ce passé qui brûle, qui dévore, qui nous a opposés, qui nous réunit. Dans ce silence, la petite voix de ma fille s'élève en espagnol :

– Maman, écoute... La forêt est partie.

Mon père a compris. Nous nous regardons. Nos yeux s'embuent instantanément. Lui comme moi sommes bouleversés par le déchirement de cette enfant qui a quitté son vrai milieu pour venir dans la plus folle des découvertes vivre la vie d'Européen. Papa, tandis qu'il se retourne vers sa route, voit la crispation de mon visage, à chaque sursaut provoqué par la jonction des dalles de béton de l'autoroute. Entre deux rictus de contractions, il me dit :

– Tranquillise-toi ma fille, je conduis cette voiture comme le Saint-Sacrement.

Connaissant l'importance de la religion pour lui, je sais alors tout le prix qu'il faut attacher à cette comparaison. La place peut-être que j'occupe dans son cœur ?

L'hôpital de Lille fin septembre; l'été s'en va. Les dernières chaleurs, les dernières moiteurs occidentales. L'automne arrive, un automne? Je n'avais pas vu cela depuis des années. Le rougeoiement de la nature, le manteau pourpre des arbres. Comme j'aimerais courir dans une forêt, une de ces grandes futaies que je connaissais autrefois : Compiègne ou celles de l'Ontario. Comme j'aimerais me baigner dans l'humus frais des feuilles. Je n'ai pas connu cela depuis des années. Et je suis sur un lit d'hôpital. Dans cet immense hôpital de Lille, moderne pour une part, et suant de partout la misère et la douleur. Je ne sais même plus si je suis rentrée en France. Car l'hôpital de Puerto Ayacucho, de Caracas, celui de Lille, celui de n'importe où ailleurs, c'est toujours pareil. Des couloirs blanchâtres, des yeux qui traînent et qui supplient une aide, des visages par-dessus des draps, des mains qui se crispent quand les visites s'en vont. Je suis là. J'essaie d'adhérer pleinement à ce que, tout au long de ces années, les Indiens m'ont appris. J'essaie de vivre, d'accepter.

L'une de mes voisines de lit s'appelle Rachel. De longues heures, de chaudes heures amicales, nous conversons. Elle est gitane. Elle m'enseigne sa langue. Lorsque débarque dans la chambre toute sa famille, je m'installe avec eux. Je tente, en m'accrochant aux épaules des hommes, de venir jusqu'à elle, faire cercle et vivre de sa vie. Nous sommes complices toutes les deux. Par-dessus la table de nuit, nous nous racontons nos petites histoires. Nos vies passées. Je lui dis mes années dans les roulottes, mes pèlerinages jusqu'aux Saintes-Maries. Je lui demande de m'éduquer, de m'initier, de me prendre avec elle.

– Je veux être de ta famille. Je veux être ta fille. Que tes autres filles me considèrent comme leur sœur. Je veux que tu m'apprennes la France. Je veux voir mon pays à travers tes yeux, à travers la petite fenêtre de ta roulotte, de ta caravane. Je veux connaître la géographie de vos camps nomades, de vos routes pourchassées. Apprends-moi Rachel à vivre en France.

D'emblée, une grande entente naît entre nous. Et il est décidé qu'à ma sortie de l'hôpital j'irai la rejoindre sur le camp où sa famille est provisoirement installée. Elle m'explique comment. Et comment y parvenir. Elle m'y attendra. Une place est prête pour moi dans sa roulotte. Nous partirons alors tout de suite pour ne perdre aucun instant de notre vie nouvelle. Elle me laisse en gage de notre amitié l'un de ses foulards multicolores qui lui sert à cacher ses cheveux rebelles et noirs, sa crinière majestueuse de femme libre. Juste avant de partir, elle me fait réciter par cœur l'itinéraire que je devrai emprunter lorsque l'on m'autorisera à sortir enfin. Je lui répète le nom de ces rues que je n'ai pas parcourues depuis des années. Ce trajet tendre qui me mènera jusqu'à elle. Elle part, rassurée. Le dernier regard qu'elle me lance sur le pas de la porte ouvre pour moi d'immenses horizons de voyages, de fraternité, et d'amour partagé.

Une visite, aussi, déride mes journées. Mamylaine, la nouvelle femme de papa. Elle vient me voir régulièrement, souvent, très souvent. Au début, je suis silence, froideur. Je suis politesse muette et souriante. Ce n'est pas par hostilité farouche, mais comprenez-moi, il y a maman, ces années, notre enfance à tous. Il y a aussi mon départ, l'autre vie que j'ai. Je n'ai rien demandé à personne. Comprenez-moi... Jour après jour, petite affection par grande attention, elle vient. Elle est là. Son sourire, l'ouverture de son visage me font oublier ses robes chics et ses bijoux, me font parvenir jusqu'à son cœur. Elle est là. Elle attend. Elle sourit. Elle me parle. Je ne lui demandais qu'une chose, c'est de rendre mon père heureux, après toutes ses années de veuvage. Mais en plus d'y parvenir, elle vient voir cette fille nouvelle, douloureuse, que le destin a ramenée sur un lit d'hôpital. Personne ne le lui demande. Elle est là. Je finis par la voir avec mon cœur. Je finis par la regarder. La méfiance, par pans de brume, tombe. Je guette la prochaine fois qu'elle viendra. J'attends secrètement cette douce dame, gentille dame. La confiance ne se décrète pas, mais elle naît, bourgeon par bourgeon, fleur par fleur, dans le cœur d'une jeune femme qui a besoin d'immense écoute. Le plaisir d'être ensemble fait qu'elle devient une amie et plus que cela, une maman. Parmi les mamans, une autre, la même toujours recommencée.

L'hiver s'installe, les mois ont passé. Rachel est partie depuis déjà longtemps. Toujours sous mon oreiller je garde le foulard qu'elle m'a laissé, bariolé des mille traits de sa tendresse et de sa fougue. Voilà, c'est l'heure, après ces mois passés dans un lit. Je pleure de joie. Sortir de l'hôpital! Je pleure de douleur aussi de laisser mes compagnons. Retrouver un corps, mon corps. Ma chance... Je prends les béquilles et descends par l'ascenseur immense aux odeurs d'éther. Me voici sur le parvis, dehors. Mamylaine m'attend. Sa voiture est ouverte. Elle est debout à côté. Elle a ouvert la porte du passager. Elle ne fait pas un geste. Pas un appel. Elle me regarde. Je sens ses yeux rivés, cloués en douceur sur moi. Le soleil, la station debout m'éblouissent. Je chancelle sur mes béquilles. Un pas, deux pas. Tout vacille, la terre roule autour de mes pieds. Cambrée, tordue comme un arbre noué, noueux. Crispée sur les poignées des cannes, mes mains sont blanches de tension. Un pas, deux pas. Mamylaine ne bouge pas. Je la regarde. Il faut choisir. D'un côté, l'itinéraire donné par Rachel pour atteindre le terrain vague. De l'autre, la voiture de Mamylaine la porte ouverte, l'attention et la délicatesse de ne rien dire. Il faut choisir et je ne veux pas choisir. Un pas, deux pas. Je m'approche d'elle. Elle voit mes larmes couler. Je sais qu'elle comprend le combat que se livrent en moi son visage et celui de Rachel. Je me cale dans sa voiture tant bien que mal. Le visage labouré de douleurs, blême. Elle s'assoit au volant. Je lui demande simplement :

– S'il vous plaît, passez par l'esplanade de Lille, et allez jusqu'à l'écluse.

Elle ne dit rien, ne demande rien, ne pose aucune question. Sa voiture, lentement dans les encombrements, se dirige vers l'endroit demandé. Au débouché d'une avenue, tout d'un coup, apparaît le camp. Quarante caravanes parmi lesquelles celle de Rachel. Du linge sèche, étendu sur les fils, battu par le vent, entre deux poteaux indicateurs. Deux, trois gamins pataugent dans la boue. Des gamelles et des lessiveuses traînent. Quelques voitures. La pagaille gitane. La vie du voyage, la porte ouverte. D'elle-même, Mamylaine a stoppé la voiture. Je regarde. Mes yeux sont de feu. Je suis dévorée de l'intérieur. Quel est mon monde? Cette voiture confortable, ce chauffage, cet air aimable, ce parfum qui flotte dans l'air? Ou là, à quelques mètres de moi, la boue, la misère. Mais aussi l'étape suivante, l'indépendance, la fierté, l'orgueil, le futur libre. Partir et ne rien devoir à personne. L'oreille percée d'un anneau, les bras volontaires, les jambes écartées et fermes sur des jupes à volants. Où est ma voie? Où est mon monde? De qui suis-je donc la fille pour brûler ainsi d'un désir opposé? Cela a peut-être duré l'espace d'un soupir. Mais je sais que ce jour-là, même si la voiture, lentement, dans la douceur de Mamylaine, a redémarré, je sais que je n'ai pas choisi, et je sais que la porte reste ouverte. Merci Rachel. Merci de tenir toujours dans ta roulotte, où que tu sois et qui que tu sois, une place pour moi, un amour que nous avons à partager. Tu maintiens sur les routes une étoile, à partir de laquelle, crois-moi, je m'oriente. Lorsque la voiture repart et que je ramène mes yeux vers l'avant, le regard de Mamylaine m'apprend qu'elle a parfaitement compris ce qui vient de se passer. Sa main, quittant le levier de vitesse, cherche la mienne. Nous nous accrochons l'une à l'autre. Non pas pour fuir un choix, non pas pour rentrer dans la sécurité douillette d'une acceptation molle, mais simplement parce que, lorsqu'un cœur bat, il aime qu'à l'unisson résonnent aussi ceux des gens qu'il aime. Je me tourne alors vers elle, je lui dis :

– Elle s'appelle Rachel. A bientôt Rachel, à tout de suite. Si vous n'étiez pas là, Mamylaine, j'irais avec eux...

Ma tribu m'attend avec ses rites. C'est le retour dans le salon familial. Je regarde, éberluée, émue aussi, ces meubles, ces bibelots. On me dépose dans un fauteuil. Delphine, Nadia, mes petites sœurs, Cédric, mon petit frère. Je suis ébahie de les voir si grands, je les avais quittés enfants. Pour leurs fils, je suis devenue tante Anne-Sophie. Mes yeux, avides, les dévorent. Puis se tournent vers mon père. Mon père que je n'ai pas vu pendant huit ans. Mon père contre qui je criais du fond de la jungle, mon père que j'injuriais en langue tsigane. Mon père que j'aimais, mon père que j'aime. Je désire tendre ma main, le toucher, caresser son visage, glisser mes doigts dans ses cheveux blancs, redécouvrir ma joue contre la sienne, comme lorsque j'étais enfant. Avant, avant tous nos problèmes. Je le sais aussi bouleversé que moi. Je le connais. Je lui ressemble. Je te connais. Je te ressemble. Pourtant, au lieu d'écouter battre nos cœurs à l'unisson et se régaler de cette musique, mon père arpente la pièce, fébrile. Il tourne, s'éloigne, revient. A la main, il porte une bouteille de champagne. J'appréhende ce geste après nos années d'éloignement, après l'Amazonie et ses douleurs. Être là, n'avoir à partager qu'un liquide jaunâtre qui s'enfuit en pétillements... Mais je dois réapprendre les rites de ma tribu. Après tout, peut-être ont-ils un sens caché? Dans chaque bulle, un mystère, dans chaque geste à peine ébauché, une infinie tendresse. Je le crois. Car je fixe les yeux de mon père. Et là je sais que tout est balayé, que tout a disparu, et que seule subsiste la douloureuse tendresse d'être père. Et fille aînée.

Mais le corps souffre encore. Mon dos est raide et je ne peux marcher. Ma chair gardera toujours la marque en étoile de cette approche, ténue et altière. J'ai vu briller les yeux de la mort. Elle a souri et s'est éloignée. Je garde la traînée de l'éclair de son regard rivé à mon corps. J'ai mal. Enfouie dans mon lit, me traînant sur mes béquilles, j'ai mal. J'appelle maman et je pleure, hoquette. J'ai voulu fixer le monde dans les yeux. J'ai mal. Mon dos brûle. Mon dos déchire ma vie. Je profite de ces moments forcés d'inactivité totale pour lire. Mamylaine, toujours douce et amicale, court les librairies du Nord et de Paris pour trouver des livres sur l'Amazonie, des récits de voyages, des aventures vécues. Sur ma table de nuit, à terre, partout dans ma chambre, s'entassent des piles de bouquins : « Sensationnel, extraordinaire, l'exploit dont vous n'avez aucune idée, les hommes les plus sauvages du monde, au cœur même de l'inconnu, les premiers Blancs, les derniers Indiens, du jamais-vu, la piste mystérieuse, le domaine de l'inexploré, du comme-vous-voudriez-vivre, du comme-vous-n'oseriez-pas, le monde dont on ne revient pas, la jungle, l'horreur. » Ma chambre est devenue une bibliothèque d'aventure. Je parcours, je lis, je m'accroche, je tente de comprendre. Je suis saisie de vertige. La suffisance et le mensonge règnent bien souvent. De quelques jours passés en vitesse dans un pays, l'auteur en tire des raisonnements généraux et définitifs. Les voyageurs ont toujours l'air de découvrir un monde neuf et inexploré. Tout leur paraît mystérieux, alors qu'ils ne voient que la vie quotidienne, simple des Indiens. Tout est programmé, organisé avant même leur départ d'Europe. Et ils se nomment aventuriers! Je ne sais pas ce que c'est que l'aventure. En tout cas pas de vivre avec les Indiens. Ils se gargarisent de témérité. Forts de la tutelle de leurs protecteurs : armées, missionnaires, autorités civiles, relations, sponsors, ils partent en voyage! Davantage dans le but d'affirmer leur prestige à leur retour grâce à leurs « exploits », que pour rencontrer des êtres humains, des pays. Chacun est toujours le premier homme blanc que les « sauvages » voient. Alors que religieux, anthropologues, vivent ou vont depuis presque vingt ans dans les zones les plus reculées de la jungle. Leur équipe, leur matériel, leurs réceptions occupent beaucoup de place dans leurs préoccupations. Ils débarquent, fiers et vainqueurs, sûrs des honneurs qui leur sont dus, comme en pays conquis. Dès leur départ, ils ont une idée préconçue, une attitude *a priori* face au « primitif ». Jamais je ne pourrai dire comme certains d'entre eux : « mes Indiens ». Ces héros m'écœurent vaguement. C'est pour cela que j'ai entrepris de consigner au propre mes cahiers de bord.

Récupérant un peu d'autonomie, beaucoup de gens veulent m'inviter. Des journalistes, des connaissances. Samantha et moi, ainsi, à plusieurs reprises, nous nous retrouvons assises au milieu d'un cercle. Harcelées, assiégées de questions. Piégées, nous sommes animaux de zoo, curiosité et attraction devant les convives assoiffés d'exotisme. Il faut raconter le voyage, justifier « l'aventure ». Comment exprimer huit ans d'une vie ? J'ai du mal à parler. Autour de plateaux bourrés de sandwichs délicieux, droit sortis de chez un traiteur, faudrait-il que je conte mes drames, mes larmes, mes éclatements solitaires, mes heures et secondes de peur, d'angoisses et de joies ? Cela n'a rien à voir. Ce voyage est mien, intérieur, désordonné et tumultueux, féroce et acharné. Du temps est nécessaire pour apprendre à dire. Ce n'est pas un triomphe. C'est un espace, d'heures et de kilomètres, comme un grand sac, où j'aurais mis en vrac ce que chaque jour je ressentais. Il fallait survivre. Je l'ai expérimenté partout, jusqu'au fond de moi-même. Pauvre chez les pauvres. Descendre, escalader en moi les abîmes vertigineux de mes rêves, de mes aspirations et de mes douleurs. Je m'étais fixé un chemin, je m'y suis tenue, à une flèche près. Tournant les yeux vers Samantha, assise en tailleur par terre à côté de moi, je comprends qu'il y a un immense malentendu. Ma petite fille rit de tous ses yeux pétillants en regardant l'assemblée autour de nous. Pressée de lui poser mille questions, tandis qu'elle tresse à la manière indienne les franges du tapis d'Orient qui s'étale sous nos pieds. Elle tourne alors la tête vers moi. Nous nous regardons dans les yeux, et au milieu de cette réunion, où nous sommes acceptées pour une fois comme des « gens biens », « pleines de sang-froid », « ayant vécu des choses extraordinaires », nous nous regardons et nous ne pouvons résister à l'immense fou rire qui laisse nos hôtes étonnés et vaguement perplexes. Je n'ai rien contre eux. Mais comment montrer, offrir aux regards des autres mon essai de compréhension du monde? Les Indiens, je ne les vois plus. Je ne partage plus leur repas. Mais ils me poursuivent. Ils sont partout. Je ne veux pas dénaturer le message des hommes de la forêt. Leur corps est absent, mais leur pensée, leurs principes sont forts; sont beaux devant moi, en moi, épanouis. Dans le dîner qui s'achève, je sens que c'est cela qui construit une barrière invisible entre les convives et nous. Un espace libre qui nous sépare. Cette distance n'est pas hostile, elle est notre différence. Quitter, errer, ne pas savoir de quoi sera fait le lendemain, ni quelle en sera la nourriture. La vie pauvre et accueillante. Oser partir. Oser casser le carcan du laisser-vivre et de la médiocrité. J'ai appris la parole lente et balbutiante des hommes de la forêt, des vieillards, l'incertitude des mots, entendu la nuit. J'ai appris à me taire et je sais que ma langue est gravée de sagesse indienne. Mon cerveau est nervuré de paroles indiennes. Chaque mot que je dirai sur les Yanomami sera une reconnaissance. Je n'ai pas de message. Mais ils ont bouleversé ma raison d'être parce qu'ils ont d'abord bouleversé ce que je suis. Je suis en proie à l'estime majestueuse et discrète que je leur dois. Ils ne comprendraient peut-être pas que je les remercie. Ils m'appelaient *Napegnouma*. Depuis que je suis rentrée, j''ai repris mon nom d'Anne-Sophie. Mais que dans le noir d'une nuit, j'entende quelqu'un m'appeler *Napegnouma*, je sais qu'une fois encore mon cœur frémira comme toutes les feuilles d'un arbre sous le vent enivrant d'orage.

Samantha, pour la première fois de sa vie, est scolarisée. Pour la première fois de sa vie, face à des enfants qui refusent, ne connaissent pas les différences. Pourtant comme elle, blonds et le teint blanc. Ils ont des réactions incrédules. La traitent de menteuse. L'écoutent mais ne la croient pas. Elle, alors, apprend à se taire. Ma petite fille qui savait les différents noms des dieux de la forêt, qui avait entendu le souffle chaud des puissances qui parcourent les plaines du Nord-Canada, ma petite fille n'est pas baptisée et lorsqu'elle se retrouve dans la classe, elle est seule dans ce cas. L'intégration est difficile et facile à la fois car elle est habituée à s'adapter. Dans la classe où elle entre pour la première fois, elle est très grande. Elle ne sait ni lire, ni écrire, ni parler le français. Cependant, elle parle couramment l'anglais, l'espagnol et le yanomami. Elle se trouve donc avec des enfants beaucoup plus jeunes qu'elle. Certes elle a un retard scolaire, mais elle est riche de bien d'autres choses essentielles. Ma petite fille à qui je dois la vie. De ces connaissances que l'on ne trouve ni dans les manuels ni dans les traités pédagogiques. En prise directe avec le monde. Appliquée et consciencieuse, elle va à son rythme. Plus autonome qu'un enfant de son âge, sa maturité étonne. Elle fait preuve aussi de gaieté, de chaleur, de dynamisme, qui la font aimer de tous. Sa soif de découvrir et de savoir est extraordinaire. Lorsqu'elle se heurte à un problème de mémoire, pleine de bon sens, elle déclare tout net à sa maîtresse :

– Puisque je ne peux retenir cette poésie, pourquoi veux-tu que je l'apprenne? Je perds mon temps...

Déjà elle prend sa vie en main, ma petite fille réfléchie.

Il y a un an, mon corps explosait. C'était le début de la guerre intertribale. Je recevais une flèche. Le curare circulait dans mon dos. Aujourd'hui, mon corps se souvient. C'est pour cela qu'accompagnée de deux témoins, deux amis, je me rends chez un tatoueur. Au fond de la poche, je serre dans ma main un peu crispée un dessin représentant l'Aigle de la nation indienne : l'Oiseau du Tonnerre, celui qui protège, qui sauvegarde. Je veux marquer dans ma chair, indélébile, à vie, mon attache au peuple indien, ma confiance en sa grandeur, ma certitude en son entière sagesse. Ils m'ont tant donné. Ces anciennes empressées autour de mon hamac lorsque je geignais et mourais de douleur. Ces chefs m'enseignant peu à peu, goutte à goutte, comme la rosée sur une jeune herbe. A mon tour de leur offrir une parcelle de mon épaule gravée, qu'elle soit le réceptacle des forces et des triomphes des Indiens, qu'elle soit un appui pour leurs vieillards et leurs enfants, qu'elle soit une amitié ouverte pour les hommes et les femmes. Je n'appartiens pas à leur race, mais partout maintenant l'Oiseau du Tonnerre m'emmène. L'Oiseau du Tonnerre m'emporte. Et je pense à vous. Je sais que je retournerai là-bas, non pas par exploit ni bravoure, pas même par défi, mais parce que j'y ai rencontré les êtres que je cherchais, debout. Fiers. J'ai besoin de leur force virginale, intime et secrète. J'y retournerai et je serai muette. Aujourd'hui 18 mai 1982, j'entre dans la peau neuve d'un monde nouveau. L'Indien m'a fait naître. Il n'attend pour cela aucune reconnaissance. Je sais que sur le chemin qui mène à un *shabono* écarté, je retrouverai des frères. *Napegnouma* la fléchée verra se tendre des mains, celles de ses sœurs, ses pères, mères, grands-mères...

Je m'obstine à arpenter péniblement la maison de mon père. Déséquilibrée sur mes béquilles, mes mains cherchent un support sur les meubles ou contre les murs. Il m'arrive souvent de tomber. Encore hier. Encore ce matin. Je me raccroche à la commode du salon. Dessus, dans un cadre en plexiglass, la photo de maman. La photo, son visage est tendu, désespéré mais bien caché. On m'a raconté qu'elle avait fait venir un photographe, un après-midi, l'avait payé, s'était vêtue de sa plus belle robe de soirée, avait composé les plus beaux bouquets qui soient, et s'était fait prendre en photo, juste devant, une dernière fois. L'angoisse de vivre, la hantise d'être diminuée étaient si fortes. Elle avait déjà décidé de partir avant de nous faire souffrir, avant d'être un poids pour nous, un souci. Elle était heureuse de nous avoir donné la vie, et qu'on ne lui doive rien. Belle maman, forte maman. Je t'admire. Je suis si petite à côté de ta décision d'amour. Maintenant dans ta maison, une autre vie bourdonne, d'autres habitudes, d'autres enfants, et nous qui avons grandi. Est-ce bien? Est-ce mal? C'est autre chose. Mais tu sais, tu n'es plus là. Ton choix, c'est tous les jours que j'y pense. C'est tous les jours que cela me saute au cœur. Que cela me prend à la gorge. Tu n'es plus là. Il y a ta photo. C'est contre toi que j'ai failli tomber. Je veux te rendre hommage. Je veux que ma vie soit de la dignité, de la force, de l'amour que je te donne. Je n'ai peut-être pas complètement su le faire avant. Peut-être qu'encore une fois, aujourd'hui, c'est maladroit. Mais écoute, petite maman, c'est à toi que je parle si souvent, si souvent. Maman.

Dans mes pérégrinations toujours aussi laborieuses, accompagnée de Samantha, j'échoue dans le grenier de la maison paternelle. Des caisses dans un coin sont amoncelées. C'est tout ce que, au fur et à mesure des années, j'ai expédié en France pour que cela soit préservé. Il y a de l'artisanat, des objets, des bibelots, des lettres, des cahiers. Avec Samantha, dans cet après-midi d'hiver, oubliant ma raideur, nous nous blottissons l'une contre l'autre. A la lueur de la mauvaise clarté du jour, nous parcourons ces trésors. Les années remontent, fortes comme des épices. Nous revoyons les pays, les haltes. Les rencontres. Les différents âges de Samantha. Il y a même certains de ses habits, lorsqu'elle avait deux ans, puis trois, puis quatre.

– Je voudrais vite apprendre à lire pour savoir comment c'était quand j'étais petite, dit-elle en feuilletant mon journal.

– Oui, Samantha chérie, je te raconterai toutes ces années pour que la mer n'efface jamais les traces que nos deux pas emmêlés ont laissées sur le sable chaud. Toutes ces années, où tu étais mon petit poulain, cabriolant autour de sa maman.

Le front collé contre la vitre froide, je regarde dans la brume de l'hiver Samantha sur un jeune cheval. Dans un coin de la pièce de cette grande maison, brûle un feu dans la cheminée d'angle. Samantha saute à terre. Rentre le cheval à l'écurie. Mes mains se serrent. Ma tendresse, l'émotion. Je vois la petite fille dans sa culotte de cheval un peu grande, avec ses bottes noires, revenir d'un pas ferme vers moi. Est-ce que je rêve? Est-ce bien elle? Cette enfant élégante, cette petite femme... Aujourd'hui elle a dix ans. Je me force à rester là. A la voir s'approcher. A ne pas courir, la prendre dans mes bras, l'étreindre. Je la laisse. Car dans la cuisine où elle pénétrera en premier, une surprise l'attend. Sur la grande table de chêne, où le couvert est dressé, dix petits paquets sont disposés dans son assiette. Dix paquets, un par an. Dix cadeaux. Dix ans de communion. Elle arrive. La buée déforme de plus en plus son visage. D'un revers de main, je l'efface. Ça y est. J'entends son pas qui résonne sur le dallage.

– Maman, maman, crie-t-elle, comme en Amazonie, je t'aime.

LEXIQUE

Adawa : Torche de résine de la tribu Makiritare.
Aji : Piment rouge.
Alumbrar : Action de chasser de nuit à la lampe de poche.
Aralène : Pastille contre le paludisme. Cette prévention est indispensable à tout habitant d'Amazonie.
Arepa : Galette de semoule frite à l'huile. C'est une alimentation typiquement populaire. Gâteau de maïs.
Avena : Sorte de semoule avec laquelle on compose une bouillie pour nourrisson.

Baba : Caïman.
Babilla : Petit caïman.
Baniva : Tribu du Territoire fédéral d'Amazonie. Située dans la zone du Rio Negro.
Barenton : Gros poisson d'eau douce, comestible.
Bombillo : Ampoule électrique.
Bongo : Grosse pirogue, taillée dans un seul tronc d'arbre.
Brujo : Chaman, sorcier.
Budare : Four communautaire, sert essentiellement à la confection de galettes de casave.

Cabecera : Région autour de la source des fleuves.
Cacique : Chef traditionnel.
Cafecito : Petite tasse de café, denrée précieuse, toujours offerte en signe d'amitié.
Camisa : Chemise.
Canalete : Rame, pagaie.
Cañito : Petit ruisseau.
Caño : Ruisseau.
Capitan : Chef, nommé par un village indien.
Caramelo : Bonbon.
Caribe : Poisson carnivore.
Casave : Grande galette de manioc. Base de l'alimentation des Indiens du T.F.A.
Castellanos : Appellation vénézuélienne pour nommer les descendants des conquistadors espagnols.
Catumare : Panier de palme tressée que les femmes Guahibo et Piaroa portent sur leur dos.
Central de Mercadeo : Entreprise créée en 1980 gérée par les Indiens. Elle achète directement leurs produits agricoles et artisanaux, afin de les revendre, dans l'idéal, en gros à des organismes gouvernementaux.
Cerro : Dôme de roche nue.
C.E.T.I. : Conseil Exécutif Territorial Indigène. Organisme créé en 1979, qui dépend du gouvernement. Il tente de

promouvoir l'autonomie tant économique que financière des Indiens du T.F.A.
Chibacoas : Petits animaux microscopiques rouges qui grouillent sur la peau.
Chico : Curare.
Chiqui-Chiqui : Fibre végétale couramment utilisée dans la confection de balais. L'une des richesses anciennes de l'Amazonie.
Chorro : Courant extrêmement violent du fleuve.
Churuata : Hutte circulaire et communautaire dans les tribus Piaroa et Makiritare.
Comissario : Chef de village désigné par le gouverneur pour être son représentant local.
Complejo indigena : Ensemble de baraques de palme bâties en 1979 à l'extérieur de Puerto Ayacucho qui accueille les Indiens de passage dans la capitale.
Conmadre : « Commère » en espagnol. Façon familière et aimable d'appeler une mère de famille chez les créoles.
Conuco : Verger et potager indien arraché à la forêt par brûlis.
Corpo-Mercadeo : Epicerie censée être réservée aux défavorisés, plus spécialement les Indiens. Créée en 1980 à Puerto Ayacucho.
Coroto : Bagages, effets personnels.
Cuartel : Poste de police de la garde nationale.
Cucaracha : Cafard de la taille d'un doigt.
Curare : Poison utilisé par les Indiens pour la chasse et la guerre. Il paralyse la victime en bloquant son système nerveux.
Curata : « Banane », en yanomami.
Curiara : Pirogue de petite taille, taillée dans un seul tronc d'arbre.

Danto : Tapir.
Duele : « J'ai mal », en espagnol.

Engaño : Tromperie.
Escopeta : Fusil.
Estranjeria : Bureau de l'Immigration à Caracas.

Fourmi 24 : Fourmi dont la piqûre est douloureuse durant 24 heures.
Fundavai : Association d'aide aux Indiens, organisation privée.

Galleta : Biscuit sec.
Gobernacion : Siège du gouvernement de chaque province du Venezuela.
Gringo : Dénomination commune à toute l'Amérique du Sud pour désigner les Nord-Américains et, par extension, les étrangers au teint clair.
Guahibo : Tribu du Territoire fédéral d'Amazonie Située le long du fleuve Moyen-Orénoque.
Guarapo : Boisson fermentée fraîche tirée du jus de canne à sucre, mis à macérer dans un grand tronc d'arbre.
Guayuco : Cache-sexe, fait de cotonnades, d'écorces d'arbre battues ou de perles tissées. Retenu à la ceinture. Diffère selon les tribus.
Guia : Papier officiel justifiant l'itinéraire à travers le T.F.A. et donc la quantité d'essence nécessaire à tout transport. Son obtention se fait auprès du commandant des Forces armées du T.F.A.

Hapo : « Viens ici », en yanomami.
Happé : « Papa », en yanomami.
Hekura : « Esprits », en yanomami.

Indigena : Appellation la plus courante des Sud-Américains pour nommer les Indiens.
Indio : Indien, dans un sens péjoratif.
I.V.F. : Institut vénézuélien français à Caracas. Dépend de l'ambassade de France.

Jaraca : Type de flèche que j'ai reçue.

Kourou : Ver de terre fumé chez les Makiritare.

Laja : Pierre plate le long des berges du fleuve Orénoque. Elles sont découvertes à saison sèche et invisibles en saison des pluies.
Llanos : Plaines. Au Venezuela, on appelle ainsi la zone située entre l'Etat d'Apure et l'Etat Bolivar.
Lluvia : Noix de cajou.
Lopé : « Vite », en yanomami.

Machete : Coupe-coupe.
Makiritare : Tribu du Territoire fédéral d'Amazonie. Située à proximité du fleuve Padamo, Cunucunuma, Continamo.
Manaca : Fruit bleu, d'un palmier.
Manichi : « Dormir ». Signifie en langue yanomami « demain ».
Mapanare : Serpent venimeux, de vingt centimètres, à la piqûre mortelle.
Mapire : Panier ajouré de haute taille, utilisé pour le transport du manioc.
Maraca : Hochet Guahibo qui éloigne les mauvais esprits. Objet à usage chamanique.
Medicatura : Dispensaire, infirmerie.
Morichal : Marécage.
Morocotto : Poisson comestible.
Motoriste : Personne chargée de la conduite des embarcations motorisées.

Napegnouma : « Femme blanche », nom que les Yanomami me donnent.
Nini : « J'ai mal », en yanomami.
Niwa : Ver minuscule qui s'immisce sous la plante des pieds en Amazonie.
Nuevas tribus : Missionnaires protestants américains.

Oji : « J'ai faim », en yanomami.
O.M.A.I. : Bureau ministériel des Affaires indigènes. Dépend du ministère de l'Education.
Onkoserkosis : Maladie extrêmement répandue dans le Haut-Orénoque.
Onotto : Petite plante aux graines rouges dont les Indiens extraient le colorant avec lequel ils se peignent le corps.
Pajuil : Oiseau, de la famille des gallinacés. C'est un repas délicieux qui rappelle nos perdrix.
Palangana : Marmite d'aluminium.
Palito : Cure-dents.
Palometa : Poisson comestible.
Panare : Tribu Indienne du nord de l'Amazonie, au sud de l'Etat Bolivar.
Perriquito : Petit perroquet vert apprivoisé.
Piapoco : Tribu du Territoire fédéral d'Amazonie vénézuélienne. Située dans la zone du Rio Negro.
Piaroa : Tribu du Territoire fédéral d'Amazonie vénézuélienne. Située près du fleuve Sipapo, Cataniapo.
Pijiouao : Gland orangé qui pousse au sommet de palmiers dont le tronc est hérissé de longues épines acérées.
Pirana : Poisson carnivore.
Plaga : Nuage de moustiques.
Planta electrica : Groupe électrogène.
Puinabé : Tribu du Territoire fédéral d'Amazonie. Située dans la zone du Rio Negro.

Quami : Négation yanomami. Signifie : « il n'y en a pas ».
Quarto : Chambre, par extension habitation.

Racional : Rationnel. Manière de nommer les créoles, les Blancs, au Venezuela.
Rancho : Abri précaire fait d'un toit de palme. C'est l'habitation des classes défavorisées.
Raudal : Rapide sur un fleuve.
Raya : Poisson d'eau douce. Raie électrique.
Roucou : Peinture corporelle rouge faite de résine mélangée à de l'onotto.

Sancocho : Soupe de poisson mélangée à des bananes bouillies.
Sardina : Sardine.
Sebucan : Grand tube de palme dans lequel la farine de yucca est compres-

sée afin d'en extraire le jus incomestible.

Seje : Petite baie ressemblant à une myrtille poussant au sommet de palmiers.

Shabono : Village communautaire, circulaire, des Yanomami.

Shamatari : Tribu ennemie, belliqueuse et féroce. Elle vit éloignée du fleuve Orénoque.

Shami : « Sale », en yanomami.

Shinani : En yanomami, fils de coton qui servent aux parures corporelles.

Shori : Signifie en langue yanomami « ami ». C'est aussi une façon d'appeler les membres de cette tribu.

Shoto : Panier de palme tressé que les femmes Yanomami portent sur leur dos.

Teniente : Responsable d'un poste de la garde nationale sur le territoire amazonien.

T.F.A. : Territoire fédéral d'Amazonie. Une des provinces du Venezuela située au sud. Son accès est strictement réglementé.

Tienda : Boutique. A Puerto Ayacucho, elles sont essentiellement tenues par des Libanais.

Tigrito : Ocelot.

Tilitojo : Talisman Makiritare contre les mauvais sorts.

Tonina : Grand poisson d'eau douce, comestible.

Totuma : Sorte de calebasse.

Troja : Claie de bois vert sous laquelle un feu est entretenu pour boucaner viandes et poissons.

Uana : Instrument de musique Makiritare. Grande trompe de bambou.

Vaquiro : Sanglier sauvage. Pécari.

Vaso : Foie. La douleur y est intense dès qu'on est atteint du paludisme.

Vivax : Paludisme de force extrêmement grave.

Waïka : Dénomination fière des Indiens Yanomami.

Waiteri : Courageux, brave, celui qui tue.

Wama : Sorte de long haricot aux noyaux enrobés de coton blanc, sucré.

Wapa : Panier rond à fond plat. Des motifs religieux peuvent être représentés par un habile tissage.

Waturo : Panier tressé de palme, que les femmes Makiritare portent sur leur dos.

Wayamou : Transhumance complète d'un ou plusieurs villages en direction d'un verger éloigné, prêt à être récolté. Est appelée également wayamou la fête qui clôt cette période.

Wayo : « Ennemi », en yanomami.

Yanomami : Tribu du Territoire fédéral d'Amazonie. Située dans la zone du Haut-Orénoque, frontière avec le Brésil.

Yaraqui : Boisson fermentée des Makiritare à base de casave.

Yéral : Tribu du Territoire fédéral d'Amazonie. Située dans la zone du Rio Negro.

Yopo : Drogue hallucinogène.

Yucca : Un tubercule comestible, base de l'alimentation en Amazonie. Il en existe deux sortes : le doux, à consommer immédiatement, et l'amer, dont on doit extraire le jus vénéneux.

Yucuta : Boisson tirée soit du casave, soit du manioc que l'on jette dans une marmite d'eau du fleuve. Les graines se dissolvent, le manioc se ramollit. L'eau trouble obtenue est souvent la seule nourriture d'une journée.

TABLE DES MATIÈRES

Achevé d'imprimer en octobre 1983
sur presse CAMERON
dans les ateliers de la S.E.P.C.
à Saint-Amand-Montrond (Cher)
pour le compte de France Loisirs
123, boulevard de Grenelle, Paris

Dépôt légal : octobre 1983.
N° d'Édition : 8470. N° d'Impression . 1593